4판

Introduction to Child Care and Education

보육학개론

이순형 외 공저

학지사

4판 서문

1990년 영유아보육법을 마련한다고 해서 여러 사람들이 모여앉아 각 학문영역의 주장과 이견을 조율하던 당시에는 많은 것이 불확실하고 모호하게 생각되었었다. 영유아의 보육이 부모의 책임인가, 국가의 책임인가에서부터 보육교사 양성방법에 이르기까지 많은 것이 논의되어 미국을 비롯한 선진국과 사회주의 국가를 사례로 분석하여 우리의 현실과 비교하여 논의하곤 했었다.

20년이 지난 현재 어린이집의 발전 양상과 제도적 발전을 보면 짧은 시간 동안 많은 것이 이루어진 것 같아 마음이 뿌듯하다. 경제적 발전과 민주정치의 발전을 이루어내고 한류가 미국이나 유럽에서 인정받는 것과 마찬가지로 보육제도의 발전이 눈부셨다고 말할 수 있겠다.

어린이집의 평가인증제를 만들어 정착시키고 드디어는 무상보육의 정치적 결단도 얻어낼 만큼 어린이집의 확대 보급됨과 동시에 보육계의 목소리도 커졌다. 양적 팽창을 이룬 보육계는 이제 자성의 시기에 접어들어야 한다. 그동안 어린이집의 양적 팽창에 급급하던 보육행정과 제도가 질적 도약기로 접어들은 듯하다. 법에는 체제가 보완되었고, 보육정책이 책상에서의 논의에서 벗어나 현장을 실사하여 평가한 결과를 반영하여 개선되고 있다.

그뿐 아니라 영유아보육과 유아교육의 통합이 느리지만 서서히 이루어지고 있다. 우선 영유아보육과 유아교육의 학문영역 간 조정 과정이 영유아보육법과 유아교육법에 정책조정위원회의 형식으로 결실이 나타나고 있다.

법을 통해 두 학문영역과 현장의 문제를 풀어보려는 노력이 가시화되고 있으며, 박근혜 정부는 출범 시 일원화 논의를 불러오기도 했다. 보육 전문가들이나 정부 정책담당자들도 보육의 질을 고려하여 여러 가지 노력을 경주하고 있다.

그 노력의 결실은 또 보육과정의 통합으로 나타났다. 2013년 3월부터 시행되는 표준보육과정은 0세부터 5세까지 연령별 보육과정으로 6개 영역으로 구성되어 있으며, 영아기는 발달 속도가 다르므로 수준에 맞는 보육활동으로 구성되어 있다. 영유아보육과정과 유아교육과정을 3~5세 표준보육과정(누리과정)으로 묶어 어린이집에 다니는 유아나 유치원에 다니는 유아가 모두 동일 교과과정을 접하게 되었다. 물론 영아기는 보건복지부의 0~1세, 2세 표준보육과정으로 보완되었다. 영유아보육과 유아교육이 서로의 입장을 내세우다가 완전한 통합을 이루어내지 못한 아쉬움이 있다. 하지만, 우리가 원하는 곳까지 한 걸음에 내달으려는 성급한 마음을 접고 다시 생각해 보면, 이 대목에서 우리 사회가 한 걸음 한 걸음 발전하며 그 발전의 모습이 영유아 보육 현장이나 행정에서 드러나고 있음을 본다. 공정하고 정의롭고 아름다운 사회를 이루어 우리의 아이들이 걱정 없이 건강하게 존중받으며 생활하고 발달할 수 있기에는 앞으로 갈 길이 멀다고 해도 오늘까지 이룬 것을 소중히 생각하고 싶다.

이 책은 2012년에 개정된 영유아보육법, 영유아보육법 시행령과 시행규칙을 반영해 수정・보완되었고, 2013년 3월부터 시행되는 표준보육과정을 반영했다. 그리고 2014년 대학입학생들에게 적용되는 보육교사 자격 관련 내용도 소개했다. 이 책을 통해서 보육현장에 있는 교사들과 대학에서 보육을 전공하고 있는 예비교사들이 보육을 알고 쉽게 활용할 수 있도록 기술했다.

이 책이 영유아 보육에 관심을 둔 대학의 학부생, 어린이집에서 전문성 개발을 꿈꾸는 교사들, 그리고 장차 보육교사나 원장의 길을 가려는 보육학, 아동학과 아동복지학을 전공하는 학부, 대학원생들에게도 도움이 되기를 기대한다.

2013년 2월

대표 저자 이순형

차 례

제5장 영유아의 발달특성과 요구 119

제 2 부 보육의 실제

제6장 보육의 유형 145

제 3 부
보육의 전망

제1부 보육의 이론적 기초

제1장

영유아 보육패러다임의 변화

1. 영유아 보육의 개념

영유아 보육은 출생 후 초기인 영아기와 유아기에 제공되는 돌봄과 교육을 뜻한다. 동물들은 출생과 더불어 이동할 수 있는 데 반해 인간의 아기는 출생 후 일정 시간이 지나야 스스로 이동할 수 있다. 이동이 가능하기까지 최소한 수개월 동안 인간의 아기는 부모나 성인의 돌봄이 필요하다. 대체로 부모가 영유아를 보육하지만, 부모가 직업을 가지고 있거나 사정상 돌볼 수 없는 경우에는 부모를 대신하여 대리부모가 보육할 수 있다.

보육의 개념은 출생 초기에 해당되는 신생아기에는 필요한 영양과 식사를 제공하고 목욕을 시키고 쉽게 잠들 수 있게 하는 돌봄에 국한된다. 그렇지만 영아기에 들어서면서 아기는 사람을 접해 상호작용하려는 요구를 드러내고 점차 환경을 탐색하려는 요구를 드러낸다. 사람과 세상에 관심을 가지고 지적 요구를 충족시키려는 아기에게 대리부모는 따뜻하고 온화한 사람으로서 민감하게 상호작용해야 한다. 그리고 지적 요구에 부합되도록 지적 자극을 주고 언어를 가르치며 자연을 탐색하도록 해야 하는데, 이러한 활동은 교육활동에 가깝다. 따라서 보육은 초기의 식사와 영양 제공, 목욕과 환경 청소 등 위생적 돌봄에서 점차 사회적 자극을 주고받는 상호작용을 포함해 언어, 인지, 수, 자연 등의 통합적 교육활동을 의미한다고 할 수 있다.

부모의 보육을 대신하는 경우 그 보육의 질을 고려할 때 대리부모는 아동의 발달과 보육에 대한 전문지식을 가지고 있으며, 영유아의 요구에 민감한 사람이어야 한다.

2. 영유아의 권리

인권은 사람이 이 세상에 태어나면서 출생과 더불어 하나의 존재로서 소유하는 자연법적 권리를 말한다. 성인에게 주어지는 인권은 작은 사람인 아동에게도 그대로 적용되고 그에 덧붙여 생존을 보호할 수 없는 특별한 존재이기에 보호권과 양육보장권이 첨가된다(이순형, 2001). 즉, 인권은 작은 사람인 아동이 이 세상에서 성장하고 발달하고 차별 없이 살아갈 권리를 말한다. 인권은 아동의 생존권, 성장발달권, 시민권과 자유권, 양육보장권, 복지권, 교육권과 문화향유권, 특별보호권으로 분류할 수 있다.

1) 생존권

인간은 스스로의 생명이 존중되어야 하고 그 생명활동이 유지되어야 한다. 누구나 세상에 태어날 때 생존권을 가지고 태어난다. 아동을 포함한 모든 사람이 그러하다. 장애가 있거나 발달이 지체된 아동도 예외가 아니다.

2) 성장발달권

아동은 성인과 달리 신체적으로 성장하고 정신적으로 발달할 과업이 있다. 식품을 통해서 영양을 섭취하여 신체를 발달시키고, 지적 자극을 받아들여서 정신적 발달을 도모해야 한다. 아동에게 성장발달은 자연스러운 생명활동이자 발달과업이다.

3) 시민권과 자유권

성인이 사회의 시민으로서 자유롭게 의사결정을 할 권리가 있는 것처럼 아동도 사회의 시민으로서 자유롭게 자신의 의견을 개진하고 자기 미래를 결정할 권리가 있다. 아동은 때로는 부모의 부당한 친권행사에 대해서도 자신의 성장과 행복을 추구할 권리를 가진다. 따라서 아동과 관련된 사항은 아동 자신의 행복을 최우선으로 하여 결정되어야 한다.

4) 양육보장권(가정환경 및 대리보호에 대한 권리)

성인과 달리 스스로 보호할 수 없는 아동은 성장할 때까지 안전하게 양육될 권리를 가진다. 양육보장권은 아동의 발달에 적합한 가정환경을 보장받아야 할 권리를 말한다. 가정환경이 아동의 발달에 부적합한 경우에 아동은 대리보호자에 의해서 보호될 권리가 있다. 아동의 양육보장권은 부모로부터 방임되고 학대받는 아동들이 건강한 대리환경에서 보호받도록 보장하는 것이다.

5) 복지권(기초보건 및 복리권)

아동이 신체와 정신을 건강하게 발달시키고 타고난 신체와 지적 능력을 개발하고 행복하게 살기 위해서는 타고난 능력이나 상태와 관계없이 기초보건을 유지하고 자신의 복리를 보장받는 복지권이 필요하다. 특히 정상아가 아닌 경우에는 그 장애를 극복하도록, 그리고 박탈가정에서 태어난 경우에는 그 환경의 문제를 극복하도록 지원해 주어야 한다.

6) 교육권 및 문화향유권(교육, 여가 및 문화적 생활을 위한 권리)

아동은 잠재된 능력을 개발하기 위해서 교육받을 권리가 있다. 특히 사회에 나가서 직업을 가지고 생활을 영위할 수 있는 기본 능력을 준비하는 교육과정이 제공되어야 한다. 아동들에게는 초 · 중 · 고등학교 과정의 정기교육이 의무적으로 제공되는데, 이는 어디까지나 국가의 정치 · 경제 상황에 따른다. 우리나라는 2013년 새정부가 들어서면서 무상보육을 전면적으로 실시하고 있다. 또한 장애아의 특수교육은 유치원부터 고등학교까지 2010년부터 무상교육을 실시하고 있다.

7) 특별보호권

특별보호권은 어떤 상황에서든 아동은 특별히 안전하게 보호받아야 할 권리를 말한다. 천재지변과 같은 재난, 전쟁, 위기상황에서 아동은 최우선으로 보호되어야 한다. 특별보호권은 정상아동이나 특수아동이나 무관하게 주어지는 동일한 권리로 생각해야 한다.

3. 영유아 보육의 특성

1) 아동중심성

영유아 보육은 부모의 취업이나 기타 사유로 인해 부모가 아동을 돌보지 못해 다른 가정, 사회기관이나 시설에서 대리보육을 해 주는 것이다. 영유아 보육은 사업의 목적과 내용이 불일치하는 경향이 있다. 보육은 부모의 취업이나 기타 사유로 인해서 부모가 자녀를 돌볼 수 없기 때문에 아기를 대신 맡아 보육하는데, 그 목적은 여성의 취업, 맞벌이가정의 복지, 편친가족의 요구를 충족시키는 것이다.

보육의 목적이 이러한 부모의 필요에 따른 것과 달리, 보육의 내용은 영유아의 발달적 요구에 따르는 것이다. 즉, 보육의 내용은 어디까지나 영유아의 기본 권리, 즉 생존권, 발달권과 교육권에 토대를 두고 영유아의 발달적 요구에 부응하는 활동프로그램으로 구성되어 있다. 영아의 언어발달과 탐색요구에 부응해 언어적 상호작용활동이 구성되고, 신체활동요구나 자연탐색요구에 부응하기 위해서 야외활동이 구성된다. 그 외에 자연현상에 대한 탐색요구에 부응하여 수, 과학활동이 구성되고 자기표현요구에 부응하여 미술 등 표현활동이 구체화될 수 있다. 즉, 영유아 보육의 목적은 부모편의에 따른 것이나, 그 내용은 아동의 발달적 요구에 부응하는 것으로 구성된다.

그 외에도 아동이 음악, 무용, 발레, 악기연주 등에 관심을 보이면 음악활동, 무용활동, 발레 등의 활동과 피아노, 바이올린 등 악기연주활동을 할 수 있다. 이러한 특기활동도 어디까지나 부모의 요구가 아니라 아동의 관심과 발달적 요구에 부응하는 것이어야 한다.

2) 학제적 성격과 고유성

영유아 보육은 아동학, 유아교육학, 아동복지학, 가족복지학 등 여러 학문분야에서 관심을 가지고 활동하는 학제적 영역이다. 여러 학문영역 가운데 특히 아동학, 아동가족복지학과 유아교육학에서 배출된 전문가의 점유율이 높다. 현재 이처럼 학제적 영역으로서 여러 학문분야의 사람들이 함께 참여해서 영유아 보육을 이끌어 가고 있다. 세 학문영역의 출신자들이 영유아 보육에서 실제적으로 공헌하는 현실을 인정하더라도, 참여인력과 별도로 영유아 보육의 학문적 성격이나 사업의 성격으로 볼 때 사회복지사업이나 유아교육과 차이가 있음은 분명하다.

(1) 보육사업과 사회복지사업의 차이

빈곤가정 복지 차원에서 시작된 보육사업은 이 목적성 때문에 사회복지사업의 하나로 간주되어 사회복지체제로 일관되게 유지되어 온 측면이 있다. 그러나 실제 보육의 내용은 어린 아동들이 온종일 놀고 활동하고 배우는 프로그램을 제공하는 것이므로 오히려 유아교육의 내용과 더 가깝다고 할 수 있다. 이러한 보육사업의 내용을 무시한 채 사회복지 담당자들이 일반 사회복지사업과 동일하게 보육정책을 세우는 것은 문제다. 일반 사회복지기관과 달리 보육기관의 특수성을 인정하고 어린 영유아들의 발달적 특성을 고려해 보육기관을 운영 관리해야 한다. 따라서 복지기관과 동일한 복지프로그램을 적용하는 것은 보육기관의 운영에 걸맞지 않다.

실제로 보육활동은 영유아의 발달수준에 맞추어 활동을 구성하는데, 이는 사회복지사업의 적용 프로그램이 아니라 일반 아동교육활동 프로그램과 유사한 프로그램을 적용해야 한다. 모자복지사업이나 빈민구제사업이 아닌 이상 보육사업을 사회복지사업으로 간주하는 것은 문제가 있다. 보편주의로 가는 길목에서 보육사업을 복지사업으로만 간주하는 것은 보육사업을 편협하게 규정하여 제한하기 때문이다.

(2) 영유아 보육과 유아교육의 차이

영유아 보육이 유아교육과 동일한 사업인가? 그렇지도 않다. 영유아 보육과 유아교육은 우선 목적에서 차이가 있으며 실제 기관운영 면에서도 차이가 있다. 유아교육은 유아기부터 교육을 시켜 초등학교 과정을 준비시키고 유아마다 부족한 점을 보상교육하는 것이 목적이다. 따라서 유아교육의 대상은 일러야 3세부터 6세까지다. 원래는 만 5세만이 대상이었으나 보육대상이 3세 이후로 확대되었으며, 오전만이 교육시간이던 것을 오후로도 교육시간을 확대하였다.

보육사업의 1차 목적은 출생 후부터 나이 어린 영유아를 대상으로 맡아 보육하는 데 있다. 보육은 우선 식사와 간식을 제공하고 온종일 돌보아야 한다는 점에서 유아교육과 차별화된다. 위생적 환경을 제공하고 영양이 균형 잡힌 급식을 제공해야 한다는 점이 보육의 중요한 과업이다. 온종일 돌보아야 한다는 점도 그러하다.

2차적으로는 아동의 발달적 요구를 고려하여 발달수준에 맞는 놀이활동을 제공해야 한다. 그리고 아동의 발달적 요구에 적합한 인지, 정서, 사회적 발달을 고려한 보육프로그램이 제공되어야 하는 것은 유아교육과 큰 차이가 없다. 그 외에 부모의 취업사정에 따라서, 빈곤환경으로 인한 지적 발달의 부진 등의 이유에서 영유아를 대상으로 보상교육을 제공해야 한다.

이처럼 영유아보육과 유아교육 사이에는 목적과 기관운영에서 다소 차이가 있으나 전문가들이 발달시기가 중복되고 국가 행정의 중복성과 재정지원의 비효율 문제를 제기하면서 두 기관의 일원화가 지속적으로 논의되고 있다.

3) 다양한 가족형태의 보완

보편주의로 가는 길목에서 영유아 보육은 현시대의 다양한 가족형태로 인한 부정적 영향에서 아동을 보호하고, 때로는 발달적 결함을 보완하는 보상보육을 실시해야 한다. 다양한 가족이란 실은 온전한 가족이 해체되는 과정에 있거나 이미 해체된 상황에 있는 여러 형태의 가족을 의미하기도 한다. 이혼으로 인한 편친가족, 동거나 재혼으로 인한 재결합가족, 독신으로 입양한 가족, 그 외에 여러 가지 형태로 사람들이 한 집에서 사는 경우를 포함한다. 어떤 경우든 그 가족환경에서 아동이 성장하면서 신체적으로나 심리적으로 결손이 될 가능성이 있다. 정서적 자극, 언어적 자극과 지적 자극의 부족으로 인한 발달지체의 가능성도 있다. 따라서 다양한 가족형태로부터 유발된 영유아의 발달지체를 보상하는 보육활동이 기대될 수 있다. 아버지가 없는 가족의 영유아에게 남자교사의 보육으로 남성성과 남자의 역할을 보상할 수 있으며, 어머니가 없이 성장하는 영유아에게 여자교사는 그 역할을 보상할 수 있다.

4) 사회화 기능의 대행

산업정보사회에서 맞벌이하는 부모는 늘 바빠서 아동의 기본생활습관을 형성하는 데 역부족인 경우가 많다. 아침에 늦게 일어난 아기는 울다가 세수도 하지 않은 채 어린이집에 오는 일이 허다하다. 아침 식사를 제때 맞춰 먹이지 못하는 부모도 적지 않다. 몸을 씻길 틈이 없어서 머리에서 땀내가 나고 아침을 걸러서 허기진 채 어린이집에 오는 아이들도 더러 있다. 보육활동에 들어가기 전에 우선 교사는 아이를 씻기고 머리를 빗기고 옷을 제대로 입힌 후에 아침 간식을 먹게 한다. 손톱을 깎아 주고 머리를 빗겨 주고 시간 맞춰 약을 먹이고 정리정돈을 가르치고 식사예절과 인사법을 가르친다. 그리고 보육활동에 참여하도록 한다. 이 모든 것은 사람이 살아가기 위해서 배워야 할 기본생활습관이다. 기본생활습관 형성은 초기 사회화의 내용이다.

위생적 생활습관을 바르게 형성한 후에 생활자세를 바르게 형성하도록 보육해야 한다. 즉, 보육교사는 영유아에게 줄 서서 차례를 지켜야 한다는 것, 물건을 아껴 쓰고 절약하는 습관을 길러야 한다는 것, 남의 것과 내 것을 구분해야 한다는 것, 정직해야 하며 거짓말을 해서는 안 된다는 것, 다른 사람에게 피해를 주어서는 안 된다는 것, 약속을 지켜야 한다는 것을 가르치고 공동체 생활에서 자신의 책임이 무엇인지를 가르친다. 가정과 사회에서 자기에게 무엇을 기대하고 어떻게 살아야 할 것인지를 가르치는 과정은 2차 사회화 내용이다.

이러한 사회화 과정에서 영유아는 자유탐색과 창의적 활동을 하도록 격려되어야 한다. 때로 자유로운 보육이 산만한 보육이라고 착각하는 경우가 있다. 비위생적이고 주의산만한 보육환경에서 자유롭고 창의적 활동이 이루어진다고 생각하는 전문가는 없을 것이다. 가정에서 부모나 조부모의 교육이 별로 이루어지지 못하는 요즈음, 어린이집에서 기본생활습관과 바른생활태도를 교육시키는 것은 바람직한 일이다.

4. 영유아 보육패러다임의 변화

1) 아동관의 변화

[영유아보육법]이 제정된 1991년 당시 아동 보육의 1차 책임자는 부모로서, 국가는 어디까지나 부모를 지원하는 역할을 담당하는 보조적 책임자로 간주되었다. 하지만 최근에는 국가가 2차 책임자로만 머물 수 없는 상황에 이르렀다. 그 이유는 저출산현상이 확산되어 예비시민인 아동의 수가 급속하게 감소되었기 때문이다. 우

우리나라의 출산율 저하 속도는 이미 OECD에 가입한 국가들 중에서 최고다. 2050년에 우리나라 국민의 수는 3천만 명으로 감소할 것으로 예상되고 있다.

저출산이 확산되는 이유는 무엇인가? 여성의 사회참여가 증가하고 여성 자신이 무엇보다도 직업을 통한 자아실현을 중요하게 여기기 때문이다. 그 외에 아동보육과 교육에 드는 고비용이 출산에 장애가 되고 있다. 국내에서 아동 1인이 출생 후 대학교육까지 받는 22년 동안의 양육비와 교육비용이 1억 원이 넘는다. 이러한 경제적 부담도 문제이지만, 자녀를 출산한 후에 마땅한 대리 양육처를 찾지 못하는 것도 출산을 망설이게 하는 요인이 되고 있다. 조부모가 손자녀를 양육하려 하지 않고 자신들의 노후 여가를 즐기려는 경향도 젊은 부부가 출산하지 않으려는 요인으로 지적되고 있다.

이러한 상황에서 국가가 더 이상 저출산문제를 방치할 수 없다는 인식이 확산되면서, 아동은 이제 부모의 책임이 아니라 국가가 책임져야 하는 미래국민이라는 인식으로 전환되었다. 농어촌지역의 출산비용과 보육비용의 일부를 정부가 지원하던 소극적 대처에서 전 계층의 0세부터 5세아까지 무상보육을 전격적으로 실시하는 적극적 대처를 취하게 되었다. 정부가 아동에 대한 소극적 인식과 보조적 지원자 역할에서 적극적 인식과 주도적 지원자로 전환된 것이다.

2) 선별주의에서 보편주의로

보육사업은 역사적으로 살펴볼 때 빈민구제 차원에서 실시되다가 여성의 사회참여가 증가하면서 점차 확대되어 오늘날에 이르렀다. 보육사업의 시초가 빈민구제라는 복지사업으로 실시되었던 만큼 최근까지도 보육사업의 대상은 생활이 어려운 빈민으로 제한되어 왔다. 그러나 최근에는 일반시민들의 생활수준이 향상되어 절대빈곤에 속한 사람의 수가 감소하고 취업여성의 수가 절반을 넘으면서 중류층 가정의 영유아들도 대부분 보육기관에 맡겨져야 하는 상황이 되었다. 이러한 배경에서 2000년부터 보육사업이 선별주의를 지양하고 보편주의로 전환되었다.

선별주의가 빈곤층 취업모의 아동을 대상으로 제한하는 것이라면, 보편주의는 일반 영유아를 대상으로 보육대상을 확대하는 것이다. 아동이나 부모의 교육수준, 경제능력, 직업의 종류, 주거환경 등 사회경제적 지위를 결정하는 어떤 조건으로도 제한하지 않고 모두 보육의 대상으로 받아들인다는 것이다. 빈곤층 가정의 영유아 뿐 아니라 중류층 이상의 가정에서 성장한 영유아도 보육의 대상이 된다는 의미다.

그 외에 어떤 조건의 아동이라도 보육대상이 될 수 있다. 아동의 인종, 종교, 국적, 가족구조, 형제순위 등의 조건이 다르더라도 보육대상에서 제외될 수 없다. 그리고 아동의 발달상의 어떤 조건도 보육의 대상으로 제한되지 않는다. 정상발달을 하는 영유아가 보육의 대상이 되듯이 신체발달지체, 자폐증, 정신지체 등 특수한 발달을 하는 영유아도 보육의 대상이 된다.

3) 가족책임에서 국가책임으로

아동보육이 부모책임인가 아니면 국가책임인가는 1991년 [영유아보육법] 제정 당시부터 뜨거운 이슈였다. 부모에게 출산한 자녀를 보육할 1차 책임이 있으며 국가가 2차 책임자라고 보는 것은 대부분의 자본주의 사회가 가지고 있는 사고들이다. 이에 반해서 아동은 국가의 미래시민이므로 국가가 보육의 1차 책임자라는 것은 사회주의 사회의 사고들이다. 국가가 보육의 책임을 가지고 있지만 이념에 따라서 1차 책임인가 아니면 2차 책임인가의 순위가 달라지는 것이다.

이러한 책임의 구분은 어디까지나 명분상의 것이지 실제 책임전담은 아니다. 한 예로 보육의 1차 책임을 국가가 진다고 해서 사회주의 국가에서 보육비용을 국가가 전부 부담하지는 않는다. 국가의 경제사정에 따라서 정책의 우선순위가 달라지므로 모든 보육비용이 면제되는 것은 아니다.

우리나라는 1991년 [영유아보육법]을 제정할 때 보육의 1차 책임자가 부모라고 명시했었다. 2013년 현재 [영유아보육법]은 보육사업의 대상을 모든 사회계층을 확대하면서 국가의 책임을 더 강조하고 있다. 보육사업의 중요성을 인지하고 이 사업의 주 책임자가 국가가 되어야 한다고 판단한 것이다. 실제로 북한이나 중국은 보육책임의 일부를 부모가 지고 있는 것이나 다를 바 없다. 문제는 국가와 부모가 분담하는 보육비용의 비율 차이일 뿐이다. 아동은 부모의 자녀이자 국가의 미래시민이다. 부모와 국가 모두가 그 양육과 교육의 책임을 가지고 있는 것은 분명한 일이다. 2013년 3월부터 실시된 영유아 무상보육정책은 국가책임을 공포한 획기적 정책이다. 1년에 7,000억 원 이상의 예산이 소요될 무상보육정책은 국가의 재정사정에 따라서 지속적으로 유지될 수 있을 것이다. 또한 2012년 3월부터 시행된 5세 누리과정이 2013년 3월부터 3~5세로 확대되었다. 이에 따라 어린이집이나 유치원에 다니는 모든 계층의 유아들이 부모의 소득수준에 상관없이 동일한 보육프로그램 속에서 성장한다. 이러한 조치는 보육의 공공성을 실제로 실행한 정책으로 평가받을 수 있다.

4) 수혜적 사업에서 참여적 사업으로

선진 외국에서도 대체로 그렇지만 우리나라의 보육사업은 모자복지 차원에서 시작되었다. 특히 빈곤가정의 여성 취업을 장려하고 돌볼 사람 없이 방임되는 아동을 맡아서 보육한다는 목적에서 보육사업이 실시되었던 것이다. 이러한 빈곤가정 복지 차원에서 시작된 보육사업은 자연 사회복지사업의 하나로 간주되어 생활이 어려운 가정의 아동을 시설에서 보육하였으므로 보육사업이 일관되게 수혜적 사업으로 인식되어 왔다.

그러나 초기 보육사업과 달리 현재 어린이집에는 빈곤층만이 아니라 중류층 가정의 자녀들이 대부분 참여하고 있다. 전 계층 영유아 지원뿐 아니라 가정에서 양육되는 영유아에게도 국가가 지원한다. 이처럼 보육사업이 2013년에 획기적으로 참여적 사업으로 전환된 것은 크게 세 가지로 살펴볼 수 있다.

첫째, 보육비 지원이 어린이집에 다니는 영유아의 시설별 지원만이 아니라 가정에서 보육되는 영유아를 포함해 영유아별 지원으로 바뀌어 보육의 소비자중심 참여가 가능해졌다. 처음에는 보육비 보조가 시설에 직접 지원되었기 때문에 소비자의 권리나 의견이 보육에 반영되기 어려웠다. 2005년 이후 보육비 지원이 아동별 지원으로 전환되면서 아동, 부모의 의견이 어린이집 선택과 보육활동 지원에 대폭 반영되었다. 따라서 아동의 보육에 국가가 재정 지원만이 아니라 권장 프로그램을 제공하는 등 공공성이 증가되었다.

둘째, 보육사업이 빈곤지역, 맞벌이가정을 대상으로 빈곤복지 또는 여성복지 차원에서 국가가 보육사업을 지원한다는 측면에서 저소득층 지원사업으로 간주되어 왔다. 그러나 중류층 가정 아동의 보육이 일반화되고 국가가 전 계층 영유아 무상교육을 실시하면서 보육사업이 더 이상 특정 계층 영유아에만 정부가 지원하는 것이 아니라는 점에서 공공보육으로 성격이 바뀐 것이다.

셋째, 가정에서 보육된 영유아에게 국가가 재정 지원을 하는 것은 보육의 보편성과 공공성을 전국적으로 확장시킨 국가의 책임을 확인한 것이다.

5) 국가정체성의 강화 지향

초기 보육사업을 실시하면서 각 어린이집에서는 서구 보육모델을 들여와 그대로 적용하곤 했다. 보육사업이 발달한 미국, 호주, 일본, 스웨덴 등 선진국의 보육정책과 보육프로그램을 가져다가 그대로 사용하는 경우가 빈번했다. 보육사업이 정착된 근래에 들어서 우리나라의 고유한 보육프로그램을 개발해 현장에 적용하려는 움직임이 활발해졌다. 우리나라의 지리환경에 적합하고 우리문화를 반영한 보육프로그램을 자체 개발하여 발전시키려는 노력이 대학을 중심으로 전개되고 있다. 서울대학교 어린이집의 주제탐구표현활동 프로그램, 숙명여자대학교 어린이집의 프로젝트 프로그램, 연세대학교 어린이생활지도연구원의 개방주의 프로그램, 부산대학교의 친환경보육 프로그램 등이 그러하다.

그 외에도 우리의 전통문화와 정서를 포함하여 한국인으로서의 정체성을 강화하려고 시도하고 있다. 영아기부터 김치와 된장찌개를 포함해 한식을 점심식사로 제공하여 한식에 입맛을 들이도록 하고, 언어 사용에 경어를 사용하는 습관을 형성해 주고, 서양의 파티보다는 잔치를 먼저 알게 해 주며, 서양의 위인에 앞서 우리나라의 위인에 먼저 접하게 하는 등 다양한 내용의 프로그램이 현장에서 적용되고 있다. 이러한 보육활동은 세계화를 지향하는 21세기에 한국인으로서의 정체성과 의식을 보유한 사람을 길러 냄으로써 세계화 대열에 참여해도 정체위기를 겪지 않을 심신이 건강한 사람을 육성하려는 노력의 일환이다.

6) 다문화보육의 지향

2000년대 한국사회에 결혼이민자와 노동이민자들이 급격히 유입되면서 다문화가정이 급증했다. 그리고 다문화가정에서 출생한 아동들의 취학이 급증하고 있다. 2007년 4월 현재 결혼이민자가정 자녀의 경우 초등학생이 1만 1,444명, 중학생이 1,588명, 고등학생이 413명 등 총 1만 3,445명이 학교에 재학하고 있는 것으로 보고되었다. 외국인근로자의 7세부터 18세의 자녀 역시 전국적으로 4만 3,649명에 이르는데, 같은 해 교육과학기술부가 발표한 자녀 재학생 수는 2만 4,745명으로 이들 자녀의 경우 부모의 불안정한 지위로 인해 취학하지 못하는 경우가 많은 것으로 알려졌다(한국일보, 2010년 9월 14일자).

다문화가정 자녀들은 열악한 교육적 환경으로 인해 학습지체를 경험할 가능성이 높으므로 이에 대한 체계적인 접근 및 지원이 필요하다. 이에 보건복지부, 여성가족부, 교육부, 농림수산식품부 등 여러 부처에서 다문화가정의 지원정책을 실시하였으나, 지금까지는 급격한 사회변화로 인한 사회현상에 정책이 따르지 못하는 현실이다.

특히 〈표 1-1〉처럼 여러 부처에서 다양한 다문화정책이 실시되고 있으나 실제로 다문화가정의 출산 자녀들에 대한 확실한 정보가 없는 실정이다. 결혼한 이민자는 국적을 취득하면 한국인으로서 대우받으므로 스스로 자신이 결혼이민자라고 밝히기 전에는 그들의 생활실태를 알 수 없다. 인권을 보장한다는 측면에서 개인의 사생활을 보호하고, 이들을 내국인으로 간주하다 보니 이들의 문제를 파악하기가 어렵다. 이 때문에 결혼이민여성과 그 자녀들에 대한 정확한 실태 파악이 어려운 실정이다.

다문화가정의 상세한 실태를 모르는 상태에서 지원정책을 실시하다 보니 수요와 공급의 차질이 커서 국가재정의 낭비가 될 수 있다. 그 외에 다문화가정을 다루는 부처 간에 협조가 부족하다. 보건복지부, 교육부, 여성가족부, 농림수산식품부 등

표 1-1 다문화가정 대상 부처별 지원사업

구분	교육부	여성가족부	농림수산식품부	문화체육관광부
정책	다문화가정 자녀 교육지원	결혼이민자가족 지원센터 지정 · 운영	농촌 여성결혼이민자가족 지원	결혼이주여성가족 한국어교육 지원
추진목적	다문화가정 자녀에 대한 교육지원 강화 및 다문화 교육환경 조성	한국어 · 한국문화 이해 교육 및 자녀 양육법 지도 등을 통해 자녀들의 학교생활 적응 유도	농촌지역의 여성결혼이민자가족의 안정적 농촌 정착	결혼이주여성가족 한국어 · 한국문화교육 실시
사업대상	다문화가정 자녀(국제결혼가정 자녀 및 외국인 근로자 자녀)	결혼이민자가족 및 자녀	농촌지역의 여성결혼이민자가족	결혼이주여성가족 및 자녀
주요내용	• 시 · 도단위 다문화가정 자녀 교육 활성화 -한국어교육반 및 특별학급 운영 -연구학교 운영 -교사 역량 강화 -프로그램 및 교재 개발 · 보급 • 다문화교육센터 설치	• 결혼이민자가족 지원센터 지정 -한국어교육, 가족교육, 문화교육, 정보화교육, 상담, 정보 제공 -결혼이민자가족 통합교육 프로그램 개발 · 보급	• 농촌지역 결혼이민자가정을 방문 지도할 교육도우미 운영 -언어교육, 문화교육, 가족관계 증진교육 등 -부부교실, 가족캠프 실시	• 한국어 강좌 개설 · 운영 • '사회문화예술교육지원사업'을 통해 문화예술교육 지원 • 이주여성 자녀 위한 한국문화 체험 행사
검토결과	초 · 중 · 고에 재학 중인 자녀의 학습, 결혼 해소 및 학교 적응을 돕는 것이 주목적	학교 밖 센터를 중심으로 결혼이주여성가족 지원	농촌지역의 여성결혼이민자가족의 안정적 정착 지원이 주목적	한국어교육자료 개발 · 보급 및 문화예술 지원

유사한 정책을 여러 부처에서 실시하여 예산과 인력이 낭비되고 있다. 중앙-지방 간 역할분담 지원체제가 미흡하고, 담당 부서별 추진실적에 대한 지속적인 관리가 미흡하며, 교육청 및 학교단위 사업에 대한 지도 · 관리 및 감독 · 평가체계가 부재

하다는 점도 문제다.

보육현장도 다를 바 없다. 아직 다문화가정의 유아기 자녀 수를 정확히 알지 못하는 상태에서 각 어린이집에 몇 명 안 되는 유아를 위해서 한국어교육이나 문화적응 프로그램이 실시되지 못하는 형편이다. 어린이집의 원장이나 교사들도 다문화가정의 자녀와 어머니를 제대로 이해하지 못해서 어떻게 소통하고 상호작용해야 할지 모른다.

이러한 상황에서 방치된 채 다문화가정의 자녀들이 성장하게 된다면 개인적으로는 사회 부적응의 고통을 겪게 될 것이고 미래 우리 사회는 사회갈등과 분열의 문제에 봉착하게 될 것이다. 따라서 시급히 다문화가정의 자녀들과 어머니에게 한국어교육과 사회적응교육을 시켜야 하고, 다문화가정의 어머니들에게 부모교육이 필요하다. 특히 빈곤한 다문화가정의 경우에는 부모들이 모두 취업을 하고 있으므로 이들의 자녀를 보육현장에서 수용하고, 가정교육이 이루어지지 못한 것에 대해 보상교육을 실시해야 한다. 이처럼 상황은 시급하지만 제대로 된 보상보육 프로그램이 없는 실정이다. 그나마 2008년 교육과학기술부에서 출생 초기 개입의 필요성을 인식해 빈곤한 가정과 다문화가정의 유아기 자녀를 위한 문화적응 프로그램을 개발하도록 했다. 빈곤가정 자녀의 보상교육 프로그램은 육아정책개발센터에서, 부모교육 프로그램은 이화여대에서, 다문화가정의 유아와 어머니의 한국어교육과 문화적응 프로그램은 서울대 다문화생활교육센터에서 개발했다. 이러한 정부와 전문가의 노력에도 불구하고 다문화가정의 자녀를 위한 사회 지원은 아직 초보적 단계에 머물러 있다.

앞으로 어린이집이나 유치원 등이 중심이 되어 전국적 규모로 한국어교육 프로그램이나 부모교육 프로그램, 문화적응 프로그램이 지속적으로 실시되어야 한다. 그렇게 함으로써 다문화가정의 자녀와 어머니들의 한국어 능력을 향상시켜 사회와 소통할 수 있도록 도와야 한다. 이러한 다문화가정과 사회의 노력만이 미래 우리사회의 문화 부적응 문제를 예방할 수 있을 것이다.

한편, 한국사회의 일반인들을 위한 다문화교육도 필요한 시점이다. 우리 사회는 아직 순혈주의 전통에 대한 과도한 자부심이 존재하며 다문화정책에 대한 이해가 부족하다. 다른 문화 · 언어 · 역사 등에 대한 정보가 특정 국가에 편중되어 있으며, 특정 지역 및 국가 등에 대한 편견이 존재하는 게 현실이다. 이러한 사회분위기에서 다문화가정의 자녀나 부모는 고통을 느끼고 사회 부적응을 경험하게 될 것이다. 따라서 정부나 사회단체들은 문화적 편견을 없애고 다문화를 수용하는 사회분위기 조성에 힘써야 한다.

제2장

보육사상과 역사

보육사상은 보육의 가치와 중요성에 대한 논의를 중심으로 하는 철학적 기반이다. 보육사상은 영유아 보육사업의 목적과 필요성, 원리, 실제 내용 및 발전 방향 등을 결정짓는 토대이므로 이에 대한 철학적 · 역사적 접근이 필요하다.

이 장에서는 시대적 이념의 변화에 따라 영유아 보육에 대한 인식이 어떻게 형성되고 달라져 왔는가를 외국과 우리나라로 구분하여 살펴보았다. 주요 내용으로는 영유아 보육에 크게 영향을 미친 사상가들의 철학과 영유아 보육기관의 역사적 변화과정을 들 수 있다.

1. 외국의 영유아 보육

영유아 보육의 변천과 발전은 사회적 흐름과 밀접한 관련을 맺어 왔다. 영유아 보육을 역사적으로 살펴보면 대개 아동교육사상의 시대적 변화를 중심으로 고대와 중세, 근대, 현대로 구분해 설명하고 있다. 이 절에서는 고대~16세기, 17~18세기, 19~20세기의 세 시기로 나누어 외국의 보육사상과 역사적 변화를 살펴보고자 한다.

1) 고대~16세기의 보육

영유아 보육에 대한 철학과 사상의 발생은 고대 그리스 시대까지 거슬러 올라간다. 아리스토텔레스(Aristoteles), 플라톤(Platon)과 같은 철학자들이 영유아기의 중요성과 교육의 목적에 대해 언급한 이래로 로마 시대에는 퀸틸리안(Quintilian)이 유아에게 가해지는 체벌을 반대하고 개인의 능력차를 고려한 적절한 교육방법을 강조하는 등 고대는 영유아 교육에 대한 철학과 사상이 싹튼 시기다.

플라톤은 스승 소크라테스의 정신을 이어받아 이성을 중시하고 이성에 의한 통치를 위해 이성을 함양하는 교육이 이루어져야 한다고 주장했다. 플라톤은 아동이 출생한 직후부터 국가가 교육을 계획해야 하며 놀이와 체조, 동화, 음악, 체육 등을 통해 전인적 발달을 도모해야 한다고 믿었다(김옥련, 1991). 『국가론(*Republic*)』에서 플라톤은 유아들을 강제로 교육시켜서는 안 되고 각각의 타고난 능력에 따라 놀이를 통해서 가르쳐야 한다며 놀이의 중요성을 언급하고 있다(박재문, 서영현 공역, 1987). 또한 남아와 여아 모두 교육의 기회를 가져야 한다는 진보적인 사상으로 인해 훗날 사회주의적 교육의 모델이 되기도 하였다. 플라톤의 보육사상은 아동의 습관이 초기에 형성됨을 지적하고 영유아기 보육의 중요성을 주장한 점에서 의의를 지니나, 계급사회적 사고를 뛰어넘지 못한 한계를 지니고 있었다.

실재론자였던 아리스토텔레스는 영유아기 보육이 이후의 성장에 영향을 미친다는 점을 들어 영유아기 보육을 중요시했으며 국가가 이를 담당해야 한다고 믿었다. 아리스토텔레스는 처음 7세까지는 가정에서 보육을 하고 그 후에 공보육을 해야 한다고 주장하였다. 플라톤과 아리스토텔레스는 국가의 목적을 위한 영유아 보육을 주장했지만 아동을 독립된 인격체로 본 것은 아니었다. 또한 영유아 보육의 가장 중요한 장소로 가정을 들었고 어머니가 자녀보호와 교육의 중심이 되어야 한다고 보았다.

로마 시대 학자인 퀸틸리안은, 인간은 선하게 태어나지만 잘못된 교육을 받음으로써 악하게 된다고 생각하였다. 따라서 올바른 교육은 타고난 선을 유지하기 위하여 영유아기부터 필요하며 체벌을 금하고 개개인의 특성에 따른 교육을 해야 한다고 주장하였다.

기독교 사상이 유럽의 사회와 문화에 절대적인 영향을 미쳤던 중세 시대에는 인간은 태어날 때 이미 완전하게 만들어져서 출생한다는 전성설(Preformation)이 지배적이었다. 아기는 성인과 동일하나 크기만 작을 뿐이라고 생각하여 젖먹이 시기만 지나면 작은 성인으로 취급함으로써 아동의 존재는 무시되었다. 즉, 중세에는 아동기의 개념이 존재하지 않았으므로 소수의 상류층 자녀만이 교육의 혜택을 받을 수 있었으며 종교교육과 부모, 도제에 의한 교육이 전부였고, 주요 교수법은 반복이라고 할 수 있다. 종교적 교리에 의해 인간을 악한 존재로 보았으므로 아동은 지시와 체벌, 혹독한 교정의 대상이었다(Nourot, 1997).

2) 17~18세기의 보육

17, 18세기에 들어오면서 르네상스와 종교개혁으로 인해 아동과 영유아 보육에 대한 의식이 달라짐으로써 중세의 아동관과 보육관은 근본적인 변화를 맞이하였다. 즉, 에라스무스(Erasmus), 코메니우스(Comenius), 로크(Locke) 등의 주장과 저서 등을 토대로 근대적인 아동관과 아동존중의 교육사상이 구축되기 시작하였다. 아동을 성인의 축소판으로 보았던 중세 시대와는 달리 아동이 지닌 특성과 독립성에 대한 인식이 생겨나기 시작하였다.

(1) 코메니우스의 아동관과 근대 보육

감각적 실학주의자로 알려진 코메니우스(Johann A. Comenius)는 1592년에 현재의 체코슬로바키아인 모라비아(Moravia)에서 태어났다. 대학에서 신학을 전공하였고 과학과 교육개혁에 관심을 갖고 있던 그는 목사와 교사로 일하면서 1632년 모든 어린이들의 교육받을 권리, 교육원리, 교수법 등에 대한 포괄적이고 획기적인 업적으로 평가되고 있는 『대교수학(*Didactica Magna*)』을 완성하였다. 200여 년 동안 사장되어 있다가 발표된 이 저서는 세계 최초의 교육학서로 불리고 있으

코메니우스(1592~1670)

며 보편교육을 강조하여 교육사적으로도 의의가 크다.

코메니우스는 17세기의 일반적 아동교육방법인 엄격하고 추상적인 주입식 교육을 비난하고 어린이의 자연성 개발에 적합한 인간적, 실물중심의 교육을 강조하였다. 지식은 감각을 통해 얻어진다고 생각한 코메니우스는 직접 볼 수 있는 실물이나 표본, 모형 등 구체적인 사물을 통해 인식하는 것이 중요하다고 주장하였다.

그는 권위주의적, 체벌적 훈육방식을 지양하고 아동의 자발적, 자율적 활동이 허용되는 개방적인 훈육방식의 가치를 강조하였다. 또한 교육은 가급적 일찍부터 시작해야 하며, 아동이 학습에 필요한 기능이 갖추어져 있기 전에 강요해서는 안 되고 인간본성의 자연적 순서에 따라 진행되어야 한다고 강조하였다. 즉, '자연의 질서에 따른' 객관적 자연주의 혹은 합자연(合自然)의 원리에 의한 교수법이라고 할 수 있다. 코메니우스의 교수이론을 간단히 살펴보면 다음과 같다(심성경 외, 2004).

- 직관의 훈련을 통해 기억하고 판단하며 창조하는 과정을 거쳐 쉬운 것에서부터 어려운 것으로 교육해야 함.
- 사물이나 모형을 통한 인식이 언어를 통한 인식이나 적용보다 먼저 이루어져야 함.
- 비약하지도 중단하지도 않는 자연과 마찬가지로 교육도 기초학습부터 점진적으로 이루어져야 함.
- 학습은 직관에서 출발하여 감각에 호소해야 함.
- 불필요한 것을 하지 않는 자연과 같이 학습도 생활에 필요한 것을 해야 함.
- 학습은 아동의 홍미에 따라 즐겁고 의욕적인 활동이 되어야 함.

코메니우스는 세계 최초의 그림 교재인 『세계도해(*Orbis Sensualium Pictus*)』에서도 감각적 직관을 강조하며 사물과 언어, 문자를 통합하여 단시간에 흥미 있고 정확한 지식을 감각을 통해 얻을 수 있음을 보여 주었다. 이 책은 시청각교육의 효시로 불리기도 한다. 그의 사상은 신비주의적이고 종교적이라는 점에서 비판받기도 하지만 자연의 원리를 따른 교수법을 주장하고 보편교육, 감각교육, 모국어교육을 강조한 점에서 후세 교육가, 사상가들에게 많은 영향을 주었다.

(2) 로크의 백지설과 새로운 아동관

로크(1632~1704)

영국의 철학자이며 정치사상가인 로크(John Locke)는 어려서 어머니를 잃고 법률가인 아버지 밑에서 자랐다. 로크의 부친은 아들의 교육에 대해 매우 엄격했다. 로크는 베이컨(Bacon), 데카르트(Decartes), 홉스(Hobbes) 등의 저서를 읽고 영향을 많이 받았으며 『인간오성론』, 『교육사상』, 『교육사』 등의 저서를 남겼다. 『인간오성론』에서 로크는 플라톤, 데카르트 등을 논박하고 생득적인 관념(innate ideas)에 대한 비판을 통해 인간의 경험이야말로 관념을 형성하는 근거라고 주장하였다.

그는 아기가 태어날 때 백지상태(tabula rasa)로 태어난다고 주장했는데, 이 견해는 지금까지도 그 맥을 유지하고 있다. 인간의 마음은 마치 백지와 같고 아동의 경험 하나하나가 이 백지 위에 새겨져서 인간 형성의 중요한 요소가 되므로 훈육과 환경에 따라 인간은 크게 달라질 수 있다는 것이다.

로크는 1696년에 '가난한 아동을 위한 노동학교 계획서' 를 제안하기도 했는데, 이것은 저소득층 가정의 유아를 위한 탁아보호교육의 필요성을 주장한 것이다. 로크는 아동을 이성적인 존재로 보고 그 자연적인 자유를 침해해서는 안 된다고 지적하였다. 아동은 언어를 습득하면서 이성적 존재로 성장하며 바람직한 인격 형성을 위해서는 올바른 양육과 습관 형성이 필요함을 강조하였다. 로크의 사상은 아동의 자유와 자연을 존중하고 체벌이나 질책보다는 칭찬을 권하고 형식적인 교육을 반대하는 등 낡은 아동관에서 새로운 아동관으로 전환하는 계기가 되었다(고후순 · 김동일 · 조옥희, 2000).

로크는 선천적 소질보다는 경험 또는 후천적인 교육의 역할을 중시한 점에서 학습이론의 시조로 여겨지고 있다. 한편 심신의 조화로운 발달을 중시하여 체육활동을 강조하고, 훈육을 중시하되 아동의 자주성을 존중하며, 아동의 흥미를 유발하기 위한 놀이와 놀잇감 사용을 제안하는 등 현대 보육사상에 큰 영향을 주었다. 그러나 주로 상류계층의 보육 · 교육에 대해서 언급하고 가정 보육 · 교육을 중심으로 하고 있다는 한계점을 지니고 있다.

(3) 루소의 자연주의 사상과 아동존중사상

루소(1712~1778)

스위스의 제네바에서 가난한 시계공의 아들로 태어난 루소(Jean J. Rousseau)는 18세기 프랑스의 대표적 철학가이자 사상가이며 작가이기도 하다. 그는 일찍 어머니를 여의고 아버지와 생활하다가 아버지의 사망 이후에는 프랑스에서 대부분의 생을 보냈다. 루소는 독학으로 여러 학문을 체계적으로 공부하여 학식을 쌓았으며 「학문예술론」이라는 논문이 공모에 당선되어 유명해졌다.

루소의 근본사상은 자연주의, 합리주의, 자유주의에 입각하고 있다. 그의 사상의 근저는 '자연은 선(善)이고 사회는 악(惡)이다.' 라는 명제에서 출발한다. '자연으로 돌아가라.' 는 루소의 이 외침은 자연주의 사상을 잘 표현한 말이다. 루소의 아동존중사상은 인간의 본성은 선이며 선은 다름 아닌 자연이라는 그의 인간관과 연관된다. 즉, 인간의 본성과 선과 자연은 하나라는 것이다.

자연적 인간주의의 교육목표를 달성하기 위한 그의 교육방법도 자연적인 방법에 의존하고 있다. 루소는 그 당시 교육자들이 어린이들에 대해 잘 알고 있지 못함을 지적하고 어린이들을 잘 관찰해야 함을 강조하고 있다. 어린이들은 성인이 되기 전에 어린이 그대로여야 하는 것이 자연이며, 이것을 거슬러 더 빨리 열매를 얻고자 하면 그 결과는 잘 성숙하지 못한 것이 되기 쉽고 또한 쓸모없는 것이 된다고 역설했다. 또한 지식을 암기하도록 하기 전에 '어떻게 배울 수 있는가' 에 대하여 가르쳐야 하며 지식의 양이 중요한 것이 아니라 실수를 통해 배울 수 있도록 해 주어야 한다고 주장했다. 이는 지적인 내용, 도덕적인 측면 모두에 적용되고 있다. 루소는 또한 어린이들의 잘못된 행동이 허락되지 않는다면 어떻게 그들이 옳고 그른 것을 가려내고 선택하는 것을 배울 수 있는가라고 문제를 제기하고 있다.

루소는 '에밀(Emile)' 이라는 가상적인 학생의 교육과 발달과정을 유아기, 소년기(5~12세), 청소년기(12~15세), 청년기(15~20세)로 구분하여 설명하고 있다. 그는

『에밀』의 첫머리에 성선설에 입각한 아동관을 서술하며 어떻게 아동이 존중되어야 하는가를 설명하고 있다. 루소의 교육사상을 간략하게 정리하면 다음과 같다(안인희 편, 2000).

- 아동의 인권존중은 아동 각각의 존재를 인정하고 개성을 살리는 것이다.
- 자연법, 즉 자연의 질서를 기준으로 교육방법론을 개발한다.
- 성장과정에 있는 아동기에 자연법을 무시하고 인위적인 인간의 법칙을 적용하면 인간의 본성인 선(善)을 말살하는 결과를 초래한다.
- 영유아의 양육과정은 자연 질서를 따라야 한다.
- 아동기에는 감각기관의 훈련이 중요하며 말보다 사물을 우선하는 자연주의 경험교육이 필요하다.
- 아동의 놀이는 아동기에 매우 중요한 교육활동이며 미래를 위한 준비 단계가 아닌 아동기 자체로서 존중되어야 한다.

루소의 자연적 교육은 행복, 자발성, 탐구력과 같은 질을 증진시키고 용기를 북돋아 준다고 한다. 아동 자신의 자연적 능력에 따라 성장하도록 허용해야 한다는 것이다. 루소의 아동교육사상은 페스탈로치와 프뢰벨 같은 교육개혁가들에게 계승되었으며, 학습의 요소로서 준비성을 강조하는 현대 프로그램에서 발견되고 있다. 오늘날 아동들에게 자발적이고 자기를 조절할 수 있는 환경을 주는 개방교육과 같은 교육훈련은 그의 철학의 근본이라고 하겠다.

(4) 18세기 보육의 실제(미국)

새로운 아동관의 등장에도 불구하고 18세기 보육의 실제는 아동의 학습과 발달에 대해서 종교적 이념이 지배했던 중세의 부정적인 아동관을 반영하고 있었다(Weber, 1984). 당시에는 인간의 본성이 사악한 것으로 생각되었고, 성경을 읽을 수 있도록 배우는 것이 구원의 한 방법으로 여겨졌다(Butt & Cremin, 1953). 청교도적인 사상이 강했던 18세기 미국의 영유아 보육은 이러한 아동관에 입각하여 원초적 죄를 타고난 아동을 엄격한 훈육을 통해서 다스리는 것을 교사의 임무로 보았다. 보육환경은 직접 경험을 통해서 아동을 가르치기보다는 아동들이 주어진 교육과정을 따라가고 규칙을 준수할 수 있도록 하는 데 목적이 있었다. 예를 들면, 교사는 아동을 똑바로 자리에 앉힘으로써 기계적인 과제들을 하도록 집중시킬 수 있다고 믿었다. 또한 교육과정은 성경과 문자의 암기와 암송에 국한되었다.

18세기 미국의 영유아 보육에서 집단교수방법은 잘 쓰이지 않았고 교사는 아동을 각각 지도했다. 수업시간에 아동들은 일어나서 암기한 인용구들을 교사 앞에서 낭송하고 자신의 자리에 착석하는 것이 일반적이었다. 2세 이후의 영유아에게 체벌은 일상적이었다. 학교의 교사나 학부모들 모두 체벌이 아동을 바르게 자라게 하는 데 필요하다고 생각하고 사용했다. 체벌 외에 조롱하기, 창피한 의자에 앉히기, 열등생 모자 씌우기 등이 훈육의 방법으로 사용되었다(Gutek, 1968).

18세기 미국에서 교육은 모두에게 제공되는 것이 아니었고 더구나 여아에게는 기회가 드물었다. 읽기교육은 일반적인 교육의 내용이었지만 실제 교수방법은 개별 교사에게 달려 있었다. 현대의 교육과 달리 18세기 미국의 교육은 '매를 아끼면 아이를 망친다.' 는 믿음에 바탕을 둔 훈육과 도덕교육으로 이루어져 있다고 볼 수 있다.

3) 19~20세기의 보육

18세기에 싹튼 아동존중사상은 19세기에 이르러 페스탈로치(Pestalozzi)의 실천적 교육과 프뢰벨(Froebel)의 유치원을 통해서 꽃을 피우게 되었다. 영유아 보육에서 아동의 자기활동, 자기표현을 중요시하는 경향은 페스탈로치가 전성기를 구가하였고 프뢰벨에 이르러 더욱 강조되었다. 듀이(Dewey)에 의해 비롯된 진보주의 교육사상과 몬테소리(Montessori)의 교수방법은 '아동의 세기' 라 불리는 20세기의 영유아 보육에서 중요한 위치를 차지하고 있다. 한편 20세기 중반에 시작된 피아제(Piaget)와 비고츠키(Vygotsky)의 구성주의 이론은 현재까지 커다란 영향을 미치고 있다.

(1) 페스탈로치의 교육

18세기 미국과 유럽의 학교에서 이루어지던 교육과 극명한 대조를 보이는 교육방식이 페스탈로치(Johann H. Pestalozzi)에 의해 제창되었다. 페스탈로치가 '기본 교육'이라 명명한 이 방식은 감각관찰과 반사의 훈련을 통해서 육체적, 정신적, 도덕교육을 통합할 수 있게 계획되었다.

페스탈로치가 세운 슈탄스의 학교

페스탈로치의 이론은 영유아기는 유연한 시기이고 타고난 선(善)의 표현이라고 생각한 고대 철학자 플라톤의 교육관에 바탕을 두고 있다. 또한 지각 경험이 내부의 생각을 의식의 표면으로 떠오르게 한다는 코메니우스의 감각교육의 영향을 받고 있다. '아동은 완전히 형성된 기질을 타고난다.'는 중세교회의 믿음에 반기를 든 로크 역시 페스탈로치의 교육이론에 영향을 주었다. 로크는 아동도 다른 자연현상과 마찬가지로 환경의 영향을 받는다고 생각하였다. 이러한 개념은 코메니우스의 이론과 함께 '아동은 감각관찰과 지각에 의해 배운다.'는 페스탈로치 철학의 근간을 이루고 있다. 이 밖에 자연환경이 아동의 정신을 자유롭게 하는 매개체라는 루소의 사상도 페스탈로치에게 영향을 주었다(Gutek, 1968). 아동기에 대한 낭만주의적 관점이 확산되면서 아동의 감각과 타고난 선이 존중을 받게 되었다. 낭만주의자들은 아동을 욕망과 질투에 오염되지 않은 인간의 개요로 이상화하였다. 페스탈로치는 교육을 통해 아동의 타고난 선을 보호하고 미래사회를 위한 보다 나은 인간으로 만드는 방법을 찾았다.

페스탈로치(1746~1827)

루소가 『에밀』이라는 저서를 통해 자신의 사상을 펼친 것과 마찬가지로 페스탈로치도 『게르트루드는 어떻게 자녀들을 가르치는가』라는 책을 통해 자신의 아동관과 교육과정을 일반에게 전달하였다. 또한 1798년 슈탄스(Stans)에 고아를 위한 학교를 세우고 1799년 부르크도르프(Burgdorf)에서는 교사생활을 하였으며, 1804년 이후 위베르동(Yverdon)에 실험학교를 설립하는 등 빈민층의 아동들을 위한 교육에 헌신하였다. 위베르동은 그 당시 국제적으로 교육혁신의 중심지가 되었다. 1799년 헤르바르트가 방문하였고, 프뢰벨도 페스탈로치의 학교를 방문하였다.

페스탈로치의 교육방법은 다섯 가지로 요약된다(김정환, 1999).

- 자연합일교육: 교육은 자연의 길을 따라야 하며 아동의 내부 능력을 발전시키는 데서부터 시작되어야 한다는 자발성의 원리와 일정한 단계를 거쳐서 진행되어야 한다는 원리를 포함하고 있다.
- 직관교육: 직관은 모든 인식의 절대적 기초이며 개개의 인식은 반드시 직관에서 출발하여 실물에 결부되어야 한다.
- 학습의 단계성: 학습은 쉬운 것부터 시작해서 어려운 것으로 나아가야 하며 모든 지식은 초보단계가 중요하다. 학습자의 발달수준에 맞는 교육이 이루어져야 하며 학습자 자신이 상황에 맞추어 학습의 주체가 되어야 한다.
- 전인교육: 도덕적, 지능적, 신체적인 힘을 조화롭고 균형 있게 발달시켜야 한다.
- 노작교육: 일하면서 배우고 배우면서 일한다는 교육방법의 원리로 교육의 학문적인 완성보다 생활에 대한 준비를 강조한다.

페스탈로치는 아동의 경험교육을 위해서 가정과 같은 환경을 조성하는 것이 중요하다고 생각하였다. 자연적 발달관에 입각하여 페스탈로치는 교구와 교수방법이 아동의 발달단계에 맞도록 세심하게 연결된 교육과정을 고안하였다.

아동의 활동은 페스탈로치가 창안한 '두뇌의 관념화 능력' 이라는 개념을 토대로 구성되었다. 감각 표현은 가장 기본적인 개념으로 여겨졌고 특성을 추상적으로 인지하거나 대상을 분류하는 것과 일반화과정이 뒤따른다고 생각되었다(Gutek, 1968; Heafford, 1967; Williams, 1987). 이는 감각 경험을 강조한 몬테소리의 이론이나 논리수학적 지식이 구체적 대상과 물리적 경험으로 인해 형성된다는 피아제의 이론의 전조로 여겨진다. 또 다른 페스탈로치 교육원리 중의 하나는 교수는 구체적인 것에서 추상적인 것, 단순한 것에서 복잡한 것, 기지의 것에서 미지의 것으로 확대해 가야 한다는 것이다.

진보주의 교육과 공통점을 지닌 페스탈로치의 자연주의 교육은 현대의 심리주의, 과학기술주의 교육의 교수법으로 발전하였다. 아동발달의 초기단계를 중요시한 아동중심주의 사상은 루소를 거쳐 페스탈로치에서 꽃을 피웠다. 아동과 접해 있는 환경을 중요시하고 아동의 자발적 활동과 관찰, 체험에 의한 창조적 활동이 강조되어 구미 각국에서 진보주의 교육운동의 원동력이 되었다.

(2) 프뢰벨의 킨더가르텐

프뢰벨(1782~1852)

독일의 철학자이며 교육가인 프뢰벨(Friedrich Froebel)은 영유아 보육사상 처음으로 '킨더가르텐(Kindergarten)' 이라는 말을 창안하여 사용하였다. 프뢰벨은 독일의 이상주의 철학, 특히 루소와 페스탈로치 등의 영향을 많이 받았으며 이를 바탕으로 자신의 교육이론을 정리하였다. 프뢰벨은 또한 놀잇감을 특별히 고안하여 이것을 은물(恩物)이라 불렀다. 이것을 통해서 아이들이 우주의 조화, 다양성, 상호관련성 등을 배우게 되었다. 공, 정육면체, 원통에서 찰흙, 종이 오리기 등은 지금까지도 유아교육에서 활용되고 있다. 이것은 최초의 체계적인 교구개발이라 할 수 있겠다. 그의 대표 저서인 『인간교육(*Die Menschenerziehung*)』에 나타난 교육이론을 간략하게 정리하면 다음과 같다(안인희 편, 2000).

- 통일의 원리: 신과 인간과 자연의 불가분의 관계를 나타내며 만물의 본질을 신성으로 보고 만물의 사명은 단지 그의 본질인 자기 내부의 신성을 외부에 표현하는 것이다.
- 자기주도의 원리: 교육에서 자기주도적 활동을 창조적인 것으로 보고 교육의 과제는 아동의 자기표현을 도와주는 것이다.
- 노작의 원리: 노작은 그 자체가 목적이며 인간 생명의 창조적이고 자발적인 활동이다.

• 사회화의 원리: 인간은 사회적 동물이며 교육은 사회활동의 한 과정이다.

신과 인간과 자연의 불가분의 관계는 루소, 페스탈로치, 프뢰벨의 3자에 걸치는 공통된 교육사상이었다. 그러나 루소는 자연성에, 페스탈로치는 인간성에 그 중심점을 두었던 것에 반하여 프뢰벨은 신성에 그 중심점을 두고 있었다. 프뢰벨은 전인적인 구조로서의 인격을 발전시켜 '신성'을 발현시키는 것을 교육의 목적으로 하였다. 즉, 인간에게 내재한 신성을 충분히 전개시키는 것이 프뢰벨이 보는 교육의 본질이었다. 그런데 이 신성은 프뢰벨에 의하면 곧 창조성이고 아동의 성장은 이 창조성, 활동성에 의하여 자라난다. 따라서 아동의 성장은 결국 신성의 발현이라고 볼 수 있고 그 신성은 자유로운 교육, 자발적 활동, 노작활동에 의해서 처음으로 실현되는 것이라고 하였다.

페스탈로치의 직관의 원리는 프뢰벨에 이르러 자기활동의 원리로 바뀌었다. 자기활동이란 자기 자신의 흥미로부터 생기는 것이며 자기 자신의 힘에 의해서 기대되는 활동이다. 프뢰벨에 의하면 자기활동에 의해서 개개인이 객관적 세계를 인식하고, 자기 자신의 본성을 인식하고, 자연과 인간의 양생명의 일부가 되는 과정을 인식한다고 하였다. 그러므로 프뢰벨은 교육을 창조적 자기발달의 과정이라고 생각하였다. 그는 이 발달은 소위 '내적 발달'에서 생겨 나오는 것이며, 아동들의 자발적 자기활동으로 달성된다고 하였다.

아동의 자연적 개발과정으로서의 가장 특색 있는 자기활동은 놀이와 작업이라는 모습으로 나타난다. 따라서 프뢰벨에 의하면 놀이와 작업은 가장 유력한 교육의 수단이었다. 운동적 놀이는 행진, 뛰기, 무용 등이고 작업적 놀이는 장난감, 즉 은물을 가지고 여러 가지의 형태를 구성하는 탁상놀이다. 은물이란 아동이 신으로부터 받은 선물이라는 뜻이다. 아동들은 이 은물을 통하여 감각기관을 훈련하고 우주의 이법을 깨닫고 신성을 인식하게 된다.

연속적 발달의 원리는 루소가 그의 저서 『에밀』에서 시사하고 있으나 프뢰벨은 그것을 보다 명확히 하나의 원리로서 확립하였다. 연속적 발달이란 발달의 과정이 연속적임을 뜻한다. 즉, 인간의 생활 · 성장에는 각 단계에서 끊임없는 연속과 계속이 있으며 단절이나 비약이 없다. 이러한 연속적 발달관은 교육적인 측면에서 아동의 현실을 중시하는 아동생활 존중의 교육원리가 되었다.

전통적 프뢰벨의 유치원에서 교사의 역할은 아동을 관찰하고 안내하며 아동의 창조적 활동과정을 방해하지 않는 데 있었다. 피바디(Peabody)는 이러한 교사의 역할을 명확히 기술하였지만(Ross, 1976), 프뢰벨의 원리는 미국에 도입되면서 심하게 왜곡되었다. 예를 들면, 아동이 은물을 가지고 자유롭고 창의적인 탐색과 활동을 할 수 있도록 권장하기보다는 교사의 매뉴얼에 따라 세심하게 구성된 활동이 장려되었다. 프뢰벨의 본래 의도는 놀이를 통해 아동의 학습을 증진하는 것이었지만 프뢰벨의 추종자들은 그의 의도를 충분히 인식하지 못한 경우가 많았다(Downs, 1978; Wever, 1969; White & Buka, 1987).

프뢰벨의 유치원운동은 한동안 활발하게 전개되었지만 1851년 독일 정부는 프뢰벨이 무신론적 사상을 유포한다고 생각하여 유치원 금지령을 내렸고, 프뢰벨은 그 이듬해 세상을 떠났다. 프뢰벨의 교육사상은 독일인의 이주와 이민에 따라서 전 세계로 확산되었다.

(3) 진보주의 교육사상과 아동 연구의 활성화

듀이(Dewey)는 루소의 자연주의와 프뢰벨의 상징주의를 비판하면서 20세기 교육철학의 변화와 발전에 중요한 역할을 하였다.

듀이에 의해 제창된 20세기 진보주의 교육은 다윈 이론의 영향을 크게 받고 있다. 듀이와 진보주의자들은 놀이, 구체적 대상물의 중요성, 아동기의 유연성 등 프뢰벨의 많은 개념에 동감하고 있었다. 또한 유연성과 변화하는 환경에 적응하는 능력이 생존의 관문이라는 다윈의 주장에 동조하고 있었다.

듀이(1849~1952)

듀이의 진보주의(Progressivism) 교육사상은 그의 사상적 기반인 실용주의 철학(Pragmatism)에 뿌리를 두고 있다. 듀이는 기존의 이상주의적이고 기계주의적인 교육을 비판하고 교육의 실용성을 강조하였는데, 특히 유아교육과 관련하여 프뢰벨의 이상주의를 비판하였다. 듀이는 단순히 교과중심 교육과정보다 아동의 흥미중심 교육이 중요하다고 강조하였다. 교육이란 이상이나 관념의 추구가 아니라 실생활 그 자체라는 것이다. 즉, 교육이란 예측하기 어려운 미래를 위한 준비라기보다 현재 생활의 일부가 되어야 한다는 것이다. 듀이는 아동의 성장에 합치하는 교육, 자연적으로 발달할 수 있는 자유가 보장되는 교육, 탐구를 계속적으로 유도하는 흥미중심의 교육, 현대 사회생활에 유용한 구체적인 내용을 중심으로 하는 교육 등 과정을 중시하는 아동중심 교육사상을 제창하고 있다(심성경 외, 2004).

진보주의 교육은 아동의 인지적 갈등을 유발시킬 수 있는 교육환경을 제공함으로써 아동의 발달을 도울 수 있다는 입장이다. 따라서 아동의 경험을 조직하고 발달시키는 힘은 창조적 사고에서 비롯되며, 이러한 사고활동은 문제상황 및 인지적 갈등을 경험하면서 보다 활성화, 적극화된다고 보고 있다. 지식을 강조하고 있지만, 지식은 교사에 의해 제공되는 정보의 기억 내지 암송이 아니라 문제해결상황이나 인지적 갈등상황하에서 아동의 적극적인 상호작용에 의해서 획득되는 것으로 본다.

듀이는 교육의 목적이 교육과정 자체에 포함되어 있으며 교육은 아동의 경험의 개조를 돕는 것이고 아동의 욕구에 입각한 자발적 활동을 통하여 이루어진다고 하였다. 아동의 흥미와 아동 자체에 관심을 둔 그의 교육과정은 아동중심 교육과정이라고도 한다. 즉, 교육은 아동중심, 활동중심, 흥미중심, 생활중심이어야 한다는 것이다.

20세기 초반에 이르러 미국에서는 교육의 가능성에 관한 관심이 여러 방면으로 점점 고조되어 표현되면서 그 가능성이 여러 가지 사회적 또는 개인적 상황에서 실증적인 검증의 대상이 되었다. 이에 따라 아동을 연구하고 그 연구 결과를 체계적으로 활용하려는 운동이 일어났는데, 이 운동의 선구자는 스탠리 홀(Stanley Hall)이었다. 홀이 아동 연구에 즐겨 사용한 방법은 질문지법으로 호기심, 공포, 분노, 동정심 등 인간 본성의 기본 사실을 질문하여 응답한 자료를 분석하는 것이었다. 이외에 관찰법, 일화기록법 등 새로운 방법으로 아동을 연구하였다.

홀은 영유아 보육에 많은 영향을 주었는데, 그는 당시 지대한 영향력을 가진 프뢰벨의 이론을 비판하고 위생, 건강훈련 등을 주장하면서 크고 밝은 공간을 아동에게 제시할 것을 강조하였다. 특히 영유아가 다루기 힘든 소근육발달을 위한 작은 교구와 적목 사용을 비판하고 대근육운동에 기초한 활동을 제시하였다.

손다이크(Thorndike)도 아동연구운동의 일부분을 담당하였는데, "존재하는 것은 무엇이든 양으로 존재한다."라고 주장한 그는 과학적 측정을 앞세워 1910년대에 쓰기, 수학, 철자법, 그리기, 읽기, 언어영역에서 학생들의 학업성취도를 측정하는 도구를 개발하였다. 이것이 교육에 영향을 주어 어느 특정 집단의 학생들에게 주어진 시간 안에 가장 효과적으로 제공할 수 있는 것이 무엇인지를 돕는 개별화 교수법을 중요하게 여기도록 하였다. 그의 이론은 영유아 교육에도 영향을 주어 교육의 목적을 바람직한 행동습관 형성을 돕는 것에 두도록 하였다(이영석, 1997).

프로이트(Sigmund Freud)의 정신분석이론 역시 아동연구운동의 결과로 유아교육에 영향을 미치게 되었는데, '인간의 성격 형성은 6세 이전에 이루어진다.' 고 생각하여 영유아기의 사회정서발달에 많은 관심을 두도록 하였다. 같은 맥락에서 에릭슨(Erickson)의 사회성발달이론 역시 유아교육에 영향을 주었는데, 신뢰감, 자율성, 지도성 등을 중시하는 유아교육 방법론이 실제에 적용되었다.

이 밖에 게젤(Arnold Gesell)의 표준성숙주의 이론 등이 영유아 보육에 영향을 미쳤는데, 이상과 같은 아동연구운동의 새로운 전환을 제공한 사람은 다윈이라고 볼 수 있다. 다윈의 진화론과 새롭고 과학적인 연구방법은 손다이크와 게젤의 아동행동에 관한 연구를 가능케 했을 뿐 아니라 프로이트, 피아제의 인지에 대한 연구 등 새로운 심리학적 연구의 방향을 제시하였다고 볼 수 있다(이영석, 1997).

(4) 몬테소리 어린이집(Montessori's Children's House)

몬테소리(Maria Montessori)는 이탈리아 최초의 여의사로서 의학적 배경을 가지고 교육의 발달에 공헌하였다. 몬테소리는 정신장애아동의 교육에 남다른 관심을 가지고 있었고 그들을 위한 체계적인 교구와 교수방법의 개발을 시도하였다. 몬테소리의 교육철학은 프뢰벨이나 듀이와 많은 공통점을 지니고 있음에도 불구하고 아동발달과 교육에 그녀만의 독특한 관점이 존재하는 것을 볼 수 있다.

몬테소리(1870~1952)

몬테소리는 아동을 무한한 잠재성을 가진 능동적인 존재로 보았으며 아동의 자발성을 강조하였다. 아동은 계속해서 주변의 환경으로부터 자극을 받고 정보를 얻으며 스스로 탐색하고 학습하는 존재라는 것이다. 몬테소리의 아동관은 아동은 누구나 그 자신을 발달시킬 수 있는 능력을 가지고 있으며 발달은 단계적으로 이루어진다는 것이다. 또한 몬테소리는 아동은 스스로를 자유롭게 표현하려는 욕구가 있으므로 실제의 경험을 통한 학습이 매우 중요하다고 생각하였다.

아동들을 관찰한 결과 몬테소리는 정신발달의 연속적인 발달단계를 상정하고 각 시기마다 특별히 중요한 측면이 있음을 발견하였다. 몬테소리는 아동의 발달은 민감기(sensitive period)와 흡수정신(absorbent mind)에 의해 이루어지며 민감기는 주로 0~6세에 해당된다고 하였다. 민감기란 독특한 성향으로서 환경으로부터 인상을 흡수하여 자신의 것으로 만드는 능력이 뛰어난 시기이며, 아동이 어떤 행동에 민감해지고 구체적인 기능을 훨씬 더 쉽게 학습하는 시기다. 흡수하는 정신능력은 아동의 내부에 존재하며 이를 통해서 아동은 환경을 받아들이고 지식을 구체화시킨다고 한다(이윤경 외, 2003).

한편 몬테소리는 오감의 발달 중 특히 시각과 촉각의 발달은 지적 성장과 추상적 개념을 이해하는 데 바탕이 된다는 것을 알아내고 같은 과제를 반복하는 방법을 통해 유아들의 감각발달을 도와주는 교수자료들을 고안하였다. 감각교육은 몬테소리 교육의 가장 큰 특징이 되어 왔다. 몬테소리의 교육사상은 1920년대 이후 쇠퇴하였으나 1960년대 들어 인지발달이론이 관심을 끌면서 새로운 조명을 받고 있다.

(5) 빈곤아동을 위한 보상교육: 미국의 헤드 스타트

1965년에 시작된 헤드 스타트(Head Start) 프로젝트는 미국의 영유아 보육의 발전을 위한 중요한 계기가 되었다. 이 프로젝트는 존슨(Johnson) 대통령이 내세운 '빈곤퇴치' 운동의 일환으로 전국의 저소득층 가정의 아동들을 위해 국가에서 무상으로 영유아 보육서비스를 제공하는 프로젝트다. 저소득층 영유아를 위한 보상교육으로 연방 정부의 주도하에 실시된 프로그램에는 학습경험, 건강, 영양, 부모교육 등 다양한 내용이 포함되어 있다. 헤드 스타트 프로그램은 초등학교 3학년까지 계속된 팔로우 스루(Follow Through) 프로그램과 연계되어 장기적 효과를 도모하기도 했다. 1997년 클린턴(Clinton) 대통령은 '21세기 미국 교육을 위한 행동강령'을 발표하고, 2002년까지 3~4세 유아를 우선 대상으로 1백만 명까지 확대하고, 0~2세 영아에게도 적용되는 헤드 스타트 프로그램의 확장을 실시하였다(나정 · 장영숙, 2002).

헤드 스타트를 통해 양질의 영유아 보육이, 특히 저소득층 위기가정의 아동발달과 적응에 어떻게 긍정적인 영향을 미치는가에 대한 장단기 연구가 이루어졌고 이는 보육의 공공적 측면에 대한 사회적 인식과 관심을 새롭게 하는 계기가 되었다. 헤드 스타트는 또한 각국의 보육에 대한 공공투자와 정책의 방향 설정에 상당한 영향을 미친 것으로 여겨진다.

(6) 구성주의 이론과 영유아 보육

철학적 인식론에서 출발한 구성주의가 보육에 미친 영향은 1960년대에 시작되어 지금까지 계속되고 있다. 특히 피아제(Piaget)와 비고츠키(Vygotsky)의 이론은 1970~1980년대 영유아 보육에 큰 영향을 주었다. 발생학적 인식론자인 피아제와 사회적 구성주의를 주장한 비고츠키는 지적 발달에서 놀이의 가치를 강조했고, 아동의 발달을 유전적 요인과 환경적 요인의 상호작용의 결과로 여겼다. 아동들은 능동적인 활동과 그 경험에 대한 반성적 추상화(reflective abstraction)를 통해서 지식을 구성해 나가며 이는 인지구조의 변화를 가져온다고 가정하고 있다.

구성주의는 성숙주의 또는 행동주의적 입장과 아동관에 있어서 차이를 보이고 있으며 아동의 발달은 유전이나 환경 중 어느 하나의 절대적인 영향을 받는 것이 아니고 이들이 상호작용함으로써 이루어진다고 주장한다. 인간을 환경으로부터 얻은 정보에 따라 행동함으로써 자신의 주변 세계를 이해해 나가는 존재로 간주하고, 이러한 과정에서 계속적인 인지의 재구조화가 이루어진다고 한다. 따라서 다양한 아동중심의 경험과 교사 또는 또래와의 계속적인 상호작용이 학습과 발달에 필수적이라고 주장하며 지식 구성에 있어서 아동의 주체적 역할을 강조하고 있다. 구성주의자들이 동의하는 교육활동에 관한 일반적인 원리는 다음과 같다.

- 공부뿐만 아니라 다양한 종류의 경험을 아동에게 제공해야 한다.
- 활동에 대한 충분한 시간과 자유선택활동 시간을 제공해야 한다.
- 다양한 또래집단에서 사회적 상호작용이 이루어지도록 해야 한다.
- 교사의 역할은 환경제공자로서의 역할과 개별적 소그룹집단으로 구성하도록 한다.
- 회상, 종합, 평가, 시범, 실현할 수 있는 기회를 제공해야 한다.
- 물리적 · 사회적 세계의 개념화 교육이 필요하다.

구성주의라는 인식론적 패러다임은 영유아 보육에 다양하게 적용되고 있고 피아제의 발생학적 인식론과 비고츠키의 사회문화적 맥락주의의 통합으로 흔히 여겨진다(김희연, 2001). 그러나 듀이의 이론 역시 영유아 보육과정을 논의할 때 구성주의적 접근으로 분류되기도 하고 최근 많은 주목을 받고 있는 레지오 에밀리아(Reggio Emilia)도 구성주의적 이론을 실현한 프로그램 중의 하나로 볼 수 있다.

2. 우리나라의 영유아 보육사상과 역사

전통적으로 우리 사회에서는 어머니가 중심이 되어 가정에서 영유아를 양육하고 교육하는 것이 당연시되어 왔다. 19세기 말 유치원이 처음 소개되면서 형식적인 기관에 의한 보육 · 교육이 이루어졌고, 어머니의 취업으로 인하여 가정 외 기관에서 영유아를 보육하는 것은 최근의 일로 볼 수 있다. 여기서는 우리나라 아동관 · 사상의 변천과 함께 영유아 보육기관의 변화를 시대적 흐름에 따라 살펴보고자 한다.

1) 우리나라의 전통 아동관과 보육

(1) 유학적 접근

성리학의 아동관은 인간의 본성이 선하다고 보는 긍정적인 인간관을 바탕으로 한다. 인간의 본성이 신분에 관계없이 선하다고 인정하고 있기 때문에 아동 본성도 신분과 관계없이 선하다고 인식하였다. 그러나 인간의 본성은 기질에 따른 선악의 차이가 생길 수 있는데, 교육을 통해 바람직한 기질을 형성할 수 있다고 본다.

또한 교육은 조기에 이루어질수록 효과적이라고 생각하였다. 『격몽요결(擊蒙要訣)』에는 "아들을 낳아서 약간의 사물에 대한 지식이 있을 때부터는 마땅히 그를 인도하되 선으로써 해야 한다. 만일 어려서 가르치지 않고서 이미 장성하게 되면 좋지 못한 버릇이 들어 정신을 차리지 못하여 그를 가르치기란 몹시 어렵다."라고 하였다.

『격몽요결』은 조선시대 최고의 학자이자 정치가였던 율곡 이이가 교육서로 지은 책이다. 율곡은 학도들에게 초보자가 공부해야 할 내용으로 자기 마음을 세우는 것, 몸소 실천할 일, 부모 섬기는 법, 남을 대하는 법을 적어 책을 만들고 그 책에 '격몽요결' 이라고 이름을 붙였다.

율곡은 『격몽요결』의 서문에서 사람이 이 세상을 살아가는 데 학문이 아니고서는 올바른 사람이 될 수 없다고 말했다. 이어서 그 학문이란 별다른 것이 아니라 삼강오륜(三綱五倫)을 실천하는 것, 즉 자녀는 부모에게 효도하고, 부모는 자녀를 사랑하며, 형제간에 우애 있고, 부부간에는 분별이 있는 것이라고 했다. 젊은이는 늙은이에게 공손하고, 친구 사이에는 믿음이 있어야 하는 것, 이러한 것들이 일상 행동에서 마땅히 해야 할 일이라고 했다. 학문을 하지 않는 사람은 마음이 막히고 소견이 어둡기 마련이므로 사람은 반드시 글을 읽고 이치를 궁리하여 자신이 행해야 할 길을 스스로 밝혀야 한다고 주장했다. 율곡은 맹자가 누구나 요순 같은 본성을 가지고 있다고 했는데 어찌 안 될 사람이 있겠느냐고 되물으면서, 게으르고 아무렇게나 행동하는 잘못된 버릇을 고치고 마음을 해롭게 하는 습관을 반성하고 고치라고 권했다.

성리학에 나타난 아동기를 정리해 보면 아동은 신체적, 정신적으로 성인보다 미숙하며 아동의 성장발달은 후천적으로 이루어진다고 인식되고 있다. 아동의 삶은 성인이 된 후에 성현이 되는 것이 목표였으므로 성실하고 근면한 생활자세와 학문 탐구를 강조했다.

⑵ 실학적 접근

실학에서도 아동의 본성은 선한 것으로 나타난다. 실학자 이덕무의 『사소절(士小節)』을 보면 "지극히 중요한 일은 지식을 가르치는 것보다 더한 것이 없다."라고 하여 아동교육을 중요시했음을 알 수 있다. 교육은 집안의 흥망성쇠와 관련되어 있고 부모가 교육을 위해 적극적으로 역할을 해야 한다고 지적했다. 체벌이 인정되었으나 아동의 인격을 손상시키는 심한 체벌을 경계했다. 아동을 위한 문자교육은 아동의 경험세계와 밀접하게 연결되어야 한다고 보고 우리나라의 자연, 사회 등의 환경에 적합하도록 문자를 재선택하고 재분류하여 문자교과서로 『훈몽자회』를 만들었다. 교육의 실제에서 아동의 경험을 중시하였음을 엿볼 수 있다. 정신적 지주인 공자의 글에서도 '가르친다'는 말보다 '깨닫는다'가 주로 등장한다. 아동을 수동적 학습자가 아니라 능동적 학습자로 보았기 때문에 보았기 때문이다. 그러나 이런 생각들은 당시의 수직적, 종속적 위계질서를 극복하지 못하였기 때문에 아동이 관심의 대상은 되었으나 존중의 대상은 되지 못한 것으로 여겨진다.

⑶ 동학적 접근과 소파의 아동관

동학은 인간은 누구나 '한울님(天)'을 모신 평등한 존재로 인식하는 긍정적인 인간관을 가지고 있다. 교육을 통하여 인간이 돌아가야 할 가장 이상적인 상태를 아동의 마음으로 보고 있다. 또한 아동이 성인을 가르칠 수 있다고 보는데, 이는 동학에서는 아동의 능력을 성인과 마찬가지라고 인정하고 있기 때문이다. 또한 성리학과 실학의 입장과는 다르게 아동에 대한 체벌을 어떠한 경우라도 금하고 있다. 특히 아동은 태어날 때부터 성인과 대등한 실력을 지닌 존재로 인식되었기에 존엄하다고 보았다. 이와 같은 동학의 인식은 근대적인 아동관을 의미한다.

아동기는 태내에서부터 시작되는데, 잉태는 한울님(天)을 잉태함을 의미하므로 매우 중요하게 여기고 있다. 아동의 성장·발달은 후천적으로 이루어진다고 보았다. 즉, 성인은 미리 결정되어 있는 것이 아니라 자신의 노력 여하에 따라 성취될 수 있는 것으로 보고 있다. 아동교육은 개인뿐만 아니라 한 가정을 지키기 위해서도 중요하며 또한 아동의 존재가치는 국가와 민족을 구할 수 있는 귀중한 인재로 인식되었다.

이러한 동학의 아동존중사상은 근대적인 아동관의 시작을 의미하며 성리학과 실학의 아동관이 지닌 한계를 극복한 결과로 볼 수 있다. 조선시대 성리학, 실학, 동학에 나타난 아동관에서 본 것처럼 점차 아동을 독립된 인격을 가진 존재로 인식하고 있음을 알 수 있다. 서양에서도 17세기를 전후하여 아동을 보는 입장이 크게 바뀌게 되었다. 공간적, 시간적 차이가 있긴 하지만 영유아 보육의 사상적 기초를 이루는 아동존중사상을 강조하고 있음을 재확인할 수 있다(백혜리, 1997).

방정환(1899~1931)

동학의 아동존중사상을 언급할 때 소파 방정환에 대한 이야기를 빼놓을 수 없다. 소파는 1899년 출생하여 그리 넉넉하지 않은 어린 시절을 보냈다. 1917년 천도교 교주이자 독립운동가 손병희(孫秉熙)의 딸과 결혼하고, 그해에 청년운동 단체인 '청년구락부'를 조직하여 활동했다. 천도교와 소파의 만남에는 커다란 의미가 있는데, 천도교는 동학에 뿌리를 둔 종교로 민중운동에 앞장서고 있었고 이때 소파는 어린이 운동의 중요성을 제기하기 시작했다. '천도교 소년회'라는 단체를 조직하고 언론, 출판사업과 교육사업을 위한 신문화 운동을 전개해 나가면서 소파는 본격적으로 '어린이'라는 용어를 쓰기 시작했다. 1923년 천도교 소년회 창립 1주년을 기념하여 제1회 '어린이날(1922년 5월 1일)'을 제정하였고, 1931년 소파는 아동을 위한 다양한 활동을 전개하면서 순수아동잡지인 『어린이』를 창간하고 아동문제연구회인 '색동회'를 창립했다. 그러나 그해 7월 23일 향년 33세의 젊은 나이로 운명했다.

소파의 아동관은 아동의 본성이 어떤 것인가, 아동은 어떤 존재인가, 아동과 환경과의 관계는 어떠한가에 대한 세 가지 측면에서 설명될 수 있다. 먼저 소파는 아동의 본성이 본래 선하다는 입장인 성선적(性善的) 아동관 또는 아동을 천사로 보는 천사주의(天使主義) 아동관을 가지고 있는데, 이러한 소파의 천사주의 아동관은 아동의 인권회복과 감성해방에 상당한 성과를 거두게 하였다. 두 번째로 아동을 어떤 존재로 보느냐는 측면에서 소파는 아동을 성인의 전유물로 여겨 온 기존의 가치관을 비판하고 아동을 그 나름대로의 개성과 인격을 지닌 독립된 인격체로 보고 있다. 독립된 인격체로 보는 소파의 아동관은 '어린이에게 존댓말 쓰기 운동' 과 같은 구체적인 실천에서 잘 나타나고 있는데, 이러한 존댓말 쓰기는 현대에 들어서야 그 중요성이 부각되고 있다. 마지막으로, 아동과 환경과의 관계 측면에서 유교적 전통이 팽배한 그 시대에 소파는 아동이 환경과의 수동적인 관계에서 벗어나 좋은 환경을 능동적으로 개척할 수 있을 뿐만 아니라 그 아동만이 갖는 환경과의 고유한 경험을 통해 나름대로 독특하게 성장할 수 있는 존재로 보았다. 이처럼 소파의 아동관은 현대 아동교육에서 강조하는 아동관과 유사한 부분이 많음을 알 수 있다.

소파는 아이들의 전인적인 성장과 발달, 그리고 아동에게 민족의식을 고취할 수 있는 것들을 교육내용으로 삼고 신체, 언어, 인지, 사회성 모두를 중요시했다. 먼저 아동이 완전한 사람으로 고르게 성장 · 발달하도록 하기 위해서는 지식과 도덕 위주의 교육뿐만 아니라 정서적인 측면의 교육도 중요하다고 생각하여 이를 위한 예술교육을 강조하였다. 소파가 주장한 영유아 보육원리를 정리하면 다음과 같다(차호일, 1988).

- 자발성과 흥미를 통한 교육: 성인이 아동을 위해 할 수 있는 일은 아동이 요구하는 것을 주고 성장을 돕고 보호해 줄 뿐이지 강제로 교육을 행해서는 안 된다. 예를 들어, 아동은 동화를 통해 흥미를 느끼고 이런 과정에서 자연스럽게 도덕교육이 이루어질 수 있다.
- 견학을 통한 교육: 견학을 통한 교육은 실생활을 통한 교육방법, 감각을 통한 교육방법, 직관에 의한 교육방법의 원리를 강조하는 교육방법이다. 아동교육은 실생활중심의 교육이며 실제적인 교육이어야 한다.
- 놀이를 통한 교육: 아동이 제일 기쁨을 얻을 때는 자유로운 활동을 할 때이며 이러한 활동은 육체뿐 아니라 정신의 활동도 포함한다. 놀이는 아동 생활의 전부이며 정신과 육체를 성장하게 하므로 놀이를 통한 교육방법은 중시되어야 한다.
- 칭찬과 대화를 통한 교육: 소파의 사상적 토대가 된 천도교는 '인내천(人乃天)'

과 '사인여천(事人如天)' 을 기본 사상으로 하고 있어, 아동의 체벌에 대해 부정적인 입장을 나타내는 것은 당연하다. 체벌보다는 칭찬과 대화를 통한 교육방법이 강조되어야 한다.

- 발달수준에 알맞은 교육: 아동을 교육할 때 아동의 수준에 알맞도록 쉽게 교육해야 한다. 아동의 발달수준에 맞는 교육만이 아동중심 교육이며, 아동중심 교육만이 아동에게 기쁨과 흥미와 이해를 줄 수 있다.

2) 우리나라 보육사업의 역사

(1) 해방 전 보육사업

삼국 시대의 경우는 형식적 영유아 보육기관이 거의 없었으며 대부분 유교와 불교의 가르침에 준한 가정중심의 보육이었다. 고려 시대에 와서도 큰 변화는 없었으나 향교라는 지방 학교가 7~8세 아동을 위하여 만들어졌고 평민 소년을 위한 서당도 소수 존재했던 것으로 추측되고 있다. 조선 시대의 영유아 보육도 대부분 비형식적인 가정보육이 주를 이루었으며, 형식적인 유아교육기관으로는 고려 시대부터 이어 온 서당이 있었다.

우리나라 최초의 보육서비스는 1921년 서울의 태화기독교사회관에서 보육프로그램을 개설함으로써 시작되었다. 그 후 본격적인 보육시설로는 1926년에 설치·운영된 부산의 공생탁아소와 대구탁아소를 들 수 있다. 당시는 총독부 내무국 사회과에서 사회사업분야의 하나로 보육서비스사업을 지도·통제했는데, 이때의 조선총독부 사회과 통계를 보면 1939년에는 전국에 11개소의 탁아소에서 435명의 아동이 보육을 받은 것으로 기록되어 있다(서울특별시 보육정보센터 자료, seoul.childcare.go.kr). 이 시기의 탁아소는 사회사업시설로서 일본 구호령에 근거를 두었고, 특히 극빈 자녀를 위한 구빈적 성격을 띤 보육서비스로서의 성격을 갖고 있었다.

(2) 해방 후 보육사업

해방 이후 1960년까지는 6·25전쟁으로 인한 정치적·사회적 혼란기로서 보육사업에 대한 방침이 제대로 마련되지 못한 시기였다. 주로 전후 발생한 고아나 요보호아동을 수용보호하기 위한 시설 중심으로 탁아사업이 이루어졌고 재정적 지원은 대개 외국의 원조에 의한 것이었다. 예방적 기능보다는 사후처리적이고 임시구호적인 관점에서 보육이 이루어졌다고 볼 수 있다. 정부는 이러한 시설을 행정지도할 필요성을 느끼고 1952년 10월 '후생시설운영요령'을 시달하게 되었다. 그러나 1953년 부산에 시립탁아소가 설치된 것을 비롯하여 주로 빈민층 가정의 자녀를 단순히 보호해 줄 목적으로 설치된 당시의 보육시설들은 보육의 제 기능을 다하지 못하였다.

1961년 [아동복리법]이 제정되면서 본격적으로 보육사업이 실시되었다고 볼 수 있는데, 이 법은 탁아소를 법정 아동복지시설로 인정하고 '보호자가 근로 또는 질병으로 인하여 양육해야 할 아동을 보호할 능력이 없는 경우에 보호자의 위탁을 받아 그 아동을 입소시켜 보호함을 목적으로 하는 시설'로 규정하였다. 1960년에 24개이던 보육시설은 이후 고아, 기·미아의 수용보호를 목적으로 설립된 육아시설 등이 사업목적을 보육사업으로 바꾸면서 계속 증가하여 1966년 말에는 116개소, 1968년에는 202개소에 이르게 되었으며, 보육아동도 2만 5,443명에 이르렀다(서울특별시 보육정보센터).

제3공화국이 들어섬과 동시에 경제개발계획이 활기를 띠면서 근로여성이 증가하여 보육수요가 늘어남에 따라 1968년 정부는 [아동복리법 시행령]에 근거한 '미인가탁아시설임시조치령'을 공포하여 민간시설의 설치를 용이하게 하였다. 동시에 '탁아소'의 명칭을 '어린이집'으로 바꾸고 민간 어린이집의 증설을 도모하고 아울러 주로 외국 원조에 의존하던 이들 시설에 대한 정부지원이 시작되었다. 이러한 과정에서 어린이집이 수적으로 크게 늘어났으나 보육의 질적인 수준은 매우 미흡하였다. 정부는 [사회복지사업법 시행규칙]을 개정하여 다시 어린이집의 법인화를 장려하는 동시에 '미인가탁아시설임시조치령'을 폐기하였다. 한편 경제개발 정책의 지속적인 추진으로 보육수요가 계속 늘어남에 따라 1978년 '탁아시설운영개선안'을 마련하여 어린이집을 일반 아동에게도 개방하는 대신 이들에게 보육료를 받을 수 있도록 하였다. 이에 따라 저소득층이 아닌 중산층의 아동도 어린이집을 이용할 수 있게 되었다. 1981년 [아동복지법]으로 전면개정됨에 따라 무료 탁아시설은 법인 이외의 자도 신고만으로 시설을 설치 · 운영할 수 있게 되었다.

제5공화국이 출범하면서 유아교육이 크게 강조되어 어린이집 대신에 새로운 유아교육체제를 모색하게 되었다. [아동복지법 시행령]을 개정하여 보육시설의 설치 근거를 삭제하고 내무부가 주관 부서가 되어 1982년 '유아교육진흥종합계획' 이 수립되었다.

1982년 12월에 새로 제정된 [유아교육진흥법]은 정규 교육기관에서의 유아교육에 중점을 두었기 때문에 보육시설은 아무런 법적 근거를 갖지 못하였다. 그리하여 691개소의 어린이집과 382개소의 농번기탁아소, 263개소의 새마을협동유아원 및 38개소의 민간유아원 등 1,374개소의 어린이 시설이 새마을유아원으로 통합 일원화되어 내무부에서 관장하게 되었다. 이와 함께 새마을유아원에 대한 지원체계에 있어서 종합계획 수립, 장학지도, 재정지원, 교사양성, 교재 · 교구개발 보급은 교육부에서, 설치 운영 및 행정지도는 내무부에서, 아동들에 대한 보건 · 의료지원은 보건사회부에서 각각 맡도록 하였다. 이로써 우리나라에 공인된 탁아시설은 없어졌고 유치원과 새마을유아원만이 유아교육기관으로 존재하게 되었다.

1987년까지만 해도 우리나라는 각종 학원과 장애아 시설을 제외하면 일반 아동을 위한 법적 보육기관은 유치원과 새마을유아원만이 존재하였다. 그러나 이러한 시설은 급증하는 아동보육의 요구를 충족시키기에는 한계가 있어 이 시기에 여러 가지 조치가 나타나기 시작하였다. 노동부에서는 1987년 [남녀고용평등법]을 제정, 공포하여 1989년까지 3개소의 시범탁아소와 12개소의 직장탁아소를 설치하였고 서울시에서는 1988년에 88탁아소 140개소를 새마을유아원에 병설 또는 따로 신설하여 운영하게 되었다. 이와는 별도로 영세민지역에서 법적 근거 없이 운영되는 소위 지역탁아소들이 생겨나서 약 200개의 탁아소가 회원으로 있는 지역탁아소연합이 자생적으로 생겨났다. 그러나 이러한 기존의 시설로는 늘어나는 보육수요를 감당하기가 힘들었다. 1990년 12월 18일 정기국회에서 [영유아보육법]이 통과됨으로써 체계적이고 본격적인 영유아 보육사업이 전개될 근거법이 마련되었다.

이와 함께 그동안 [유아교육진흥법]에 의거하여 설치 · 운영되어 온 새마을유아원에 대하여는 1990년 11월 관계부처인 내무부, 교육부, 보건사회부의 3부 장관 합의에 의하여 1993년까지 [교육법]에 의한 유치원이나 [영유아보육법]에 의한 어린이집으로 전환토록 함으로써 보육사업의 체계를 확립하였다. 또한 [영유아보육법]의 제정에 이어 동법 시행령(1991. 8. 1.) 및 시행규칙(1991. 8. 8.)이 제정 · 공포됨으로써 영유아 보육사업을 위한 법령이 완비되었다. 이러한 [영유아보육법]의 제정으로 우리나라의 보육사업은 바야흐로 본 궤도에 오르게 되었으나, 수익자 부담을 강조하고 직장어린이집에 대한 강제규정이 약하다는 등의 문제가 제기되었다. 그러나 저소득층 보육아동에 대한 명확한 규정과 일부이지만 국가의 재정부담을 명기한 점, 그리고 보육교사의 자격에 대하여 명확히 규정한 점 등은 기존의 아동사업 관련 법령과 비교할 때 진일보한 것이라 할 수 있다. 또한 보육에 관한 행정체계를 일원화하고 보육정보센터를 설치하는 등의 내용으로 보육에 관한 단일법안을 만들었다는 점에서 이 시기는 우리나라 보육사업의 체계적 정비기이자 보육사업의 발전에 결정적인 토대를 마련한 시기로 볼 수 있다. 이러한 과정을 통해 보육은 단순한 보호의 개념이 아닌 보호와 교육의 양면이 조화되는 방향으로 계속 발전되어 왔다.

1997년 말 [영유아보육법]이 일부개정되면서 영유아의 보육에 관한 사업의 기획 · 조사 · 실시 등에 관하여 필요한 사항을 심의하는 기관으로 보건복지부에 중앙보육위원회를 두고, 특별시 · 광역시 · 도 및 시 · 군 · 구에 지방보육위원회를 두도록 규정하였다. 그 후 2004년 1월 전문개정되고 다시 여러 차례에 걸쳐 부분개정된 [영유아보육법]은 우리나라 보육현실에서 시급하게 개선되어야 할 주요 내용을 포함하고 있다.

보육업무의 주관부서에 대하여 살펴보면, 2004년 보건복지부에서 여성부로 보육업무가 한 차례 이관되었으나 2008년 2월 29일자로 발효된 [정부조직법] 개편에 따라 보육업무가 다시 보건복지가족부로 이관되었고, 그 후 2010년 보건복지부로 명칭을 바꾸고 보육정책과 지원사업을 수행하고 있다.

최근에는 18대 대통령직인수위원회에서 유치원과 어린이집을 일원화하는 방안이 논의되고 있다(서울신문, 2013년 1월 21일자). 2013년부터 유치원과 어린이집에 다니는 만 3~5세 123만여 명에게 공통 교육 · 보육과정이 적용되는데 관리주체가 교육부와 보건복지부로 이원화되어 있어 이에 따른 비효율성을 해결하기 위한 방편으로 유치원과 어린이집의 통합이 필요하다는 것이다. 그러나 관련 부처 간 입장이 다르고 학부모의 비용증가 논란 등이 예상된다.

지난 2012년 3월부터 정부는 0~2세를 대상으로 소득과 관계없이 전면 무상보육을 시행하였는데, 이는 양육의 사회적 책임과 보편적 복지의 증대라는 영유아 보육 패러다임의 변화가 가져온 결과로 볼 수 있다. 그러나 시행된 지 수개월 만에 예산 조율 실패로 중단되면서 여러 가지 문제점을 드러냈다. 이후 18대 대통령 당선인이 대선 공약으로 무상보육 실현을 약속한 가운데, 여야 합의로 만 0~5세 무상보육 전면 도입을 위한 예산안이 국회에서 처리되었다. 이로써 2013년부터 만 0~5세 영·유아를 둔 가정에 소득계층과 관계없이 보육료 또는 양육수당이 지급된다. 단순한 경제적 지원에 급급한 정책은 실효성의 문제를 제기할 뿐만 아니라 질 좋은 보육을 받을 영유아의 권리 실현에 걸림돌이 될 수도 있다. 가족구조나 형태, 노동시장 등 변화하는 보육환경을 고려하여 장기적 안목과 설계로 보육정책의 틀을 모색하여야 할 것이다.

참고문헌

고후순·김동일·조옥희(2000). 유아교육사상사. 파주: 양서원.

김정환(1999). 위대한 교육사상가들 III. 연세대학교 교육철학연구회 편. 서울: 교육과학사.

김희연(2001). 구성주의와 유아교육: Piaget의 구성주의의 분석을 통한 구성주의 유아교육론의 개념적 확장. 유아교육연구, 21(4), 157-188.

나정·장영숙(2002). 미국의 유아교육과 보호정책. 파주: 양서원.

백혜리(1997). 조선시대 성리학, 실학, 동학의 아동관 연구. 이화여자대학교 대학원 박사학위 청구논문.

서울신문. 2013년 1월 21일자.

심성경·조순옥·이정숙·이춘자·이선경·이효숙(2006). 개정 유아교육개론. 서울: 창지사.

안인희 편(2000). 현대 교육고전의 이해. 서울: 이화여자대학교 출판부.

이영석(2001). 유아교육사상사. 서울: 교육과학사.

이윤경 · 김선영 · 김성희 · 김지은 · 나종혜 · 문혁준 · 신인숙 · 안선희 · 천희영 · 최은미 · 황혜신 · 황혜정(2008). 유아교육개론. 서울: 창지사.

차호일(1988). 소파 방정환의 아동교육관 연구. 한국교원대학교 출판부.

Barrow, R. (1987). 플라톤과 교육(박재문, 서영현 공역). 서울: 문음사.

Butts, R., & Cremin, L. (1953). *A history of education in American culture*. New York: Holt, Rinehart and Winston.

Downs, R. B. (1978). *Friedrich Froebel*. Boston: Twayne.

Gutek, G. E. (1968). *Pestalozzi and education*. New York: Random House.

Heafford, A. (1967). *Pestalozzi: His thought and its relevance today*. London: Methuen.

Nourot, P. M. (1997). Playing with play in four dimensions. In J. Isenberg & M. R. Jaongo (Eds.), *Major trends and issues in early childhood education* (pp. 123-148). New York: Teachers College Press.

Ross, E. D. (1976). *The kindergarten crusade: The establishment of preschool education in the United States*. Athens, OH: Ohio University Press.

Weber, E. (1969). *The kindergarten: Its encounter with educational thought in America*. New York: Teachers College Press.

Weber, E. (1984). *Ideas influencing early childhood education: A theoretical analysis*. New York: Teachers College Press.

White, S., & Buka, S. (1987). Early education: Programs, traditions and policies. *Review of research in education, 14,* 43-92.

Williams, L. (1987). Determining the curriculum. In C. Seefeldt (Ed.), *The early childhood curriculum: A review of current research* (pp. 1-12). New York: Teachers College Press.

http://www.mw.go.kr(보건복지부)

http://seoul.childcare.go.kr(서울특별시 보육정보센터)

제3장

보육제도와 정책

이 장에서는 우리나라와 외국의 보육제도와 정책에 대해 알아본다. 구체적으로 우리나라의 보육 관련 법령, 중앙정부와 지방자치단체의 보육행정체계, 보육재정 등을 살펴보고, 스웨덴, 미국, 호주, 일본의 사례를 중심으로 외국의 보육제도에 대해 살펴본다. 근래 많은 국가에서 여성의 취업률은 증가하고 자녀의 출산율은 감소하여 각 정부에서는 가정의 육아 지원을 위한 여러 가지 정책을 수립하여 시행하고 있다. 또한 정부 주도적으로 어린이집의 설치기준을 명시하고 보육자가 소정의 교육 및 훈련과정을 거쳐 영유아에게 양질의 보육서비스를 제공할 수 있도록 관리·감독하고 있다.

1. 우리나라의 보육제도와 정책

우리나라의 보육사업은 1920년대 구빈사업의 성격을 띤 탁아사업에서 시작하여 1991년 [영유아보육법]이 제정되면서 보육제도의 체계적인 기틀을 형성하게 되었다(보건복지부, 2004). 보육정책은 여성의 경제활동참여 증가, 맞벌이부부와 핵가족의 증가, 자녀출산율의 저하 등 가족구조의 변화에 대처하기 위해 지속적으로 변화되어 왔다. 여기서는 우리나라의 보육제도와 정책에 대해 [영유아보육법]의 변천, 보육행정체계, 보육재정 및 여러 가지 보육사업을 중심으로 알아보고자 한다.

1) 영유아보육법의 변천

우리나라 보육제도의 기본 성격은 [영유아보육법]에서 찾아볼 수 있다. 〈표 3-1〉에 제시된 바와 같이 보육사업은 1961년 제정된 [아동복리법], 1982년 제정된 [유아교육진흥법], 1987년 제정된 [남녀고용평등법], 1989년 개정된 [아동복지법]에 근거하여 실시되어 왔다. 하지만 영유아 보육사업이 여러 정부부처에서 제각기 독자적으로 관리·운영됨에 따라 정부재정의 비효율적 투자는 물론 영유아에 대한 체계적이고 효율적인 보육을 실시하는 데 어려움이 가중되었다. 보육에 관한 독립된 입법의 필요성이 제기됨에 따라 1991년 1월 [영유아보육법]이 제정되었다(보건복지부, 2004).

표 3-1 **[영유아보육법] 제정까지의 보육관계법령**

보육 관련법	시행일	주요 내용
아동복리법	1962~1981	복지부 주관으로 탁아사업 실시(어린이집 691개소 설치·운영)
아동복지법	1981. 4. 13.	[아동복리법]을 [아동복지법]으로 전문개정
유아교육진흥법	1982 이후	'어린이집' 691개소를 '새마을유아원'으로 흡수 • 법제정·장학지도: 교육부 • 시설운영·행정지도: 내무부 • 보건의료: 보건사회부
남녀고용평등법	1987. 12. 4.	'직장탁아제' 도입
아동복지법 시행령	1989. 9. 19.	탁아사업 실시근거 부활
탁아시설의 설치·운영규정	1990. 1. 15.	탁아시설의 설치·운영근거 마련

*출처: 보건복지부(2008); 서문희·백선희(2004).

1991년 [영유아보육법]의 제정 이유를 법제처(1991)에서는 다음과 같이 제시하고 있다. 현대사회의 산업화에 따라 여성의 사회참여가 증가하고 가족구조의 핵가족화가 진전되면서 보육수요가 급증하였다. 이에 따라 아동보호와 교육문제는 개인적인 차원을 넘어 사회적 · 국가적 차원에서 해결해야 할 필요성이 증대하였다. 하지만 기존의 [아동복지법]에 의한 탁아사업은 시설 설립주체의 제한으로 인한 보육사업 확대 곤란, 관장부처의 다원화 등의 문제점으로 체계적이고 효율적으로 보육사업을 추진하는 데 장애가 있으므로 영유아의 보호와 교육에 관한 별도의 입법이 절실하였다. 이에 정부에서는 [영유아보육법]을 제정하여 어린이집의 조속한 확대 및 체계화를 추진함으로써 아동의 건전한 보호 · 교육 및 보육자의 경제적 · 사회적 활동의 지원을 통하여 가정복지 증진을 도모하고자 하였다.

[영유아보육법]은 1991년 제정된 이후 15회에 걸쳐 부분개정되었고, 한 번은 전면개정되었다. [영유아보육법]이 부분개정되는 동안 무상보육의 근거를 마련하는 변화 외에 근본적인 취지나 방향은 별로 변화하지 않았다. 하지만 2004년 전면개정법에 이르러서는 1991년 이후 보육수요의 급격한 변화를 반영하여 대폭 수정을 하게 되었다.

2004년 1월 29일자로 전면개정된 [영유아보육법]에는 그간 양적 팽창에 급급하던 우리나라 보육정책을 보육의 질적 수준 향상이라는 축을 중심으로 바꾸고자 하는 사회의 요구와 정부의 의지가 표명되어 있다. 이옥(2004)은 전면개정된 [영유아보육법]의 주요 특성을 다음과 같이 들고 있다.

첫째, 보편주의 보육이념이 강화되었다. 기존의 [영유아보육법] 제1조에서는 대상 유아의 범위를 보호자가 근로 또는 질병, 기타 사정으로 보호하기 어려운 영아 및 유아로 한정하고 있었으나, 개정법 제1조에서는 영유아라고만 표현하여 대상범위를 전체 영유아로 확대하였다. 이렇게 보편주의 보육이념이 명시됨으로써 보육은 이제 더 이상 취업모 자녀나 편부모가정의 자녀만을 위한 서비스가 아니라 우리나라 전체 영유아의 보호와 교육을 담당하는 보편적인 의미를 가지게 되었다.

둘째, 아동권리의 기본 원칙이 천명되었다. 개정법 제3조에서는 보육이념 조항을 신설하였다. 그 내용은 보육이 영유아의 이익을 최우선적으로 고려하여 제공되어야 한다는 점과 영유아가 자신이나 보호자의 성, 연령, 종교, 사회적 신분, 재산, 장애 및 출생지역 등에 따른 어떠한 종류의 차별도 받지 않고 보육되어야 한다는 것이다. 이는 유엔이 정한 아동권리협약에서 천명하고 있는 아동권리보장의 기본 원칙인 '아동이익 최우선의 원칙과 무차별의 원칙' 을 개정법에서 명시하여 적용하고 있음을 나타낸다.

셋째, 보육이 범정부적 정책과제로 설정되었다. 개정법에서는 보육이 단일 정부 부처뿐만 아니라 관련 부처와의 협의를 토대로 범정부적인 정책과제로 해결되어야 함을 강조하고 있다. 개정법 제5조에서는 보육정책조정위원회를 국무총리 소속으로 설치하고 보육관계 부처 간의 이견을 조정하고 보육정책의 일관성을 확보해 나가도록 하였다. 현재 우리나라는 보육 관련 예산이 보육담당 부처 외에도 여러 관계부처에서 중복되어 집행되고 있어 보육재정의 효율성이 저하되고 있는데, 앞으로 이 기구를 통해 통합적인 예산 지원대책의 논의나, 보육과 교육의 양립문제 논의와 같은 보육과 관련된 여러 가지 현안 문제가 다루어질 수 있을 것이다.

넷째, 보육의 공공성이 강화되었다. 개정법에서는 기존 법에 있던 보호자 보육비용 부담 원칙을 삭제하고, 정부로 하여금 어린이집에 대한 관리 · 감독을 강화하도록 하며 지방자치단체에서도 적극적으로 보육정책을 수립할 책임을 부여하고 있다. 이처럼 정부의 보육비용 지원 확대(개정법 제34조), 정부의 보육행정력 강화(개정법 제13, 30, 46, 47, 48조 등), 국가 및 지방자치단체의 책임 강화(개정법 제4, 9, 29조 등)를 통해 보육서비스가 이를 필요로 하는 수요자와 공급자가 시장을 형성하는 방식이 아닌 공공성을 갖춘 형태로 우리나라 영유아 누구에게나 보편적으로 제공될 수 있도록 천명하고 있다.

다섯째, 보육의 전문성이 강화되었다. 보육의 질적 수준을 제고하기 위해서는 보육의 전문성을 높이는 것이 가장 시급한 문제다. 개정법에서는 보육개발원을 설치하여 보육에 관한 연구와 정보제공, 프로그램 개발, 종사자 연수 등의 업무를 수행하도록 하고 있다(제8조). 그리고 개정법 제21조와 22조에서는 보육교사의 국가자격증제도를 도입하도록 명시하고 있으며, 보육과정의 전문성을 높이기 위해 정부가 표준보육과정을 개발하여 보급하도록 명시하고 있다. 이 외 개정법 제5장에서는 보육서비스의 영양, 건강, 안전 관련 조항을 대폭 강화하여 영유아가 양질의 보육서비스를 받을 수 있도록 하였다.

여섯째, 보육행정 및 운영에 있어 수요자의 참여를 활성화시켰다. 개정법에서는 보육 수요자인 부모들이 보육정책 수립(제5, 6조)과 어린이집 운영(제25조)에 참여할 수 있도록 함으로써 보육정책이 수요자의 요구를 반영하여 수립되고 어린이집의 운영에 있어 자율성과 투명성을 높여 갈 수 있도록 하였다. 이러한 과정을 통해 장차 부모들은 보육정책과 어린이집 운영의 파트너 역할을 담당할 수 있을 것이다.

[영유아보육법]이 1991년 1월 14일 제정되고 같은 해 8월 1일에는 이에 따른 [영유아보육법 시행령], 8월 8일에는 [영유아보육법 시행규칙]이 제정되었다. 현재까지 [영유아보육법 시행령]은 13회의 일부개정을 거쳤고 [영유아보육법 시행규칙]은 19회의 일부개정을 거쳤다. 2004년 1월 29일자로 [영유아보육법]이 전면개정됨에 따라 2005년 초에 동법 시행령과 시행규칙도 전면개정되어 발표되었다.[1)]

[영유아보육법]에 따른 동법 시행령과 시행규칙의 개정은 보육수요에 못 미치는 어린이집을 확충하기 위해 시설의 설립을 용이하게 완화하는 방향으로 진행되어 왔다. 서문희, 백선희(2004)는 [영유아보육법 시행령]과 [영유아보육법 시행규칙]이 개정되어 온 방향을 다음과 같이 요약하였다.

첫째, [영유아보육법] 제정 당시 어린이집을 설치하기 위해서는 인가를 받아야 하고 다만 가정어린이집의 경우만 신고하도록 하였다. 하지만 1998년 7월부터 어린이집의 인가제가 모두 신고제로 완화되었다. 직장어린이집의 경우 설치의무대상 기업의 기준을 확대하고 사업주의 부담을 완화시키는 방향으로 변화되었다. 그러나 2004년 전면개정 시에는 어린이집이 난립하고 질 관리가 잘 되지 않는 문제를 해결하기 위해 모든 어린이집의 설치방법을 다시 인가제로 강화시켰다.

둘째, 어린이집 설치기준의 경우 대체로 기준을 완화시켜 어린이집의 설치를 용이하게 하는 방향으로 개정되어 왔다. 보육실의 면적이 축소되었고 사무실, 양호

1) 2004년 1월 29일자 전면개정된 [영유아보육법], 2005년 초에 발표된 전면개정 [영유아보육법 시행령] 및 동법 [시행규칙]은 법제처 국가법령정보센터에서 찾아볼 수 있다. 보육정책의 현황을 구체적으로 이해하기 위해서는 [영유아보육법], [영유아보육법 시행령], [영유아보육법 시행규칙]을 출력하여 일독할 것을 권한다.

실, 놀이터 설치기준이 완화되었다. 역시 2004년 전면개정으로 어린이집 설치기준은 다시 강화되었다.

셋째, 보육교직원 자격기준의 경우 2004년 전면개정 후 원장과 보육교사의 자격기준은 강화되는 방향으로 강화되고 있다. 보육교사 자격기준은 1998년 3월 이후 보육교사 1급 자격 인정기준으로 어린이집, 유치원, 사회복지시설에서 4주 이상의 보육실습을 추가하여 1998년 3월 1일부터 시행하였고, 2급에서 1급으로 승급 시에 보수교육 이수를 의무화하였다.

넷째, 보육료의 경우 비용수납 한도액을 보건복지부장관이 정하는 표준보육단가 범위 안에서 시 · 군 · 구별로 고시하였으나 1996년 1월 이후 고시제를 폐지하였다. 1999년 2월 이후에는 보육료 한도를 보건복지부장관이 정하고 시 · 군 · 구에서 승인하던 것을 시 · 도지사가 자율적으로 결정하는 것으로 변경하였다.

2) 보육행정

여기에서는 보육을 담당하고 있는 행정체계를 중앙정부, 지방자치단체, 보육 관련 기구로 나누어 살펴본다.

(1) 중앙정부

중앙정부의 보육업무는 1991년 [영유아보육법]이 제정되면서 보건복지부에서 담당하다가, 2004년 동법이 전면개정된 후 여성가족부로 이관되었다. 하지만 2008년 이명박 대통령이 당선되면서 정부조직을 전면 개편하게 되었고, 보육업무는 다시 보건복지부로 옮겨졌다. 중앙정부의 보육업무 분담체계는 [그림 3-1]과 같다. 그림에서 보면 보건복지부-저출산고령사회정책실-보육정책관-보육정책과 · 보육사업기획과 · 보육기반과의 체계로 구성되어 있다.

먼저 보육정책과의 주요 업무는 중앙부처 및 전국 지자체의 보육정책 협의 및 조정으로 전국에 걸쳐 보육서비스 전달의 원활성과 효율성을 높이는 것이다. 이를 위해 보육재정의 중장기 투자계획을 수립하고, 또한 이와 지자체 보육공무원을 교육

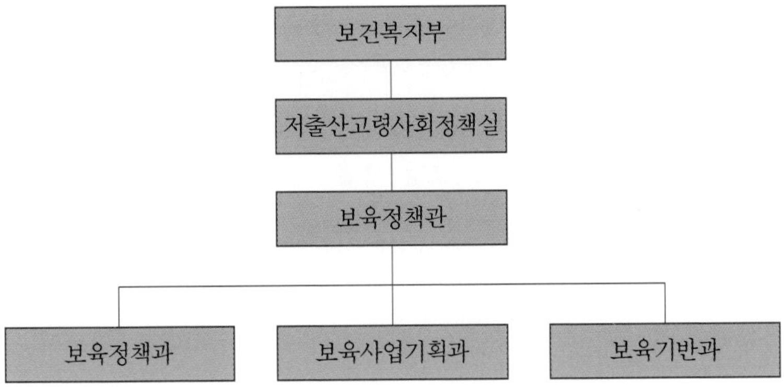

[그림 3-1] 중앙정부의 보육행정 담당체계

*출처: 보건복지부(www.mw.go.kr) 조직도에서 재구성.

시키며, 보육행정을 전산화하는 업무를 수행한다. 또한 이와 병행하여 보육서비스의 질 관리를 위해 어린이집 평가인증제도 운영 책임도 맡고 있다.

다음으로 보육사업기획과의 주요 업무는 보육료 지원, 양육수당 지원, 관련 대상자의 선별 및 관리 등을 통해 전국의 어린이집을 이용하는 영유아 보호자를 재정적으로 지원하는 것이다. 또한 보육교직원의 처우 개선, 양성 및 교육훈련, 자격관리 등 보육교직원을 관리하는 업무를 수행하고 있다.

마지막으로 보육기반과의 주요 업무는 어린이집의 설치 및 인가, 운영 지원, 국공립시설 확충계획 수립, 어린이집에 대한 지도 · 점검 · 관리 등이다. 국공립시설 외에 직장어린이집, 부모협동어린이집 등 여러 가지 유형의 어린이집을 확충하는 업무도 수행하고 있다. 보육기반과에서는 전국의 어린이집을 대상으로 표준보육과정 및 보육프로그램을 개발하여 보급함으로써 보육서비스의 균형화를 꾀하고 있다. 전국에 설치, 운영되고 있는 보육정보센터의 운영을 관리, 지원하는 업무를 통해 어린이집과 이를 이용하는 부모의 양육을 지원하는 기능을 수행하고 있다.

보건복지부에서는 보육사업을 보다 효율적으로 운영하기 위해 영유아의 부모와 보호자를 대상으로 '아이사랑보육포털'[2]을 운영하고 있다. 이곳에서는 영유아 자

2) www.childcare.go.kr

표 3-2 보육행정을 담당하는 중앙정부의 부서별 주요 업무내용

담당 부서	주요 업무
보육정책과	1. 중앙부처 및 지방자치단체의 영유아 정책(유아교육정책은 제외한다. 이하 같다) 지원 정책 협의 · 조정 · 총괄 2. 영유아 정책에 대한 조사 · 연구 · 평가 및 제도개선 3. 영유아 정책에 관한 종합계획의 수립 및 연도별 시행계획의 총괄 4. 보육정책위원회의 운영 5. 보육 관련 법령의 관리 · 운영 6. 보육재정의 중장기 투자계획 수립 7. 보육예산의 편성 · 집행관리 및 정산 · 결산 8. 보육서비스 이용권 제도(보육전자바우처)의 운영 및 관리 9. 보육행정 전산화 10. 지방자치단체 보육공무원 교육 11. 보육개발원의 설립 및 지도 · 감독 12. 영유아 및 영유아 보육 지원정책에 대한 홍보 및 국민의식 개선사업 13. 보육 관련 대외협력 및 교류활성화의 지원 14. 보육통계의 생산 및 관리 15. 어린이집연합회 등 법인 · 단체의 지도 · 감독 16. 어린이집 평가인증계획 수립 및 평가인증제도 운영
보육사업 기획과	1. 영유아 보육료의 지원 2. 양육수당 지원에 관한 사항 3. 표준보육비용에 관한 사항 4. 영유아 및 부모 지원 보육서비스의 개발 5. 영아 · 장애아 및 다문화가족 영유아 등 취약보육서비스 등 지원에 관한 사항 6. 보육료 · 양육수당 지원 대상자 선정 및 적정관리에 관한 사항 7. 보육료 · 양육수당 지원 대상자 소득기준액 결정에 관한 사항 8. 어린이집 종사자 처우 개선에 관한 사항 9. 어린이집 종사자의 양성 및 교육훈련의 지원 10. 어린이집 종사자의 경력 및 자격관리 11. 가정양육 지원에 관한 사항
보육기반과	1. 국립 · 공립 어린이집 등 어린이집의 확충 및 지원계획 수립 2. [영유아보육법]에 따른 어린이집의 설치 · 인가 기준의 수립 및 관리 3. 어린이집의 설치 및 운영 지원 4. 어린이집의 기능보강 등 환경개선 지원 5. 국립 · 공립 등 어린이집 인건비 및 운영비 지원

6. 어린이집에 대한 지도 · 점검
7. 어린이집운영위원회 설치 및 운영
8. 보육아동의 건강 · 영양 · 안전 등의 관리
9. 표준보육과정 및 보육프로그램의 개발 · 보급
10. 직장보육서비스의 확충
11. 부모협동어린이집의 활성화
12. 보육정보센터의 확충 및 운영 · 관리
13. 영유아 이용시설의 설치 및 지원

*출처: 보건복지부(www.mw.go.kr) 업무안내.

녀를 키우는 부모와 가족이 정부의 보육 및 양육 지원정책과 제도의 내용에 대해 자세한 정보를 알 수 있게 하였다. 또한 전국의 보육교직원을 대상으로 '보육통합정보시스템'[3]을 개설하여 보육행정전산화 작업을 추진하고 있다.

또한 2004년 전면개정된 [영유아보육법]에서는 보육에 관한 각종 정책 · 사업 · 보육지도 및 시설평가사항 등을 심의하기 위하여 중앙부처에 '중앙보육정책위원회'를, 특별시 · 광역시 · 도 및 시 · 군 · 구에 '지방보육정책위원회'를 두도록 하였다.

(2) 지방자치단체

보육행정업무는 [그림 3-2]와 같이 중앙정부에서 기본 정책과 계획을 수립하여 이를 수행하기 위한 지침을 하달하고 지방자치단체는 지침업무를 수행하는 방식으로 전달된다. 지방자치단체는 중앙정부의 사업지침을 수행하는 외에도 단체장의 정책의지에 따라 자체 예산으로 보육사업을 기획하여 자율적으로 실시할 수 있다.

(3) 보육 관련 기구

보육정책과 제도가 급속히 팽창되면서 여러 가지 보육 관련 전문기구가 설치되었다. 이 절에서는 주요 보육 관련 기구에 대해 살펴본다.

3) cpms.childcare.go.kr

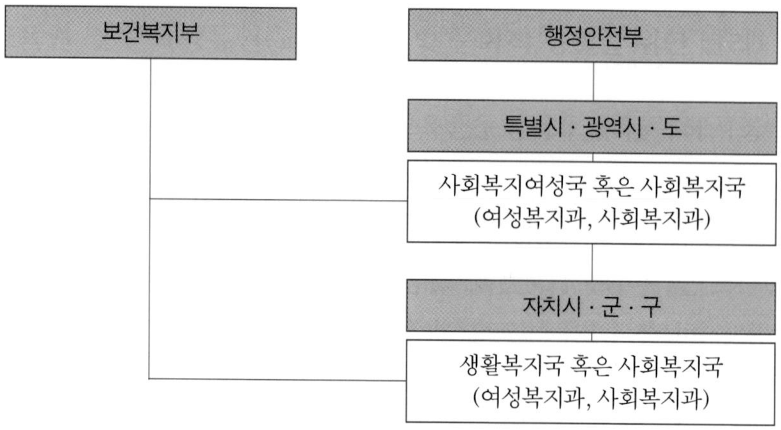

[그림 3-2] 지방정부의 보육행정 전달체계

① **육아정책연구소**(www.kicce.re.kr)

육아정책연구소는 2005년 설치된 것으로 국가경제인문사회연구회 산하기관이다. 이 기관은 육아정책연구를 종합적, 체계적으로 수행하여 유아교육과 보육의 발전을 위한 합리적 정책방안을 제시함으로써 우리나라가 육아선진국으로 도약하는데 기여함을 목적으로 설립되었다. 활발한 연구사업을 통해 다양한 보고서를 발간하고 있으며 국내외 최근 유아교육 및 보육정책 동향을 제공하고 있다.

2006년부터 우리나라 아동의 성장 · 발달과정을 출생부터 장기적으로 추적 · 조사하는 '한국아동패널(Panel Study on Korean Children)'[4] 조사를 수행했다. 이 패널 데이터는 2008년 출생아를 매년 추적하여 자료를 구축하고 있으며 2015년까지 지속될 예정이다. 이 데이터는 각 시기에 발생하는 아동의 성장 · 발달특성, 양육실태와 요구, 육아지원기관의 기능과 효과 및 지역사회와 육아정책의 영향에 관한 종단적 자료를 국가수준에서 수집하여 제공하는 것을 목적으로 한다.

4) panel.kicce.re.kr

② **(재)한국보육진흥원**(www.kcpi.or.kr)

(재)한국보육진흥원은 2009년 효과적인 보육 관련 사업 수행을 통해 보육의 질 향상을 꾀하고 체계적인 보육정책 지원을 통한 영유아와 부모, 보육교직원 등 수요자의 만족에 기여하기 위해 설립된 법인이다. 중앙보육정보센터를 기관 위탁하여 지원하고 있으며, 이후 국가의 주요 보육사업을 위탁받아 운영하고 있다. 현재 어린이집 평가인증[5] 사업과 보육인력 국가자격증[6] 교부사업을 수행하고 있으며, 공공형 어린이집[7] 사업을 위탁, 운영하고 있다. 근래에는 온라인교육과정도 개설하여 운영하는 등 사업영역을 넓혀 가고 있다.

③ **보육정보센터**

보육정보센터는 전국적인 보육서비스 전달체계를 갖춘 보육전문기구다. [영유아보육법]에 따르면 보육에 관한 정보의 수집 · 제공 및 상담을 위하여 보건복지부장관은 중앙보육정보센터를, 특별시장 · 광역시장 · 도지사 및 시장 · 군수 · 구청장은 지방보육정보센터를 설치 · 운영하여야 한다. 중앙보육정보센터[8]는 1995년에 설치되었으며, 광역시 · 도 단위 및 시 · 군 · 구 단위 보육정보센터가 65개소 설치되어 있다. 현재 전국에 설치되어 있는 보육정보센터의 현황은 〈표 3-3〉과 같다.

서문희(1998)는 보육정보센터가 활성화되어 행정 지원 등 다양한 기능을 수행하려면 전국적인 네트워크를 갖추어야 하고, 그러기 위해서는 운영주체가 하나로 통일되는 것이 바람직하다고 하였다. 또한 전달체계의 일원화 및 각급 보육정보센터의 역할분담이 확립되어 예산을 낭비하지 않도록 하는 것이 시급하다고 강조하였다. 김형모(2001)도 전국보육정보센터 네트워크 체계를 구축하여 중앙보육정보센터와 광역시 · 도의 각 지방보육정보센터가 일원화된 체계를 이루어 그 역할과 업무의 재정립을 통한 적절한 업무의 분담을 도모해야 한다고 하였다.

5) kca.childcare.go.kr
6) chrd.childcare.go.kr
7) www.kcpi.or.kr/thebcc/main
8) central.childcare.go.kr

표 3-3 전국 보육정보센터 현황

설치 단위	정보센터 수	보육정보센터 명
전국	1	중앙보육정보센터
광역시 단위	7	서울보육정보센터/부산보육정보센터 대구보육정보센터/인천보육정보센터 광주보육정보센터/대전보육정보센터 울산보육정보센터
도 단위	10	경기보육정보센터/경기북부보육정보센터/강원보육정보센터/ 충북보육정보센터/충남보육정보센터/전북보육정보센터 전남보육정보센터/경북보육정보센터/경남보육정보센터/ 제주보육정보센터
시 · 군 · 구 단위	47	강남구보육정보센터/강동구보육정보센터/강서구보육정보센터/ 강북구보육정보센터/관악구보육정보센터/광진구보육정보센터/ 금천구보육정보센터/노원구보육정보센터/도봉구보육정보센터 동대문구보육정보센터/동작구보육정보센터/마포구보육정보센터 서초구보육정보센터/성동구보육정보센터/성북구보육정보센터/ 영등포구보육정보센터/종로구보육정보센터/구로구보육정보센터/ 송파구보육정보센터/은평구보육정보센터/중랑구보육정보센터/ 서대문구보육정보센터/양천구보육정보센터/중구보육정보센터/ 용산구보육정보센터 (서울 지역 25개소) 남구보육정보센터/부평구보육정보센터 (인천 지역 2개소) 고양시보육정보센터/군포시보육정보센터/부천시보육정보센터/ 성남시보육정보센터/수원시보육정보센터/시흥시보육정보센터/ 안산시보육정보센터/안양시보육정보센터/의왕시보육정보센터/ 의정부시보육정보센터/이천시보육정보센터/평택시보육정보센터/ 화성시보육정보센터/광명시보육정보센터/파주시보육정보센터/ (경기도 지역 15개소) 강릉시보육정보센터 (강원도 지역 1개소) 천안시보육정보센터(충청남도 지역 1개소) 포항시보육정보센터/진주시보육정보센터/창원시보육정보센터 (경상남 · 북도 지역 3개소)
전체	65	

*출처: 중앙보육정보센터(central.childcare.go.kr).

류왕효 등(2004)은 중앙, 시 · 도 및 시 · 군 · 구 지방보육정보센터의 역할분담체계에 대해 각자의 역할을 다음과 같이 제시하고 있다. 먼저 중앙보육정보센터는 기본적으로 부모나 어린이집을 향한 직접적 지원이 아닌 지방보육정보센터들을 지원하는 기구로서, 이는 마치 한국은행이 은행들의 은행인 것과 마찬가지로 중앙보육정보센터는 지방보육정보센터들의 보육정보센터가 되어야 한다는 것이다. 또한 국가의 보육정책과 통계를 연구하고 보육 관련 정보의 총 본산으로서 학술자료, 국가의 희귀자료, 외국자료 등 지방에서 보유하기 어려운 중요자료들을 보유하여 제공해야 한다고 주장하였다. 그리고 보육프로그램을 연구 · 개발하며 전국 보육정보센터의 협의체를 구성하여 정기적 또는 비정기적 회의와 세미나를 활성화시켜 전국 보육정보센터 간의 협력과 유대 및 특성화를 조정하는 역할을 제안하고 있다.

이와 비교하여 시 · 도 지방보육정보센터는 시 · 군 · 구 지방보육정보센터가 없는 경우에 그 역할을 대행할 뿐만 아니라 시 · 도 보육정책 연구와 시 · 도 내의 보육 관련 종사자 교육, 지방보육정보센터 협의체의 구심점 역할을 한다고 하였다. 이와 동시에 중앙보육정보센터와 시 · 군 · 구 지방보육정보센터의 가교적 역할을 수행하여야 한다는 것이다. 시 · 군 · 구 지방보육정보센터는 대민, 대어린이집에 직접적으로 지원하는 곳이므로 보육정보센터 유형 중 가장 기본적인 역할을 수행한다고 하였다. 주로 영유아 보육에 관한 정보수집 및 상담과 지역 내의 어린이집 운영 지원이 주요 업무라고 볼 수 있다. 이 외에 지역의 고유한 특성에 근거한 지역 보육정책 및 프로그램을 제공하여야 한다고 보았다.

④ 직장보육지원센터(www.escac.or.kr)

직장보육지원센터는 근로복지공단에서 직장어린이집 설치, 운영 관련 정보를 제공하고 직장어린이집의 운영 내실화 및 활성화를 기하기 위해 설치한 기관이다. 2003년 부산근로복지공단어린이집 건물에 설치되어 운영되다가 근래 직장어린이집이 급속히 확대되면서 근로복지공단 직장보육지원센터 서울센터와 부산사무소 체제로 확대, 개편되었다. 이 센터에서는 직장어린이집을 설치, 운영하고자 하는 사업주나 위탁운영자가 관련 정보를 제공받을 수 있다.

⑤ 어린이집 안전공제회(www.csia.or.kr)

[영유아보육법]에 따르면 어린이집 상호 간의 협동조직을 통하여 어린이집의 안전사고를 예방하고 어린이집 안전사고로 인하여 생명·신체 또는 재산상의 피해를 입은 영유아 및 보육교직원 등에 대한 보상을 하기 위하여 보건복지부장관의 허가를 받아 어린이집 안전공제회 사업을 할 수 있다. 이를 근거로 2009년 어린이집 원장을 회원으로 한 상호협동조직체의 비영리법인으로 어린이집 안전공제회가 설립되었다.

어린이집 안전공제회의 주요 업무는 첫째, 어린이집 안전사고에 대한 보상, 둘째, 어린이집 안전사고와 관련한 분쟁사안 조정, 셋째, 영유아 및 어린이집 종사자 등에 대한 복리후생 사업, 넷째, 어린이집 안전사고 관련 통계 산출, 다섯째, 안전사고 예방사업 등이다.

3) 보육재정

보육사업에 대한 정부의 예산지원방식은 크게 영유아보육료 지원과 어린이집 지원으로 나뉜다. 근래 무상보육정책이 점차 확대되면서 어린이집 지원보다는 영유아보육료 지원의 비중이 상대적으로 급증하는 추세다.

2012년 중앙정부의 보육예산 총액은 3조 285억 원이다. 〈표 3-4〉에서 보는 바와 같이 영유아보육료 지원에 2조 3,912억 원이 사용되었으며, 이는 전체 예산의 78.9%를 차지한다. 어린이집 운영 지원 및 어린이집 지원, 어린이집 기능보강 등 어린이집에 지원하는 목적으로 5,132억 2,700만 원이 사용되었으며, 이는 전체 예산의 16.9%에 해당한다.

이 외 보육인프라 구축에 153억 원을 배정하였는데, 구체적으로 육아종합지원센터 설치, 보육사업 관리, 보육전자바우처 운영, 어린이집교원 보수교육, 중앙보육정보센터 운영 등을 위해 사용되었다. 보육사업의 규모가 급속히 확장되면서 보육인프라를 구축하기 위한 재정비용이 꾸준히 증가하고 있는 추세다.

근래 지방자치단체에서는 보육예산의 편성을 증가시키고 있는 경향이며, 이는

표 3-4 2012년도 보육사업예산

(단위: 백만 원)

구분	2011년 예산 (A)	2012년 예산 (B)	증감	%	주요 내역
계	2,478,380	3,028,567	550,187	22.2	
• 어린이집 운영 지원	395,023	423,153	28,130	7.1	• 국공립·사회복지법인: 4만 2,212명 • 영아, 시간연장 등: 2만 3,960명 • 대체교사: 526명
– 보육돌봄서비스 (인건비 지원)	395,023	423,153	28,130	7.1	
• 영유아 보육료 지원	1,934,611	2,391,291	456,680	23.6	• 0~2세 소득무관 전액지원 • 3~4세 소득하위 70% 전액지원 • 장애아 무상보육 1만 5,000명 • 맞벌이가구 보육 2만 7,000명 • 다문화 보육료 추가지원 6천 명 • 농업인 보육료 지원 1만 1,000명
• 어린이집 기능보강	14,650	11,867	△2,783	△19.0	• 신축 국공립 10, 장애전담 2개소 • 공동주택리모델링 19개소 • 기자재 구입 30개소 • 환경개선비 지원 800개소 • 장애아보육환경 개선 92개소 등
• 보육인프라 구축	16,250	15,377	△873	△5.4	• 보육사업 행정지원 및 홍보 • 금융조회 우편통보 • 중앙보육정보센터(1개소) • 지방보육정보센터(17개소) • 육아종합지원센터 설치 • 한국보육진흥원 운영지원 • 교직원 보수교육 지원 • 보육프로그램 개발 보급 • 어린이집 운영 우수사례(프로그램) 발굴, 보급 • 전자바우처 운영 및 시스템 기능개선 • 농림부로 사업 이관(9억 1천만 원)
– 보육사업 관리	1,455	2,187	732	50.3	
– 중앙보육센터 운영	1,200	1,200	–	–	
– 보육아종합지원센터 설치	2,840	5,840	3,000	105.6	
– 어린이집교원 자격관리	640	590	△50	△7.8	
– 어린이집교원 보수교육	1,248	1,248	–	–	
– 보육프로그램 개발 및 연구	225	225	–	–	
– 한국어린이집연합회	60	60	–	–	
– 보육전자바우처 운영	6,762	3,027	△3,735	△55.2	
– 농어촌소규모보육서비스	1,820	–	△1,820	순감	
• 어린이집 평가인증	4,975	6,026	1,051	21.1	• 어린이집 평가인증 진행 1만 3,120개소
• 어린이집 지원	23,077	78,207	55,130	238.9	
– 어린이집 지원	15,093	61,265	46,172	305.9	• 교재교구비 지원 • 차량운영비 지원 • 교사근무환경개선비 월 5만 원 • 교사겸직원장 지원 월 5만 원
– 공공형 어린이집	7,984	16,942	8,958	112.2	• 시설유형·규모에 따라 운영비 지원 1,000개소
• 어린이집 미이용 아동 양육 지원	89,794	102,646	12,852	14.3	• 차상위 36개월 미만(10~20만 원) • 농어촌 양육수당: 연령별 정부지원 단가의 45% • 장애아동 양육수당(10~20만 원)

* 출처: 보육사업안내(2012).

매년 '지방자치단체별 특수시책사업현황' 이라는 자료로 소개되고 있다.[9] 이 자료를 보면 자치단체의 보육사업에 많은 예산을 투입하는 곳도 있고 자체보육사업 예산이 적은 곳도 있어 지자체별로 보육사업에 대한 예산투자 정도의 편차가 심한 편이다. 백선희(2003)는 지방자치단체의 역할이 증가하는 현실은 외형적으로는 보육사업의 수준을 높이는 측면으로 해석될 수 있지만 이면으로는 지역별 불균형을 심화시키고 중앙정부가 보육사업의 책임을 지방정부에 전가하면서 중앙정부 역할을 약화시킬 가능성도 있다고 지적하고 있다.

2. 외국의 보육제도와 정책

여기에서는 선진 외국의 보육제도와 정책에 대해 스웨덴, 미국, 호주, 일본을 중심으로 알아본다.

1) 스웨덴의 보육제도와 정책

스웨덴은 사회주의 국가로서 유아기 보육과 교육을 일원화하여 교육부에서 관할하고 있다. 스웨덴의 보육제도와 정책에 대해서는 스웨덴 기구(Swedish Institute)의 보고서(2004)를 중심으로 살펴보고자 한다. 스웨덴에는 1~12세까지의 아동을 위한 공립어린이집이 다양하게 설치되어 있다. 아직 초등학교에 들어가지 않은 아동은 유아학교(preschool)에 다니고 학교에 다니는 아동은 방과후 시설(school-age childcare)에 다닌다. 6세에 초등학교 입학을 하기 때문에 기본적으로 1~5세는 유아학교에, 6~12세는 방과후 시설에서 돌본다고 볼 수 있다. 유아시설로는 유아학교(preschool), 교육적 보육(pedagogical care), 개방형 유아학교(open preschool)가 있고, 아동시설로는 여가센터(leisure-time center), 개방형 여가센터(open leisure-

9) 지방자치단체별 특수시책사업현황 자료는 '중앙보육정보센터' 의 자료실에서 찾아볼 수 있다.

time center)가 있다.

원래 가정보육시설이 2009년 스웨덴 교육법 개정 후 교육적 보육(pedagogisk omsorg: pedagogical care)으로 개칭되어 교육적 자극을 제공하는 기관으로 변화되었다(권미경 · 도남희 · 황성온, 2012).

각 시설별 특징은 다음과 같다.

- 유아학교(preschool): 부모가 일하거나 공부하거나 직업이 없거나 육아휴직 중이거나 특별한 보호를 필요로 하는 유아를 돌보는 곳이다. 4~5세의 모든 유아는 1년 중 525시간을 무료로 다닐 수 있다. 유치원은 연중 열고 보육시간은 부모의 요구에 따라 매우 다양하다. 유아는 대개 15~20명 단위로 한 반을 이룬다. 각 반에는 법에 따라 유아교사(preschool teacher) 1명과 보육사(daycare attendants) 2명씩 모두 3명이 배치되어 있다.
- 교육적 보육(pedagogical care): 부모가 일하러 간 시간 동안 유아의 집에 찾아와 보육서비스를 제공하거나 다양한 형태의 가정보육 서비스를 제공한다. 2009년 스웨덴 교육법에 의해 가정보육의 개념을 교육적 보육내용으로 전환하였다. 따라서 다양한 가정보육시설에서 교육활동을 제공한다(권미경 외, 2012). 부모가 직업이 없거나 육아휴직 중이라도 이 서비스를 이용할 수 있다. 보육시간은 부모의 요구에 따라 매우 다양하다. 가정보육 서비스는 가령 유아의 집 근처에 유아학교가 없는 경우에 유치원의 대안으로 제공된다. 그러므로 대도시보다는 시골 지역이나 조그만 마을에서 더 많이 이루어지는 편이다.
- 개방형 유아학교(open preschool): 낮에 집에 있는 부모를 위한 시설로 유아는 부모와 함께 시설에 간다. 이곳에서는 부모나 다른 사람에 의해 가정보육되는 영유아에게 사회적, 교육적 자극을 무료로 제공하여 부모의 보육기능을 지원한다.
- 여가센터(leisure-time center): 아동의 방과후 시간 동안 부모가 일하거나 공부하러 가는 아동을 위한 시설이다. 이른 아침, 늦은 오후나 저녁, 휴일 등에 이용할 수 있다. 6~9세의 아동 중 대부분이 이 시설을 이용한다. 연중 운영하며 보육시간은 부모의 요구에 따라 매우 다양하게 짜여 있다.

여가센터는 학교기능을 보완하고 있다. 이를 위해 아동의 발달을 지원해 주고 그들이 여가를 의미 있게 보낼 수 있도록 여러 가지 프로그램을 제공한다. 보육 정책의 방향은 초등학교와 이 여가센터들을 가능한 한 밀접하게 묶어서 통합적인 서비스를 제공하는 것을 목표로 하고 있다.

- 개방형 여가센터(open leisure-time center): 10~12세 아동을 위해 여가센터나 가정 보육서비스의 대안으로 제공되는 것이다. 아직 스웨덴의 전역에 퍼져 있지는 못하고 10~12세 아동의 5% 정도만 이 서비스를 이용하고 있다.

스웨덴의 유치원은 표준교육과정을 구비하고 있다. 이 교육과정의 목표와 일반 원칙은 첫째, 기준과 가치의 준수, 둘째, 발달과 학습의 지원, 셋째, 유아 자신의 역량 존중하기, 넷째, 유치원과 가정 간의 긴밀한 연계, 다섯째, 유치원 · 학교 · 여가센터 간의 밀접한 상호작용 등이다. 스웨덴에서는 아동의 놀이를 매우 강조한다. 다양한 놀이와 여가활동이 프로그램으로 구성되어 있으며 아동은 여기에 참여함으로써 자연스럽게 호기심과 창의성을 키워 나간다.

스웨덴에서 보육서비스를 제공하는 전문인력은 크게 네 가지로 구분할 수 있다. 첫째, 유아교사(preschool teacher)는 대학에서 3년간의 교육과정을 통해 교수방법, 발달심리학, 가족사회학 등의 교과목을 배운다. 둘째, 레크리에이션 강사(recreation, or leisure time instructor)는 역시 대학에서 3년간의 교육과정을 통해 교수방법, 발달심리학, 여가활동과 레크리에이션 등의 교과목을 배운다. 셋째, 보육사(daycare attendant)는 2년제 대학을 졸업한 사람이다. 넷째, 가정보육으로 아이를 돌보는 사람(childminder in family daycare)은 전문기관을 수료한 사람이다.

보육비용은 정부의 지원, 지방정부의 지원, 부모가 부담하는 보육료를 합하여 충당된다. 정부의 보육비용 부담은 스웨덴 GDP의 2%에 달한다. 각 지방정부는 부모가 지불해야 할 보육료를 자유롭게 책정할 수 있다. 1990년대 이후 보육료가 점차 상승되었고 차등보육료를 지불하도록 했으며 아동의 보육시간에 따라 차이를 두었다. 이에 따라 가족의 수입이 증가할수록 부모의 보육료 부담이 증가하게 되었다. 이런 이유로 아이를 둔 여성들은 육아휴직 후 직장으로 복귀하지 않으려는 경향이 나타났으며 문제점을 해결하기 위해 2002년 1월 이후 스웨덴 정부는 부모가 부담해야 하는 보육료의 상한가를 결정하여 공지하게 되었다. 즉, 취학 전 어린이집을 이용할 때 부담하는 보육료는 가족 수입의 1~3%를 초과할 수 없으며 이는 다시 자녀 수에 따라 달라진다. 초등학교 아동을 위한 보육서비스에 대한 비용 역시 가족 수입의 1~2%를 초과할 수 없다. 지방정부는 이러한 상한가 제한을 둘지의 여부를 자유롭게 결정할 수 있다.

스웨덴의 모든 공립어린이집은 정부가 법에 의해 요구하는 질적 기준을 충족시켜야 한다. 유아학교의 교육과정 및 프로그램의 기준과 요건은 교육법(The Education Act)에 명시되어 있고, 그 외 여가센터, 개방형 유아학교, 교육적 보육이 갖추어야 할 기준은 국립교육지원센터(The National Agency for Education)에 의하여 마련되어 있다. 영유아 교육과 보육의 질을 높이기 위해 2003년부터 6년마다 평가를 의무화하였다. 평가는 3단계, 즉 기관자체 평가, 지방자치단체 평가, 국가수준 평가로 이루어진다(장명림 외 2009)

2) 미국의 보육제도와 정책

미국의 어린이집 유형은 어린이집(day care centers), 유아원(nursery), 유치원(preschools) 등으로 다양하다. 국립보육자원 및 연방지원기국협회(The National Association of Child Care Resource and Referral Agencies: NACCRRA)가 부모에게 제안하고 있는 전형적인 네 가지 보육형태는 다음과 같다(www.naccrra.org).

- 어린이집(child care centers): 어린이집은 유아를 집단으로 보육하는 곳이다. 모든 주정부는 어린이집을 설립할 때 필요한 설립 허가기준을 규정해 두고 있다. 구체적인 허가기준은 주마다 다르며 허가를 받았다고 보육수준이 우수하다는 것을 보증하는 것은 아니다. 다만 허가를 받은 시설은 최소한의 건강, 안전, 보육자의 자격 등을 갖추고 있다. 모든 주에서는 최소 1년에 1회 이상 모든 어린이집을 점검한다.

어린이집을 선택하는 부모는 자녀를 집단으로 보육하는 시설을 선호하며 여러 명의 보육전문가가 주정부의 감독을 받으며 일하고 있기 때문에 자녀를 위해 더 안전하고 바람직하다고 믿는다. 어린이집이 명성을 갖고 있거나 신뢰할 만한 기구(대학 등)의 지원을 받고 있는 경우 이를 선호한다. 많은 부모들은 종사자, 공간, 시설 · 설비, 교재교구, 조직화된 활동이 아동에게 더 좋은 학습환경을 제공해 준다고 믿고 있다.

- 가정어린이집(family child care facilities): 가정어린이집은 보육자의 집에서 아동에게 보육서비스를 제공하는 것을 말한다. 시설이 갖추어야 할 기준은 주마다 다르지만 대부분의 주에서는 가정어린이집 종사자로 하여금 4명 이상의 영유아를 보육할 수 있는 법적 기준을 갖추도록 요구하고 있다. 모든 주에서는 최소한의 건강, 안전 및 영양기준을 정해 두고 있으며 많은 주에서는 가정어린이집 종사자로 하여금 범죄기록이나 아동학대, 방임 등의 전과가 없다는 확인서류를 제출하도록 요구하고 있다. 또한 대부분의 주에서는 가정어린이집을 1년에 한 번 혹은 무작위로 점검하고 있다.

  자녀들이 가정과 같은 환경에서 보육받기를 원하는 부모들이 가정어린이집을 선택한다. 이들은 한 명의 보육담당자와 상호작용하는 것을 선호하며 자녀가 소규모 그룹에 있을 때 더 안전하고 행복하며 건강하게 지낼 수 있다고 믿는다. 어떤 부모는 자녀를 모두 한 시설에 보내 자녀들이 같은 그룹에서 지내기를 바라기 때문에 이 유형을 선택하기도 하며, 또 어떤 부모는 이 유형이 집에서 더 가깝고 더 저렴하며 시간적인 측면에서 유동성이 크기 때문에 선호하기도 한다.

- 방문 보육사(In-home caregivers): 유아의 집에 와서 보육서비스를 제공하는 방문 보육사에는 입주했거나 매일 출퇴근하는 유모 및 파출부가 포함된다. 대부분의 주에서는 방문 보육사에 대한 기준을 갖추고 있지 않지만 몇몇 주에서는 내니 소개소에 대한 규제를 하고 있다. 많은 주에서는 아동보육 보조금(child care subsidy)을 받는 방문 보육사의 경우 범죄기록, 아동학대 및 방임기록이 없을 것을 요구하고 있다. 그리고 몇몇 주에서는 방문 보육사로 일하는 사람들에게 몇 시간의 건강 및 안전교육을 이수하도록 하고 있다.

이 보육유형을 선택하는 부모들은 자녀가 집에서 더 안전하고 깨끗한 보육서비스를 받을 수 있다고 생각한다. 그들은 보육사를 자기 집에서 일하게 하면 아이들에게 자기가 원하는 보육서비스를 제공하도록 보육사를 더 많이 관리 · 감독할 수 있다고 믿는다. 어떤 부모들은 방문 보육사가 가족의 요구에 더 유동적일 수 있기 때문에 선호한다. 더욱이 자녀가 여러 명일 경우는 방문 보육사를 쓰는 게 비용 면에서 더 효율적일 수 있다.

- 친척, 친구, 이웃에 의한 보육(care provided by relatives, friends and neighbors): 때때로 부모들은 자녀를 돌보기 위해 친구, 친척, 이웃을 선택한다. 아이는 자기 집이나 보육자의 집에서 생활한다. 부모의 근무시간이 교대로 바뀌는 경우 다른 부모가 아이의 보육을 책임지기도 한다. 많은 주에서는 친척, 친구, 이웃에 의한 보육형태에 어떤 규제를 가하지는 않는다. 몇몇 주에서는 이럴 경우에도 범죄기록, 아동학대 및 방임기록이 없어야 할 것을 요구하기도 한다. 그리고 몇몇 주에서는 이 사람들에게 몇 시간의 건강 및 안전교육을 이수하도록 하고 있다.

  이 유형의 보육서비스를 선택하는 부모들은 아이를 돌보아 줄 친척이나 친구, 이웃을 구할 수 있어 다행이라고 여긴다. 그들은 이런 보육자들이 더 따뜻하고 더 많은 사랑을 줄 수 있으며, 이에 따라 아이들이 더 안전하게 지낼 수 있다고 믿는다. 많은 부모들은 친척, 친구, 이웃과 가치를 공유하고 그들이 자녀에게 하는 일을 신뢰한다. 때때로 부모는 자신의 근무일정, 재정상태, 자동차가 없을 때 등 여러 가지 이유로 다른 어린이집에 다닐 수 없을 때 이를 선택하기도 한다.

미국은 보육의 일차적 책임을 가정에 두고 있고 정부의 보육지원정책은 주로 저소득층 가정을 지원하기 위한 목적으로 수립된다. 개별 가정이 지불해야 하는 보육비용은 정부의 지원을 받는 가정이냐 아니냐에 따라 매우 다양한 범위를 갖는다. 정부의 지원을 받아 수행되는 대표적인 프로그램으로 헤드 스타트 프로그램을 들 수 있다.

보육교사는 대부분 4년제 대학과 2년제 전문대학에서 양성되며 주마다 직전교육(preservice)과 보수교육(ongoing)을 요구하는 기준이 다르다. 근래 미국에서는 각 주마다 어린이집에서 갖추어야 할 규준(regulations)을 명시하여 교사 대 아동 비율, 집단의 크기, 보육자가 갖추어야 할 자격기준 등을 세세히 규정하고 있다.

3) 호주의 보육제도와 정책

호주는 부모의 경제활동과 가족생활의 균형을 이루기 위해 영유아기 자녀의 보육비용을 지원하고 있다. 또한 어린이집의 설치인가 및 인증제도를 통해 양질의 보육서비스가 국민에게 제공될 수 있도록 정부 차원에서 노력하고 있다. 보육에 대한 책임은 연방정부, 주정부 등 모든 수준의 정부가 함께 분담하고 있으며, 연방정부는 가장 중요한 재정적 지원을 담당하고 있다. 지방정부의 경우 민간시설에 특별지원을 실시하여 보육서비스가 지방에도 고루 적용되도록 하는 데 주력한다.

호주의 보육서비스 유형은 크게 네 가지로 구분된다(선진국 보육정책 실무연수결과 보고서, 2004).

- **종일보육**(long day care): 0~5세 아동을 위한 것으로 오전 8시부터 오후 6시까지 주 5일 운영하는 것을 원칙으로 한다. 이와 병행하여 3~5세 아동을 위한 유아학교(preschool)가 운영되고 있는데, 유아학교는 오전 9시부터 오후 2시경까지 진행된다. 대규모 종일어린이집에서는 오전 시간에 유아학교를 포함시켜 운영하기도 한다.
- **가정어린이집**(family child care): 보육자가 5~6명의 영유아를 돌보는 것인데, 관리소(scheme)를 중심으로 연계되어 활동한다. 하나의 관리소에서는 1개소부터 100개가 넘는 가정어린이집이 소속되어 있다. 관리소를 기준으로 허가를 받고 관리소를 기준으로 인증을 받는다. 관리소는 소속된 가정어린이집을 위한 자원의 연계나 세미나 기획 등 여러 가지 서비스를 제공한다.
- **방과후 보육**(outschool care): 초등학교 학생을 위한 어린이집이다. 일시보육(occasional care)은 학령 전 아동만 이용할 수 있는 것으로 학령 전 아동으로 하여금 함께 어울리면서 또래 간 상호작용을 경험할 수 있도록 일시적인 보육서비

스를 제공하는 것이다.

- 방문보육(in-home care): 시골 등 넓은 지역에 집들이 드문드문 위치해 있을 경우 아이들이 어떤 기관에 다니기가 쉽지 않기 때문에 이들을 위해 보육자가 가정을 방문하여 아이들을 보육해 주는 형태다. 종일보육, 방과후 보육, 일시보육, 농장 보육, 24시간 보육 등 여러 가지 모습을 갖추고 가족과 영유아의 요구에 맞추어 보육서비스를 제공해 주려고 노력하고 있다.

연방정부가 어린이집을 이용하는 부모에게 지원하는 금액을 보육보조금(Child Care Benefit: 일명 CCB라고 한다)이라 하는데, 정부는 자녀보육보조금의 형태로 약 80%의 보육비용을 지원하고 부모는 20%의 보육비용을 부담한다. 부모가 부담하는 보육비용은 가정의 소득에 따라 차등적으로 달라진다. 이를 결정하는 요소는 가족의 소득, 어린이집에 보내는 자녀의 수, 보육시간, 어린이집의 유형(대개 long day care 어린이집의 비용은 상당히 비싼 편이다), 어린이집을 이용하는 이유 등이다.

원칙적으로 가족의 연소득 3만 달러, 호주달러를 기준으로 소득이 10달러씩 증가할 때마다 보육보조금을 1달러씩 줄인다. 이에 따라 자녀를 어린이집에 보내는 모든 부모가 월 최대 133달러에서 최소 20달러까지의 정부 지원을 받는다. 가령 가족의 연소득이 3만 달러면 보육보조금이 1주에 133달러, 10만 달러면 보육보조금이 1주에 20달러가 된다. 그리고 어린이집에 보내는 자녀의 수가 증가함에 따라 보육보조금의 액수는 가파르게 증가한다. 한 자녀를 어린이집에 보낼 때 보육보조금이 1주에 137달러라면 세 자녀를 어린이집에 보낼 때는 보육보조금이 1주에 446.96달러로 급등하게 된다. 어린이집을 이용하는 이유도 지원액을 결정하는 데 영향을 미치는데 가령 부모가 취업해 있거나, 학업 중이거나, 훈련을 받는 중이라면 보육보조금을 1주에 50시간 분만큼 지원받는 데 비해 부모가 취업해 있지 않을 경우에는 1주에 20시간 분만큼만 지원받을 수 있다(여성부 국외출장보고서, 2004).

4) 일본의 보육제도와 정책

일본에는 보육만을 다룬 독립된 법이 없으며 아동복지법에 근거한다. 일본에서는 취업모의 경우에만 어린이집을 이용할 수 있고 전업주부의 경우에는 대부분 유치원을 이용한다. 아동복지법에 나타나는 보육소[10](어린이집) 입소기준은 다음과 같다(선진국 보육정책 실무연수결과보고서, 2004).

- 거주하는 집 밖에서 노동하는 것을 일상으로 하고 있는 경우
- 거주하는 집 안에서 해당 아동과 떨어져서 가사 이외의 노동을 하는 것을 일상으로 하고 있는 경우
- 임신 중이거나 출산 후 얼마 되지 않은 경우
- 질병에 걸려 있거나 부상 또는 정신이나 신체에 장애를 가지고 있을 경우
- 장기간에 걸쳐 질병에 걸린 상태이거나 정신 또는 신체에 장애를 가지고 있는 친족과 동거를 하며 늘 간호를 해야 하는 경우
- 지진, 수해, 화재, 그 외의 재해를 복구하고 있는 경우
- 상기 기준에 준하는 상태에 있다고 시정촌[11]의 장이 인정하는 경우

위 조건에 맞지 않는 부모가 자녀를 보육소(어린이집)에 보낼 경우 국가의 보육료 지원을 받지 못한다. 이 때문에 현재 보육서비스를 이용하고 있는 가정과 이용하고 있지 않은 가정 간에 육아불만이나 부담을 둘러싼 형평성의 문제가 제기되고 있다.

보육소(어린이집)에 입소를 희망할 경우 시정촌 아동가정과에 입소신청서를 작성하여 제출한다. 시정촌은 보육요건에 적합한지 판단한 후 사실조사를 거쳐 입소 여부를 결정한다. 시정촌에서는 보육에 필요한 경비를 지원하며 부모는 시정촌에 보육료를 납부하는데, 보육료는 부모수입을 7계층으로 나누어 차등 부과된다. 가령 제1계층(생활보호법상 피보호세대)의 경우 3세 미만아를 위해 보육료를 납부하지

10) 일본은 어린이집을 보육소라고 함.

11) 일본의 행정구역단위.

않아도 되지만 제7계층(소득 40만 8,000엔 이상)의 경우 보육료로 8만 엔을 지불해야 한다. 3세 이상아를 둔 부모는 제1계층에서는 보육료를 내지 않지만 제7계층에서는 7만 7,000엔을 내야 한다. 한 가정에서 두 자녀가 보육소(어린이집)에 다니는 경우에 둘째 자녀의 보육료는 1/2만을 낸다. 국가의 일반회계예산 중 보육소(어린이집) 운영비는 2003년 당시 전체의 52%였다(여성부 국외출장보고서, 2006; 홍금자 · 사카모토, 2004;).

일본에서는 근래 출산율의 저하에 따른 소자녀화 현상을 극복하기 위해 정부 차원에서 자녀보육을 지원하는 종합계획인 '엔젤 플랜(Angel Plan, 1995~1999)' '신엔젤 플랜(2000~2005)' 을 제시했다. 2003년에는 '차세대육성지원대책 추진법안' 을 마련하였다. 보육지원대책의 주요 내용은 어린 자녀를 가진 남녀가 일과 가정을 양립할 수 있도록 각종 지원 네트워크를 활성화시키는 것이다. 나고야의 육아지원시책을 살펴보면, 자녀보육 지원을 위해 먼저 보육소(어린이집)에 입소하려고 대기 중인 일명 '대기아동' 을 0으로 만들겠다는 내용이 제시되어 있다. 이를 위해 어린이집의 수를 늘리고 일반보육 외에 다양한 형태의 보육서비스를 제공하고 있다(태시치즈, 2004).

- 연장보육: 오후 7시 이후 시설에 따라 8시까지 혹은 밤 10시까지 보육이 이루어지는 것
- 야간보육: 연장보육시간을 넘어 야간에 보육이 이루어지는 것
- 일시보육: 주 3일 실시되는 보육 형태. 평일이나 주간에 어린이집을 이용하지 않는 유아가 이용
- 장애아 보육
- 가정보육: 어린이집이 정비되기까지 잠정적인 것으로 일정한 기준을 갖춘 무인가보육소로 보육자의 집에서 연령이 낮은 소수 유아를 대상으로 실시하는 것

다양한 형태의 보육서비스 외에 아이를 키우는 모든 부모를 대상으로 육아를 지원하기 위해 '가정지원센터' 가 설치되어 있다. 가정지원센터는 보육소(어린이집)에 설치되어 있기도 하고 별도로 설치되어 있기도 하는데, 목적은 공히 자녀를 보육하

는 부모를 지원하는 네트워크를 형성하여 다양한 지원서비스를 제공하는 것이다. 가령 전업주부가 갑자기 병이 났거나 가족의 장례를 치르게 되었을 때 일시적으로 자녀를 돌보아 주거나, 자녀를 키우는 부모가 모여 육아정보를 교환할 수 있는 '모임의 장'을 설치하거나, '육아지원종합 코디네이터'가 가정지원센터의 여러 가지 서비스를 쉽게 이용할 수 있도록 도와주거나, '육아서포터'가 보육상담을 해 주는 등 지역마다 가정의 자녀보육을 지원해 주기 위한 여러 가지 형태의 사업이 진행되고 있다.

참고문헌

고령화 및 미래사회위원회(2004). 미래인력양성 및 여성의 경제활동참여 확대를 위한 육아지원정책방안. 대통령자문고령화 및 미래사회위원회.

권미경 · 도남희 · 황성온(2012). OECD 회원국의 보육서비스-보육유형, 보육교직원, 보육비용을 중심으로. 육아정책연구소 연구보고서.

김형모(2001). 보육정보센터의 기능활성화방안. 보육발전기획단 제도 개선안 공청회.

류왕효 외(2004). 정보센터 기능 강화 방안 연구보고서. 여성부 정책보고서.

백선희(2003). 사회복지 이념적 모형을 통해 본 김대중 정부의 아동보육정책 평가. 한국영유아보육학, 33.

보건복지부(2008). 보육사업안내.

서문희(1998). 보육서비스 전달체계 평가. 보건복지포럼, 12월.

서문희(2004a). 최근 보육제도 및 정책의 변화와 과제. 보건복지포럼, 통권 제97호, 5-21. 한국보건사회연구원.

서문희 외(2004b). 농어촌보육 모형개발 연구. 보건복지부 · 한국보건사회연구원.

여성부(2004). 선진국 보육정책 실무연수결과보고서.

여성가족부(2006). 일본 보육정책 출장보고서-동경도, 요코하마시-.

요코타(2004). 학령 전 교육의 역할과 의미. 전환기의 보육정책: 보육정책의 새로운 패러다임. 한국여성개발원 · 공동육아와 공동체교육 포럼자료집.

유희정 외(2003). 보육사업의 공공화 및 다양화 실행방안 연구. 여성부 정책보고서.

이옥(2004). 영유아보육법 개정과 아동학 전공자의 역할. 2004 한국아동학회 춘계학술대회 자료집, 95-117. 한국아동학회.

장명림 · 김은영 · 박수연 · 김온기 · 이일주(2009). 육아지원기관의 질적 수준 관리 방안 연구. 육아정책연구소.

정병호(2004). 보육의 사회적 책무성. 전환기의 보육정책: 보육정책의 새로운 패러다임. 한국여성개발원 · 공동육아와 공동체교육포럼 자료집.

최은영(2004). 한국 보육정책의 공공성 평가: 공급과 재정부담을 중심으로. 보건복지포럼, 통권 제97호, 22-30. 한국보건사회연구원.

태시치즈(2004). 일본의 자녀양육지원 네트워크. 우리 아이 함께 키우기: 지역사회 보육지원 네트워크 만들기. 한 · 일 보육석학초청포럼. 인천광역시 · 인천광역시 보육정보센터.

한국여성연구소(2003). 보육정책의 새로운 관점 정립 및 개선방안 연구. 여성부 정책보고서.

홍금자 · 사카모토(2004). 수요자중심의 보육전달체계. 2004 추계 한국영유아보육학회 국제학술대회 자료집, 122-138. 한국영유아보육학회.

http://www.mw.go.kr(보건복지부)

http://central.childcare.go.kr(중앙보육정보센터)

제4장

보육의 이론적 쟁점

보육에 관한 논의의 핵심은 보육경험이 아동의 발달과 적응에 미치는 영향 및 보육이 아동의 발달과 적응에 영향을 미치는 방식을 좌우하는 다양한 요인에 대한 것이다. 아동의 발달과 적응은 아동의 개인적 특성, 가족환경 및 아동이 경험하는 보육의 특성 등이 복합적으로 작용하는 과정에서 이루어지므로 보육기관에 다니는 아동과 보육기관경험이 없는 아동을 단순 비교하거나 보육이 아동의 발달과 적응에 미치는 영향이 긍정적인지 부정적인지에 대해 명쾌한 결론을 얻으려 하는 시도는 비현실적이다. 그보다는 보육이 아동에게 미치는 영향과 관련되는 다양한 요인들 간의 관계를 통합적으로 이해하려는 노력을 통해 아동의 발달과 적응에 최대한 긍정적으로 작용할 수 있는 보육환경을 조성해야 할 것이다.

이 장에서는 우선 보육경험이 아동의 애착 형성에 어떻게 작용하는지, 보육경험과 아동발달의 관계는 어떠한지, 보육경험과 아동발달의 관계는 어떠한 요인들에 의해 다르게 나타날 수 있는지, 보육상황에서 아동집단 구성의 다양성에 어떻게 접근할지에 관한 연구들을 고찰하여 보육경험과 아동발달의 관계에 대한 이해를 증진하도록 한다.

1. 보육경험과 부모 및 보육교사와의 애착

어린이집에 다니는 아동은 하루의 대부분을 주된 애착대상인 부모와 분리되어 보내게 되며 보육교사에 대해 애착을 형성해야 한다. 여기서는 이러한 경험이 부모와의 안정적 애착 형성에 어떤 영향을 미치는지, 아동이 보육교사와의 관계에서 형성하는 애착은 어떤 특성을 갖는지를 알아보도록 한다.

1) 부모와의 애착과 분리

애착은 아동이 주된 양육자에 대해 가지게 되는 강한 정서적 유대감이다. 애착이라는 개념을 처음 확립한 볼비(Bowlby)는 아동이 애착을 형성할 시기에 어머니와 오랜 시간 분리되는 경험이 안정적 애착 형성에 방해가 되며 정서적 안정감에도 부정적으로 작용한다고 보았다. 그러나 주된 양육자인 어머니에 대해 애착을 형성한 유아는 아버지나 가족이 아닌 대리양육자와도 안정된 애착을 형성할 수 있다는 것이 알려졌다(Ainsworth, 1979; Cox, Owen, Henderson, & Margand, 1992). 이에 따라 어린이집에 다니는 아동의 애착이 어린이집 입소 전과 후에 다른지와 아동이 어머니와 보육교사에게 형성하는 애착의 질이 같은지에 관심을 두게 되었다(김영명, 1997).

보육 시작 후 아동의 애착 변화와 어머니에 대한 애착과 보육교사에 대한 애착을 비교한 연구의 결과는, 어린이집에 다니는 아동은 어머니와 상호작용하는 기회가 적지만 일차적 애착은 여전히 어머니에 대해 형성하며 보육을 시작한 후에도 어머니에 대한 애착은 여전히 강하게 유지되는 것으로 나타났다. 특히 아동이 아프거나 스트레스 상황에 처했을 때는 어머니를 찾는 경향이 강한 것으로 보고되었다(Cummings, 1980; Lamb, 1976). 영아가 보육을 시작하기 전과 후에 어머니에 대한 애착이 달라지는지를 고찰한 연구(Ahnert, Gunnar, Lamb, & Barthel, 2004)에서도 보육기관에 다니는 것이 어머니와의 불안정 애착을 유발하지는 않는 것으로 보고

되었고, 어머니가 민감하고 수용적인 태도로 아이의 보육기관 적응을 도와주는 경우에 안정적 애착이 유지되거나 증진된다는 것을 발견하였다. 따라서 보육기관에 다니게 됨으로써 부모로부터 장시간 분리되는 경험 여부만으로 아동의 안정적 애착 형성에 대해 예측할 수는 없으며, 보육기관에 맡겨지더라도 평소에 부모가 아동의 요구에 민감하게 반응하고 수용적인 태도로 상호작용한다면 부모와의 애착 형성에 지장을 초래하지는 않는다고 할 수 있다.

2) 교사와의 애착

어린이집에 다니는 아동은 많은 시간을 부모로부터 떨어져 지내므로 어린이집에 있는 동안 부모를 대신하는 보육교사에 대해 안정적인 애착을 형성하는 것이 어린이집에 적응하고 건강하게 발달하는 데 필요하다. 보육교사와의 애착에 대해 살펴보면, 어린이집에 다니는 아동이라고 해도 보육교사에 대한 애착이 어머니에 대한 애착을 대체하는 것은 아니며 여전히 부모가 일차적 애착 대상이고 보육교사에 대해서는 이차적인 애착을 형성하게 된다. 어머니에 대한 애착안정성과 교사에 대한 애착안정성을 비교한 연구결과에서 볼 수 있듯이 보육교사보다는 어머니에 대한 애착안정성 점수가 더 높은 것으로 나타났다(김영명, 1997; Howes & Hamilton, 1992).

교사에 대한 애착은 이차적이지만 안정적 애착을 형성하는 데 필요한 조건은 부모에 대한 애착에서와 다르지 않다. 즉, 아동이 보육교사에 대해 안정적 애착을 형성하려면 부모와의 애착 형성의 경우와 마찬가지로 보육교사가 아동을 대하는 방식이 중요하다. 보육교사가 아동에게 반응적이며 민감하고 아동의 욕구에 대해 세심하게 배려하고 돌봐 준다면 안정적 애착을 형성하는 데 도움이 된다.

부모에 대한 애착과 교사에 대한 애착을 비교한 연구를 살펴보면, 우선 애착유형별 아동의 분포는 어머니, 아버지, 보육교사에 대해 다르지 않은 것으로 나타났다(Howes, 1988). 즉, 안정 애착과 불안정 애착을 보이는 아동의 비율이 부모에 대한 애착의 경우와 교사에 대한 애착의 경우에서 다르지 않다고 보고되었다. 그러나 아동이 부모에게 형성하는 애착과 교사에게 형성하는 애착의 안정성은 일치도가 높지 않은 경향이 있어서 부모에게 안정 애착을 형성한 아동이 교사에게도 반드시 안정 애착을 형성하는 것은 아니었다(Howes & Hamilton, 1992). 이 결과는 어느 한 대상에 대한 애착이 안정적이지 못하더라도 다른 대상과 안정적 애착을 형성하는 것이 가능하여 부족한 측면을 보완할 수 있으며, 애착대상의 행동이 아동의 애착 형성에 중요함을 시사한다.

이상의 논의에서 볼 수 있듯이 보육기관에 다니는 것이 부모에 대한 아동의 애착을 손상시키는 것은 아니며, 부모와의 안정적 애착을 유지하면서 교사와도 애착관계를 형성하는 것이 가능하다. 더욱이 부모와의 애착이 안정적이지 않은 아동도 교사와 안정 애착을 형성하고 유지할 수 있으므로 교사가 아동에게 따뜻하며 수용적이고 민감하게 대함으로써 보육기관에서 생활하는 경험이 아동에게 긍정적으로 작용하도록 할 수 있다.

2. 보육경험과 영유아의 발달 변화

보육을 경험하는 아동이 증가하면서 과연 보육이 아동에게 미치는 영향이 어떠한지에 관심이 모아지게 되었다. 그러나 보육이 아동에게 미치는 영향에 대한 답은 간단하지 않다. 보육이 아동발달에 미치는 영향은 보육의 질에 따라 다를 수 있으며 보육특성 이외의 다른 요인들을 함께 고려해야 보다 정확하게 이해할 수 있다. 여기서는 이처럼 다양한 연구결과들을 살펴보고 보육이 아동에게 미치는 영향과 관련되는 요인들에 대해 논의한다.

1) 보육경험과 아동발달

(1) 보육과 신체발달 및 건강

보육경험이 아동의 신체 및 운동발달에 미치는 영향은 대체로 긍정적인 것으로 보고되고 있는데, 이는 아동의 가족환경에 따라서 다르게 나타난다. 저소득층 아동의 경우 어린이집에 다니는 것이 운동발달과 활동성을 증가시키며 키와 몸무게 성장에 긍정적인 영향을 미치고 아동기에 흔한 질병에 걸릴 가능성을 감소시킨다고 한다. 이처럼 저소득층 아동의 경우에 보육경험이 가정에서의 양육보다 신체적으로 긍정적인 결과를 가져오는 것은 질적으로 우수한 어린이집이라면 가정에서보다 균형 잡힌 영양을 공급해 주며 안전하고 위생적인 환경을 제공하기 때문이다. 반면에 가정에서 안전하고 위생적인 환경과 적절한 영양을 공급받는 아동의 경우에는 어린이집에 다니는지의 여부가 신체발달이나 운동능력발달에 영향을 미치지 않는 것으로 나타났다(서영숙 · 김경혜, 2003).

위에서 기술한 바와 같이 어린이집에 다니는 것은 아동의 신체발달 및 건강과 관련하여 가정환경의 취약한 측면을 보완할 수 있는 장점이 있지만 가정에서 양육되는 아동에 비해 감기 등의 전염성 질환에 걸릴 가능성이 높아진다는 단점도 있다. 어린이집에서는 다수의 아동이 집단생활을 하기 때문에 전염성 질환이 쉽게 퍼질 수 있는데, 이러한 경우에는 환자인 아동을 격리하고 충분히 휴식하도록 하여 확산을 방지하도록 조치해야 한다.

(2) 보육과 사회정서발달

보육경험이 아동의 사회정서발달에 어떤 영향을 미치는지는 아동이 경험한 보육의 특성에 따라 다르다. 즉, 아동이 일찍부터 장시간의 보육을 영아기부터 유아기까지 계속적으로 받는 것은 사회정서적 적응에 부정적 영향을 미칠 수 있다(Bates, Marvinney, Kelly, Dodge, Bennett, & Pettit, 1994; Belsky, 2001; Belsky & Eggebeen, 1991; Vandell & Corasaniti, 1990). 아동이 만 1세가 되기 이전에 보육을 시작했거나 주당 20~30시간 이상 보육된 경우 3~8세 때 공격성이 높고 성인의 요구에 잘 따르지 않는 경향이 높은 것으로 나타났으며(Belsky, 1986, 1988; Belsky & Rovine, 1988), 만 1세 이전부터 어린이집에 다닌 아동은 3~4세 때 행동문제를 더 많이 보였는데 이 결과는 어머니의 학력이나 지능을 통제해도 유효한 것으로 나타났다(Baydar & Brooks-Gunn, 1991). Hofferth(1999)도 만 1세 이전부터 보육을 경험한 아동은 3~4세 때 행동문제를 나타낼 가능성이 높다고 보고하였는데, 특히 공격적인 행동을 많이 보인다고 하였다. 이 연구에서는 만 1세에서 만 2세 사이에 보육을 시작한 경우에도 공격적인 행동을 포함한 문제행동을 보이는 비율이 더 높은 것으로 나타났다.

아동이 경험한 총 보육기간이 아동의 사회적 유능성이나 문제행동에 영향을 미치는지를 알아본 연구(NICHD Early Child Care Research Network, 2003)에서도 보육을 오랜 기간 경험한 아동은 그렇지 않은 아동에 비해 사회적 유능성이 낮으며, 외재화 문제를 더 많이 보이고, 보육교사와의 갈등 빈도가 높고, 부정적 놀이행동을 더 많이 하는 것으로 관찰되었다. 출생 후 어린 나이에 보육을 시작할수록 아동의 문제행동 가능성이 높게 나타나는 현상은 부모의 연령, 가족구조, 부모의 취업, 부모의 학력, 형제자매 수 등 다양한 변수를 통제해도 유지되는 것으로 나타났다. 그러나 이른 시기에 보육을 시작하는 것이 아동의 행동문제를 증가시킨다는 연구결과와 상반된 결과도 있다. 예를 들어, 크로켄버그와 리트만(Crockenberg & Litman, 1991)의 연구에서는 유형에 상관없이 어머니 양육 이외의 보육을 경험하는 2세 아동은 부모나 다른 성인의 요구에 더 잘 따르는 것으로 나타났다. 또한 기관보육을 경험하는 아동이 전반적인 문제행동을 덜 보인다는 연구결과들도 있다(Field, Masi, Goldstein, Perry, & Parl, 1988; Howes, 1988; Prodromidis, Lamb, Sternberg, Hwang, & Broberg, 1995).

보육이 아동의 사회정서발달에 미치는 영향에 관해서는 이른 시기에 장시간의 보육을 지속적으로 경험하는 것이 아동의 사회정서발달에 부정적으로 작용한다고 보고한 연구와 오히려 긍정적인 영향을 미친다고 보고한 연구가 모두 존재하므로 일정한 결론을 내리기는 어려운 상황인데, 여기에서 보육의 질을 고려함으로써 보육이 아동의 사회정서발달에 미치는 영향을 보다 명확히 이해할 수 있을 듯하다. 즉, 영아기의 이른 시기에 보육을 시작했어도 적정 수준의 아동 인원이 초과되지 않는 질 높은 환경에서 보육된 아동은 오랜 기간이 지나도 집단생활에서 협조적이며 성인의 지시에 잘 따르고 사회적 상호작용기술에서 앞서는 것으로 나타났다. 반면에 적정 수준보다 큰 집단에서 질이 낮은 보육을 장시간에 걸쳐 받은 경험은 아동이 공격성과 같은 문제행동을 보일 가능성이 높은 것으로 나타났다(NICHD Early Child Care Research Network, 1999; DeMulder, Denham, Schmidt, & Mitchell, 2000).

부모-자녀관계도 보육이 아동의 사회정서발달에 미치는 영향을 보다 명확히 이해하기 위해서 고려해야 할 요인이다. 장시간을 보육기관에서 보내며 부모와의 관계가 원만하지 못한 아동은 부모와 함께 있는 시간만큼은 친밀한 상호작용을 하는 아동에 비해 심한 공격성을 보이는 경향이 있는 것으로 나타났다(NICHD Early Child Care Research Network, 2003).

보육기관에 다니는 것이 아동의 사회정서발달에 미치는 영향은 보육의 질이나 아동과 부모와의 관계 등을 함께 고려해야 보다 명확히 이해할 수 있다. 보육의 질이 양호하며 부모가 아동과 좋은 관계를 유지한다면 어린이집에 다니는 것이 아동의 사회정서발달에 긍정적인 영향을 미칠 수도 있다.

(3) 보육과 인지 · 언어발달

질 높은 보육은 인지 · 언어발달을 향상시킨다는 연구결과가 일관성 있게 보고되어 왔다. 질 높은 보육은 아동의 언어, 읽기, 수학능력과 장기적인 학업성취도도 높이는 것으로 나타났다(NICHD Early Child Care Research Network, 2000, 2003; Peisner-Feinberg et al., 1999; Peisner-Feinberg et al., 2001). 보육의 질이 특히 저소득층 아동의 인지 · 언어발달과 관계가 깊다는 연구결과가 있으나 많은 연구에서 어린이집의 질을 직접적으로 측정하지 않았으며 기관어린이집이 가정어린이집보다 질이 높다는 가정하에 기관어린이집에서 보육되는 아동과 가정어린이집에서 보육되는 아동의 인지 · 언어발달을 비교했다는 방법론상의 문제점을 가지고 있다. 이러한 문제점을 극복하기 위해서 보육의 질을 직접 평가하고 많은 인원의 아동을 대상으로 하여 수행한 연구에서는 보육의 질과 인지 및 언어발달 간의 정적 관계가 빈곤아동과 빈곤하지 않은 아동에게서 유사하게 나타났다(Burchinal, Peisner-Feinberg, Bryant, & Clifford, 2000). 따라서 보육의 질이 나쁘지 않다면 장시간을 보육기관에서 보내는 것은 아동의 인지 · 언어발달에 부정적인 영향을 미치지 않으며 보육의 질적 차이에 의해 아동의 언어나 인지발달 결과에 상당한 차이가 나타날 수 있다.

아동이 어린이집에 다닌 기간도 인지 및 언어발달과 정적인 관계가 있는 것으로 나타나 기관어린이집에 오래 다닐수록 인지발달과 언어발달이 더욱 증진된다고 한다(Ahnert & Lamb, 2003). 특히 이러한 결과는 만 1세 이전에 기관보육을 시작한 아동을 대상으로 실시한 연구에서 얻은 것으로서 영아기에 질이 높은 보육기관에서 보육되는 것은 가정에서 보육되는 경우보다 인지적, 언어적으로 더욱 풍부한 환경을 제공함으로써 아동의 발달에 긍정적으로 작용한다는 것을 알 수 있다.

보육과 인지 · 언어발달 간의 관계를 논의할 때 보육의 질이나 보육기관에서의 경험과 더불어 간과할 수 없는 것은 아동과 가족의 특성이다. 보육의 질은 인지적 능력 수준이 낮았던 아동의 인지발달에 더 큰 영향을 미치는 것으로 나타났으며 영아기의 보육경험은 여아보다는 남아의 학업 성취와 인지적 능력 향상에 더 큰 영향을 미치는 것으로 나타났다(Brooks-Gunn, Han, & Waldfogel, 2002; Desai, Chase-Lansdale, & Michael, 1989). 가족의 특성으로는 가족이 아동에게 제공하는 인지적 자극의 정도와 어머니의 교육수준을 들 수 있는데, 아동이 가족환경에서 인지적 자극을 충분히 받지 못하는 경우에는 만 1세 이전에 보육을 시작했을 때 5~6세에 평가한 읽기능력이 더 높은 것으로 나타났으며 어머니의 교육수준이 낮아 아동의 인지발달 관련 요구를 충족시켜 주지 못하는 경우에도 보육이 아동의 인지 및 언어발달에 더 큰 효과를 가져오는 것으로 나타났다.

이러한 결과를 종합해 볼 때 보육의 질이 우수하다면 어린이집에 다니는 경험은 아동의 언어 및 인지발달을 촉진시키며, 특히 아동의 개인적 특성이나 가족환경이 불리할 때 보육의 긍정적 효과가 더 크다고 할 수 있다.

2) 보육경험과 아동발달의 관계를 중재하는 요인

보육경험이 아동의 발달에 미치는 영향은 다양한 요인에 의해 다르게 나타날 수 있다. 여기서는 보육요인, 교사요인, 아동요인이 어떻게 작용하는지를 알아본다.

(1) 보육요인

① 교사 대 아동 비율

교사 대 아동 비율은 집단 크기와 함께 질 높은 보육을 판가름하는 가장 중요한 지표로서 아동의 건강과 안전에 많은 영향을 미친다. 교사 대 아동 비율이 낮으면 질병 전염 가능성이 낮아진다. 연구결과 교사 한 명이 보육하는 아동 인원이 적을수록 아동에 대한 감독과 위생지도가 잘 이루어지므로 질병 가능성이 낮다. 교사 대 아동 비율이 낮으면 아동이 가구 위에 올라가는 것과 같은 위험한 상황 발생도 감소한다(Hayes, Palmer, & Zaslow, 1990). 교사 한 사람이 보육할 수 있는 적정 인원을 초과할 경우 교사의 스트레스가 증가하는 상황에서 아동과 상호작용할 때 아동에게 부적절하게 대할 가능성이 높아지므로(Deitch, 1987) 어린이집 내의 아동학대 예방을 위해서도 적절한 교사 대 아동 비율을 유지해야 한다.

교사 대 아동 비율이 낮으면 아동은 스트레스가 낮으며 사회적으로 더 유능하고 활발한 언어활동과 놀이를 하는 경향이 있다(Clarke-Stewart, Gruber, & Fitzgerald, 1994; Hayes, Palmer, & Zaslow, 1990; Howes & Rubenstein, 1981). 교사 대 아동 비율이 높으면 교사는 민감하고 수용적인 방식으로 아동을 대하기 어려워 상호작용의 질이 낮아지게 되며 아동 개개인과 상호작용할 수 있는 시간이 부족해짐으로써 아동의 적응과 발달에 부정적인 영향을 미치게 되는 것이다.

② 집단 크기

집단 크기는 독립적으로 일정하게 정해진 물리적 공간에서 생활하는 아동들의 수다(NAEYC, 1991). 어린이집의 작은 집단 크기는 감염성 질병이 발생할 가능성을 감소시킨다. 만 1~3세 사이 아동의 경우에 집단 크기가 4명 이상일 때 질병 위험성이 높아지며 3명이나 그보다 작은 집단의 경우에는 가정에서 어머니가 양육하는 아동보다 질병 위험이 더 높지는 않다고 한다(Bartlett, Orton, & Turner, 1986; Bell, Gleiber, Mercer, Hifer, Guinter, Cohen, Epstein, & Narayanan, 1989).

집단이 작을수록 교사의 보육행동이 바람직하며 아동의 안전도 개선된다. 작은 집단의 아동을 보육하는 교사가 아동과 상호작용을 더 많이 하며 보육에 더 적극적이다.

집단 크기는 보육교사가 상호작용하게 되는 아동의 수와 아동이 상호작용할 또래의 수를 의미하므로 집단 크기는 아동과 보육교사 및 아동 간의 상호작용에 영향을 미친다(Collins, 1983). 연구결과에 따르면 교사 대 아동 비율이 같더라도 집단 크기에 따라 아동이 또래와 하는 상호작용과 교사와 아동의 상호작용이 다르다고 한다. 소집단에서 생활하는 아동의 또래 간 사회적 상호작용 및 언어적 상호작용 빈도가 더 높았으며 이들의 또래 간 상호작용은 갈등적이기보다는 협동적, 우호적 성격을 띠었고 다른 아이들과 함께 하는 공동놀이를 더 많이 하는 경향이 있었다. 또한 대집단에서 생활하는 아동들은 소집단에서 생활하는 아동에 비하여 신체적 공격성이 더 높은 경향이 있었다(권혜진 · 이순형, 2001).

집단 크기에 관한 연구의 예를 보면, 보육교사 2명이 보육하는 12~14명의 아동 집단이 4명의 교사가 보육하는 24~28명으로 구성된 집단의 아동보다 어린이집에서의 생활에 협조적이며 사고력이나 창의성이 높은 것으로 나타났다. 또한 작은 집단에 있는 아동들이 큰 집단의 아동보다 사회적 유능성도 높은 것으로 나타났다(Clarke-Stewart, Gruber, & Fitzgerald, 1994). 작은 집단의 아동을 보육하는 교사들은 큰 집단을 보육하는 교사보다 아동에게 더 반응적이며 더 많은 사회적 자극을 제공하고 불필요한 제한을 덜 가하는 것으로 나타났다. 이처럼 작은 집단을 보육하는 교사가 반응적이고 민감하게 아동과 상호작용하는 것은 아동이 교사와 안정 애착을 형성하게 하여 아동이 보다 활발한 놀이활동을 하고 공격성이나 사회적 위축성향을 덜 보이며 사회적으로 유능하고 언어발달에서도 앞서는 결과와 관련된다(권혜진 · 이순형, 2001; NICHD Early Child Care Research Network, 1996; Whitebook, Howes, & Phillips, 1989).

집단 크기는 발달적으로 적합한 교육활동과도 관계가 있다. 만 1세 아동은 6명 이하, 만 2~3세 아동은 12명 이하, 만 4~5세 아동은 18명 이하일 때 발달적으로 적합한 활동을 하게 될 가능성이 크다(Howes, Phillips, & Whitebook, 1992). 교사와 아동의 상호작용도 집단 크기에 따라 다르다. 소집단의 보육교사가 대집단의 보육교사보다 아동에게 쓰다듬기, 웃기, 신체적 보살핌 등 긍정적인 상호작용을 더 많이 하였고 아동과 개별적인 대화를 더 많이 하였으며(권혜진 · 이순형, 2001), 명령 · 금지 · 경고 성격의 상호작용을 덜 하였고 교사와 아동의 관계가 더 친밀하고 우호적이었다(김향자, 1992; 서현정, 1995).

③ 보육유형

보육유형에 따라서도 영유아의 적응과 발달이 다르게 나타날 수 있으나 이는 보육유형 자체의 영향이라기보다는 보육유형별로 교사 대 아동 비율, 집단 크기, 교사의 학력 및 경력, 환경, 보육활동의 체계성에 차이가 있을 수 있기 때문이다.

보육유형에 따른 차이에 대한 연구들은 대부분 가정어린이집과 기관어린이집을 비교하였다. 위에 열거한 특성에서 차이가 없다면 가정어린이집에서 보육되든 기관어린이집에서 보육되든 보육이 아동에게 미치는 영향이 크게 다르지 않은데, 기관어린이집이 가정어린이집보다는 대체로 이러한 측면에서 우수한 것으로 나타났다(이순형 · 이옥경, 2000). 즉, 기관어린이집이 가정어린이집보다 놀잇감이나 교구교재를 더 다양하고 풍부하게 갖출 수 있으며 프로그램 운영이 보다 체계적일 수 있다.

그러나 아동의 정서적 적응에는 가정어린이집이 가지는 장점이 있기도 하다. 만 3세 미만 영아의 사회정서발달이 가정어린이집과 기관어린이집에서 다른지를 비교한 연구(최보가 · 문영경, 2004)에서는 가정어린이집에서 보육되는 영아가 기관어린이집에서 보육되는 영아보다 자율적이며 정서적으로 안정적인 것으로 나타났는데, 이는 가정어린이집이 아동에게 집과 같은 환경을 제공함으로써 아동이 친숙하게 느낄 수 있어서 정서적 부담이 적으며 정서적 안정감을 가질 수 있어 보다 활발한 놀이활동이 이루어진다는 연구결과(Clarke-Stewart & Gruber, 1984)와도 맥을 같이한다.

이상과 같이 기관어린이집과 가정어린이집은 각각 서로 다른 장단점을 가지고 있다. 기관어린이집은 체계적 운영과 환경의 풍부함에서 가정어린이집보다 우위에 있을 수 있으나 가정어린이집은 아동이 가정에서 지내는 것과 유사한 심리적 안정감을 제공함으로써 아동의 적응을 쉽게 할 수 있는 장점이 있다. 따라서 보육경험이 아동의 적응과 발달에 긍정적인 영향을 미칠 수 있도록 하기 위해 기관어린이집은 아동의 정서적 측면에 대한 배려를 보완하고 가정어린이집은 환경이나 체계성을 보완함으로써 전반적인 보육의 질을 향상시키는 방향으로 나아가야 할 것이다.

④ **보육시간**

아동이 어린이집에서 보내는 시간에 따라 아동에게 미치는 영향이 다른지에 관한 논의는 20시간(Belsky & Rovine, 1988) 또는 30시간(Vandell & Corasaniti, 1990) 등 기준을 정해 놓고 그 이상의 시간을 어린이집에서 보내는 아동은 보육으로 인해 부정적인 영향을 받을 것임을 제시하는 방식으로 이루어졌다. 이런 관점에서의 연구는 어린이집에서 시간을 많이 보낼수록 사회적 유능성이 낮고 문제행동을 많이 보이며 갈등을 더 많이 겪는다는 결과를 보여 주었다.

그러나 보다 정교한 분석기법을 사용하여 보육시간과 아동의 사회정서적 행동 간의 관계를 분석한 연구(NICHD Early Child Care Research Network, 2003)에서는 아동에게 부정적 영향을 미치기 시작하는 특정 보육시간을 발견하지 못했으며, 보육시간과 아동의 부정적 사회정서적 적응 간의 관계는 선형적이어서 보육시간이 길수록 아동의 사회정서적 문제행동도 증가한다고 결론을 내렸다.

한편, 장시간의 보육이 아동에게 미치는 영향에 관한 다른 연구(Votruba-Drzal, Coley, & Chase-Lansdale, 2004)에서는 주당 45시간 이상을 보육기관에서 보내는 아동도 보육의 질만 낮지 않다면 부정적인 영향을 받지 않는다고 보고하였다. 이 연구에서는 아동이 보육기관에서 보내는 시간이 길수록 수학적 능력이 향상되었고 문제행동도 감소하는 것으로 나타났는데, 질 높은 보육을 받는 아동은 장시간 보육을 받을수록 내재화 및 외현화 문제가 감소하였고 사회정서적 적응도가 높았다고 보고하였다. 그러나 장시간을 질 낮은 보육기관에서 보내는 아동에게는 장시간의 보육이 외현화 문제행동을 증가시키는 것으로 나타났다.

이상에서 살펴본 바와 같이 아동이 보육기관에서 보내는 시간은 아동의 사회정서적, 인지적 발달에 영향을 미치지만 그 영향이 긍정적일지 부정적일지는 보육기관에서 제공하는 보육의 질에 따라 결정된다.

(2) 교사요인

교사의 특성은 보육의 질에 영향을 미치는 중요한 요인이다. 보육교사는 매일 장시간을 영유아와 함께 보내면서 영유아의 기초생활습관 형성, 언어발달 등 모든 영역에서 영향을 미치며 아동에게 행동모델이기도 하다. 따라서 교사의 특성은 보육의 질을 좌우하는 중요한 요인으로서 다음과 같은 교사 특성이 영유아 보육의 질과 관계된다.

① 교육 및 연수

보육교사의 정규교육은 보육의 질과 관계가 있다. 베르크(Berk, 1985)는 고졸인 교사보다는 2년 이상의 대학교육을 받은 교사가 아동과 더 활발한 상호작용을 하며 상호작용이 비지시적이며 억압적이지 않고 아동중심적 태도를 갖는다고 보고하였다. 또한 보육교사의 정규교육, 보육교사의 아동발달 관련 교과목 수강 정도, 보육교사 경력의 상대적 중요도를 25개 어린이집에서 분석한 연구(Honig & Hirallal, 1998)는 교사가 유아에 대해 교육을 많이 받을수록 아동의 개념 및 언어발달과 사회적 기술을 증진하는 역할을 효율적으로 수행하는 것으로 나타났다.

교사가 보육교사 자격을 어떤 전공을 통해 취득하게 되었는지도 아동에게 영향을 미칠 수 있다. 대학을 졸업한 보육교사는 유아교육 전공자이거나 아동학 관련 전공자인데, 유아교육 전공 교사보다는 아동학 관련 전공 교사들이 자신이 담당한 영유아들을 또래나 교사와의 관계에서 협조적이며 질서를 잘 지키고 명랑하며 독립적이라고 평가하였다(현온강 · 태진, 2000). 이러한 결과는 제3자가 객관적 입장에서 관찰한 자료에 근거한 것이 아니므로 교사의 전공이 아동의 적응과 발달에 영향을 미친다는 결론을 내릴 수 있는 증거가 되지는 않지만, 보육교사의 전공에 따라 아동을 보는 관점이 다를 수 있음을 나타내는 결과로서 교사가 아동과 상호작용하고 아동을 지도하는 과정에 영향을 미칠 수 있는 가능성을 배제할 수 없다.

또한 교사의 연수도 교사가 보다 질 높은 보육을 제공하는 데 영향을 미치는 요인으로 나타났다. 1년에 15시간 이상의 전문적인 연수를 받은 교사는 15시간 미만의 연수를 받은 교사에 비해 보다 적절한 보육행동을 하였다. 즉, 아동에게 보다 민감하게 대하고 친절하며 관심이 많았다(Whitebook et al., 1989). 지속적으로 보육교사를 재교육하며 훈련하는 보육기관에 다니는 아동이 그렇지 않은 기관에 다니는 아동보다 친사회적 성향과 적응수준이 높으며 자율적인 것으로 나타났다(Gullo & Maxwell, 1997). 그러나 교사의 학력이나 연수의 양이 보육과 관련이 없다는 연구결과도 있다. 톰슨(Thompson, 1992)은 3~5세 아동을 보육하는 교사의 태도 및 교사가 제공하는 보육의 질이 교사의 학력 및 연수 정도와 관련이 없다고 보고하였다.

② 교사 경력

교사의 학력과 함께 보육을 해 온 경력도 보육의 질과 관련되는 요인이다. 그러나 교사의 보육경력이 보육의 질에 미치는 영향이 긍정적인지 부정적인지에 대해서는 연구에 따라서 다른 내용을 보고하고 있다. 보육교사 경력에 따라 아동을 위한 환경 구성, 교육활동 및 아동과의 상호작용의 질, 보육프로그램의 구조 등으로 구성된 보육환경의 질에 차이가 있는 것으로 나타난 연구결과는 보육경력이 4년 이상인 교사가 그보다 경력이 짧은 교사보다 영유아에게 보다 바람직한 환경을 제공하며 체계적인 교육활동을 하므로 교사 경력이 긴 것을 긍정적으로 평가한 반면(현온강 · 태진, 2000), 보육경력이 긴 교사가 보육의 질을 낮게 평가하여 보육경력과 보육의 질 간에 부적인 관계가 나타났다. 그 외에도 보육경력과 교사의 보육행동 간에 유의한 관계가 없는 것으로 나타난 연구결과(Snider & Fu, 1990; Howes, Philips, & Whitebook, 1992)도 있으므로 교사 경력이 보육을 경험하는 아동의 적응에 어떻게 작용하는지에 대해 명확한 결론은 내릴 수 없는 상황이다.

③ 아동과의 상호작용

보육교사가 아동과 하는 상호작용이 아동의 사회정서적, 인지적 발달에 중요하다는 연구결과가 많이 보고되어 왔다.

아동에게 민감하게 반응하며 처벌적이지 않은 교사에게 보육되는 아동은 사회적으로 더 유능하며(Aureli & Procacci, 1992; Berk, 1995), 일방적인 지시나 비판을 적게 하는 교사에게 보육되는 아동은 과제수행능력, 언어능력, 사회적 문제해결능력이 높고, 아동이 하는 일을 인정해 주고 아동과 적극적으로 상호작용하는 교사에게 보육되는 아동은 문제해결력이 더 높다고 한다(Kontos & Wilcox-Herzog, 1997). 또한 교사가 아동에게 제한을 많이 가하는 것은 울음 등 영유아의 부정적 행동과 관계가 있으며 교사가 아동을 안아 주거나 도움을 주려는 것과 같이 아동에 대한 관심과 애정을 표현하는 것은 영유아의 긍정적 행동과 관계있는 것으로 나타났다(Howes & Hamilton, 1993). 유아에 대한 보육교사의 상호작용과 유아의 사회성발달 간의 관계를 연구한 결과는 교사와 유아 간의 상호작용의 질이 높을수록 유아가 다른 사람의 감정을 이해하고 이에 따라 상대방을 배려하는 능력이 높은 것으로 보고하였다(곽주영, 1996; Phillips & Howes, 1987). 이와 유사하게 교사가 유아와 친밀하게 상호작용하고 유아와 안정적인 관계를 유지할 때 유아는 사회적 문제해결능력이 높으며 사교적이고 친사회적 성향이 발달한다고 한다(Howes, Hamilton, & Matheson, 1994; Peisner-Feinberg & Burchinal, 1997). 또한 교사와 아동의 상호작용은 아동의 어린이집 적응에도 영향을 미쳐서 교사가 아동의 요구에 민감하게 반응하고 수용적인 태도로 아동을 대하는 경우에 아동이 어린이집에 쉽게 적응할 수 있다고 한다(원영미, 1990).

교사와 아동의 상호작용은 다른 측면에서 우수하다고 평가된 어린이집의 긍정적인 효과를 상쇄시킬 만큼 중요하다. 아무리 질 높은 어린이집이라고 하더라도 교사와 아동 간의 상호작용의 질이 낮으면 아동의 문제행동이 많이 나타날 수 있으므로(McCartney, 1984) 교사와 아동의 상호작용은 보육의 전반적인 질에 영향을 미치는 주된 요인이라고 할 수 있다.

(3) 아동 요인

① 보육 시작 시기

보육 시작 시기에 따라 아동이 어머니에 대해 형성하는 애착에 차이가 있는지 알아본 연구들이 있다. 이러한 연구들은 대체로 생후 6개월을 기준으로 하여 그 이전에 보육을 시작한 경우와 그 이후에 시작한 경우를 비교하거나 생후 12개월을 기준으로 하여 비교한 것으로 구분해 볼 수 있다.

우선 생후 6개월 전에 보육을 시작한 아동과 그 이후에 보육을 시작한 아동의 어머니에 대한 애착을 비교한 연구들은 서로 다른 연구결과를 제시하고 있다. 생후 6개월 이전에 보육을 시작하면 아동이 어머니와 상호작용할 기회가 제한되어 안정 애착 형성이 어렵다는 주장이 있는 한편(Brazelton, 1985: 김영명, 1997, 재인용), 어머니와의 애착이 아직 형성되지 않은 6개월 이전에 보육을 시작하면 아동이 어머니와의 분리를 어머니가 자신을 거부하는 것으로 받아들이지 않기 때문에 안정 애착 형성에 덜 불리하다는 주장도 있다(Ainsworth, Blehar, Waters, & Wall, 1978: 김영명, 1997, 재인용; Benn, 1986).

생후 12개월 이전과 이후에 보육을 시작한 아동의 애착 비교 연구결과도 일정한 결론에 도달하지는 못했다. 생후 12개월 이전에 주당 20시간 이상을 어린이집에서 보낸 영아는 회피 애착을 형성하는 비율이 높다고 보고한 연구결과들(Belsky, 1988; Vaughn, Gove, & Egeland, 1980)이 있으나 이러한 결과는 어린이집의 질과 어머니의 교육수준이나 스트레스 정도에 따라 다를 수 있다는 점이 지적되었다.

국내 연구에서도 서로 다른 결과들이 제시되어 있다. 생후 9개월 이전부터 보육을 시작한 영아, 생후 9개월 이후에 보육을 시작한 영아, 어머니가 양육한 영아의 애착을 비교한 연구(박경자, 1992)에서는 이들 세 집단 간에 애착안정성 차이가 없는 것으로 나타난 반면, 생후 12개월과 18개월을 기준으로 그 이전과 이후에 보육을 시작한 아동의 애착안정성을 비교한 연구(김영명, 1997)에서는 생후 12개월 이전이나 18개월 이전에 보육을 시작한 아동이 생후 12개월 이후나 18개월 이후에 시작한 아동보다 어머니와 교사에 대한 애착안정성이 모두 높은 것으로 나타났다.

보육을 시작한 시기가 아동이 어머니에 대해 형성하는 애착에 영향을 미치는지 여부나 어느 시기에 보육을 시작하는 것이 바람직한지에 대해서는 결론을 내리기 어렵다. 이는 아동이 어린이집에서 보내는 시간, 어린이집의 수준, 어머니의 특성 등에 따라서 보육 시작 시기가 아동에게 미치는 영향이 다를 수 있기 때문이다.

② 기질

아동의 기질에 따른 보육기관 적응에 대한 연구에는 아동의 기질과 보육기관 환경 간의 적합성(goodness of fit) 모델이 적용되어 왔다. 아동이 보육기관에서 적응하는 정도는 아동의 기질과 보육기관 특성 간의 상호작용에 의해 다르게 나타나기 때문에 아동이 보육기관에서 심리적, 신체적으로 안정되고 편안하게 지내는 정도와 문제행동에서의 개인차를 이해하기 위해서는 보육의 질과 함께 아동의 기질을 고려해야 한다. 순한 기질의 아동은 질 높은 보육을 받았을 때 이후에 공격성이 감소된 반면, 까다로운 기질의 아동은 질 높은 보육을 받아도 공격성이 감소되지 않은 것으로 나타났다(Hagekull & Bohlin, 1995). 까다로운 기질이거나 반응성이 높은 기질의 아동은 순한 기질의 아동보다 질 낮은 보육을 받았을 때 부정적인 영향을 더 크게 받으며 적응에 어려움을 겪고 보육기관에서도 문제행동을 더 많이 보이는 등 보육기관에서의 생활이 불안정한 것으로 나타났다. 즉, 동일한 보육기관에서도 아동이 어떤 기질을 가지고 있는지에 따라 보육이 다르게 경험되며 적응도도 다르게 나타난다(De Schipper, Tavecchio, Ijzendoorn, & Zeijl, 2004).

그런데 기질이 측정되는 방식에 따라서 다른 결과를 얻을 수 있다는 것을 염두에 두어야 한다. 보육기관 적응에 아동의 기질이 어떻게 작용하는지를 고찰한 연구에서, 기질과 교사가 지각한 아동의 보육기관 적응 간의 관계를 살펴보거나 어머니가 지각한 아동의 기질과 보육기관 적응 간의 관계를 살펴보았다. 그 결과 교사가 지각한 아동의 기질과 보육기관 적응 간의 관계는 유의미한 것으로 나타났으나 어머니가 지각한 아동의 기질은 보육기관 적응을 유의미하게 예측하지 않는 것으로 나타났다(NICHE Early Child Care Research Network, 1998).

③ 발달

영아의 어린이집 적응에 영아의 발달이 영향을 미친다. 1, 2세 영아의 사회정서발달과 인지발달은 모두 의사소통능력의 발달에 직접적으로 영향을 미치고, 사회정서발달과 인지발달은 의사소통능력을 통해서 어린이집 적응에 간접적으로 영향을 미친다(임영심 · 박은주 · 문수백, 2012).

(4) 가족 요인

보육경험이 아동에게 미치는 영향은 부모를 포함한 가족특성에 의해서도 다를 수 있다. 가족은 아동을 어린이집에 보낼지 여부를 결정하고 아동을 보낼 어린이집을 선택하며 가족에서의 경험은 아동의 보육경험과 상호작용하여 보육경험이 아동에게 미치는 영향을 변화시킬 수 있다.

코이 등(Caughy et al., 1994)은 만 1세 이전에 보육을 시작한 아동의 언어 및 인지발달이 가족이 제공하는 인지적 환경에 따라 다른지를 알아보았다. 연구결과 지적 자극을 충분히 제공하지 못하는 가정의 아동은 만 1세 이전부터 보육을 시작했을 때 읽기와 인지능력이 높게 나타난 반면, 지적 자극을 충분히 제공하는 가정의 아동은 만 1세 전에 보육을 시작했을 때 오히려 읽기능력이 낮은 것으로 나타났다.

어머니의 교육수준도 보육이 아동의 인지발달에 미치는 영향을 중재하는 변수로 나타났는데, 어머니의 교육수준은 어머니가 아동에게 지적으로 자극이 되는 환경을 조성하는 것과 관련이 있기 때문이다(Peisner-Feinberg et al., 2001). 이경선(2000)의 연구에서도 어머니의 학력에 따라서 보육경험이 아동에게 미치는 영향이 다르게 나타났다. 즉, 보육경험이 길수록 아동의 수학능력이 높았는데, 이 결과는 어머니가 저학력인 아동에게서만 유의하게 나타났으며 어머니가 고학력인 경우는 보육경험 기간과 아동의 수학능력 간에 관계가 없었다.

이상과 같이 보육이 아동에게 미치는 영향은 단순하지 않으며 가족특성에 따라 같은 보육을 경험한 아동도 다르게 영향을 받을 수 있다. 따라서 보육과 아동발달 간의 관계를 고찰할 때 가족특성 요인을 함께 고려해야 보육과 아동발달 간 관계에 대해 보다 현실성 있는 이해가 가능해진다.

(5) 교사와 부모의 관계

교사와 부모 간의 원활한 의사소통은 질 높은 보육을 구성하는 요인 중 하나다. 교사와 부모 간의 상호작용은 아동의 요구를 적절히 충족시켜 주기 위해 필요하다. 이러한 상호작용은 가정에 관한 정보와 기관에서의 아동 보육상황, 그날그날 아동의 경험과 정서적 · 신체적 상태를 부모와 교사가 최대한 정확히 파악함으로써 아동을 보살피는 데 참고할 정보를 얻는다는 점에서 중요성을 갖는다(Bredekamp & Copple, 1997).

또한 브론펜브레너(Bronfenbrenner, 1986)는 아동이 생활하는 다양한 사회적 환경 간의 상호관련성에 대해 강조했다. 아동이 접하는 다양한 환경 간의 관계가 강하고 각 환경에서 아동에게 요구하는 것이 일관적일 때 아동발달 잠재력 실현수준이 더 높아진다는 것이다.

교사와 부모의 관계는 아동이 경험하는 주요 환경 간의 관계로서 교사와 부모가 아동 및 아동의 생활에 대한 정보를 공유함으로써 관계가 강화되며 아동에게 적합한 양육과 보육을 행할 수 있는 바탕이 된다.

3. 통합보육

보육에 관한 논의에서 배제할 수 없는 또 다른 주제는 보육상황에서 아동의 다양성에 접근하는 방식이다. 즉, 아동을 연령에 따라 구분하여 보육할 것인지 서로 연령이 다른 아동들을 통합하여 보육할 것인지의 문제나, 장애가 있는 아동과 비장애아를 분리할 것인지 통합하여 보육할 것인지의 문제다. 여기서는 연령 통합보육과 장애아 통합보육에 관한 견해들을 살펴보도록 한다.

1) 연령 통합

연령 통합보육은 한 반을 구성하는 아동의 연령 범위가 1년 이상이 되도록 반을 구성하여 보육하는 방식으로서 가장 어린 아동과 가장 나이 많은 아동의 연령 차이가 2년 이상일 수도 있다. 연령 통합교육 및 보육은 핵가족화 및 형제 없는 아동 증가 추세에 따라 사회적 상호작용 범위가 제한적인 아동의 사회적 경험을 보완하기 위한 대안으로 주목받게 되었다. 연령 통합교육의 다양한 측면을 분석한 연구(Veenman, 1995)에서는 연령 통합교육이 장점만을 가지고 있다고 옹호하였으나 메이슨과 번스(Mason & Burns, 1996)는 이에 반박하며 연령 통합교육 및 보육의 효과에 대해 고찰할 때 간과해서는 안 되는 요인들을 지적하였다. 이들에 따르면, 연령이 다른 아동들로 구성된 학급을 담당하는 교사는 동일 연령 학급 교사보다 스트레스 수준이 높으며 교육에 대한 동기나 열의가 적을 수 있고, 그 결과 교육의 질도 떨어질 수 있다고 한다. 이처럼 연령 통합보육은 서로 다른 측면에서 장점과 단점을 모두 가지고 있다.

앞에서 기술한 바와 같이 연령이 다른 아동들이 같은 학급에서 보육되는 연령 통합보육의 효과에 대해서는 서로 다른 연구결과들이 있다. 연령 통합보육의 장점을 살펴보면, 우선 사회성발달 측면에서는 동일 연령 보육에서보다 다양한 대인관계를 경험할 수 있어 사회적 유능성을 기르는 데 도움이 된다. 연장 아동이 연소 아동을 도와주는 방식의 상호작용이 자연스럽게 일어나 경쟁적인 행동이 덜 발생하기 때문에 동일 연령 보육에서보다 아동 간의 공격적인 행동이 적게 나타나는 것도 장점이다. 또한 사회적으로 위축되거나 사회성이 부족한 아동은 자신보다 사회적 기술이 덜 발달된 연소 아동과 상호작용하면서 사회성발달을 보충할 수 있는 기회를 가지면서 자존감을 향상시킬 수도 있다. 이처럼 연령 통합보육은 아동의 자존감 향상, 사회화 촉진 측면에서는 장점이지만, 동일 연령 보육보다 계획하고 준비하는 데 시간과 노력을 더 많이 쏟아야 하는 어려움이 따르며 교사가 적절한 훈련을 받고 필요한 기술을 가지고 있지 않다면 교육의 질 저하를 초래할 수 있는 가능성이 존재한다(Kolstad & McFadden, 1998).

인지발달이나 언어발달 측면에서 볼 때는 연소 아동이 연장 아동의 언어나 인지적 과제수행을 모방할 기회를 많이 가지게 되므로 발달이 촉진되는 경향을 보인다고 한다. 연령 통합보육이 인지 및 언어발달 영역에서 가질 수 있는 장점은 아동의 인지발달이 사회적 관계 속에서 이루어진다고 보는 비고츠키(Lev Vygotsky)의 사회문화적 이론에 근거한다. 즉, 아동의 인지발달은 자신이 혼자서 해결할 수 있는 과제수준보다 약간 높은 수준의 과제를 인지적으로 앞선 다른 사람의 도움을 통해 해결하는 과정에서 이루어진다고 하는데, 연령 통합보육이 바로 이러한 환경을 제공해 주기 때문이다. 아동 간의 언어나 행동모방은 발달수준 차이가 너무 큰 성인을 모방하는 것보다 쉽기 때문에 연장 아동과의 협력과정에서 학습하는 것이 학습 효과를 더욱 높일 수 있다(이순형 외, 2004). 또한 연장 아동은 연소 아동의 학습을 도와주면서 자신감을 증진시키는 효과도 얻을 수 있다.

연령 통합보육을 운영하는 데 가장 큰 걸림돌이라면 학부모의 이해 부족이다. 연장 아동의 학부모는 자신의 아이가 더 어린아이들과 함께 생활하고 교육받는 상황은 인지적 자극이 불충분한 환경이라고 생각할 수 있으며, 연소 아동의 학부모는 자신의 어린 자녀가 발달적으로 앞선 아이들과 함께 지내면서 위축될 수도 있다는 불안감을 느낄 수 있다. 그리고 동일한 내용을 교육하되 인지적 수준이 서로 다른 아동에게 효과적으로 전달될 수 있는 다양한 교육방법을 고안하고 계획해야 하는 것은 교사에게 추가적인 업무부담으로 작용할 수 있다.

연령 통합보육은 아동에게 다른 사람들과의 협력의 중요성을 배우게 하며 친사회적인 성향을 길러 주고 사회적 유능감과 자존감을 향상시킬 수 있고 인지발달에도 긍정적인 효과를 얻을 수 있는 보육방식으로서 사회적 경험 범위가 좁아지고 있는 현대 아동들에게 경험의 폭을 넓혀 줄 수 있는 대안이다. 그러나 연령 통합보육에 대한 부모의 이해 증진, 교사교육, 교사 업무 부담에 대한 대책 등이 선결되어야 동일 연령 보육의 단점을 보완하는 현실성 있는 대안으로 수용될 수 있을 것이다.

2) 장애아 통합

장애아를 대상으로 하는 특수교육은 초기에는 비장애아와 분리된 교육이었으나 점차 비장애아와 분리하지 않는 통합교육을 추구하는 방향으로 나아가고 있다. 장애아 통합보육은 비장애아에게 부정적인 영향을 미친다는 증거가 없으며 장애아에게는 소속감을 갖고 사회생활을 영위할 수 있는 기회를 제공하는 등의 장점을 가지고 있다.

우선 장애아가 통합교육을 통해 얻을 수 있는 긍정적 효과는 다음과 같다(Allen & Schwartz, 1996: 이영석 외, 1999, 재인용). 장애아는 장애아로만 구성된 특수학급에서보다 통합학급에서 지적인 자극을 많이 받을 수 있으며 폭넓고 다양한 경험을 할 수 있기 때문에 발달에 도움을 받을 수 있다. 또한 장애아에 비해 신체, 운동, 사회적, 언어적, 인지적 기능수준이 높은 비장애아의 행동을 관찰하고 이들과 상호작용하는 기회를 가짐으로써 발달적으로 앞선 행동을 모방하며 학습할 수 있는 기회를 가질 수 있다. 장애 정도가 심한 아동의 인지적, 사회적 발달을 통합보육과 특수보육 상황에서 비교한 연구(Hundert, Mahoney, Mundy, & Vernon, 1998)에서도 특수보육 상황에서보다는 통합보육을 받은 장애아가 발달적으로 많이 앞서는 것으로 나타났다.

한편, 비장애아의 경우에는 통합교육을 통해서 사람들의 다양성을 존중하며 자신과 다른 사람들을 배려하는 태도를 배울 수 있는 장점이 있다. 특히 처음으로 또래아동과 대인관계경험을 시작하는 영유아기에 보육기관에서 장애아와 비장애아가 함께 지낸다면 장애 유무와 상관없이 자연스러운 또래관계를 형성할 수 있으므로 장애아와 비장애아를 통합하기에 매우 적절하다(김수진, 2003). 장애아 통합보육을 경험한 아동의 다양성에 대한 개방성과 존중은 문화, 성, 능력 등 장애 이외의 다른 다양성에 대한 이해와 존중으로까지 일반화될 수 있다는 점에서 장점을 갖는다. 따라서 장애아 통합보육은 사회구성원의 다양성이 계속적으로 증가하고 있는 우리 사회에서 다양성에 대한 존중을 배울 수 있는 통로로서 비장애아의 사회성발달에 바람직한 환경이 된다.

장애아 통합보육은 이처럼 장애아와 비장애아에게 바람직한 결과를 가져올 수 있지만 장애아 통합보육을 통해 긍정적인 결과를 얻기 위해서 선행되어야 할 사항들이 있다.

우선 보육교사요인으로서 장애아 통합보육에 대한 태도, 경험, 훈련을 들 수 있다. 장애아 통합보육에 대한 교사의 태도는 장애아의 특성에 의해 영향을 받는다. 일반적으로 교사들은 자폐아나 복합적인 장애를 가진 아동보다는 신체장애, 학습장애, 언어발달 지연과 같은 장애를 가진 아동을 통합하는 것에 대해 긍정적인 태도를 보이는데(Stoiber, Gettinger, & Goetz, 1998), 장애아 통합에 대한 교사들의 부정적 태도는 적절한 훈련을 통해 장애아를 대하는 두려움을 없애고 장애아에 대한 잘못된 인식을 바로잡음으로써 개선될 수 있다.

장애아를 보육한 경험도 장애아 통합보육에 대한 태도에 영향을 미칠 수 있다. 이에 관한 연구결과는 장애아 보육경험이 장애아 통합보육에 대한 교사의 태도에 긍정적 영향을 미친다는 연구결과가 있는 한편, 장애아 보육경험으로 좌절감이 쌓이고 보육활동을 장애아에게 맞춰 조정해야 하는 어려움을 느끼게 되면서 장애아 통합보육을 적용하는 데 대해 부정적인 입장을 취한다는 연구결과도 있다(Eiserman, Shisler, & Healey, 1995; Munby & Hutchinson, 1998; Stoiber et al., 1998). 그런데 장애아 통합보육경험이 있는 교사를 대상으로 한 조사 연구(Dinnebeil, McInerney, Fox, & Juchartz-Pendry, 1998)에서 장애아 보육에 대한 지식 부족이 장애아 통합보육 실행에서 가장 큰 어려움으로 지적되었으므로 이에 대한 교육을 통해서 장애아 통합보육에 대한 교사들의 유능성과 자신감을 향상시킨다면 경험 축적을 통해 보다 질 높은 장애아 통합보육을 실현하는 데 긍정적으로 작용할 수 있을 것이다.

장애아 통합에 대한 부모의 태도나 장애아 부모와 비장애아 부모 간의 관계도 장애아 통합보육을 성공적으로 실행하는 데 간과할 수 없는 요소다. 장애아와 비장애아의 부모는 통합보육기관에 아이를 보내는 것에 대해 서로 다른 관점에서 염려하게 되며 장애아 부모는 소외감을 느끼는 경향이 있다. 예를 들어, 비장애아의 부모는 교사의 관심이 장애아에게 쏠리며 자신의 아이를 소홀하게 대할 가능성, 통합보육 상황에 맞춘 교육활동이 아이의 인지발달에 부정적 영향을 미칠 가능성, 장애아 행동모방 가능성에 대해 염려한다. 한편, 장애아의 부모는 통합보육 상황에서도 특수보육에서 제공되는 것과 같은 서비스가 차질 없이 제공될 것인지와 비장애아와 부모들의 편견에 대해 염려한다. 아이를 장애아 통합보육기관에 보내는 부모의 태도에 대한 조사 연구(Turnbull & Winton, 1983)에 따르면 장애아 통합보육은 장애아에 대한 인식을 바꾸는 데 매우 긍정적으로 작용하였고 시간이 흐르면서 아동들의 적응도도 유의미하게 상승되었다고 한다. 이처럼 장애아 통합보육은 실시 초기에는 장애아 가족과 비장애아 가족 양자의 이해 부족에 따른 문제가 있을 수 있으나 이들 간의 상호작용을 증진시켜 장애아 가족의 소외감을 없앤다면 성공적으로 운영될 수 있다.

참고문헌

곽주영(1996). 보육교사 행동의 질적 수준과 아동의 사회적 행동특성. 연세대학교 대학원 석사학위 청구논문.

권혜진 · 이순형(2001). 보육시설의 집단 크기에 따른 영아의 또래 및 교사와의 상호작용. 아동학회지, 22(4), 201-212.

김수진(2003). 발달장애아동 관련 전문가 교육: 주제 2-장애아동의 효과적인 통합교육. 한국어린이육영회부설 치료교육연구소.

김영명(1997). 어머니 및 보육교사에 대한 유아의 애착안정성에 따른 정서적 행동문제. 서울대학교 대학원 석사학위 청구논문.

김향자(1993). 학급 크기와 교사 수 변화에 따른 유아와 교사의 행동연구. 이화여자대학교 대학원 박사학위 청구논문.

박경자(1992). 영유아기 타인양육이 학령전 어린이의 사회정서적 행동에 미치는 영향. 아동학회지, 13(2), 217-228.

서현정(1995). 유치원에서의 집단 크기에 따른 유아의 행동분석. 이화여자대학교 대학원 석사학위 청구논문.

신혜원(1992). 보육시설의 질적 수준에 따른 아동의 놀이실 행동. 연세대학교 대학원 석사학위 청구논문.

원영미(1990). 유아의 기질 및 그 관련변수와 유치원 아동의 적응과의 관계. 이화여자대학교 대학원 박사학위 청구논문.

이순형 · 이성옥 · 이완정 · 권혜진 · 황혜신 · 이혜승 · 이영미 · 정윤주 · 성미영 · 권기남(2004). 영유아 보육 · 교육 프로그램의 이해. 서울: 학지사.

이순형 · 이옥경(2000). 한국 보육시설의 영아기 프로그램 운영평가. 아동학회지, 20(1), 121-140.

이영석 · 조용태 · 김경중 · 신현기 · 임명희 · 이경선 · 이승은(1999). 어린이집에서의 장애아동 보육에 대한 교사와 부모의 요구분석. 정서 · 학습장애연구, 15(1), 23-41.

임영심 · 박은주 · 문수백(2012). 영아의 어린이집 적응과 영아발달 변인들 간의 관계 구조분석. 열린유아교육연구, 17(4), 207-224.

최보가 · 문영경(2004). 가정보육시설과 기관보육시설의 질적 특성과 영아의 사회 · 정서발달. 대한가정학회지, 42(1), 39-51.

현온강 · 태진(2000). 보육환경의 질과 영유아의 적응-인천시 보육시설을 중심으로-. 대한가정학회지, 38(3), 25–42.

Ainsworth, M. D. S. (1979). Infant–mother attachment. *American Psychologist, 34*, 932–937.

Ainsworth, M. D. S., Blehar, M. C., Waters, E., & Wall, S. (1978). *Patterns of Attachment: Assessed in the Strange Situation and at Home*. Lawrence Erlbaum, Hillsdale NJ.

Ahnert, L., & Lamb, M. E. (2003). Child care and its impact on young children (2–5). In *Encyclopedia on Early Childhood Development*.

Ahnert, L., Gunnar, M. R., Lamb, M. E., & Barthel, M. (2004). Transition to child care: Associations with infant–mother attachment, infant negative emotion and cortisol elevations. *Child Development, 75*, 639–650.

Allen, K. E., & Schwartz, I. S. (1996). *The exceptional child: Inclusion in early childhood education*. Albany, NY: Delmar.

Aureli, T., & Procacci, M. A. (1992). Day care experience and children's social development. *Early Child Development and Care, 83*, 45–54.

Bartlett, A. V., Orton, P., & Turner, M. (1986). Day care homes: The silent majority of child day care. *Review of infectious Disease, 8*, 663–668.

Bates, J. E., Marvinney, D., Kelley, T., Dodge, K. A., Bennett, D. S., & Pettit, G. S. (1994). Child–care history and kindergarten adjustment. *Developmental Psychology, 30*, 690–700.

Baydar, N., & Brooks–Gunn, J. (1991). Effects of maternal employment and child–care arrangements on preschooler's cognitive and behavioral outcomes: Evidence from the children of the National Longitudinal Survey of Youth. *Developmental Psychology, 27*, 932–945.

Bell, D. M., Gleiber, D. W., Mercer, A. A., Phifer, R., Guinter, R. H., Cohen, A. J., Epstein, E. U., & Narayanan, M. (1989). Illness associated with child day care: A study of incidence and cost. *American Journal of Public Health, 79*, 479–484.

Belsky, J. (1986). Infant day care: A cause for concern? *Zero to Three, 6*, 1–7.

Belsky, J. (1988). The effect of infant day care reconsidered. *Early Childhood Research Quarterly, 3*, 235–272.

Belsky, J. (2001). Developmental risks (still) associated with early child care. *Journal of Child Psychology and Psychiatry, 42*, 845–859.

Belsky, J., & Eggebeen, D. (1991). Early and extensive maternal employment and young children's socioemotional development: Children of National Longitudinal Survey of Youth. *Journal of Marriage and the Family, 53*, 1083–1098.

Belsky, J., & Rovine, M. J. (1988). Nonmaternal care in the first year of life and the security of infant-parent attachment. *Child Development, 59*, 157–167.

Benn, R. (1986). Factors promoting secure attachment relationships between employed mother and their sons. *Child Development, 57*, 1224–1231.

Berk, L. (1985). Relationship of caregiver education to child-oriented attitudes, job satisfaction and behaviors toward children. *Child Care Quarterly, 14*, 103–129.

Brazelton, T . B. (1985). *Working and caring*. New York: Basic Books.

Bredekamp, S., & Copple, C. (Ed.). (1997). *Developmentally appropriate practices in early childhood programs* (revised edition). Washington, DC: National Association for the Education of Young Children.

Bronfenbrenner, U. (1986). Ecology of the family as a context for human development: Research perspectives. *Developmental Psychology, 22*, 723–742.

Brooks-Gunn, J., Han, W., & Waldfogel, J. (2002). Maternal employment and child cognitive outcomes in the first three years of life: The NICHD Study of Early Child Care. *Child Development, 73*, 1052–1072.

Burchinal, M. R., Peisner-Feinberg, E. S., Bryant, D. M., & Clifford, R. M. (2000). Children's social and cognitive development and child care quality: Testing for differential associations related to poverty, gender, or ethnicity. *Applied Developmental Science, 4*, 149–165.

Caughy, M. O., DiPietro, J. A., & Strobino, D. M. (1994). Day care participation as a protective factor in the cognitive development of low-income children. *Child Development, 65*, 457–471.

Clarke-Stewart, K. A., & Gruber, C. P. (1984). Daycare forms and feathers. In R. C. Ainslie (Ed.), *The child and the day care setting* (pp. 35–62). New York: Praeger.

Clarke-Stewart, K. A., Gruber, C. P., & Fitzgerald, L. M. (1994). *Children at home and in day care*. Hillsdale, NJ: Erlbaum.

Collins, R. C. (1983). Child care and states: The comparative licensing study. *Young Children, July*, 3–11.

Cox, M. J., Owen, M. T., Henderson, V. K., & Margand, N. A. (1992). Prediction of infantfather and infant–mother attachment. *Developmental Psychology, 28*, 474–483.

Crockenberg, S., & Litman, C. (1990). Autonomy as a competence in two–year–olds: Maternal correlates of child defiance, compliance, and self–assertion. *Developmental Psychology, 26*, 961–971.

Cummings, E. M. (1980). Caregiver stability and day care. *Developmental Psychology, 16*, 31–37.

Deitch, S. R. (1987). *Health in day care: A manual for health professionals.* Elk Grove Village, IL: American Academy of Pediatrics.

DeMulder, E. K., Denham, S., Schmidt, M., & Mitchell, J. (2000). Q–sort assessment of attachment security during the preschool years: Links from home to school. *Developmental Psychology, 36*, 274–282.

Desai, S., Chase–Lansdale, P., & Michael, R. (1989). Mother or market? Effects of maternal employment on the intellectual ability of 4–year–old children. *Demography, 26*, 545–561.

De Schipper, J. C., Tavecchio, L. W. C., Van IJzendoorn, M. H., & Van Zeijl, J. (2004). Goodness–of–fit in Center Day Care: Relations of temperament, stability and quality of care with the child' s adjustment. *Early Childhood Research Quarterly, 19*, 257–272.

Dinnebeil, L. A., McInerney, W., Fox, C., & Juchartz–Pendry, K. (1998). An analysis of the perceptions and characteristics of childcare personnel regarding inclusion of young children with special needs in community–based programs. *Topics in Early Childhood Special Education, 18*, 118–128.

Eiserman, W. D., Shisler, L., & Healey, S. (1995). A community assessment of preschool providers' attitudes toward inclusion. *Journal of Early Intervention, 19,* 149–167.

Field, T., Masi, W., Goldstein, S., Perry, S., & Parl, S. (1988). Infant day care facilitates preschool behavior. *Early Childhood Research Quarterly, 3*, 341–359.

Gullo, D. F., & Maxwell, C. B. (1997). The effects of different models of all–day kindergarten on children' s developmental competence. *Early Childhood Development and Care, 139*, 119–128.

Hagekull, B., & Bohlin, G. (1995). Day care quality, family and child characteristics and socioemotional development. *Early Childhood Research Quarterly, 10*, 505–526.

Hayes, C. D., Palmer, J. L., & Zaslow, M. J. (1990). *Who cares for America's children:*

Child care policy for the 1990s. Washington, DC: National Academy Press.

Hofferth, S. L. (1999). Child care maternal employment and public policy. *The Annals of the American Academy, 563,* 20–38.

Honig, A., & Hirallal, A. (1998). Which counts for excellence in childcare staff–years in service, educational level or ECE course work? *Early Child Development and Care, 145,* 31–46.

Howes, C. (1988). The peer interactions of young children. *Monographs of the Society for Research in Child Development, 53* (1, Serial No. 217).

Howes, C., & Hamilton, C. E. (1992). Children' s relationships with child care teachers: Stability and concordance with parental attachments. *Child Development, 63,* 867–878.

Howes, C., & Hamilton, C. E. (1993). The changing experience of child care: Changes in teachers and in teacher–child relationships and children's social competence with peers. *Early Childhood Research Quarterly, 8,* 15–32.

Howes, C., Hamilton, C. E., & Matheson, C. C. (1994). Children' s relationships with peers: Differential association with aspects of the teacher–child relationship. *Child Development, 65,* 253–263.

Howes, C., Phillips, D. A., & Whitebook, M. (1992). Thresholds of quality. Implications for the social development of children in center–based child care. *Child Development, 63,* 449–460.

Howes, C., & Rubenstein, J. (1981). Toddler behavior in two types of day care. *Infant Behavior and Development, 4,* 387–393.

Hundert, J., Mahoney, B., Mundy, F., & Vernon, M. L. (1998). A descriptive analysis of developmental and social gains of children with severe disabilities in segregated and inclusive preschools in souther Ontario. *Early Childhood Research Quarterly, 13,* 49–65.

Irwin, S. H. (1992). Increasing enrollment of preschool children with special needs in regular daycare programs through a peer–coaching, systems change approach. ERIC document.

Kolstad, R., & McFadden, A. (1998). Multi–age classrooms: An age–old educational strategy revisited. *Journal of Instructional Psychology, 25,* 14–18.

Kontos, S., & Wilcox–Herzog, A. (1997). Teachers' interactions with children: Why are they so important? *Young Children, 52*, 4-13.

Lamb, M. E. (1976). *The role of the father in child development*. New York: John Wiley.

Mason, D. A., & Burns, R. B. (1996). 'Simply no worse and no better' may simply be wrong: A critique of Veenman' s conclusions about multi-grade classes. *Review of Educational Research, 66*, 307-322.

McCartney, K. (1984). Effects of quality of day care environment on children' s language development. *Developmental Psychology, 20*, 244-260.

Munby, H., & Hutchinson, N. (1998). Using experience to prepare teachers for inclusive classrooms: Teacher education and the epistemology of practice. *Teacher Education and Special Education, 21*, 75-82.

NAEYC (1991). *Accreditation criteria and procedures*. Washington, DC: NAEYC.

NICHD Early Child Care Research Network (1997). The effect of infant child care on infant-mother attachment security: Result of NICHD Study of Early Child Care. *Child Development, 68*, 860-879.

NICHD Early Child Care Research Network (1998). Early child care and self-control, compliance, and problem behavior at 24 and 36 months. *Child Development, 69*, 1145-1170.

NICHD Early Child Care Research Network (1999). Child care and mother-child interaction in the first three years of life. *Developmental Psychology, 35*, 1399-1413.

NICHD Early Child Care Research Network (2000). The relation of child care to cognitive and language development. *Child Development, 71*, 960-980.

NICHD Early Child Care Research Network (2003). Does amount of time spent in child care predict socioemotional adjustment during the transition to kindergarten? *Child Development, 74*, 976-1005.

Peisner-Feinberg, E. S., & Burchinal, M. R. (1997). Relations between preschool children's child care experiences and concurrent development: The cost, quality, and outcomes study. *Merrill-Palmer Quarterly, 43*, 451-477.

Peisner-Feinberg, E. S., Burchinal, M. R., Clifford, M. R., Culkin, M., Howes, C., Kagan, S. L., Yazejian, N., Byler, P., & Rustici, J. (1999). *The children of the Cost, Quality, & Outcomes Study go to school: Technical report*. Chapel Hill, NC: Frank Perter Graham Child Development Center, UNC-Chapel Hill.

Peisner-Feinberg, E., Burchinal, M. R., Clifford, M. R., Culkin, M., Howes, C., & Kagan, S. L. (2001). The relation of preschool chid-care quality to children' s cognitive and social developmental trajectories through second grade. *Child Development, 72*, 1534-1553.

Phillips D., & Howes, C. (1987). Indicators of quality in child care: Review of Research. In D. A. Phillips (Eds.), *Quality in Child care: What does research tell us?* (pp. 21-43). Washington, DC: NAEYC.

Prodromidis, M., Lamb, M. E., Sternberg, K. J., Hwang, C. P., & Broberg, A. G. (1995). Aggression and noncompliance among Swedish children in center-based care, family day care, and home care. *International Journal of Behavioural Development, 18*, 43-62.

Snider, M. M., & Fu, V. R. (1990). The effects of specialized education and job experience on early childhood teachers' knowledge of developmentally appropriate practice. *Early Childhood Research Quarterly, 5*, 69-78.

Stoiber, K. A., Gettinger, M., & Goetz, D. (1998). Exploring factors influencing parents' and early childhood practitioners' beliefs about inclusion. *Early Childhood Research Quarterly, 13*, 107-124.

Thompson, A. (1992). Teachers' beliefs and conceptions: A synthesis of the research. In D. Grouws (Ed.), *Handbook of reseach in mathematics teaching and learning* (pp. 127-146). N.Y.: MacMillan.

Turnbull, A. P., & Winton, P. J. (1983). A comparison of specialized and mainstreamed preschools from the perspectives of parents of handicapped children. *Journal of Pediatric Psychology, 8*, 57-71.

Vandell, D. L., & Corasaniti, M. A. (1990). Child care and the family: Complex contributors to child development. In K. McCartney (Ed.), *New directions in child development.* San Francisco: Jossey-Bass.

Vaughn, B., Gove, F., & Egeland, B. (1980). The relationship between out-of-home care and the quality of infant-mother attachment in an economically disadvantaged population. *Child Development, 51*, 1203-1214.

Veenman, S. (1995). Cognitive and non-cognitive effect of multi-grade and multi-age classes: A best-evidence synthesis. *Review of Educational Research, 65*, 319-381.

Votruba-Drzal, E., Coley, R. L., & Chase-Lansdale, P. L. (2004). Child care and low-income children's development: Direct and moderated effects. *Child Development, 75*, 296-312.

Whitebook, C., Howes, M., & Phillips, D. A. (1989). *Who cares? Child care teachers and the quality of care in America* (Final report of National Child Care Staffing Study). Oakland, CA: Child Care Employee Project.

제5장

영유아의 발달특성과 요구

영유아를 올바르게 보육하기 위해서는 그들의 발달특성 및 양상에 대한 이해가 필수적이며 또한 영유아는 그들의 발달수준과 개인차에 의한 개별적인 보육을 받을 권리가 있다. 이 장에서는 영아와 유아의 시기별 발달특성을 발달영역에 따라 살펴보고자 한다.

1. 영아기의 발달특성

아기가 태어나면서부터 24개월까지를 영아기라고 하며 그중에서도 출생 후 첫 1개월을 신생아기라고 한다. 영아기는 발달의 여러 영역에서 급속한 성장이 이루어지는 시기다. 신체 및 운동발달에 있어서는 '성장급등기'라고 불릴 만큼 빠른 발달이 이루어지며 언어발달에 있어서도 다른 사람과의 의사소통이 이루어질 수 있을 정도로 발달한다. 또한 사회성발달에서는 다른 사람과 원만한 관계를 맺기 위한 기초로 부모와의 안정된 애착 형성이 필요한 시기다. 전반적으로 이 시기는 인지발달을 포함한 모든 영역에서 균형적이고 긍정적인 발달을 위해서 새로운 것을 많이 접하고 경험하는 것이 중요하다.

1) 신체 및 운동 영역

태어나서 2세까지의 영아기는 일생에서 신체적 성장이 가장 빠른 속도로 이루어지는 시기다. 태어나서 머리를 가누지도 못하며 원시적인 반응에 대한 반사행동만을 보이던 영아는 점차 목을 가누고 앉을 수 있게 되고, 서고 오르고 걷는 것까지 가능해진다. 2년째가 되면서 성장이 약간 둔화되기는 하지만 뛰기와 오르기와 같은 활동에서 급격한 증가가 일어난다.

(1) 키와 몸무게

갓 태어난 신생아의 키는 남아가 평균 50.8cm이고 여아가 평균 50.1cm다. 첫돌이 되면 건강한 영아의 경우 신장은 1.5배 정도 증가하여 76~78cm가 되며 두 돌 무렵에는 88cm 정도로 성인 키의 절반가량이 된다. 신생아의 체중은 출생 시 남아가 평균 3.4kg, 여아가 3.2kg이다. 첫돌 무렵에는 출생 시 체중의 약 3배인 10kg, 돌이 되면 12kg 정도로 급성장을 보인다(대한소아과학회, 1998).

(2) 운동기능의 발달

운동기능에는 팔 움직이기나 걷기와 같이 큰 근육을 사용하는 대근육운동과 손 움직임과 같이 작은 근육을 사용하는 소근육운동이 있다.

① 대근육운동

영아는 태어나서 바로는 가슴과 팔을 조절할 능력이 전혀 없다. 그러다가 1개월이 되면 머리를 앞으로 올릴 수 있다. 3개월이 되면 가슴을 올리고 균형을 잡기 위해 팔을 사용할 수 있다. 3~4개월에는 몸을 뒤집을 수 있으며 6개월경에는 도움 없이 앉을 수 있다. 7~8개월경에는 기어다니며 도움 없이 설 수 있다. 대략 8개월에는 혼자 일어설 수 있으며 10~11개월경에는 가구 등을 붙잡고 걸을 수 있다. 그러다가 12~13개월경에는 도움 없이 걸을 수 있다. 이러한 양상은 대략적인 것이며 영아마다 개인차가 있다. 그러나 어느 영아나 동일한 순서를 거치며 이는 영아들의 독립성이 점차 증가한다는 것을 보여 주는 것이다.

② 소근육운동

태어나면서 신생아는 소근육을 전혀 조절하지 못하지만 점차 팔과 손, 손가락의 움직임이 정교해진다. 손을 뻗어 물건을 잡을 수 있게 되면서부터 영아와 환경과의 기능적 상호작용은 급격히 증가한다. 〈표 5-1〉은 영아의 소근육운동의 발달 예를 보여 주고 있다.

표 5-1 영아의 소근육발달

출생~6개월	
2개월	• 딸랑이를 거칠게 잡는다.
2개월 반	• 한 물체에서 다른 물체를 볼 수 있다.
3~4개월	• 단순한 방법으로 딸랑이를 가지고 놀고 눈으로 움직이는 공을 따라갈 수 있다.
4개월	• 입으로 물건을 가져갈 수 있다.
4~5개월	• 2개의 사물을 잡을 수 있다.
5개월	• 한 손에서 다른 손으로 물체를 옮길 수 있다.
5~6개월	• 앉아 있는 동안 눈으로 물체를 좇을 수 있다.
6~12개월	
6개월	• 어른의 움직임을 눈으로 좇는다. 딸랑이를 계속 잡고 있다.
6개월 반	• 사물을 조작하고 탐구한다. 딸랑이를 손을 뻗어 잡는다.
7개월	• 물건을 잡으려고 줄을 당길 수 있다.
7개월 반~8개월 반	• 엄지와 다른 손가락으로 물건을 잡는다.
8~9개월	• 테이블의 장난감을 잡기 위해 손을 계속 뻗는다. 숟가락을 두드린다. 컵 속에 숨겨진 장난감을 찾는다.
10개월	• 숟가락으로 컵을 두드린다.
10개월 반~11개월	• 엄지와 다른 네 손가락으로 콩을 잡는다. 장난감 차를 민다.
11~12개월	• 용기에 3개 이상의 물건을 넣는다.

〈계속〉

12~18개월
• 블록을 쌓는다. • 큰 종이에 커다란 크레용으로 끄적거리기를 한다. • 어른의 무릎에 앉아 책을 2~3페이지씩 넘긴다. • 연필을 쥐고 종이에 그리기를 한다.
18~24개월
• 연필로 곡선을 그린다. • 양손으로 문손잡이를 돌린다. • 병마개를 돌린다. • 큰 지퍼를 열고 닫을 수 있다.

* 출처: Santrock(2001).

③ 감각과 지각의 발달

영아는 선천적으로 타고난 감각기관을 토대로 여러 가지 자극에 반응하는 감각활동을 할 수 있다. 이러한 감각활동에 근거하여 지각경험을 하게 된다. 지각능력은 인지능력의 기초가 되며 영아기에 급속하게 발달하는 능력이다. 지각발달의 특징 중의 하나는 감각기관의 감수성이 증가하는 것이고 다른 하나는 정보를 기억하고 해석하는 능력이 증가한다는 것이다.

신생아는 출생한 직후 울거나 잠을 자는 것이 전부인 것처럼 보인다. 그러나 이들도 어머니의 젖 냄새를 알고 다른 사람의 목소리와 어머니의 목소리를 구별하고 축축한 기저귀를 갈아 주지 않으면 불쾌감을 느끼며 사랑으로 꼭 안아 주었을 때 행복감을 느낀다. 영아는 제한되어 있으나 기본적인 시각능력은 지니고 있다. 출생 시에 빛과 어둠을 구별하고 색깔을 볼 수 있으며 시각적 예민성이 뛰어나다. 근육발달과 더불어 눈의 능력이 발달함에 따라 움직이는 빛을 추적할 수 있다. 신생아는 사물을 제대로 응시할 수 없으나 1개월쯤 되면 응시가 가능해지며 2개월이 지나면 수평 투시, 그 이후에는 수직 투시가 가능하다. 4개월이 되면 사물을 따라가면서 볼 수 있는 원형 투시가 가능하며 또한 이후에는 가까운 곳에 위치한 목표물을 응시할 수 있다. 일반적으로 시각능력은 성장과 더불어 좀 더 정교하게 발달한다.

영아의 청각능력은 출생 시에는 제한되어 있다가 점차 발달한다. 다양한 소리 가운데 영아는 사람의 목소리에 먼저 반응을 보이며, 3개월경에는 세기나 진동수가 다른 소리에 신속한 반응을 나타낼 수 있다. 또한 율동적인 소리에 더욱 민감하게 반응하며 생후 8개월이 지나면 말소리의 의미를 알아듣고 행동할 수 있다.

미각과 후각은 다른 감각에 비해 출생 시 거의 완전하게 발달되어 있다. 생후 2~3개월이 되면 영아의 미각은 분화되어 입에 들어온 음식물을 뱉어 냄으로써 특정한 맛에 대한 선호를 나타낸다. 영아는 단맛, 쓴맛, 짠맛 모두에 차별적으로 반응한다. 또한 생후 일주일의 영아는 어머니와 다른 여성의 냄새를 구별할 수 있다.

2) 인지영역

영아기는 피아제의 인지발달단계 중 감각운동기에 해당한다. 이 시기에 신체적인 활동과 움직임에 따라 감각을 조절하고 조직화하는 능력이 놀라울 정도로 발전하기 때문에 이 시기를 감각운동기라 한다. 감각운동기는 6개의 하위단계로 나뉜다.

(1) 반사운동기(출생~1개월)

이 시기의 영아는 세상에 대한 지식을 습득하는 일차적 자원으로서 빨기나 잡기와 같은 반사적 행동에 의존한다. 영아는 다양한 반사능력을 가지고 태어나며 이를 통해 세상을 이해한다. 즉, 영아는 손이나 입에 닿는 것은 무엇이든지 잡거나 빨아 보고 사물의 크기에 따라 잡거나 빠는 방식을 조절함으로써 빨기와 잡기 같은 여러 형태의 감각운동적 도식을 발달시키고 정교화시킨다.

(2) 일차 순환반응기(1~4개월)

이 시기의 영아는 외부의 대상보다는 자신의 신체에 관심이 있으며 빨기나 잡기와 같은 감각운동을 반복적으로 하므로 이 시기를 일차 순환반응기라고 한다. 손가락을 빠는 새로운 경험을 하고 이에 재미를 붙인 영아는 계속적으로 빠는 행동을 반복한다. 그러다가 영아는 물건을 잡아서 보거나 입으로 가져가서 빠는 등 개별적인 도식들을 통합하여 잡기-보기 도식, 잡기-빨기 도식과 같은 일련의 협응도식들을 발달시킨다.

(3) 이차 순환반응기(4~8개월)

이 시기 영아의 관심은 더 이상 자신의 신체에 국한되지 않고 외부의 세계나 대상으로 관심이 옮겨 가며 우연히 행한 어떤 행동에 흥미를 느끼면 그 행동을 반복적으로 한다. 즉, 우연히 획득된 행동이 어떤 사건을 계기로 반복되는 가운데 다른 사건이나 자극에 대해서도 그런 반응을 나타내는데, 이를 이차 순환반응이라고 한다. 예를 들어, 우연히 머리 위의 모빌을 잡아당겨 모빌이 움직이는 것에 흥미를 붙인 영아는 계속적으로 모빌이 움직이는 것을 보기 위해 줄을 잡아당긴다.

(4) 이차 순환반응의 협응기(8~12개월)

이 시기 영아의 관심은 계속적으로 주위의 환경과 대상에 있다. 영아는 자신이 원하는 바를 얻기 위해 환경에 대해 직접 작용함으로써 효과를 시도하고 두 가지 행동을 협응하기 때문에 이 시기를 이차 순환반응의 협응기라고 한다. 이제 영아는 특정 목표를 성취하기 위하여 적절한 방법을 찾으려고 하고 이 과정에서 이미 습득하고 있는 많은 인지구조들을 활용한다. 또한 이 시기에 영아는 인과 개념을 갖기 시작하고 미숙하나마 대상영속성(object permanence) 개념이 나타나기 시작한다.

(5) 삼차 순환반응기(12~18개월)

자기 신체에 대해 관심이 국한되었던 일차 순환반응기와 외부의 대상에 관심이 있던 이차 순환반응기와는 달리, 이 시기가 되면 영아는 실험적 사고에 열중하며 이전 단계에서 하지 못했던 새로운 행동유형을 만들어 내는 능력이 생긴다. 이 시기에 들어서면 영아는 환경 내의 사물 자체에 강한 호기심을 보이며 여러 가지 형태로 사물의 속성을 탐색하게 된다. 영아는 마치 되풀이해서 새로운 실험을 하듯이 사물을 탐색하고 다루는 일련의 새로운 도식들을 형성해 나간다. 이 시기의 영아는 매우 적극적이고 목적지향적이며 시행착오적인 행동특성들을 보여 준다.

(6) 정신적 표상(18~24개월)

이 시기에 영아의 인지발달은 전조작기로 이행하는 중요한 질적인 변화를 겪는다. 이전 단계에서는 행동한 다음에 그 결과를 발견하게 되지만 이 시기에는 좀 더 내면적으로 사고한 다음에 행동하게 된다. 이 단계의 영아는 눈앞에 없는 사물이나 사태들을 상징적으로 표상하며 이를 사용하여 문제를 해결하는 능력을 발달시킨다. 즉, 표상적 사고가 시작된다. 또한 이 시기에는 모델이 없어도 내적 표상을 가지게 되어 지연모방(deferred imitation)이 가능해진다.

3) 언어영역

영아기의 언어발달은 울음소리의 분화로부터 시작된다. 그러다가 옹알이를 하기 시작하며 한 단어 문장과 두 단어 문장을 구사하는 순서로 발달한다.

(1) 울음

울음은 영아가 자기의 욕구를 표현할 수 있는 유일한 의사소통수단이다. 생후 약 1개월 동안은 영아의 울음소리가 분화되지 않는다. 따라서 이 시기 영아의 울음은 배가 고파서인지, 신체에 이상이 있어서인지, 기저귀가 젖어서인지 잘 구분할 수 없다. 생후 2개월 정도가 되면 영아의 울음이 분화되기 시작한다. 따라서 영아는 울음소리의 음색과 강도에 따라 자신의 의사를 양육자에게 전달할 수 있다.

(2) 옹알이

4~5개월에 나타나는 옹알이는 언어와 유사한 최초의 말소리로 8~9개월까지 지속된다. 옹알이는 언어의 기본 단위인 음소를 생성하고 옹알이 시기에 영아는 자신의 소리를 들음으로써 기뻐한다. 약 1세가 되어 말을 하기 시작할 때까지 옹알이는 양적으로 상당히 증가하고 질적으로도 정교해진다. 옹알이 자체가 의사소통수단은 아니지만 옹알이는 언어발달의 기초를 형성하기 때문에 언어발달의 관점에서 중요한 의의를 가진다.

(3) 한 단어 문장

1세경이 되면 영아는 처음으로 유의미한 단어를 말할 수 있으며 단일음절을 단일어로 반복하는 특징을 보인다. 이 시기의 단어는 단순히 하나의 단어가 아니라 문장의 의미를 가지고 문장의 기능을 수행하며 얼굴표정이나 몸짓 등의 행동표현을 수반한다.

(4) 두 단어 문장

2세경이 되면 단일한 단어의 미분화된 사용이 둘 이상의 단어들로 결합되기 시작한다. 또한 어휘 수가 폭발적으로 증가하여 이 시기에 영아는 250~300개의 단어를 이해할 수 있다. 영아는 두 단어 문장을 사용하면서부터 성인의 말을 모방하게 된다. 따라서 어느 정도의 의사소통이 가능하지만 이 시기의 영아는 타인의 입장에서 사고하고 추리하는 조망능력이 발달하지 못했기 때문에 주로 반복, 독백 등의 자기중심적인 언어를 한다.

4) 정서 및 사회성 영역

영아는 태어나면서 기본 정서를 가지고 태어나지만 아직은 미분화된 상태이며 영아기를 거치면서 점차 분화된 정서를 나타낸다. 또한 영아는 출생 직후부터 각기 다른 기질적 특징을 보이며 영아와 애착자 간에 형성되는 친밀한 정서적 유대감인 애착을 형성한다. 애착은 영아기에 일어나는 가장 중요한 사회적 발달이다.

(1) 정서발달

인간의 일상생활에는 수많은 정서적 경험들이 존재한다. 이러한 정서적 경험에는 쾌감, 불쾌감, 좋음, 싫음, 애정, 분노와 같은 하위감정이 포함된다. 정서적 경험은 심리적인 측면과 더불어 항상 생리적인 변화를 수반하여 신체적인 반응을 나타낸다.

정서의 분화는 영아기에 이루어지며 대체로 불쾌의 정서가 쾌의 정서보다 빨리 분화된다. 2세 말이 되면 성인이 보이는 거의 모든 정서가 유아에게 나타난다. 이러한 정서의 분화에 영향을 주는 것은 생리적 요인의 발달, 경험과 환경의 영향, 성숙과 학습의 영향, 표현행동의 자극이다.

출생 후부터 이루어지는 영아의 정서분화과정을 살펴보면, 먼저 출생 시의 영아는 정서가 전혀 분화되지 않은 채 산만한 흥분상태만 존재한다. 생후 2개월이 되면 영아는 근원적 흥분상태에서 쾌, 불쾌의 두 가지 방향으로 정서가 분화된다. 영아가 쾌감을 느낄 때는 긴장을 풀고 잘 웃으며 환경에 대해 만족스러운 반응을 나타낸다. 그러나 불쾌감을 느낄 때는 근육에 긴장을 일으키고 울기 시작한다. 생후 5~6개월에는 불쾌감이 분노, 혐오, 공포로 분화되고 1세가 되면 쾌감이 득의, 애정으로 분화된다. 생후 18개월이 되면 불쾌감에서 질투의 정서가 분화되고 24개월경에는 쾌감에서 기쁨의 정서가 분화된다.

(2) 기질

영아는 각각 다른 정서적 반응을 가지고 있다. 어떤 영아는 항상 즐겁고 행복해하지만 어떤 영아는 많이 울고 자주 기분이 좋지 않다. 어떤 영아는 조용하고 행동이 느린 반면, 어떤 영아는 활기차고 행동이 민첩하다. 이러한 행동들은 각기 다른 기질의 차이에서 비롯된 것이다. 기질이란 한 개인의 행동양식과 정서적 반응유형을 의미한다.

체스와 토마스(Chess & Thomas)는 기질적 특성에 따라 영아를 순한(easy) 영아, 까다로운(difficult) 영아, 반응이 느린(slow to warm up) 영아로 구분하였다(Chess & Thomas, 1977; Thomas & Chess, 1991).

- 순한 영아는 일반적으로 긍정적인 정서를 보이며 규칙적인 일상활동에 빠르게 적응하고 새로운 경험에도 쉽게 적응한다.
- 까다로운 영아는 부정적으로 반응하고 자주 울며 비규칙적인 일상행동을 하고 새로운 경험을 받아들이는 데 시간도 걸리며 어려워한다.
- 반응이 느린 영아는 활동수준이 낮고 조금은 부정적이며 낮은 적응력을 보여 주

고 감정의 지속상태가 낮다.

체스와 토마스에 따르면 연구대상 아동의 약 40%가 순한 영아에 속하였으며 10% 정도는 까다로운 영아에, 그리고 15% 정도는 반응이 느린 영아에 속하였다. 그리고 나머지 35% 정도는 여러 기질적 특성이 혼합되어 있어 세 가지 중 어느 하나에도 속하지 않았다. 한편, 영아기 초기의 기질은 이후에도 지속적으로 유지되는 것으로 나타났다.

영아의 기질은 양육자와의 관계에 영향을 미치며 또한 양육자의 양육태도 또한 영아의 기질을 변화시킬 수 있다. 따라서 양육자는 영아의 개인적인 특성에 민감하여야 하고 영아의 기질적 특성들에 융통성 있게 반응해야 하며 영아를 부정적인 측면으로 바라보는 것을 피해야 한다.

(3) 애착

영아기에 발생하는 가장 중요한 형태의 사회적 발달이 애착이다. 애착이란 영아와 양육자 간에 형성되는 친밀한 정서적 유대감으로, 초기에 양육자와 어떠한 관계를 형성하였느냐에 따라 안정 애착을 형성하기도 하며 불안정한 애착을 형성하기도 한다. 안정 애착을 형성한 영아는 양육자를 안전기지(secure base)로 삼고 환경을 적극적으로 탐색한다. 생의 초기에 형성된 안정 애착은 이후의 심리적 발달의 중요한 토대가 된다.

애착의 발달과정은 3단계로 이루어진다. 2~3개월의 영아는 비변별적인 사회적 반응을 보이며 낯익은 사람이나 낯선 사람에게 유사한 반응을 보인다. 3~6개월의 영아는 양육자를 타인과 구분할 수 있고 낯선 사람보다 양육자에게 사회적 신호를 더 자주 보낸다. 그러나 이 시기까지는 영아는 낯선 사람에게도 비교적 다정하게 대한다. 6~7개월이 되면 영아는 양육자의 곁에 있으려 하고 양육자가 떠나려고 하면 크게 울고 양육자가 돌아오면 매우 기뻐한다.

에인스워스(Ainsworth, 1979)는 여덟 가지 에피소드로 구성된 낯선상황 실험을 통하여 애착 형성을 네 가지 유형으로 구분하였다.

- 안정 애착(secure attachment, Type B): 안정 애착을 형성한 영아는 양육자를 안전기지로 삼고 활발한 탐색활동을 벌인다.
- 회피 애착(avoidant attachment, Type A): 회피 애착을 형성한 영아는 양육자를 회피한다든가, 양육자를 무시하거나 눈 맞추기를 피한다든가, 가까이 가지 않으려고 하는 등의 회피행동을 보이면서 불안정한 애착을 보여 준다.
- 저항 애착(resistant attachment, Type C): 저항 애착을 형성한 영아는 양육자에게 매달려 있으려고 하다가도 바로 차거나 밀어버리는 등의 저항행동을 보이면서 불안정한 애착을 보여 준다.
- 혼란 애착(disorganized attachment, Type D): 불안정한 애착의 가장 심한 형태로 회피행동과 저항행동이 결합된 것이다.

2. 유아기의 발달특성

2세부터 초등학교 입학 이전인 6세까지의 시기를 유아기라고 한다. 유아기에는 영아기에 비해 속도는 완만하지만 꾸준한 신체적 성장이 이루어지며 운동능력도 꾸준히 발달한다. 이 시기의 유아는 인지능력이 발달하고 상상과 환상이 풍부해지며 또한 신체발달로 인해 주변 환경에 대한 탐색이 활발해지고 많은 어휘를 습득하면서 다른 사람과의 의사소통도 활발해진다.

1) 신체 및 운동기능 발달

신체의 발달과 운동기능의 발달은 유아로 하여금 다양한 신체적인 활동에 참여하도록 한다. 이 시기 유아는 활동성이 증가하므로 다양한 신체활동놀이를 통해서 신체 및 운동기능을 발달시킬 수 있다. 유아에게 신체활동놀이는 신체기능뿐 아니라 신체발육이나 안전능력, 정신적 성숙 및 사회성발달을 위한 필수적인 활동이다. 그러므로 적절한 신체활동놀이는 신체 각 부분의 조화로운 발달을 도와주며 순환,

배설, 호흡 등 신체기관의 기능을 향상시키고 바른 자세를 갖게 한다.

(1) 신체발달

만 2세부터 초등학교에 들어가기 전까지의 시기를 유아기라고 한다. 유아기는 앞의 영아기에서처럼 급속한 신체발달은 이루어지지 않으나 꾸준한 신체적 성장이 이루어지는 시기다. 영아는 생후 1년 동안 급속한 성장을 하다가 2년째에 성장은 다소 느려지나 대근육발달과 소근육발달은 빠르게 진보한다.

① 키와 몸무게

유아들은 매년 평균 키가 7cm씩 증가하며 몸무게는 2~3kg씩 증가한다. 6세가 되면 키는 112cm 정도가 되며 몸무게는 20kg 정도가 된다. 유아들의 나이에 따라 키와 몸무게의 성장률이 매년 감소한다.

유아기 동안에 남아와 여아는 몸통이 길어짐에 따라 살이 빠져 보인다. 여전히 머리가 몸에 비해 상당히 크지만 유아기 말이 되면 대부분의 유아들은 머리가 더 이상 커 보이지 않게 된다. 몸의 지방도 이 기간에 천천히 지속적으로 줄어든다. 따라서 살집이 통통했던 아기도 이 시기를 지나면 대부분은 말라 보인다. 일반적으로 여아는 남아보다 지방층이 많으며 남아는 근육층이 많다.

② 뼈의 발달

태아의 골격은 연골조직으로부터 형성되어 임신 6주부터 연골조직이 점차 단단해지는 경화현상이 일어나며 경화현상은 아동기를 거쳐 청년기까지 계속된다. 유아기에 들어서면서부터 연골조직은 더욱 단단해지며 이에 따라 외관도 튼튼해지고 내부기관도 잘 보호된다. 또한 뼈의 발달은 운동발달과 몸의 균형에도 중요한 역할을 한다. 따라서 유아의 외모에도 많은 변화가 일어난다. 배가 나오고 살이 통통하게 찌고 다리가 짧았던 2세경의 몸매는 6세쯤 되면 배가 들어가고 살이 빠지고 근육이 발달함으로써 성인과 비슷한 모습으로 변화하게 된다. 그러나 어깨와 골반의 근육이 아직은 충분히 발달되지 않아서 남성적, 여성적 체격특성이 나타나지 않고 남녀 모두 비슷하게 직선적이고 평면적인 체격을 가진다.

③ 치아의 발달

2세 반 정도가 되면 유아는 20개의 유치를 모두 가지게 된다. 그리고 5~6세가 되면 유치가 빠지면서 영구치가 나온다. 영구치가 나오면 더욱 더 치아건강에 신경을 써야 하며 이 시기에 손가락을 빠는 것은 치열이 고르지 않게 되는 등 치아발달에 나쁜 영향을 주므로 주의가 필요하다.

(2) 운동발달

유아들은 뛰고 넘어지고 다시 일어나서 뛰는 등의 대근육활동과 블록으로 건물을 만들고 낙서를 하고 가위로 종이를 자르는 등의 소근육활동을 하는데, 유아기의 신체발달은 이러한 많은 활동을 가능하게 하는 능력을 발전시켜 준다.

이 시기에는 대근육과 소근육의 발달에 따라 미끄럼틀 타기, 정글짐 오르내리기, 공 던지기, 공 차기, 훌라후프 돌리기, 자전거 타기, 사다리 오르기, 그네 타기, 시소 타기 등의 운동놀이를 할 수 있고 또 이를 즐긴다. 이들 신체활동놀이를 통해, 또한 또래와의 협동이나 규칙 지키기 등을 통해 사회적 관계를 형성하기도 한다. 신체활동놀이를 지도하기 위해서는 유아의 신체발달 및 운동능력을 세밀히 관찰하고 유아와 개별적으로 상호작용을 하면서 놀이경험을 확장시키며 유아의 안전을 위해 놀이규칙을 정하고 잘 지키도록 하는 것이 좋다(이숙재, 2001).

① 대근육운동

유아들은 더 이상 똑바로 서 있거나 움직이는 데 힘들어하지 않는다. 다리를 좀 더 자신감 있게 움직이고 목적한 대로 움직이게 되면서 움직이는 것을 자유자재로 한다.

3세의 유아들은 단순히 움직이는 것을 좋아한다. 뛰기, 오르기, 앞과 뒤로 달리기를 하며 반복적인 활동을 통해서 많은 기쁨을 얻는다. 이러한 활동을 통해 자신감과 성취감을 얻는다. 운동능력의 향상은 유아의 자아인식을 발달시키는 데 결정적인 역할을 한다. 즉, 자신의 몸 움직임을 통해 자신의 신체적인 이미지를 형성하므로 이 시기의 정상적인 운동발달은 매우 중요하다.

4세가 되면 유아들은 아직도 같은 종류의 활동을 반복해서 하기를 좋아하나 좀 더 모험적인 활동을 한다. 정글짐을 기어올라 가거나 한 번에 한 발씩 계단을 밟아가며 올라갈 뿐만 아니라 내려올 때도 한 발씩 내디디며 내려올 수 있다.

5세가 되면 4세 때보다 훨씬 모험적이 된다. 빠르게 뛰며 경주하기를 좋아해서 부모나 또래들과 많은 경주를 한다.

이 시기의 유아들은 굉장히 적극적이다. 3세 유아는 일생을 통틀어 가장 높은 활동수준을 가지고 있다. 그들은 텔레비전을 볼 때도 가만히 있지 못한다. 식사를 위해 식탁에 앉아서도 가만히 있지 못하며 심지어 잘 때도 많이 뒤척인다. 활동수준이 높고 팔과 다리와 같은 대근육의 발달 때문에 이 시기의 유아들은 매일 운동이 필요하다.

② 소근육운동

3세의 유아들은 물건을 움직이고 다룰 때 영아기의 능력이 그대로 남아 있다. 때때로 엄지와 검지를 사용하여 작은 물건을 잡을 수 있는 능력이 있어도 아직은 미숙하다. 이들은 블록으로 높은 탑을 쌓을 수 있지만 똑바로 세우지 못하고 삐죽삐죽하게 쌓는다. 딱딱한 보드나 그림 맞추기 퍼즐을 가지고 놀 때도 조각들을 움직이는 데 아직은 서툴다. 어떤 경우는 조각이 들어가야 할 정확한 위치를 알아도 잘 끼워 넣지 못한다. 끼워 넣기 위해 안간힘을 쓰거나 우격다짐으로 넣으려고 한다.

4세가 되면 소근육 협응은 놀라울 정도로 향상되고 훨씬 정확해진다. 때때로 마음대로 되지 않는 블록 쌓기에 속상해하기도 한다.

5세에는 소근육 협응이 훨씬 향상된다. 손, 팔 그리고 몸 모두가 눈의 명령에 의하여 함께 움직인다. 이제 집을 짓거나 교회를 지을 수 있는 유아들에게 단순히 탑을 높게 쌓는 것은 재미있지가 않다.

(3) 자조기능

유아기에는 다양한 자조기능(self-help skills)이 발달한다. 2세경에는 대소변 가리기를 할 수 있으며 혼자서 음식을 먹을 수도 있다. 3세경에는 숟가락과 젓가락을 효율적으로 사용할 수 있고, 6~7세경이 되면 오른손으로 제대로 식사를 할 수 있다.

3세경에는 옷을 벗을 수 있고 4세경에는 옷을 입을 수 있으며 5~6세가 되면 혼자서 옷을 입고 벗으며 단추나 지퍼를 열고 닫을 수 있다. 또한 신발도 신고 벗어서 가지런히 놓을 수 있다(이윤경 외, 2003).

2) 인지발달

인지발달을 촉진하기 위해서 유아는 다양한 활동과 경험을 해 보아야 한다. 즉, 자료를 가지고 신체적인 조작을 해 보고 이러한 경험을 실생활 경험과 통합해 봄으로써 학습하는 것이 바람직하다(Kamii, 1985).

유아의 인지발달을 조장하기 위해서는 우선 유아의 타고난 능력과 발달수준을 잘 파악해야 한다. 유아의 질문에 성실하게 대답하며 충분히 놀이할 수 있도록 환경적 자극을 제공하는 것도 중요하다. 또한 인지발달과 더불어 창의성을 개발하기 위해서는 유아들이 계속적으로 창의적으로 생각하고 창의적인 태도를 가지고 행동하도록 정서적 자극을 제공하고, 적극적으로 창의성을 개발하기 위해서 유아가 스스로 질서와 조화를 탐색할 수 있는 환경을 마련해 준다. 그리고 유아가 주변의 사물에 대해 관심을 갖게 하고 스스로 질문하고 대답하도록 지도한다(이숙재 · 이봉선, 1999).

유아기는 피아제의 인지발달단계 중 전조작기(2~7세경)에 해당하는 시기다. 이 시기에는 정신적 표상이 가능하지만 아직까지 논리적 조작능력은 결여되어 있다. 따라서 피아제는 이 시기 사고의 특징을 전조작적 사고로 규정하였다. 전조작기 유아의 인지발달을 통해 유아기 사고의 특징을 알아볼 수 있다.

(1) 자아중심적 사고

전조작기 사고의 가장 두드러진 특징 중의 하나는 자아중심성(egocentrism)이다. 자아중심성이란 자기의 입장에서만 사물을 받아들이고 다른 사람의 입장을 이해하지 못하는 것을 뜻한다. 즉, 자신의 조망과 타인의 조망을 구별하지 못하는 것이다. 이 시기의 유아는 외부세계에 대해 자신이 생각하는 것이 전부이고 유일한 것으로 생각하기 때문에 모든 사람들이 다 자신과 똑같은 방식으로 사물을 보고 생각한다고 믿는다. 친구의 생일선물로 자신이 좋아하는 것을 준다든가, 자신이 슬프면 다른 사람도 슬플 것이라고 생각하는 것 등이 유아의 자아중심적 사고를 보여 주는 대표적인 예다. 자아중심적 사고의 특징은 유아의 언어 사용에서도 잘 나타난다(서봉연 · 이순형, 1983; Piaget, 1969).

(2) 상징적 사고

피아제에 의하면 전조작기의 가장 중요한 인지적 성취 중의 하나는 상징적 사고의 출현이라고 한다. 유아기에 들어서면서 유아의 사고는 더 이상 자신의 행동이나 감각에 의존하지 않으며 정신적 표상, 지연모방, 상징놀이 등이 가능해진다. 이 시기의 유아는 놀이활동에서 다양한 비언어적인 상징행동을 많이 사용한다. 예를 들어, 베개를 아기처럼 업고 다니기도 하고 막대기를 칼이나 총으로 생각하며 놀기도 한다. 이러한 유아의 가상놀이는 정신적 표상능력을 보여 주는 것이다.

(3) 직관적 사고

직관적 사고란 어떤 사물을 볼 때 그 사물의 두드러진 속성을 바탕으로 사고하는 것이다. 따라서 유아는 사물이나 사건의 여러 측면에 주의를 기울일 줄 모르며 그 속에 내재된 규칙이나 조작을 이해하지 못한다. 즉, 직관적 사고에 의하여 겉으로 드러나는 두드러진 특성만으로 사물을 판단한다. 따라서 이 시기의 유아는 사물의 양이나 수는 그 모양이 변하거나 여러 부분으로 나누어져도 변하지 않는다는 보존개념을 획득하지 못하며 유목포함이나 서열화도 아직 가능하지 않다.

(4) 물활론적 사고

물활론적 사고란 모든 사물은 살아 있고 각자의 의지에 따라 움직인다는 생각을 말한다. 모든 사물이 살아 있다고 생각하는 유아는 연령이 증가함에 따라 움직이는 것만 살아 있다고 생각하고 다음에는 스스로 움직이는 것만 생명이 있다고 생각한다. 8세쯤 되면 비로소 동물과 식물에만 생명이 있다는 것을 알게 된다.

(5) 도덕적 실재론

이 시기의 유아는 규칙이란 지키지 않으면 벌을 받기 때문에 절대적으로 지켜야 되며 규칙은 본래 정해진 것으로 변경될 수 없다는 생각이 지배적이다. 또한 이 시기의 유아는 잘못이 크면 클수록 의도에 관계없이 벌이 크고 더 나쁘다고 생각하여 의도보다는 결과에 치중한다.

3) 언어발달

유아기 사고의 특징은 상징을 사용할 수 있는 능력이며 가장 중요한 상징적 표현의 수단은 언어다. 유아들은 언어의 습득을 통해서 사고와 추론기술을 발달시킨다. 언어는 유아로 하여금 추상적 개념을 습득하여 개념이나 도식으로 조직할 수 있도록 해 주고, 이를 저장한 후에 다양한 상황에서 사용할 수 있는 정보로 전환하도록 돕는다(Spodek & Saracho, 1994).

(1) 어휘발달 및 문장의 사용

유아기 초기에는 200~300개 정도의 단어를 사용하다가 5세경에는 2,500개 정도로 급격히 증가한다. 문장의 길이도 길어져서 3~4세경에는 3~4개의 단어로 문장을 구성하나 유아기 말에는 6~7개의 단어로 이루어진 문장을 구성하게 된다. 유아는 추상적 의미의 어휘보다는 구체적 의미의 어휘를 빨리 획득하고 비교급의 어휘나 시간 개념을 나타내는 어휘는 유아기 말 정도가 되어야 획득할 수 있다.

2세경이 되면 유아는 두 단어로 문장을 만들어 사용할 수 있다. '엄마, 맘마' 라는 두 단어 문장은 '엄마, 배고프니까 밥 줘요.' 라는 의미의 표현이다. 두 단어 문장을 사용하면서 유아는 전보다 효과적으로 의사소통을 할 수 있게 된다. 3세경이 되면 유아는 2~4개 정도의 단어로 문장을 만들어 사용하게 되고, 4세경에는 3~7개 정도의 단어로 문장을 만들기 때문에 거의 완전한 문장을 구사할 수 있다. 또한 5세경에는 6~12개의 단어를 사용하여 문장을 구사하기도 한다(조명한, 1982).

(2) 단어 의미의 발달

유아는 추상적인 언어 비유나 은유, 유머나 농담 등을 이해하지 못한다. 그러나 유아는 '배' 가 신체 부위를 가리키는 말임과 동시에 물 위를 떠서 가는 교통기관을 가리킨다는 사실을 알듯이 한 가지 어휘가 다양한 의미를 가질 수 있다는 것을 안다. 또한 주어진 상황에서 유사성을 추출하며 이를 근거로 단어의 의미를 과잉 확대시키기도 하고 과잉 축소시키기도 한다. 털이 있고 네 발인 동물을 모두 '개' 라고 부르는 경우는 과잉 확대, 개 중에 진돗개만 '개' 라고 부르는 경우는 과잉 축소다.

(3) 문법의 발달

두 단어로 문장을 만들던 시기에는 품사의 순서가 중요하지 않았지만 유아가 세 단어로 문장을 만들기 시작하면서부터는 품사의 위치가 정해진다. 또한 접미사나 조사의 사용이 시작된다. 한 어휘를 습득하면 모든 경우에 이를 사용하는 과잉 일반화 현상이 나타나기도 하며 복수형을 만든다든지 부정어를 사용하는 등의 문법을 배우게 된다. 의문사를 넣어 의문문을 만들고 복잡한 일부 변형들을 다 파악하지는 못하지만 5~6세경이 되면 대부분의 문법규칙에 숙달한다.

4) 정서발달

유아기는 다양한 정서가 강하게 나타나는 시기이며 영아기에 비해 정서가 보다 분화되고 유아의 정서표현 유형도 보다 쉽게 인식할 수 있다. 유아기에는 유아의 정서반응을 일으키는 대상과 표현방식이 변화한다. 유아기에는 정서상태의 지속기간이 짧다는 특징이 있다. 즐거워하다가 금방 화를 내기도 하고 슬퍼하기도 한다. 그러나 성장과 더불어 지속기간이 길어져서 정서경험을 오래 기억할 수 있다. 또한 유아기에는 정서상태의 반응이 폭발적이다. 나이 어린 유아는 작은 일에 대해서도 격렬한 정서를 표현한다. 그리고 유아의 정서표현은 일상적이며 정서표출이 빈번하게 나타난다. 유아들이 표현하는 정서의 종류는 아래와 같다.

(1) 정서의 종류

① 공포

3세경이 되면 유아는 개나 고양이 같은 특정의 대상을 두려워하게 된다. 이는 시각적인 것에 공포를 느끼기 때문이다. 4세경에는 공포가 심해지는데, 이유가 없는 공포심이 커진다. 이 시기의 공포심은 꿈으로 나타나 유아들은 악몽을 꾸기도 한다. 6세경이 되면 유아의 상상력이 발달하고 공포에 대한 반응이 학습되며 경험이 확장되어 공포 대상이 증가하기 때문에 공포심이 더 심해진다.

② 분노

분노는 유아기에 가장 보편적으로 나타나는 정서다. 유아는 하는 일을 방해받거나 원하는 것을 할 수 없을 때, 자신의 요구가 거부되거나 무엇을 빼앗겼을 때 분노의 정서를 보인다. 대체로 1세경이 지나면 유아는 떼를 쓰게 되는데, 연령이 증가하면서 격렬한 분노는 다소 억제될 수 있으며 직접적인 방해물에 화를 내다가 4세경이 되면 공격적 행동으로 분노를 표시한다. 5세 말경이 되면 언어의 발달에 따라 공격적인 행동보다는 공격적인 언어로 분노를 표시한다.

유아기의 분노는 또래나 형제와의 관계에서 자주 나타나며 이들에게 질투심을 보이기도 한다. 동생이 생기면서 부모가 동생에게 보이는 사랑에 대해 질투심을 드러내며 이러한 질투심은 퇴행행동이나 공격성을 유발하기도 한다. 또한 유치원이나 어린이집에 다니게 되면서 교사가 다른 아이들에게 관심을 보이면 심한 질투를 나타내는데, 연령이 증가할수록 사회성이 발달함에 따라 질투의 표현이 억제된다.

③ **기쁨**

2세경까지는 기쁨이 웃음이나 동작으로 표현되지만 3세경부터는 언어의 발달에 따라 기쁨이 언어로 표현된다. 영아기에는 생리적, 감각적, 운동적인 원인에 의해서 기쁨을 느끼지만 유아기가 되면 사회적인 인간관계에 의해서 기쁨을 느끼게 된다. 또한 인지능력의 발달에 의해 몸짓이나 농담 등을 이해할 수 있게 되어 이에 대해서도 웃음을 보인다.

④ **호기심**

유아기는 호기심이 가장 왕성한 시기로 주위에 있는 사물이나 사람이 유아의 호기심의 대상이 된다. 유아는 호기심을 갖는 것에 대해서 끊임없이 질문을 하며 언어발달과 더불어 언어적 표현을 통해 호기심을 만족시킨다. 호기심을 충족시키기 위한 질문은 2세와 3세 사이에 시작되어 6세가 되면 절정에 도달한다.

⑵ 정서 조절

흥미로운 점은 3세 유아도 실망스러운 선물을 받았을 때 긍정적으로 정서 표현을 하려고 노력한다는 사실이다. 포장이 잘 된 큰 상자를 받고 열어보니 쓰레기 같은 내용물이 나올 때 유아는 애써 실망감을 감추고 웃으며 감사를 표한다. 유아도 자신의 부정적 정서를 억누르고 사회적으로 요구된 긍정적 정서를 나타내는 것으로 보아 유아기에도 정서 조절이 가능함을 알 수 있다(김정민, 2013).

그런데 유아의 정서 조절은 어머니의 정서사회화 행동과 관련되어 있다(여은진 · 이경옥, 2009). 유아기에는 정서를 표현하는 방법을 배우는 것이 중요한다. 자신과 다른 사람의 정서를 이해하고 긍정적이고 생산적인 방식으로 정서를 표현하는 것을 배워야 한다. 유아의 정서발달을 촉진하기 위해서는 정서적으로 안정된 환경을 조성해 주고 정서이해능력을 향상시킬 수 있도록 또래집단과 정서적으로 풍부한 상호작용을 하거나 이야기 나누기를 하도록 지도한다. 또한 또래 간의 상호작용을 통해 감정조절능력을 향상시키고 정서표출을 위한 다양한 놀이활동을 제공하며 유아의 정서표현양식을 인정하고 존중할 뿐만 아니라 적절한 정서표현의 모델을 보여 준다(정미라 · 박경자 · 배소연, 1998).

5) 사회성발달

사회적 행동은 사회의 구성원으로서 갖추어야 할 규범이라고 할 수 있다. 이는 곧 사회화라고도 할 수 있는데, 사회가 가지고 있는 가치를 내면화하고 이를 습득해 나가는 과정을 말한다. 유아는 성장과 더불어 생활범위가 가정에서부터 영유아 보육기관, 그리고 사회로 점차 확대된다. 가정에서의 역할뿐만 아니라 영유아 보육기관의 새로운 환경을 경험하는 것도 유아의 사회성발달을 위한 자연스러운 기회가 된다. 특히 또래와의 풍부한 경험은 사회성발달의 중요한 요인이므로 또래와 잘 어울릴 수 있는 환경을 조성해 주어야 한다. 이 시기는 집단생활의 교육적인 의의가 특별히 강조되는 시기라고 할 수 있다. 이 시기에 유아가 주로 맺는 사회적 관계는 부모와의 관계, 형제관계, 또래관계 등이다.

(1) 우정의 시작

유아기에는 다른 사람에 대한 이해가 발달하기 시작하나 아직 성숙한 우정을 형성하지는 못한다. 유아들은 아직 다른 사람의 관점을 이해하지 못하기 때문에 친구로부터 자신이 원하는 것만을 생각한다. 이 시기의 유아는 에너지와 활동 정도가 비슷하고 같은 활동에 참여하는 동성의 친구와 친한 경향이 있다. 또한 친구의 외모가 멋있거나 무엇을 잘 주기 때문에 친하다고 하기도 한다(황혜정, 2002).

(2) 사회적 행동

사회적 행동이란 다른 사람과 원만한 관계를 가지며 주변 환경에 잘 대처하는 행동을 말한다(유효순, 1992). 친사회적 행동이란 긍정적인 사회적 행동, 즉 도움 주기, 나누어 갖기 등 사람들 사이의 우호적인 관계를 촉진시키거나 유지시키는 행동을 말한다(이숙재 · 이봉선, 1999). 친사회적 행동은 유아기에도 가능한데, 2~3세경의 유아도 다른 유아를 도와주거나 장난감을 나누어 주기도 하고 위안을 주려고 노력한다. 친사회적 행동은 연령의 증가와 함께 발달한다.

이 시기의 유아는 주도성이 강해지면서 점차 독립심과 자신감을 얻는다. '나' 에 대한 의식이 강해지면서 부모에게서 이탈하여 자기 스스로 결정하고 행동하기 시작한다. 사회 속에서 나를 인식함으로써 자아개념을 확립하게 되는 것이다. 유아는 관심의 대상이 가족에서 또래로 옮겨감에 따라 경험의 폭이 넓어지며 이에 따라 인지적인 성장도 촉진된다.

또한 이 시기에는 성역할을 인식하게 되는데, 이에 따라 여아는 여자다운 것을, 남아는 남자다운 것을 선택하고 행동한다. 색에 대한 선호나 놀이유형 등에서도 성에 따른 차이가 현저하게 나타나고 친구관계도 동성끼리 더 잘 어울린다.

참고문헌

김정민(2013). 유아의 실행기능과 기질이 정서 조절에 미치는 영향. 서울대학교 박사학위 청구논문.

대한소아과학회(1998). 1998년 한국소아신체발육표준치.

보건복지부(1999). 보육교사 보수교육.

보건복지부(1999). 보육교사 승급교육.

서봉연 · 이순형(1983). 발달심리: 아동발달. 서울: 중앙적성출판부.

여은진 · 이경옥(2009). 유아와 어머니의 정서성, 어머니의 정서사회화 행동 및 유아의 정서 조절 간의 구조 분석. 열린유아교육연구, 14(5), 275-295.

이숙재(2001). 유아놀이활동. 서울: 창지사.

이순형(2001). 아동권리의 관점에서 본 유아보육의 과제. 2001년도 춘계 유아교육 · 보육행정학회 기조연설.

이순형 · 성미애(2011). 인간발달. 서울: 한국방송통신대학교출판부.

이윤경 · 김선영 · 김성희 · 김지은 · 나종혜 · 문혁준 · 신인숙 · 안선희 · 천희영 · 최은미 · 황혜신 · 황혜경(2003). 유아교육개론. 서울: 창지사.

정미라 · 박경자 · 배소연 공역(1998). 유아를 위한 정서교육. 서울: 이화여자대학교 출판부.

조명한(1982). 한국 아동의 언어 획득 연구: 책략모형. 서울: 서울대학교출판부.

황혜정(2002). 아동과 청소년의 친구관계 발달에 관한 연구. 아동학회지, 23(3), 189-203.

Ainsworth, M. D. S. (1979). Infant–mother attachment. *American Psychologist, 34*, 932–937.

Chess, S., & Thomas, A. (1977). Temperamental individuality from childhood to adolescence. *Journal of Child Psychiatry, 16*, 218–226.

Kamii, G. (1985). *Young children reinvent arithmetic: Implications of Piagetian theory.* NY: Teachers College Press.

Piaget, J. (1969). *The psychology of the child.* London: Routledge.

Santrock, J. W. (2001). *Child Development.* New York: McGraw–Hill.

Spodek, B., & Saracho, O. N. (1994). *Right from the start: Teaching children ages three to eight. Needham heights.* MA: Allyn & Bacon.

Thomas, A., & Chess, S. (1991). Temperament in adolescence and its functional significance. In R. M. Lerner, A. C. Pertersen, & J. Brooks–Gunn (Eds.), *Encyclopedia of adolescence* (Vol. 2). New York: Garland.

제2부 보육의 실제

제6장

보육의 유형

보육서비스는 어머니의 취업이 불가피한 저소득층 가정의 아동에 대한 복지적 관점에서 시작되었다. 그러나 이미 기혼여성의 취업률이 50%에 육박하고 취업의 동기가 다양화된 현대사회에서 보육서비스는 더 이상 특정 계층 가족에 국한될 수 없게 되었다. 따라서 종전의 빈곤 저소득층 자녀를 대상으로 하는 신체적 보호 위주의 탁아서비스에서 질 높은 보호와 교육서비스로 보육에 대한 요구가 달라지고 있다. 또한 보육대상 연령 폭이 넓어지고 아동 개개인의 개별성을 존중하는 보육서비스에 대한 관심이 증가하고 있다. 이처럼 보육서비스에 대한 요구가 다양화되면서 보육의 유형도 점차 세분화되고 다양해지고 있다. 이 장에서는 보육서비스의 유형을 보육의 장소와 시간, 보육의 운영주체와 목적 등에 따라 구분하여 살펴본다.

1. 보육장소에 따른 유형

아동의 보육이 어느 장소에서 이루어지는가에 따라 보육의 유형을 구분할 수 있는데, 크게는 가정에서 소규모로 이루어지는 가정보육과 시설에서 비교적 대집단으로 운영되는 기관보육으로 구분할 수 있다.

1) 가정보육

가정보육 서비스는 보육대상 아동의 가정에서 이루어지는 자가보육과 보육자 가정에서 이루어지는 보육자 가정보육으로 분류할 수 있다.

(1) 자가보육

자가보육은 아동의 집에서 가족이 아닌 타인으로부터 보육서비스를 받는 형태를 말한다. 영국의 보모 개념과 유사하며 보호적 측면이 강조된다(김익균, 정원주, 2000). 가정보육은 주로 조부모, 친척, 가정도우미, 베이비시터에 의해서 이루어진다. 이들은 보육인으로서의 전문적이고 체계적인 교육과 훈련을 받지 않았기 때문에 부모와 보육방식에서 갈등을 빚기도 한다. 최근에는 YWCA 같은 단체에서 베이비시터에게 일정 시간 사전훈련을 실시하고 있으며 전문 베이비시터 파견업체에서는 보육과 교육을 결합한 프로그램을 개발하여 전문성을 높이려는 시도를 하고 있다. 그 예로 기존의 베이비시터 역할 외에 교사의 역할을 강조하는 학습시터를 파견하기도 하면서, 가정보육교사 제도를 실시하기도 한다.

가정보육교사 제도란, 보육교사 자격을 취득하고, 출산 및 육아 경험이 있거나 2년 이상의 실무경력이 있는 보육교사가 영아의 집으로 찾아가 1:1로 보육하는 수요자 중심의 가정보육 서비스를 말하며, 현재 경기도를 비롯하여 여러 지역에서 시행되고 있다.

아동의 가정에서 보육이 이루어지면 출퇴근시간이나 등 · 하원시간에 구애받지 않으므로 부모가 심리적으로 여유를 가질 수 있고 이동의 불편함을 겪지 않아도 된다. 아동은 익숙한 놀잇감을 가지고 친숙한 환경에서 생활할 수 있으며 형제들과 함께 지낼 수 있으므로 정서적인 측면에서 가장 안정적인 형태다. 면역능력이 취약하여 위생과 영양에 개별적이고 세심한 주위를 기울여야 하는 어린 영아에게 바람직한 유형이라고 하겠다.

그러나 자가보육은 전반적으로 보육자의 전문적 자질이 부족하여 체계적인 교육 경험을 제공하지 못하며, 교재교구가 제한되고, 비용이 많이 들며, 또래와의 상호

대상

맞벌이 가정으로 24개월 이하 영아

취약계층 영유아에 대해서는 만 5세까지 신청 가능

1. 장애아동 · 부모, 한부모, 미혼모가정, 다문화가정, 두 아이 이상 가정 등(두 아이 이상: 두 아이가 만 5세 이하인 경우)
2. 아토피, 질병, 어린이집 부적응 등으로 어린이집 이용이 어려워 부모가 원하는 경우

지원체계

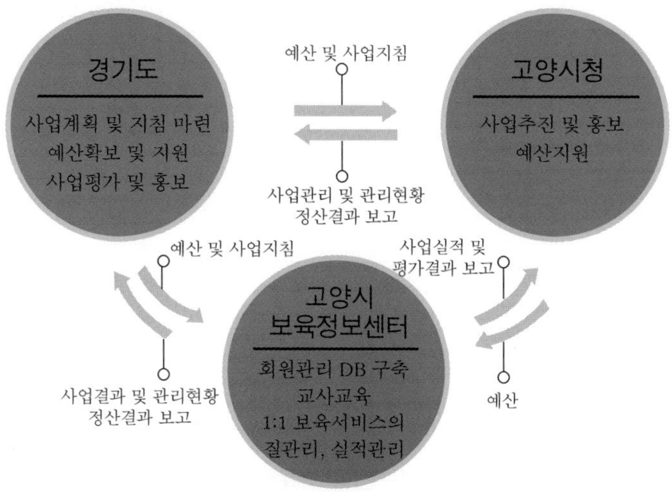

서비스 신청 및 연계과정

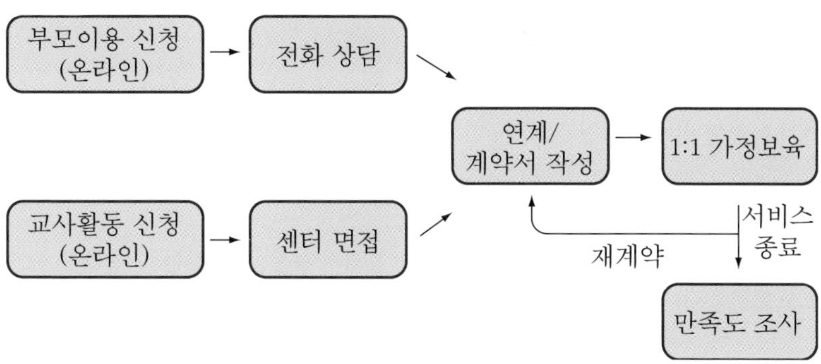

[그림 6-1] 가정보육교사 제도

* 출처: 고양시 보육정보센터(www.echild.or.kr)

표 6-1 가정보육의 예

보육이념/목적

원의 보육프로그램에서는 모든 영유아들을 스스로 성장 · 발달할 수 있는 지적 호기심과 무한한 잠재능력을 내재하고 있는 선(善)한 존재인 동시에 인간으로서의 권리와 존엄성을 지닌 고귀한 인격체로 봅니다.

이 보육프로그램은 산업화 · 도시화된 생활공간에서 '자연'과 '놀이'와 '아이다움'을 잃어버리고 살아가는 아이들에게 자연과 놀이와 아이다움을 되찾아 주는 데 역점을 두고 다음 세 가지 이념과 방향을 지향합니다.

- 생태(혹은 생명)중심 유아교육을 지향합니다.
- 공동체중심 유아교육을 지향합니다.
- 지 · 덕 · 체를 고루 갖춘 전인적 유아교육을 지향합니다.

보육시간

- 종일제

구분	평 일	토요일
영아반	오전 7 : 30~오후 7 : 30	오전 7 : 30~오후 2 : 00
유아반	오전 7 : 30~오후 7 : 30	오전 9 : 00~오후 2 : 00

- 반일제
- 시간제
- 24시간 연장보육: 종일반 기준시간 이외에는 초과 보육료가 적용됩니다.
- 공휴일 및 일요일 보육
- 주일반: 월요일 오전 7 : 30~토요일 오후 2 : 00(주말은 부모님과 함께 보냅니다.)

입학 대상자

생후 3개월부터 만 4세 미만의 아동(보호자가 근로 또는 질병, 기타 사정으로 인하여 직접 보육하기 어려워 위탁한 아동)

보육프로그램

- 영아반 교육활동

영아를 위한 교육활동은 신체활동, 언어활동, 창의적 활동, 탐색활동, 기본생활 등 5개 영역을 골고루 포함합니다.

- 유아반 교육활동

유아를 위한 교육활동은 미술영역, 극화영역, 쌓기영역, 언어영역, 음률영역, 수 · 과학영역 등으로 구성된 실내외 흥미영역에서 미술활동, 극화활동, 쌓기활동, 언어활동, 음률활동, 수 · 과학활동 등이 자유선택활동으로 이루어집니다. 활동들은 계획된 교육주제에 따라 또는 유아의 흥미와 관심에 따라 통합적으로 실시됩니다.

작용이 부족하고, 애착을 형성한 보육자가 교체되는 경우 아동이 정서적 불안감을 심하게 느낄 수 있다는 단점이 있다.

(2) 가정어린이집

가정어린이집은 아동이 보육자의 집으로 가서 서비스를 받는 형태로서 대개 한 가정에서 6명 이하의 서로 다른 가정의 유아를 돌보는 형태가 많고 보육자의 자녀가 포함되기도 한다. 가정어린이집이란 집단어린이집의 단점을 보완하여 자가보육과 거의 유사한 특성을 갖도록 한 보육형태로 최근 많은 부모들이 자녀양육의 대안으로 이용하고 있다(양옥승 외, 2004).

[영유아보육법]에서는 가정어린이집을 '개인이 가정이나 그에 준하는 곳에 설치 · 운영하는 어린이집'이라 규정하고 있으며, '○○어린이집' 이라 불러야 한다. 가정어린이집은 5~20인 이하의 영유아를 대상으로 가정에 준하는 곳에서 설치할 수 있도록 되어 있다. 가정어린이집 설치 시 보육실은 반드시 3세 미만 영유아 1인당 2.64m^2이며 3세 영유아 1인당 1.98m^2를 전용으로 확보하되 부대시설 겸용이 가능함을 밝히고 있다.

대개 집과 가까이 위치하므로 손쉽게 이용할 수 있을 뿐 아니라 학령기 아동도 방과후에 맡길 수 있어 형제를 한곳에 맡길 수 있고 운영시간도 가족의 요구에 따라 융통성 있게 운영된다. 그러나 운영자가 주교사, 조리사, 운전사 등 여러 역할을 맡아서 하고 보육 담당자에 대한 감독이나 전문적 지식 및 기술에 대한 훈련이 어려워 교사의 전문성이 낮다. 또한 신고만으로 운영할 수 있으므로 영유아의 질적 수준을 유지하는 일이 어렵다는 단점(이영, 1989)도 있다.

2) 기관보육

기관보육은 가정 외 보육의 가장 대표적인 형태로서 취업모의 자녀를 주된 대상으로 하여 일반적으로 하루 8시간 이상 운영하는 기관이다. 최근 기혼여성의 취업률이 증가하면서 기관보육에 대한 수요가 급격히 증가하는 추세다. 기관보육은 취

표 6-2 장소에 따른 보육유형의 장단점

	장점	단점
자가보육	• 부모가 보육모를 선택할 수 있다. • 시간의 융통성이 있다. • 아동이나 부모가 이동해야 하는 번거로움이 없다. • 아동이 친숙한 가정환경에 머물 수 있어 정서적으로 안정된다. • 성인-아동의 상호작용의 기회가 보육기관보다 훨씬 많고 개별적인 관심을 쏟을 수 있다. • 아동이 이웃의 친한 또래와 계속해서 놀 수 있다. • 자녀가 여럿일 경우 경제적이다. • 아동이 피로감을 덜 느끼고 병에 감염될 위험이 적다.	• 대리보육자가 아플 때 대안을 구하기 어렵다. • 보육자에 대한 감독이 최소한이거나 거의 없다. • 아동에게 또래와의 경험과 체계적인 교육경험을 제공하지 못한다. • 보육료가 비싸다. • 놀잇감 및 교재 · 교구가 제한된다. • 보육인 개인의 능력에 따라 보육내용이 크게 달라질 수 있다. • 대리보육자가 집안일을 병행하므로 보육에만 집중하기 어렵다.
가정 어린이집	• 가정적인 분위기 때문에 환경변화가 있더라도 아동이 덜 두려워한다. • 비교적 보육료가 저렴하다. • 소수 아동과 가족의 특별한 요구에 맞추어 운영할 수 있다. • 아동의 가정과 생활양식이나 가치관이 비슷한 가정을 선택할 수 있어 편안한 감정을 느낄 수 있다. • 아동의 가정과 가까운 곳을 선택할 수 있어 편리하다. • 가족의 요구에 맞춰 시간을 융통성 있게 조절할 수 있다. • 혼합 연령 집단으로 구성되어 있어 형제자매가 같이 생활할 수 있다.	• 보육교사의 전문적인 훈련이 부족하다. • 제한된 공간과 교육적 환경이 열악한 경우가 많다. • 일관성 없는 보육으로 좋지 않은 발달적 결과를 초래할 수 있다. • 기구 · 자료 · 활동이 다양하지 못하다. • 비교적 야외학습의 기회가 적다. • 균형잡힌 식단을 공급하기가 어렵다.
기관보육	• 정식으로 인정을 받았고 관련 관청의 허가와 감독을 받는다. • 운영시간이 일정하므로 안정성이 있다. • 전문적인 훈련을 받은 교사를 채용한다. • 아동이 안정된 장소에서 일상적인 경험을 한다. • 아이들에게 교육적 기회를 제공한다. • 풍부한 교구와 자료를 갖춘 안정된 환경에서 다른 아이들과 같이 놀 수 있는 기회를 많이 가지게 된다.	• 아동의 개별적인 특성을 고려한 일과 운영과 교육이 어렵다. • 교사-아동 간 개별적 상호작용이 어렵다. • 아동당 공간이 적다. • 많은 수의 아동이 보육되므로 아동들이 교사와 다른 아동의 질병과 전염병에 노출되어 있다. • 피로하거나 아플 때 휴식을 취하기가 어렵다.

업모들이 선호하는 보육유형으로 취업모들은 자가보육이나 가정보육보다 일정한 규모나 운영체제를 갖춘 어린이집에서 자녀의 보육을 위탁할 것을 원한다(한국여성개발원, 1986).

과거에는 기관에서 집단으로 보육되는 경험이 영유아에게 부정적인 영향을 줄 수 있다는 측면에서 어린이집에서 자녀보육을 위탁하는 것을 기피하는 경우도 많았으나, 최근 연구들은 시설에서의 경험이 반드시 영유아의 발달에 부정적 영향을 주는 것은 아니라고 보고하고 있다. 단순히 시설에서의 보육경험보다는 시설보육의 환경, 교육적 프로그램 및 교사의 자질 등 보육의 여러 측면과 영유아의 발달을 함께 고려해야 한다고 연구자들은 제안하고 있다.

기관보육은 설립기준이 법으로 규정되어 있으며 관련 기관의 운영 · 감독을 받으므로 시설과 설비가 가정보육에 비해 잘 갖추어져 있다. 어린이집에 근무하는 교사들은 일반적으로 법적 자격을 갖추고 있으며 보수교육도 법으로 규정하고 있다. 또한 체계적이고 풍부한 교육적 경험을 제공하기 위한 보육프로그램과 다양한 교구 및 자료를 통한 활동이 이루어질 수 있다는 것이 장점이다.

반면, 기관의 규모가 커지면 교사와 영유아의 개인적인 상호작용이 어려워지고 영유아의 개별적인 특성을 고려한 일과 운영과 교육이 어려워진다. 어린 영유아가 하루 종일 어린이집에서 지내다 보면 피로감을 느낄 수 있고 가정처럼 편안히 휴식을 취하기가 쉽지 않다. 또한 많은 또래 영유아가 함께 생활하기 때문에 감기 등 각종 바이러스에 쉽게 노출되어 감염되기 쉽고 아이가 병에 걸렸을 때 개별적인 보호를 받을 수 없다는 단점이 있다.

2. 보육 운영주체에 따른 유형

보육기관을 운영하는 주체가 누구인가에 따라서 보육철학, 보육기관의 재정, 보육환경, 보육프로그램 등이 달라진다. 여기서는 보육 운영주체를 정부, 비영리단체, 대학 및 연구소, 개인, 직장, 부모로 구분하여 보육유형의 특성을 살펴본다.

1) 정부 주도 보육: 국공립어린이집

국공립어린이집은 국가나 지방자치단체가 설치 · 운영하는 어린이집이다. [영유아보육법]에서는 국공립어린이집은 도시 저소득 주민 밀집주거지역 및 농어촌지역 등 취약지역에 우선적으로 설치해야 한다고 규정하고 있다. 국공립어린이집은 상시 영유아 11인 이상을 보육할 수 있는 시설을 갖추어야 한다. 운영방법은 국공립어린이집을 운영하는 각급 기관의 장이 보육교직원을 채용하여 직접 운영하거나 법인, 단체 또는 개인에게 위탁하여 운영할 수 있다. 프로그램, 직원, 보호자와 아동의 비율 등을 기준에 맞추도록 정부가 지도 · 감독하므로 보육의 질을 통제할 수 있다(김연진 외, 2004). 국공립어린이집은 비교적 보육료가 저렴하고 보육의 질이 보장되어 있어 학부모들이 선호하는 보육유형이다.

2) 비영리단체 운영 보육: 법인어린이집

2011년 개정된 [영유아보육법]에 의하면 법인어린이집은 사회복지법인어린이집과 법인 · 단체등어린이집으로 나누어진다.

사회복지어린이집은 [사회복지사업법]에 따른 사회복지법인(이하 "사회복지법인"이라 한다)이 설치 · 운영하는 어린이집을 뜻하고, 법인 · 단체등어린이집은 각종 법인(사회복지법인을 제외한 비영리법인)이나 단체 등이 설치 · 운영하는 어린이집으로서 대통령령으로 정하는 어린이집을 뜻한다.

비영리기관의 지원을 받아서 운영되는 보육형태는 복지기관이나 종교단체 등 운영주체가 다양하다. 종교단체에서 운영하는 시설은 종교기관 내에 위치하는 경우가 많고 보육실은 때로 주일학교나 다른 종교 관련 활동을 위해 사용된다. 종교단체로부터 재정적 지원과 인력의 지원을 받는 경우가 많으며, 운영주체인 특정 종교의 기본 철학에 영향을 받은 보육프로그램이 운영되기도 한다. 예를 들어, 기독교단체가 운영하는 보육기관에서는 4월에는 부활절 행사, 11월에는 추수감사절 행사가 열린다. 운영주체가 복지기관인 어린이집은 저소득층의 자녀를 그 대상으로 하며 영유아 보육과 학령기 방과후 보육을 저렴한 비용으로 운영한다.

3) 대학 및 연구소

이 보육유형의 어린이집은 대학 및 연구소의 성격에 따라 다르지만, 법인어린이집에 속하는 경우도 많다.

대학 법인 어린이집은 대학 및 연구소 내에 위치하며 대학 및 연구소로부터 부분적인 재정 지원을 받는다. 대학 및 연구소의 교직원 자녀와 대학에 재학 중인 학생의 자녀가 일차적인 보육대상이다. 이 보육유형은 학생 및 교직원의 후생복지에 기여할 뿐만 아니라 대학생들의 학업과 연구의 장으로 활용된다. 대학 및 연구소부설 보육기관은 고유한 보육프로그램을 개발하고 보육교사대상 재교육 워크숍을 개최하여 새로 개발된 프로그램을 제공하고 있다. 한 예로 서울대학교 생활과학대학 어린이집에서는 워크숍과 자료집 발간으로 대학과 보육현장의 연계를 통해 개발된 프로그램을 소개하고 있다. 또한 어린이집의 설비와 우수한 인적 자원을 활용하여 지역사회 협력프로그램을 실시하기도 한다. 지역주민 자녀를 대상으로 한 어린이 캠프와 토요창작교실을 그 예로 들 수 있다.

표 6-3 서울대학교 생활과학대학 어린이집 운영의 예

원아 구성

• 대상: 서울대학교의 대학원생과 교직원의 자녀로 만 1세~초등학교 3학년인 아동
• 구성:

〈2010년 기준〉

	만 1세반		만 2세반		만 3세반			만 4세반		만 5세반		방과후	계
학급명	병아리	다람쥐	토끼	강아지	하늘	바다	우주	햇님	별님	무지개	은하수	해바라기	
보육정원	9	11	13	15	15	15	15	20	20	20	20	20	193
교사 수	2	2	2	2	1	1	1	1	1	1	1	1	16
교실	2층	2층	3층	3층	3층	3층	3층	2층	2층	2층	3층	1층	

보육철학

아동을 자율적 존재로서 존중하는 아동중심 교육철학에 입각하여 발달에 적합하고 한국 문화와 정서에 토대를 둔 보육프로그램을 운영하며 심신이 건강한 어린이 보육을 지향합니다.

〈계속〉

보육프로그램-주제탐구 표현활동

• 주제탐구 표현활동의 특징

- 주제탐구 표현활동은 이탈리아의 레지오 에밀리아 접근법, 미국의 프로젝트 접근법을 우리나라 상황에 맞게 서울대학교 생활과학대학 아동가족학과에서 개발한 교육활동 프로그램입니다.
- 주제탐구 표현활동은 마치 하나의 프로젝트를 수행하는 것과 같이 어린이들은 자신이 관심 있는 주제에 관해 스스로 탐구해 나갑니다. 따라서 주제의 진행기간은 어린이들의 관심과 흥미에 따라 달라집니다.
- 도입활동: 어린이들은 그 주제에 관한 자신의 경험을 다양한 활동(그림 그리기, 신체표현, 조형물 만들기, 동극으로 꾸미기, 책 만들기)을 통해 표현합니다.
- 전개활동: 그 과정에서 궁금한 점을 조사활동, 과학실험, 요리활동, 견학활동, 전문가 초청활동 등을 통해 직접 알아봅니다. 어린이들은 이러한 과정을 통해 그 주제에 대해 통합적, 심층적으로 학습할 수 있습니다.
- 마무리활동: 어린이들은 주제탐구 표현활동을 마무리하면서 부모님을 초청하여 전시회, 책 만들기, 연극공연 등을 합니다.

• 주제탐구 표현활동의 교육적 효과

- 학습방법을 배웁니다: 놀이하는 과정에서 학습이 일어남을 이해하고 실제 활동의 탐색과 견학, 그리고 책 등을 통해 알아야 할 정보를 찾는 동안 어린이들은 공부하는 방법을 자연스럽게 터득하게 됩니다.
- 관찰력이 좋아집니다: 한 가지 주제에 대해 깊이 있게 탐색하는 동안 어린이들은 사물 바라보기, 물질이나 사건의 순서 및 변화 알아내기 등 여러 가지 현상과 사물을 자세히 바라보는 눈이 길러집니다.
- 집중력이 길러집니다: 자발적인 흥미에 의해 학습이 이루어지기 때문에 활동에 몰두하며 일을 모두 마쳤을 때의 기쁨을 느낍니다.
- 자신감이 생깁니다: 어린이가 흥미와 관심을 가지는 주제에 주도적이고 자발적으로 참여하는 과정에서 자신감, 만족감, 즐거움을 경험하며 삶에 대한 긍정적이고 주도적인 태도를 가지게 됩니다.

〈계속〉

시설현황

구분	실내시설	실외시설
1층	방과후반, 피아노실, 기계실	
2층	보육실 5개, 자료실, 교사실, 원장실, 주방/식당, 세탁실	바깥놀이시설
3층	보육실 5개, 동작실, 악기실, 시청각실	옥상놀이터

*출처: 이순형 외(2000). 서울대학교 생활과학대학 어린이집 활동자료집.

4) 개인: 민간어린이집

민간어린이집은 사회복지법인이 아닌 비영리법인, 비영리단체 또는 개인이 설치·운영하는 시설로서 직장어린이집, 가정어린이집 또는 부모협동어린이집이 아닌 시설을 말한다. 상시 영유아 21인 이상을 보육하여야 하며, 명칭은 '○○어린이집'으로 하여야 한다. 유치원 부설 미술·영어어린이집 등 사설학원으로 오인할 수 있는 표기는 할 수 없으며, 동일 간판 또는 상하좌우에 붙어 있는 간판에 유치원 명칭을 사용해서는 안 된다.

개인의 영리를 목적으로 운영하는 보육의 형태로서 보육료, 프로그램, 직원 대 아동의 비율, 시설·설비 운영시간 등이 매우 다양하다. 대체로 보육의 질과 보육비용이 비례하며 높은 보육료로 최상의 보육서비스를 제공하는 곳이 있다. 넓은 대지에 자리잡은 최신 단독건물에 시청각실, 음률활동실, 동물사육장 및 자연학습장은 물론 수영장을 갖추고 있는 곳도 있으며 영어와 중국어를 비롯한 외국어와 다양한 특기활동을 보육과정 내에서 운영하는 예도 있다. 그러나 대부분의 개인이 운영하는 어린이집은 국가의 지원과 보조 없이 낮은 보육료로 운영해야 하는 어려움이 있다.

5) 직장: 직장어린이집

직장어린이집은 사업주가 사업장의 근로자를 위하여 설치·운영하는 어린이집(국가나 지방자치단체의 장이 소속 공무원을 위하여 설치·운영하는 어린이집을 포함한다)

[그림 6-2] 푸르니 서초어린이집

이라 규정되어 있다.

직장어린이집은 여성근로자의 가정과 직장에서의 다중역할 수행을 원활하게 하기 위한 아동보육 지원 필요성의 증대에 따라 1988년 [남녀고용평등법] 제12조에 사업체의 직장보육사업을 법적으로 명시하여 정책화되었다. 직장보육 서비스는 여성의 경제활동 참가에 있어 가장 큰 당면문제인 자녀보육에서 이들을 고용하고 있는 사업주가 자녀보육에 필요한 각종 서비스를 제공하는 것을 말한다(근로복지공단, 2003). 2011년 6월에 개정된 [영유아보육법]은 제14조 1항에 규정하여, 대통령령으로 정하는 일정규모, 즉 상시 여성근로자 300명 이상 또는 상시 근로자 500명 이상을 고용하고 있는 사업장의 사업주는 직장어린이집을 설치해야 한다. 다만, 사업장의 사업주가 직장어린이집을 단독으로 설치할 수 없을 때에는 사업주 공동으로 직장어린이집을 설치 · 운영하거나, 지역의 어린이집과 위탁계약을 맺어 근로자 자녀의 보육을 지원하거나, 근로자에게 보육수당을 지급하여야 한다. 직장어린이집이 불가능한 불가피한 사유가 있을 경우에 한해 공동어린이집 설치 또는 근로자에게 보육수당을 지급하도록 하는 정책적 대안을 제시하고 있다. 그러나 직장보육사업은 현실적으로 활성화되지 못하고 시설의 양적 확충과 질적 향상의 문제 모두에 직면해 있는 실정이다. 현재 직장어린이집 설치 활성화를 위해, 직장어린이집 설치 장소 및 정원 관련 요건을 완화하고 2012년 9월부터는 직장어린이집 설치 등 의무를 이행하지 않은 기업실태를 조사, 그 명단을 복지부 홈페이지 등에 6개월 이상 공표하여 직장어린이집 설치 등 의무를 조속히 이행토록 추진하고 있다(법률 및 시행령 개정).

보건복지부의 2010년 10월 현재 직장어린이집 설치 등 의무이행 현황 자료를 살펴보면, 이행(69.4%), 미이행(30.6%)이라고 한다. 국가 및 지방자치단체의 비용 지원도 직장어린이집이 공립어린이집에 비해 적어(유가효 · 이소희 · 한성심 · 장명림 · 장

표 6-4 직장어린이집 현황

구분	2007	2008	2009	2010	2011
전국(계)	320	350	370	401	449
서울	83	91	96	109	126
부산	13	20	17	19	20
대구	12	13	13	14	13
인천	22	25	26	26	30
광주	11	14	15	15	16
대전	15	17	20	22	25
울산	10	10	12	12	12
경기	77	84	88	95	105
강원	6	6	7	8	9
충북	10	9	12	14	16
충남	16	15	15	15	17
전북	4	4	4	5	5
전남	9	9	9	8	9
경북	16	15	16	16	19
경남	12	14	15	17	20
제주	4	4	5	6	7

*출처: 보건복지부(2012).

미경 · 조은영, 1997) 보육서비스의 질적 우수성 확보가 미흡하다.

국가기관, 대기업 및 국영기업체의 재정적 지원을 받는 직장어린이집은 편리하고 쾌적한 보육환경과 전문교사의 확보를 통해 우수한 보육서비스를 제공하고 있지만 하나의 사업장이 질 높은 직장보육기관을 설치하는 데는 많은 부담이 따른다. 이에 대덕연구단지 안에 우리나라 최초로 1995년에 '공동직장어린이집' 을 종합복지관 내에 설립하기도 하였으며 대교, 하나은행, 한국 IBM은 '푸른보육경영' 을 함께 설립하여 운영하며 직장보육유형의 새로운 대안을 제시하고 있다.

표 6-5 직장어린이집 운영의 예: 푸르니 서초어린이집

보육환경

◈ 본관
- 대지 882.6m², 연면적 1,107m²의 지상 3층 건물
- 실내놀이실 8개
- 특별활동실, 어린이도서실, 옥상놀이공간, 약 330m²의 실외놀이터
- 757m²의 실외마당

◈ 별관
- 대지 264m², 연면적 264m²의 지상 2층 건물
- 실내놀이실 3개
- 조리실과 약 66m²의 실외놀이터

◈ 교직원 구성 〈2012년 기준〉

원장	교사	양호교사	영양사	취사부	미화원	계
1	36	1	1	4	4	47

설립취지

일하는 여성이 증가하면서 맞벌이 가정의 육아문제는 개인적 차원을 넘어서서 이제 사회적으로 중요한 화두가 되었습니다. 그동안 어린 영아를 보육할 수 있는 시설의 부족과, 근로시간과 맞지 않는 시설운영시간 등으로 인해 직장여성의 육아와 일에 대한 부담은 더욱 가중되었습니다. 직장인 부모들의 가장 절실한 바람은 가정과 같이 따뜻한 환경과 우수한 교육프로그램을 갖춘 믿을 만한 보육기관에 아이를 보내는 것입니다.

이러한 부모들의 요구와 사회적 기대에 부응하여 대교, 하나은행, 한국 IBM의 세 회사는 직원자녀의 보육문제를 더 이상 개인의 책임으로만 여기지 않고 기업이 함께 해결해야 한다는 생각으로 푸른보육경영을 설립하게 되었습니다.

푸른보육경영은 연세대학교 및 여러 전문가들의 참여를 통해 어린이와 가족, 직장인 모두가 행복한 삶을 살아갈 수 있도록 다양한 프로그램을 계획하고 있습니다.

아울러, 국내 최고 수준의 직장어린이집을 제공함으로써 직원들의 보육문제를 해결해 주고, 직원만족도를 제고하고자 합니다. 이는 여성 인력의 사회진출을 적극 장려하고자 하는 회원사들의 기업시민주의 실천의지를 표현한 것이기도 합니다.

이러한 회사들의 첫 발걸음은 향후 더 많은 기업의 참여와 우수한 어린이집의 확대를 통해 직장인 부모들에게 더 좋고 다양한 선택의 기회를 제공하는 초석이 될 것입니다.

보육내용

푸르니 보육과정에서의 보육내용은 아동의 바람직한 성장과 발달을 도모하고 기관 보육에서 중요하게 다루어야 할 '영아보육' '유아보육' '건강 및 영양' '위생 및 안전' '부모 지원' 으로 구성되어 있습니다.

* 출처: 푸르니 서초어린이집(www.puruni.com/seocho).

표 6-6 직장보육의 장단점

구분	내용
장점	• 격리불안을 덜 느끼게 되어 아이가 정서적으로 안정된다. • 부모도 아이와 가까이 있어 심리적 안정감을 느낀다. • 부모의 업무효율감을 높인다. • 출퇴근 시 다른 곳에 아이를 맡기는 번거로움이 없다. • 직장의 홍보효과 및 대외 이미지가 증진된다. • 보육료 지원으로 직원의 경제적 부담감이 줄어든다. • 직장에 대한 만족도가 증가한다.
단점	• 부모 출퇴근시간에 맞춰 아이와 함께 이동하는 일이 어렵다. • 부모의 근무시간 내내 어린이집에 있어야 하므로 아이가 힘들다. • 직장 환경이 보육에 적합하지 않을 수 있다. • 집과 보육기관의 거리가 멀다. • 사업주가 심리적, 재정적 부담감을 느낀다.

6) 부모협동어린이집

부모협동어린이집은 보호자들이 조합을 결성하여 설치 · 운영하는 어린이집(법 제10조)을 말한다.

부모협동어린이집은 보호자 15인 이상이 조합을 결성하여 설치 · 운영하는 시설로 상시 영유아 11인 이상을 보육할 수 있는 시설을 갖추고 있어야 하며, 어린이집의 명칭은 '○○어린이집'으로 해야 한다.

부모협동보육이란 부모들이 주체가 되어 자녀의 보육문제를 해결하기 위하여 어린이집을 비영리로 운영하는 것이다. 부모들은 조합을 설립하여 공동자금을 마련하고 어린이집을 임대하며 교사의 채용, 교과과정의 계획 및 운영에도 공동으로 참여한다. 부모들이 교사나 또는 보조교사의 역할을 돌아가면서 맡기도 하고 각종 행사에 적극적으로 참여한다. 생활과 교육의 특성은 우선 아이들이 가까이서 자연을 탐색하고 관찰할 수 있는 환경을 조성하여 자연과 교감할 수 있는 자연친화교육이다. 인지교육과 집단적이고 획일적인 교육에서 탈피하여 아이들이 모래밭과 흙마당에서 장난도 치고 닭, 토끼에게 모이도 주며 작은 텃밭에 물도 주는 등 자연 속에서 마음껏 자유롭게 뛰어놀 수 있도록 한다.

흙이 있고 풀이 있고 바람이 있는 산이나 들판, 과수원을 비롯한 박물관, 연극관람 등의 나들이를 통해 자연 속에서 생활하며 자연을 느끼게 할 뿐만 아니라 다양한 세계와 접하게 함으로써 아이들에게 창의력과 탐구심을 기를 수 있도록 하고 있다.

아이들을 연령별로 구분하여 교육하고 생활하는 것을 극복하고 여러 연령에 속하는 아이들은 물론 장애아동과도 함께 생활하도록 하는 통합교육을 실시하고 있는데, 다양한 측면의 교육효과를 보이고 있다.

그러나 초기에 조합을 설립하기 위한 비용과 매달 보육비가 다른 유형에 비해서 많이 드는 편이며 부모의 적극적인 참여가 요구되므로 시간을 내기 힘든 부모에게는 부담이 될 수 있다.

현재 부모협동어린이집을 돕기 위해 '이웃 간 돌봄 나눔사업 활성화' 가 이루어지고 있다. 이웃 간 돌봄 나눔 활성화란 전국건강가정지원센터를 통해 '가족 품앗이' 그룹을 형성하여 자녀 돌봄에 대한 '품' 나눔과 이웃 간의 연계를 활성화하고, 지역사회 유휴시설 등을 활용하며, '공동 육아 나눔터 운영' 으로 자녀들을 위한 안전한 놀이활동 공간을 제공하는 것이다.

3. 보육시간에 따른 유형

아동들이 보육을 받는 시간에 따라 유형을 구분할 수 있는데, 여기에서는 종일제 보육, 반일제 보육, 시간제 보육, 야간 및 24시간 보육, 휴일보육, 방과후 보육 및 계절보육으로 구분하여 그 특성을 살펴보고자 한다.

1) 종일제 보육

종일제 보육은 대개 주 6일 운영되며, 평일 오전 7시 30분부터 오후 7시 30분까지, 토요일 오전 7시 30분부터 오후 3시 30분까지 하루 8시간 이상 24시간 이하 운영하는 것을 원칙으로 하고 있다. 그러나 부모가 모두 취업한 경우에는 출퇴근시간을 보육시간에 맞추기가 쉽지 않아 종일제 보육시간 연장에 대한 요구가 많다. 그렇다고 해도 담임교사가 연장보육을 하기에는 현실적으로 불가능한 점이 많아 일과 전후의 시간은 당직교사가 주로 담당하고 있다.

2) 반일제 보육

반일제 보육은 보통 하루 6시간 또는 그 이하로 운영되며 주로 오전에 이루어지거나 점심을 먹고 귀가하는 경우에 해당된다. 대개 오전 반일제 보육이 운영되지만 오전에 유치원이나 학원을 이용한 아동들을 대상으로 오후 반일제 보육을 시행하는 곳도 있다.

3) 시간제 보육

시간제 보육이란 비취업모들이 필요한 시간만큼 잠깐 동안 아이를 맡길 수 있는 어린이집이다. 쇼핑, 운동, 여가선용이나 여러 가지 용무를 보기 위해서 낮시간 동안 아이들을 부정기적인 시간제로 맡길 수 있다. 프랑스의 경우는 이러한 시간제 어린이집을 시에서 운영한다. 이곳에 맡길 수 있는 아이들의 연령 범위는 생후 2개월에서 4세까지이며 최대한 일주일에 3회의 반나절에 해당되는 시간 동안 맡길 수 있다. 이곳에서는 1명의 육아 전문가가 1～2명의 보조자와 함께 최대 20명까지의 아이들을 돌본다(양옥승 외, 1998). 우리나라에서도 최근 백화점이나 대형 쇼핑센터, 식당, 미장원을 중심으로 시간제 보육이 운영되고 있다. 이곳에서는 고객에게 편의를 제공하기 위한 하나의 서비스로 아이들을 대개 무료로 돌보아 준다. 간호조무사나 아이들을 돌보아 주는 교사가 있는 경우도 있지만 보육 전문가에 의한 보육은 이루어지지 않고 있다. 보육환경을 보면 아기 침대 등 영아를 위주로 한 곳과 신체놀잇감 등 유아나 아동을 대상으로 한 곳 등 다양하다.

현재 서울특별시 보육포털서비스(iseoul.seoul.go.kr)에서는 서울시 내의 시간제

표 6-7 시간제 어린이집 운영의 예

시간제 보육안내

• 시간제 보육 사용시간 및 사용료는 안양시 평생학습원 운영에 관한 조례 및 시행규칙에 준합니다.

보육시간	교육생 수강시간
보 육 료	30개월 이상(단가: 시간당 1,430원)
	36개월 이상(단가: 시간당 980원)
사용시설	해와달 어린이집 내 토끼반(유희실은 공동 이용)
이용대상	동안평생교육센터 교육 수강생의 자녀(선착순 모집)

– 등 · 하원시간은 어머님 교육시간의 15분 전후
– 간식은 1회 제공
– 보육료는 4개월 선불

*출처: 안양시 동안평생교육센터(learning.anyang.go.kr/DW/use/use012.asp).

보육서비스를 제공하는 어린이집 목록을 제공하고, 시간제 보육 예약서비스를 제공하고 있다(휴일보육, 야간보육, 365일 열린 어린이집 목록, 예약서비스 제공).

4) 야간 및 24시간 보육

야간 및 24시간 보육은 밤늦게까지 아이를 돌봐 주거나 또는 잠을 재우며 밤새 운영하는 유형이다. 24시간 보육서비스를 이용하는 아동은 월요일 오전 7시 30분부터 토요일 오후 2시경까지 어린이집에서 보내고 주말은 부모님과 함께 보내게 된다. 낮 시간에는 종일제 보육프로그램과 동일하게 진행되고 저녁에는 책읽기, 종이접기, 취침준비 등이 이루어진다.

일반적으로 종일반 어린이집은 하루 8~10시간 사이에 운영되므로 아이를 돌보아 줄 다른 가족이 없는 맞벌이 부부는 보육기관의 운영시간에 맞추어 출퇴근시간을 조정해야 한다. 또한 갑자기 야근을 하거나 출장을 가게 되면 아이를 맡길 곳이 없다. 맞벌이 부부뿐 아니라 한부모나 야간에 근무하는 직장을 가진 부모의 야간 및 24시간 보육에 대한 수요가 급격히 증가하고 있으나 24시간 보육을 제공하는 곳은 많지 않다. 24시간 보육의 경우 냉난방비, 보육교사 인건비, 보안문제로 비용이 추가로 발생한다. 영유아들이 편안하게 잠을 잘 수 있는 공간과 시설의 확충, 위생문제, 응급상황이 발생했을 때의 대처 시스템 등이 확립되어야 질 좋은 서비스를 제공할 수 있다.

5) 휴일보육

휴일에 보육서비스를 제공하는 형태다. 보육기관이 운영하지 않는 일요일과 공휴일에 근무하는 부모를 위해 운영하는 보육서비스다. 초등학생의 주 5일 등교가 실시되면서 주 5일제 근무를 실시하지 않는 회사에 다니는 맞벌이 부모의 휴일보육에 대한 요구가 높아지고 있으나 휴일보육은 아직 활성화되지 못하고 있는 실정이다.

6) 방과후 보육

방과후 보육은 유치원과 초등학교를 비롯한 유아기 및 아동기의 공식적인 교육기관에서의 정규적인 일과 이외의 시간 동안 성인의 보호 아래 보살핌과 지도를 받을 수 있는 모든 서비스다(이순형 외, 2002). 정규 수업 후 제공되는 보육뿐만 아니라 학교 수업이 시작되기 전이나 공휴일 또는 동계와 하계 방학기간 중에 제공되는 보육서비스도 방과후 보육의 범주에 포함되어야 한다. 학기 중의 보육시간은 대부분 오후 1시 30분에서 오후 7시 30분 사이에 운영되며 아동의 귀가시간에 따라 신축적으로 운영할 수 있다. 방학기간 중에는 종일제로 운영할 수 있다.

방과후 보육의 목적은 일차적으로 성인의 보호 없이 지내는 아동을 위험하고 위해한 환경으로부터 안전하게 보호하는 데 있고, 학교교육의 연장이라기보다는 가정교육의 연장이 되어야 한다. 따라서 학교에서 돌아온 아동들이 가정처럼 편안한 분위기에서 휴식을 취하고 또래와 어울리며 다양한 활동을 할 수 있도록 해야 한다.

7) 계절보육

[그림 6-3] 계절보육 운영 사례(보광 휘닉스파크)

농번기나 지역산업의 여건상 특정 시기에 보육이 필요할 때 일시적 보육을 실시하는 유형이다. 우리나라의 경우 모내기철 등 농번기에 농촌에 임시어린이집을 설치한 것이 그 예가 될 수 있다. 일본의 경우에도 시정촌이 설치의 주체가 되며 마을회관이나 사원을 활용하여 60일 이내에 일시적 보육을 실시하고 있다(양옥승 외, 1998). 최근에는 스키장에서 겨울에만 한시적으로 놀이방을 운영하기도 한다. 만 3~7세까지만 이용 가능하며 대개 오전 9시부터 오후 5시까지 문을 열고 있으나 점심시간은 운영하지 않는 곳도 있다.

4. 보육목적에 따른 유형

[그림 6-4] 영아보육시설

보육의 대상에 따라서 보육의 목적이 달라지고 그 유형이 구분된다. 여기서는 보육의 목적에 따라 영아보육, 장애아어린이집, 위기보육, 다문화아동보육으로 구분하여 그 특성을 살펴보고자 한다.

1) 영아보육

영아보육은 만 3세 미만의 영아를 대상으로 보육서비스를 제공하는 것을 말한다. 대부분의 어린이집이 유아를 주 대상으로 하고 있어 취업모들이 출산휴가를 마친 90일 이후에 어

표 6-8 영아보육 운영의 예: 꼬마 숲 어린이집 보육프로그램

2012학년도 만 0세반 연령별 보육프로그램			
월	생활 주제	소주제	기본 생활
3	두근두근 어린이집	엄마 아빠랑 함께 가요	인성) 엄마/아빠와 함께 교실을 둘러봐요
		여기가 어딜까? 1	인성) 엄마와 함께 놀이해요
		여기가 어딜까? 2	예절) 엄마 품에서 인사해요
		어린이집은 재미있어요	예절) 선생님과 눈 마주치며 인사해요
4	선생님이 좋아요	우리우리 선생님	인성) 선생님 품에 안겨서 우유 먹어요
		선생님 품은 따뜻해요	인성) 선생님 품에 안겨요
		웃으며 선생님 품에 안겨요	청결) 쭉쭉 기저귀를 갈아요
		선생님은 ○○를 사랑해	건강) 부드럽게 쓰다듬어 잠들어요
5	까르르~ 까꿍!	있다/없다	인성) 부모님과 웃으며 인사해요
		선생님과 까꿍	인성) 선생님을 보며 미소 지어요
		어디 숨었나, 까꿍 1	건강) 선생님 도움 받아 이유식을 먹어요
		어디 숨었나, 까꿍 2	건강) 포근한 이불 위에서 잠자요
		신나는 까꿍 놀이	예절) 내 이름 듣고 대답해요
6	느껴요	볼것이 많아요	자조) 선생님의 손을 잡고 움직여요
		무슨 소리지?	인성) 선생님 자장가 소리 들으며 잠자요
		만져 보아요	질서) 놀잇감의 이름을 들어요
		킁킁킁, 무슨 맛이지?	청결) 우유, 이유식을 먹을 때는 턱받이를 해요
7	더워요	더워요	청결) 깨끗하게 목욕을 해요
		첨벙첨벙 물놀이 1	건강) 놀이 후 휴식을 취해요
		첨벙첨벙 물놀이 2	청결) 젖은 몸을 수건으로 깨끗이 닦아요
		건강하게 놀아요	건강) 에어컨, 선풍기를 적절하게 틀어요
8	나	올망졸망 내 얼굴	청결) 깨끗하게 목욕을 해요
		내 손, 내 발	건강) 손과 발을 살펴보아요
		내 몸이 움직여요	청결) 손가락, 발가락을 움직여 보아요
		거울 속의 내 모습	건강) 거울에 비친 내 손과 발을 보아요

9	내 주변은 재미있어요	둥실둥실 풍선 놀이	자조) 꼭꼭 씹어 먹어요
		미끌미끌 로션 놀이	청결) 미끌미끌 로션을 발라요
		종이야 함께 놀자	건강) 자고 일어나 기지개를 켜요
		폭신폭신 이불 놀이	예절) 친척 어른에게 인사해요
10	바깥 놀이가 즐거워요	가을하늘이 좋아요	인성) 친구와 사이좋게 놀아요
		알록달록 나뭇잎	자조) 바깥놀이 전에는 신발을 신어요
		주렁주렁 열매	질서) 나무와 꽃을 사랑해요
		산들산들 가을바람	청결) 바깥놀이를 한 후에는 손을 씻어요
		산책을 가요	자조) 내 신발을 찾아보아요
11	재미있는 놀잇감	빵빵 자동차	건강) 자장가를 들으며 잠을 자요
		칙칙폭폭 기차	예절) 친구와 눈 맞추고 인사해요
		통통 공놀이	청결) 손을 깨끗이 씻어요
		말랑말랑 밀가루	자조) 내 기저귀를 찾아요
12	오들오들 추워요	호호 추워요	건강) 마스크와 목도리를 착용해요
		따뜻하게 입어요	자조) 옷을 따뜻하게 입어요
		펑펑 눈이 내려요	인성) '사랑해' 라고 말하며 안아줘요
		메리 크리스마스, 연말	건강) 바깥놀이 시간을 조절해요
1	나는야 흉내대장	엄마/아빠를 흉내 내요 1	질서) 선생님과 함께 기저귀를 휴지통에 버려요
		엄마/아빠를 흉내 내요 2	청결) 비누거품 내며 손을 씻어요
		동물 흉내 내기 1	자조) 숟가락과 포크로 음식을 먹어요
		동물 흉내 내기 2	청결) 콧물이 나올 때는 휴지로 닦아요
		흉내 놀이는 재미있어요	예절) 바르게 앉아서 식사를 해요
2	이만큼 자랐어요	세 살이에요	질서) 놀이 후 정리해요
		내가 할 수 있어요 1	예절) 친구와 반갑게 인사해요
		내가 할 수 있어요 2	인성) 선생님을 도와드려요
		형님 반에 가요	자조) 쉬, 응가를 표현해요

*출처: 꼬마숲어린이집(www.littleforest.co.kr).

표 6-9 영아보육 운영의 예

- 소개

  0~36개월 영아만 입소합니다.
  영아에 맞는 시설과 다양한 교육프로그램을 준비합니다.
  전문영양사에 의한 균형 잡힌 식단을 구성합니다.

- 입소 대상

  0~36개월

- 보육시간

  07:30~19:30까지 운영하는 것을 원칙으로 하지만 토요일 운영은 부모와 협의해서 운영할 수 있습니다.

- 보육내용

  신체운동발달 및 자조기술 교육
  사회성발달 및 사회적 기술 교육
  음악 민감성과 율동 교육
  다양한 언어수용능력 향상 교육

린 영아를 맡길 수 있는 영아 어린이집이 많지 않은 실정이다. 영아전담 어린이집의 경우 일반 어린이집의 시설기준 외에 바닥 난방시설, 냉·온수 샤워시설, 영아용 침대(반당 2개 이상), 우유병 소독기, 소화기(반당 1개), 비상약품, 영아용 보육용품, 기타 영아보육에 필요한 시설을 갖추어야 한다(2002 보육사업안내).

2) 장애아 어린이집

[영유아보육법]에는 장애아 어린이집을 장애아전담 어린이집 및 장애아통합 어린이집 등 장애아를 보육하는 어린이집이라 규정하고 있다. 이에 따라 장애아 어린이집은 장애아전담 어린이집과 장애아통합 어린이집으로 나누어진다.

장애아전담 어린이집이란 장애아를 12명 이상 보육하기 위하여 [영유아보육법 시행규칙]에서 정하는 시설 및 설비를 갖추고 상시 12명 이상의 장애아(단, 미취학장애아 9명 이상 포함)를 보육하는 시설 중 지방자치단체가 지정한 시설을 말한다. 장애아전담 어린이집이란 특수어린이집이라고도 하는데, 주 대상은 중증의 장애아이며 장애아전담 어린이집에는 전문적인 특수교육을 받은 교사, 언어치료사, 물리치료사 등의 전문치료사가 있어 장애아에게 필요한 서비스를 전문적으로 제공해 줄 수 있다. 장애아전담 어린이집의 경우 국공립어린이집, 법인어린이집, 민간어린이집을 포함하여 지정한다. 장애아전담 어린이집인 경우에는 1층 또는 전층 시설을 원칙으로 한다.

장애아통합 어린이집이란, 장애아 전담교사를 배치하고 정원의 20% 이내에서 장애아 종일반을 편성, 운영하거나 미취학장애아를 3명 이상 통합보육하고 있는 어린이집으로 시 · 군 · 구가 지정한 시설이라 할 수 있다. 장애를 가지고 있지 않은 일반 영유아와 장애를 가지고 있는 영유아를 같은 시설에서 함께 보육하는 형태로 통합보육을 통해 장애아는 정상적인 발달을 보이는 또래들과 함께 생활함으로써 일반 아동의 적절하고 나이에 맞는 행동을 관찰하고 학습할 뿐만 아니라, 이러한 적절한 행동을 보이는 또래와 상호작용할 수 있는 장점이 있다. 일반아동은 장애아와의 상호작용을 경험하면서 자신과 비슷한 점을 많이 가지고 있는 한 사람의 개인으로 수용할 수 있게 된다는 장점이 있다.

▪ 장애아 어린이집의 증감추이

장애아 어린이집이 꾸준히 증가하고 있으며, 특히 장애아 통합시설의 경우 2004년 이후 652개소가 증가하는 등 장애아 통합보육이 활성화되고 있다.

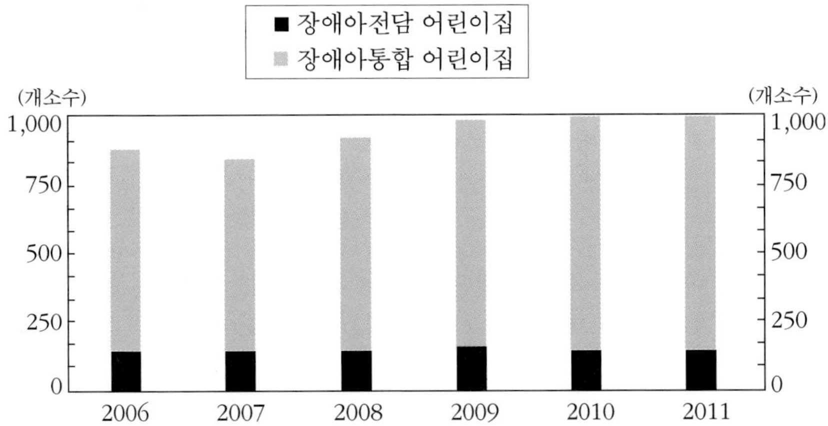

[그림 6-5] 장애아전담 · 통합 어린이집 현황

출처: 보건복지부(2012). 보육통계.

표 6-10 장애아전담 · 통합 어린이집 현황 (단위: 개소)

	2002	2003	2004	2005	2006	2007	2008	2009	2010	2011
계	188	291	332	818	876	839	916	974	976	984
장애아 전담 어린이집	69	92	103	132	144	154	160	168	166	169
장애아 통합 어린이집	119	199	229	686	732	685	756	806	810	815

* 출처: 보건복지부(2012). 보육통계.

표 6-11 장애아전담 어린이집 운영의 예: 밀알특수어린이집

- 소개

저희 원은 장애아전담 어린이집답게 장애아동에 맞는 최고의 시설을 갖추어 쾌적하고 아늑한 환경을 조성하였으며, 각종 치료와 교육프로그램에서도 개별화와 차별화를 기하고 있습니다.

- 교육과정 운영

1) 영유아 신체발달, 사회정서발달, 언어인지발달 등이 장애유형과 개별 발달수준에 따라 적합한 경험 및 학습을 촉진할 수 있는 다양한 활동으로 계획되고 통합적으로 운영되고 있다.
2) 영유아의 발달특성과 흥미, 기질을 최대한 반영함으로써 이들의 개별적 욕구가 충족될 수 있도록 교육과정을 계획하고 운영하고 있다.
3) 영유아들이 신변처리를 비롯한 일과적응활동뿐 아니라 기본생활습관과 사회성발달을 이루고, 대·소근육, 언어, 음률, 미술, 수·과학활동과 역할놀이 및 쌓기놀이를 균형 있게 경험하도록 하고 있다.
4) 영유아의 특성을 고려하여 흥미로우면서도 친숙한 활동과 새로운 활동을 적절하게 안배하고 있다.
5) 실내외활동뿐 아니라 교육시설이 속한 주변이웃의 일상생활 관련 활동이 포함되며 정기적인 교육과정 평가를 통해 그 결과를 운영에 반영하고 있다.

- 교육프로그램

1) 유아교육과 특수교육(영역활동)
2) 기본생활습관 및 일과적응활동
3) 개별학습(IEP)
4) 치료교육
5) 일반 어린이집과 통합교육
6) 요리활동, 생일잔치
7) 현장학습
8) 특별활동-일상생활훈련, 여름성경학교, 캠프, 사회적응훈련, 지역연계프로그램, 구강위생교육, 안전교육
9) 밀알 자연학습장 자연생태 체험학습

- 하루 일과 운영

등원	교사와 친구들에게 반갑게 인사하기 스스로 신발 벗어 신발 정리하기 알림장 꺼내고 자신의 사물함에 옷과 가방 정리하기 다음 활동이 진행될 때까지 자유선택활동하기

화장실 이용하기	용변 처리하기(휴지로 닦고 쓰레기통에 버리기) 옷 입고 벗기(바지 내리기 및 올리기, 지퍼 올리기 등) 비누칠하여 깨끗하게 손 씻고 수건으로 물기 닦기 교사와 함께 상호작용하며 양치하기
간식 및 점심	음식 먹기 전 깨끗하게 손 씻기 감사기도하기 그릇과 도구 나누기 간식도구 바르게 사용하기 바른 자세로 앉아 스스로 먹기 즐거운 분위기로 상호작용하며 편식하지 않고 맛있게 먹기 맛있게 먹은 후 도구, 그릇 정리하기
자유선택 활동	각 주제별 놀이의 연계 및 확장 표현: 자르기, 붙이기, 그리기, 찍기, 접기, 신체표현, 동작, 악기 다루기 등 대 · 소근육: 걷기, 구르기, 균형 잡기, 공굴리기, 찢기, 끼우기와 빼기, 맞추기 등 수 · 과학: 수 개념 활동, 신체, 음식 등의 과학 활동, 요리 활동 등 언어: 듣기, 말하기, 읽기, 쓰기 활동 역할/쌓기: 가족놀이, 병원놀이, 가게놀이 등 여러 가지 종류의 블록 쌓기
대 · 소집단 활동	날짜와 날씨 알아보기 이름 부르며 인사 나누기 이야기 나누기, 게임, 동화 · 동시 듣기 등: 주제와 목표에 맞는 활동 풍선놀이치료: 풍선놀이치료 전문강사가 직접 아동의 흥미에 따라 지도 음률감각활동: 새 노래 배우기, 여러 가지 악기놀이, 율동 및 손 유희 생일잔치 및 행사
휴식 및 낮잠	화장실 다녀오기 및 이부자리 준비 휴식 및 낮잠 자신의 이불장에 베개와 이불 정리하기
실외활동	놀이터의 놀이기구 이용하기 및 모래놀이 가까운 곳 산책하기 사회적응훈련
개별학습	개별 목표에 따라 수행해야 할 과제를 교사의 도움을 받거나 스스로 처리해 본다.
귀가지도	하루 일과 평가하기 자신의 가방, 물건 챙기기 친구와 선생님께 인사하기 자신의 신발 찾아 바르게 신기 차례 지켜 차량 탑승

*출처: 밀알특수어린이집(www.milalkid.or.kr).

3) 위기보육

가정폭력, 부모의 학대 및 위기를 경험한 아동을 일시적으로 보호하는 어린이집이다. 긴급한 아동학대로 인하여 격리보호가 필요한 요보호아동을 대상으로 위기개입을 통한 아동보호와 아동학대에 따른 심리치료, 일상생활지도, 정서적 안정, 피해아동의 가족치료 등을 통해 가정으로 복귀할 수 있도록 돕는 데 그 목적이 있다. 입소한 아동을 위한 프로그램은 다음과 같다.

표 6-12 위기보육 운영의 예: 서울특별시립아동상담치료센터

집단상담
• 정규집단 – 대상: 치료공동체 프로그램 안에서 진행되는 정기적 집단상담으로서 동일한 상담원에 소속된 생활아동 및 청소년, 한 집단 10~15명 내외로 구성 – 내용: 개인이 집단 구성원과 감정을 공유, 긍정적이고 부정적인 동일시 유도 – 방법: 주 1회(금요일 14 : 00~15 : 00), 1시간의 집단상담 • 참만남집단(Encounter Group) – 대상: 치료공동체 프로그램 안에서 진행하는 감정표현 집단상담으로서 생활아동 및 청소년, 한 집단 10~15명 내외로 구성 – 내용: 공동체에 안전한 가치관을 조성, 직무에 따른 권위의 남용을 예방, 자기주장과 같은 개인적 성장 및 거울효과 도모, 분노변화 의지가 없거나 동료의 도움을 거절하는 것에 대해 진정한 도움을 주는 집단상담의 한 형태 – 방법: 주 1회(수요일 14 : 00~15 : 00), 1시간, 분노 등의 감정이 있는 사람들의 모임, 역할수행 팀별, 반별 등 다양한 모임 구성 • 특수집단(Special Group) – 대상: 치료공동체 프로그램 안에서 진행하는 특별 집단상담으로서 생활아동 및 청소년, 한 집단 10명 내외로 구성 – 내용: 아동학대나 수줍은 아동, 행동과다 등 공통의 정서적 · 행동적 문제행동 아동과 청소년들에게 적용하는 심리치료적 단기 집단상담의 형태 – 방법: 주 1회, 1시간, 약 8~10회 • 열매교실 – 대상: 입소되어 초기적응이 필요한 아동 및 청소년 – 내용: 개별 및 집단상담과 사회생활교육 프로그램을 적용 – 방법: 학습 및 치료공동체 초기적응(Entry) 프로그램

〈계속〉

• 입소집단
  – 대상: 집단의 역동성을 통하여 치료가 필요한 생활아동 및 청소년
  – 내용: 집단의 힘을 이용한 다양한 프로그램을 통해 사회성 증진, 긍정적인 관계경험, 타인에 대한 배려를 배움
  – 방법: 2인 이상의 부정기적 혹은 정기적 집단상담으로 개방적인 인원 구성

입소과정
• 거리상담을 통한 입소 • 가정, 학교, 사회복지기관의 의뢰를 통한 입소 • 아동학대 신고를 통해서 가정에서의 분리를 통한 입소

* 출처: 서울특별시립아동상담치료센터(sp.dbnawoori.seoul.kr).

4) 다문화아동 보육

다문화아동 보육이란 [다문화가족지원법] 제2조 1호에 따른 다문화가족의 영유아 등에게 보육서비스를 제공하는 것을 말한다.

2011년 1월 결혼이민자는 21만 1,458명으로 2010년도(18만 1,671명)에 비해 16.4% 증가하여 매년 다문화가정의 비율과 다문화가정의 자녀수가 전년도 대비 상승 수치를 기록하고 있다. 다문화가정 출생아는 2010년 기준 약 2만 312명으로 전체 출생아 중 다문화가정 출생아의 비율은 4.3%, 100명 중 4명 이상이 다문화가정 자녀다. 다문화가정의 증가로 다문화아동들도 증가하고 있지만 현재 다문화아동들에게는 여러 어려움이 있다.

다문화아동의 40%가량이 언어발달 지체로 조사되어 다문화아동의 취학 전 보육 · 교육서비스 이용률을 고루 높이고 다문화아동을 위한 전문화된 보육 · 교육프로그램의 필요성이 대두되고 있다. 이 외에도 심리 · 정서적인 어려움을 겪고 있는 것이 현실이다.

이러한 어려움 해소와 다문화가정에 대한 보육료 전액이 지원되면서 어린이집을 이용하는 다문화가정 자녀가 급증해 경기도를 시작으로 다문화 보육전문과정 운영을 시작하고 있다. 다문화 보육전문과정 운영은 다문화영유아 특성을 고려한 맞춤형 보육과정으로 기존 어린이집 교사를 대상으로 교육시간 160시간(이론 100시간,

표 6-13 교과목 및 교육시간 안내

영역	과목	시간
영유아 다문화교육의 이해	1장. 다문화사회의 이해(6) 2장. 다문화가정의 이해(6) 3장. 다문화가정 영유아의 이해(8) 4장. 다문화가정 부모의 이해(8) 5장. 다문화영유아 생활지도(12)	40시간
영유아 다문화교육의 실제	1장. 영유아 다문화교육의 이해(12) 2장. 다문화 보육과정(12) 3장. 문학을 통한 다문화교육(12) 4장. 미술을 통한 다문화교육(12) 5장. 음악놀이를 통한 다문화교육(12)	60시간
현장실습	다문화 현장실습(60)	60시간
계	11과목	160시간

*출처: 경기도 보육정보센터(gyeonggi.childcare.go.kr).

실습 60시간)을 통해 다문화전담 보육교사를 양성하고자 한다.

참고문헌

근로복지공단(2003). 직장보육시설 설치와 운영.

김연진 · 한성심 · 윤혜경 · 최진원(2004). 보육학개론. 서울: 동문사.

김익균 · 정원주(2000). 보육학개론. 서울: 대학출판사.

김창복 · 김오남 · 모지환(2004). 영유아보육론. 서울: 형설출판사.

보건복지부(2002). 2002년도 보육사업지침.

서영숙 · 김경혜(1996). 보육학개론. 파주: 양서원.

양옥승 · 김영옥 · 김현희 · 박경자 · 위영희 · 이옥 · 이차숙 · 정미라 · 지성애 · 홍혜경(1998). 세계의 보육제도. 파주: 양서원.

양옥승 · 김영옥 · 김현희 · 신화식 · 위영희 · 이옥 · 이정란 · 이차숙 · 정미라 · 지성애 · 홍혜경(2004). 영유아 보육개론. 서울: 학지사.

유가효 · 이소희 · 한성심 · 장명림 · 장미경 · 조은영(1997). 보육학개론. 서울: 동문사.

이순형 · 유안진 · 김영명 · 안소영 · 한유진 · 최혜지 · 이경화 · 이경신 · 손경희 · 이성옥(2000). 서울대학교 생활과학대학 어린이집 활동자료집 1. 어린이를 위한 주제탐구 표현활동 프로그램의 운영. 서울: 창지사.

이순형 · 이소은 · 이완정 · 이혜승 · 이영미 · 성미영 · 권기남(2002). 21세기 방과후 아동보육. 파주: 교문사.

이영(1989). 우리나라 탁아의 현황과 개선방향. 아동의 권리: 가정, 교육, 탁아. 한국교육학회, 유아교육학회, 한국아동학회 공동 학술심포지엄 자료.

표갑수 · 김영모 · 홍금자 · 김진이 · 백선희 · 장영인(1999). 아동보육개론. 한국복지정책연구소.

한국여성개발원(1986). 가정탁아제 정착을 위한 시범사업 보고서.

Decker, C. K., & Decker, J. R. (1984). *Planning and administering early childhood programs*. Columbus: Charles E. Merrill.

http://gyeonggi.childcare.go.kr(경기도 보육정보센터)

http://www.echild.or.kr(고양시 보육정보센터)

http://www.littleforest.co.kr(꼬마숲어린이집)

http://www.milalkid.or.kr(밀알특수어린이집)

http://www.byk.kg.kr(배영유치원)

http://www.mw.go.kr(보건복지부)

http://www.aga24.net(사임당어린이집)

http://iseoul.go.kr(서울특별시 보육포털서비스)

http://sp.dbnawoori.seoul.kr(서울특별시립아동상담치료센터)

http://www.kid-love.com(숲속나라어린이집)

http://youngcha.gongdong.or.kr(안산 영차어린이집)

http://learning.anyang.go.kr/DW(안양시 동안평생교육센터)

http://www.openter.co.kr(열린터 어린이집)

http://www.juming.co.kr(쥬밍어린이집)

http://puruni.com/seocho(푸르니 서초어린이집)

http://www.hyerimmchild.or.kr(혜림어린이집)

제7장

영유아 보육과정

이 장에서는 영유아를 위한 보육과정의 개념과 특성, 영유아 보육과정 구성의 기본 요소와 구성원리를 알아보고 보육과정 구성원리에 따른 영유아 보육과정의 내용과 계획을 살펴본다. 이어서 보육과정의 운영 실제를 검토하고 현재 적용되고 있는 영유아 보육과정의 문제점에 대해 논의한다.

1. 영유아 보육과정의 개념과 특성

1) 영유아 보육과정의 정의

보육의 개념은 사회발전이나 생활수준의 향상과 더불어 변화되어 왔다. 초기에는 빈곤한 맞벌이 가족의 기능을 보완하는 보육활동에 초점을 두었던 반면, 현재는 점차 모든 계층의 영유아를 대상으로 영유아의 발달과 교육을 지원하는 데에 초점을 두고 있다. 또한 보육철학과 사회문화적 규범에 따라 보육의 목적과 목표가 설정되고, 보육사업의 정책이 개발 · 적용되어 왔다. 그럼에도 일관된 보육철학은 영유아의 자율성을 키우는 것이며 전인 발달을 도모하는 것이다.

현재 영유아 보육은 가정 외 보육기관에서 보육담당자가 영아와 유아를 보호(care)하고 교육(education)하는 일련의 전문적 활동을 의미한다. 따라서 영유아 보육활동은 어떤 목적과 목표를 설정할 것이고, 그 목적과 목표를 달성하기 위해 어떤 활동을 선정할 것이며, 또한 선정한 활동들의 순서와 조직을 어떻게 할 것인가에 관한 의사결정을 필요로 한다. 이와 같이 '영유아를 대상으로 보호하고 교육하기 위한 활동에 대한 목적 및 목표의 설정, 활동내용의 선정과 조직, 활동과정과 결과에 대한 평가 등에 관한 전체적 계획과 조직 또는 전체적 설계도' 가 영유아 보육과정이다. 질적 보육을 위해서는 표준화된 보육과정이 요청되는데, 2004년의 개정 [영유아보육법] 제29조(보육과정)에는 표준보육과정을 개발, 보급하고 표준보육과정에 따라 영유아를 보육하도록 규정하였다. 이어 2007년에는 0세에서 5세 영유아를 위한 1차 표준보육과정을 고시하고 보육과정의 영역 및 연령별 보육내용을 구체적으로 마련하였다. 2012년에 고시한 3~5세 유아를 위한 누리과정은 어린이집과 유치원에 다니는 만 3~5세 유아를 위한 공통 과정이다. 2013년 제3차 표준교육과정이 개정 · 고시됨으로써 0~5세 영유아를 위한 국가수준의 보육과정이 정립되었고 표준보육과정을 토대로 연령별 보육활동을 조직 · 운영할 수 있게 되었다. 특히 영아기 발달 차이를 고려하고 3~5세 누리과정과 연령대를 맞추기 위해서 제3차 표준보육과정을 0~1세 보육과정, 2세 보육과정과 3~5세 보육과정으로 구성되었다.

2) 영유아 보육과정의 특성

영유아 보육활동을 위한 전체적 계획과 조직으로서의 영유아 보육과정은 그 대상과 목적, 내용과 위상 면에서 몇 가지 특징을 가진다.

첫째, 영유아 보육과정은 그 대상으로 0세에서 만 5세의 영아와 유아를 포함하며 장애아와 일반아를 포함하고 요보호상황의 영유아와 일반가정의 영유아를 포함하므로 다양한 대상의 발달적 · 교육적 요구를 고려한다. 영아와 유아 간에 발달수준이 크게 다를 뿐 아니라 영아의 경우 동일 연령대에 있을지라도 월령에 따라 그 격차가 매우 크다. 따라서 영아와 유아의 차이를 고려하며 영아의 경우 월령에 따라 보육활동이 차별화될 수 있도록 보육과정이 마련되어야 한다. 이러한 점을 고려하여 제3차 표준보육과정은 영아기 보육과정을 0~1세, 2세로 나누고, 유아기 보육과정을 3~5세 보육과정으로 나누어 세 보육과정을 구성했다. 또한 일반 영유아와 장애를 가진 영유아를 위한 보육과정 및 통합을 고려한 보육과정이 마련되어야 하며 요보호상황의 영유아와 일반가정의 영유아는 보육욕구의 우선순위가 다르므로 특수성과 개별성을 고려한 보육과정이 구성되어야 한다.

둘째, 영유아 보육과정은 종일의 보육활동을 위한 계획, 즉 영유아의 일상생활 전반을 포함하여 보호와 교육을 계획하는 특징을 가진다. 영유아 보육은 영유아와 가정과 부모의 욕구를 수용하므로 시간운영상 종일 보육을 바탕으로 융통성 있게 운영된다. 그러므로 영유아 보육과정은 가정 내 부모의 역할을 대리하거나 보완하여 영유아의 보호와 교육에 공히 초점을 두고 영유아의 일상생활 전반을 고려하여 전반적 발달을 지원하고 교육을 도모한다.

셋째, 보육활동은 가정 및 부모의 역할을 일정 시간 대리 수행하고 보완한다는 점에서 영유아 보육과정은 가정 및 부모와의 연계를 중시한다. 부모의 요구를 수용함에도 불구하고 전문적인 보육서비스를 제공하도록 영유아 보육과정이 구성되어야 한다.

넷째, 운영의 형태나 운영의 주체, 대상의 특성이나 수요자의 욕구 등 영유아 보육의 유형이 다양한 만큼 다양한 보육의 유형에 적용될 수 있는 보육과정이 마련되어야 한다.

다섯째, 영유아 보육활동이 시대적 · 사회적 요구에 따라 변천을 거쳐왔듯 영유아 보육과정도 시대적 · 사회적 요구, 가족의 요구 등을 고려해야 하며 시대적 · 사회적 변화를 예측하고 그에 부응할 수 있어야 한다.

2. 영유아 보육과정의 구성

1) 구성요소

영유아 보육과정의 구성요소로 보육의 목적과 목표 설정, 보육활동의 계획, 보육활동 내용의 조직과 평가를 들 수 있다. 영유아 보육과정은 우선 보육의 목적과 목표를 설정하는 것으로부터 시작한다. 보육의 목적과 목표는 보육서비스가 등장하게 된 배경 및 현재의 존재이유, 보육대상 및 보육수요자의 특징과 요구가 반영된다. 즉, 보육의 목적과 목표는 아동과 부모, 그리고 가정의 복지를 고려해야 하며 보육대상 아동의 욕구와 보육수요자의 요구를 구현할 수 있어야 한다.

보육의 목적과 목표가 설정되면 그러한 목적과 목표를 달성하기 위한 활동을 선정해야 한다. 보육활동에 대한 계획에 있어서 정작 영유아의 발달은 영유아 자신의 직접적 경험과 활동을 통해서 이루어지므로 영유아가 무엇을 경험할 것으로 기대하는지를 신중히 고려해야 한다. 보육기관에서 보육담당자가 제공하는 것이 무엇인가보다는 마련된 환경에서 영유아가 무엇을 어떻게 경험하는가가 더 중요하다. 따라서 보육활동의 계획 시 목표의 달성에 필요한 활동을 영유아가 직접 해 볼 수 있는 기회가 충분히 마련되도록 해야 하며 영유아의 현재 발달수준에서 수행할 수 있고 더불어 만족스러운 경험을 할 수 있는 활동을 선정하여 구성해야 한다.

이어서 선정한 보육활동의 내용을 조직해야 한다. 한 번의 활동경험이 영유아의 발달에 깊은 영향을 주지는 못한다. 목표를 달성하기 위해 다양한 활동을 반복적으로 경험하고 계열적, 통합적으로 경험할 수 있도록 조직해야 한다. 경험에 대한 계획, 활동계획, 학습계획이 잘 짜여 있는 경우 다양한 목표를 달성할 수 있다. 특히 보육은 영아로부터 취학 전까지의 영유아를 대상으로 하므로 보육활동의 시간적·공간적 연계성을 고려하여 다양한 활동을 조직하는 일이 더욱 중요하다.

목표 설정과 활동경험의 조직이란 그 자체로 활동경험에 대한 사전단계의 평가라고 볼 수 있다. 즉, 목표에 부합하는 활동을 선정하고 목표달성에 가장 적합한 방식으로 조직하는 매 단계마다 평가가 개입된다. 나아가 개발하고 조직한 활동경험이 실제로 의도한 목표를 얼마나 달성하고 있는가를 체계적으로 조사하는 과정이 요청되며 이것이 평가다. 평가의 과정은 계획의 강점과 약점을 찾아내는 것이며 프로그램의 기본 설계가 타당한가를 묻는 것이다. 기본적으로 평가란 목적이 어느 정도 실행되고 있는가를 판별하는 과정이다. 보육과정 평가는 영유아의 발달 평가, 즉 변화의 실제를 파악하는 과정을 기본으로 하며 보육과정 운영에 대한 평가, 보육프로그램에 대한 평가 등을 포함한다.

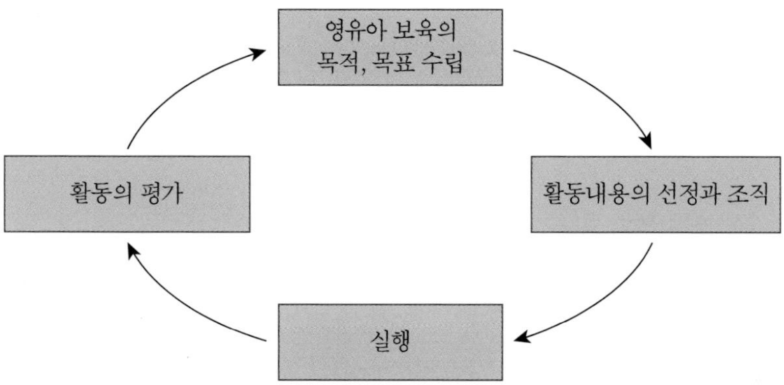

[그림 7-1] 영유아 보육과정의 구성요소

2) 구성원리

영유아 보육과정 구성자는 분명한 철학을 갖고 영유아에게 필요한 경험의 기회를 제공하고 유아가 주도할 수 있는 학습을 위한 보육과정을 구성하도록 주의를 기울여야 한다. 영유아 보육과정의 구성에 있어서 가장 기본적으로 고려해야 할 원리는 영유아의 발달적 특성을 토대로 한 발달적 요구에 부응하는 보육이다. 영유아의 발달적 요구는 아동중심 보육활동의 기준이 되므로(이순형 외, 2000) 영유아의 발달적 특성과 발달수준에 따른 요구를 민감하게 관찰해야 한다. 영유아는

표 7-1 시기별 발달수준과 발달적 요구

시기	신생아기 (0~2주)	유유아기 (2주~12개월)	영아전기 (12~24개월)	영아후기 (24~35개월)	유아전기 (36~48개월)	유아후기 (49~60개월)	아동전기 (61~72개월)
발달수준	• 감각운동기능의 다양화		• 신체균형 • 이동능력의 고양 • 동작의 정교화		• 문장구사능력 • 신체균형		
발달적 요구	• 신체적 안전 • 생리적 필요 • 영양, 건강 • 심리적 안정 • 주변 탐색		• 신체운동 • 이유식 • 언어표현 및 의사소통 • 주변탐색		• 언어풍부화 • 인간관계 • 놀이의 다양화 • 인지적 자극 • 창조적 활동의 요구		
보육 프로그램 적용	• 영양, 건강 및 위생적 간식 • 수유 및 운동동작 보육프로그램 • 손 씻기, 배변 등 위생지도		• 신체활동, 언어놀이 • 언어보육활동 프로그램 • 주변환경탐색 프로그램 • 실외놀이 프로그램		• 언어놀이 • 또래관계 • 성인유아관계 • 주변탐색활동 • 다양한 놀이프로그램 • 창조적 활동프로그램		

* 출처: 이순형 외(2000). 발달수준별 주제탐구활동 프로그램의 운영. 창지사, p. 15 재구성.

신체적 안전, 심리적 안정, 환경탐색, 사회적 관계의 확장, 지적탐구, 창조의 요구(이순형 외, 2000)를 가지고 있다. 더욱이 영유아의 발달적 요구는 발달시기에 따라 강조되는 측면이 다르므로 보육과정을 구성할 때 시기별 발달수준과 발달적 요구를 반영해야 한다. 시기별 발달수준과 발달적 요구를 예시하면 〈표 7-1〉과 같다.

그리고 보육과정은 영유아뿐 아니라 부모 및 가정의 요구와 기대를 반영해야 한다. 가정의 유형이나 여건, 부모의 기대를 고려해야 하고 동시에 가정 및 부모와 협력관계 속에 영유아를 보육해야 한다(이순형 외, 2007). 보육은 가정의 역할을 보완하고 지지하므로 영유아의 교육 및 일상생활 전반을 포괄하는 내용으로 구성되어야 한다.

3) 구성 방향 및 체계

영유아의 발달특성을 고려하여 제3차 표준보육과정을 아래와 같이 구성방향을 전하고 구성체계를 갖추었다.

(1) 구성방향

① 영 · 유아의 발달 특성과 개인차를 고려하여 연령 및 수준별로 구성한다.

② 어린이집에서 편안하고 행복한 일상생활이 되도록 중점을 두어 구성한다.

③ 질서, 배려, 협력 등 기본생활습관과 바른 인성을 기르는 데 중점을 두어 구성한다.

④ 자율성과 창의성을 기르는 데 중점을 두고, 전인발달을 이루도록 구성한다.

⑤ 사람과 자연을 존중하고, 우리 문화를 이해하는 데 중점을 두어 구성한다.

(2) 구성체계

① 어린이집 표준보육과정은 0~1세 보육과정, 2세 보육과정, 3~5세 보육과정으로 구성한다.

② 어린이집 표준보육과정은 영역, 내용범주, 내용, 세부 내용으로 구분하고, 내용 간에 연계가 이루어지도록 구성한다.

③ 세부 내용이라 함은 0~1세 보육과정, 2세 보육과정에서는 수준별 세부 내용을 의미하고 3~5세 보육과정에서는 연령별 세부 내용을 의미한다.

④ 0~1세 보육과정은 기본생활, 신체운동, 의사소통, 사회관계, 예술경험, 자연탐구의 6개 영역을 중심으로 구성한다.

⑤ 2세 보육과정은 기본생활, 신체운동, 의사소통, 사회관계, 예술경험, 자연탐구의 6개 영역을 중심으로 구성한다.

⑥ 3~5세 보육과정은 신체운동 · 건강, 의사소통, 사회관계, 예술경험, 자연탐구의 5개 영역을 중심으로 구성한다.

⑦ 3~5세 보육과정은 초등학교 교육과정과의 연계성을 고려하여 구성한다.

3. 영유아 보육과정의 내용과 계획

1) 목표

목표를 수립할 때는 장기 목표와 단기 목표를 구별해야 한다. 장기 목표는 일반적이고 추상적이며 이상적인 성취결과와 관련되는 반면에, 단기 목표는 특수하고 구체적이며 보육활동에 따른 명료한 행동결과와 관련된다. 장기 목표는 목적과 같은 의미로 볼 수 있고(이기숙, 2000), 단기 목표는 실제의 교수계획과 관련된 목표다.

보육 목표는 일차적으로 보육대상인 영유아의 필요와 홍미, 요구에 대한 탐구를 통해, 그리고 가정과 사회에 대한 연구를 통해 도출할 수 있다. 여러 가지 목표 중 보육철학이나 보육에 대한 가치관에 따라서 특정한 목표가 선별된다. 이때 영유아의 요구, 가정의 복지, 사회의 요구도 고려하면서 영유아의 발달특성에 대한 연구결과에 따라 실현 가능한, 그리고 실현되어야 할 목표가 선별되어야 한다.

보육은 영유아의 심신을 보호하고 건전한 교육을 통하여 건강한 사회 구성원으로 육성하고자 하며 보호자의 경제적 · 사회적 활동을 지원하여 가정복지 증진에 기여하고자 하므로 보육과정은 영유아의 신체 · 사회정서 · 언어 및 인지적 발달을 포함하는 목표를 수립할 수 있다. 제3차 표준보육과정은 〈표 7-2〉와 같은 목적과 목표를 제시하고 있다. 보육과정은 영유아의 전인적 발달과 행복, 나아가 민주시민의 기초를 형성하는 것을 목적으로 정하고 있다. 이러한 목적은 여러 개의 구체적인 요소로 구분되어 '기본운동능력과 건강하고 안전한 생활습관' '일상생활에 필요한 의사소통능력과 바른 언어 사용습관' '자신을 존중하고 다른 사람과 더불어 생활하는 능력과 태도' '아름다움에 관심을 가지고 예술경험을 즐기며, 창의적으로 표현하는 능력' '호기심을 가지고 주변세계를 탐구하며, 일상생활에서 수학적 · 과학적으로 생각하는 능력과 태도' 를 기른다는 총괄 목표로 제시되었다. 이와 같은 목표는 보육활동에서 실제 무엇을 다루어야 하며 어떠한 활동내용을 선정하고 어떠한 경험에 초점을 맞추어야 하는지 방향을 제시해 준다.

표 7-2 영유아 보육과정의 목적과 목표

제3차 표준보육과정

1. 보육과정의 목적
   영 · 유아의 심신의 건강과 전인적 발달을 도와 행복을 도모하며 민주시민의 기초를 형성하는 것을 목적으로 한다.

2. 보육과정의 목표(3～5세 보육과정)
   기본운동능력과 건강하고 안전한 생활습관을 기른다.
   일상생활에 필요한 의사소통능력과 바른 언어 사용습관을 기른다.
   자신을 존중하고 다른 사람과 더불어 생활하는 능력과 태도를 기른다.
   아름다움에 관심을 가지고 예술경험을 즐기며, 창의적으로 표현하는 능력을 기른다.
   호기심을 가지고 주변세계를 탐구하며, 일상생활에서 수학적 · 과학적으로 생각하는 능력과 태도를 기른다.

* 출처: 보건복지부(2013). 제3차 표준보육과정.

2) 보육내용의 계획

영유아 보육내용의 계획은 영유아의 제반 발달을 위한 내용과 영양 · 건강 및 안전관리에 관한 내용을 기초로 한다. 어린이집의 원장은 보육활동을 계획하고 실시한 후 평가하여 이를 보육활동계획에 다시 반영하여야 한다.

단, 보육계획은 보육대상 영유아의 연령에 따라 기간별로 계획이 수립되어야 하며 영유아의 인지적 · 정서적 · 사회적 · 신체적 · 언어적 발달을 위한 활동을 포함하여야 한다. 영아기에는 어린이집에서의 초기적응과 기본생활습관, 놀이활동, 영양, 건강, 안전 및 부모교육에 더 중점을 두어야 할 것이며 이러한 초점은 영아의 월령에 따라서도 차별화되어야 한다. 유아기에는 영양, 건강, 안전에 대한 기본적 관심을 바탕으로 폭넓고 균형잡힌 교육활동에도 중점을 두어야 한다. 보육계획 시 고려할 점을 살펴보면 다음과 같다.

[그림 7-2] 종일보육에서는 동작활동이 중요하다

(1) 교육활동

교육활동은 '영유아의 신체적 · 사회적 · 정서적 · 지적 및 언어적 발달에 기여할 수 있는 경험을 제공하고, 유능하고 존중받는 사람으로서의 자기존중감을 발달시킬 수 있도록 돕는' 활동이 되어야 한다.

교육활동의 계획은 장기계획과 단기계획으로 구분된다. 장기계획은 보육프로그램의 목적을 구현할 수 있도록 구성되며 이러한 장기계획을 기초로 연간, 월간, 주간, 일일 계획이 수립되어야 한다. 각 계획은 영유아의 연령을 고려하여 수립하여야 하며 계절이나 행사, 어린이집의 환경 등을 고려한다. 보육계획에는 영유아의 전반적 발달을 위한 구조화된 활동과 반구조화된 활동, 비구조화된 활동, 대 · 소집단 활동 및 개별활동, 동적 활동 및 정적 활동, 수유나 배변 등의 생리적 욕구에 대한 배려와 휴식시간 등이 기본적으로 포함되어야 한다.

교육내용은 기본생활습관, 신체운동 및 건강, 사회관계, 의사소통, 자연탐구, 예술경험에 관련한 내용으로 구성한다. 각 영역은 영유아가 건강하고 안전하며 바르게 생활하는 데 필요한 내용과 신체, 사회, 언어, 인지, 정서 등의 전인발달을 위해서 영유아가 갖추어야 할 지식, 기술, 태도를 포함한다. 표준보육과정에 따른 구체적 내용은 〈표 7-3〉과 같다.

표 7-3 표준보육과정의 연령별 영역과 내용범주

<table>
<tr><th rowspan="2">영역</th><th colspan="2">내용범주</th></tr>
<tr><th>0~2세</th><th>3~5세</th></tr>
<tr><td>기본생활</td><td>건강하게 생활하기
안전하게 생활하기</td><td></td></tr>
</table>

신체운동	감각과 신체 인식하기 신체조절과 기본운동하기 신체활동 참여하기	신체 인식하기 신체조절과 기본운동하기 신체활동에 참여하기 건강하게 생활하기 안전하게 생활하기
의사소통	듣기 말하기 읽기 쓰기	듣기 말하기 읽기 쓰기
사회관계	나를 알고 존중하기 나와 다른 사람의 감정 알기 더불어 생활하기	나를 알고 존중하기 나와 다른 사람의 감정 알고 조절하기 가족을 소중히 여기기 다른 사람과 더불어 생활하기 사회에 관심 갖기
예술경험	아름다움 찾아보기 예술적 표현하기 예술감상하기	아름다움 찾아보기 예술적 표현하기 예술감상하기
자연탐구	탐구하는 태도 기르기 수학적 탐구하기 과학적 탐구하기	탐구하는 태도 기르기 수학적 탐구하기 과학적 탐구하기

*출처: 보건복지부(2013). 제3차 표준보육과정.

(2) 영양 및 건강관리

영유아기는 성장 · 발달이 급속하고 식습관이 형성되는 시기이므로 다른 시기에 비해 영양 및 건강관리가 더욱 중요하다. 영유아의 영양관리는 영유아에게 제공하는 식단을 통해서 이루어진다. 규칙적인 식사와 간식의 제공으로 충분하고 균형 있는 영양을 공급해 주며 바른 식습관을 가질 수 있도록 도와주어야 한다. 또한 영유아의 신체적 · 정서적 건강을 위하여 예방적 서비스를 제공하고 현재 가지고 있는 건강문제를 발견하여 치료하게 해 줌으로써 영유아와 그 가족 및 지역사회의 건강을 증진시키도록 하여야 한다.

[영유아보육법] 제31, 32, 33조에서는 건강관리 및 응급조치, 치료 및 예방조치,

급식관리에 관해 규정하고 있으며 시행규칙에서 건강진단(제33조)과 급식관리(제34조)에 관한 자세한 사항을 명시하고 있다. 규정에 따르면, 어린이집의 원장은 보육하고 있는 영유아 및 보육교직원에 대한 건강진단을 연 1회 이상 실시하여야 하며 급식은 영양사가 작성한 식단에 의하여 공급하도록 하고 있다. 따라서 어린이집에는 영유아의 건강검진과 건강교육 및 식단에 대한 계획과 조리 및 급식에 관한 계획이 마련되어야 한다.

(3) 안전 및 위생관리

보육교직원 및 운영자는 안전관리의 중요성을 인식하고 이를 실천하기 위하여 노력하여야 하며 영유아 스스로가 자신의 안전을 보호할 수 있는 능력과 기술을 가지도록 도와주어야 한다. [영유아보육법 시행규칙] 제23조 관련 '별표 8'에는 안전 및 위생관리에 관한 기준을 명시하고 있다.

안전관리의 계획은 시설 및 설비의 안전관리, 소방계획과 소방교육, 교통안전 및 안전교육, 차량안전관리를 포함해야 한다. 화재나 상해 등이 발생할 위험요인을 사전에 제거할 수 있도록 정기적인 시설 및 설비점검에 대한 계획과 기록이 필요하다. 규정에 따르면 일정 기간별로 시설의 안전점검이 이루어져야 하고 시설물에 대한 점검일정을 수립하고 지키도록 되어 있다. 소방안전과 관련해 연간 소방계획을 마련하고 월별 소방훈련과 소방설비관리, 화재 시의 대처에 대한 계획도 구성되어야 한다. 교통안전에 대해서는 일상생활 속의 교통안전에 대한 교육을 기본으로 하되 지역사회의 특성과 교통환경에 따라 교통안전교육의 구체적 내용이 달라질 수 있도록 한다. 규정에는 특히 차량안전관리와 관련한 내용을 세부적으로 명시하고 있다. 차량을 운행하는 경우 9인승 이상의 차량으로 한정하며 어린이 통학버스 신고요건을 구비하여 관할 경찰서장에게 어린이 통학버스로 지정을 받도록 하였으며 차량 내의 안전설비와 안전점검, 운행 시의 안전을 위한 기사와 동승교사의 요건들을 규정하고 있다. 이 외에도 생활 속에서의 안전문제(예: 학대, 유괴, 사고, 전기, 성범죄, 동물 등)에 관련된 내용을 안전교육계획에 반영하여 연간 안전교육계획을 마련하고 보육교직원, 부모, 아동을 대상으로 교육을 실시해야 한다.

위생은 영유아의 건강을 위한 기본 요건으로 영유아를 대상으로 한 건강교육 속에 위생교육을 포함함과 동시에 시설 및 급식위생을 고려해야 한다. 위생관리와 관련해 시설에 대한 정기적 소독과 정기점검을 규정하고 있으며 어린이집의 음용수에 대한 요건, 영유아의 질병 및 위생과 관련한 위생점검사항을 제시하고 있다.

(4) 부모교육 및 참여

부모참여는 어린이집의 사회서비스 프로그램의 일환으로 간주될 수 있으며 부모들에게 적절한 지식, 정보, 기술 등을 알려 주는 기능을 한다. 부모들이 '보조자 혹은 의사결정자' 로서 보육활동에 참여하도록 하고 보육과정의 관찰 등을 통하여 부모가 어린이집의 조직과 목표, 철학 등을 이해하도록 도와 보육의 효과를 높인다.

부모교육의 계획에서는 부모가 영유아의 발달에 대한 이해를 높이고, 자녀지도 방법에 대한 지식과 정보를 얻으며, 부모역할의 중요성을 인식하고, 가족관계를 개선시키고, 자녀의 어린이집 적응을 도우며, 지역사회환경을 개선하도록 노력하게 도울 수 있다.

부모참여 및 부모교육은 부모상담, 부모회, 강연회, 가정통신, 아버지교육, 부모참여활동, 부모봉사 등의 다양한 형식으로 운영되도록 계획을 수립할 수 있다.

(5) 지역사회 교류와 협력

어린이집과 지역사회의 교류는 지역사회 인사의 보육활동 참여, 지역사회의 어린이집 활용, 어린이집의 지역사회시설 활용, 대중매체를 통한 지역사회와의 의사소통 등을 통하여 이루어질 수 있다. 효율적인 보육프로그램의 운영과 어린이집, 가정, 지역사회와의 공조체제와 책임분담을 도모함으로써 영유아, 가정, 지역사회 모두의 복지에 공헌하도록 해야 한다.

구체적으로 지역사회 시설에 대한 견학, 지역사회의 전문가 초빙, 의료검진 및 상담, 자원봉사자, 물품기증 등 지역사회의 인적 · 물적 자원을 활용하고 지역 주민을 위한 어린이 발표회, 부모 강연회, 바자회, 지역 어린이를 위한 프로그램 운영 등으로 지역사회와 교류할 수 있다. 지역사회와의 교류는 어린이집에 대한 지역사회의 협조와 지원의 기초가 된다.

4. 영유아 보육과정의 운영

구체적 보육활동의 계획과 실제 운영은 보육대상 집단의 연령과 발달수준, 집단의 크기 및 교사 대 아동의 비율, 실내·외 공간의 면적, 공간의 크기 및 배치, 교재교구의 다양성과 보육인력의 양과 질에 의해 영향을 받는다.

실제 보육계획은 교육계획, 급식에 대한 계획, 건강관리 및 예방접종지도계획, 안전에 대한 계획, 부모 및 지역사회 교류를 위한 계획 등으로 구성된다. 그러나 실제 운영에서는 다각적 보육계획이 통합되어 이루어지므로 이를 고려하여 구성해야 한다.

보육계획과 운영의 실제 사례를 살펴보면 다음과 같다.

1) 일과계획 및 운영

일과는 보육대상의 연령 및 보육프로그램의 성격에 따라 다양하게 구성될 수 있는데, 기본적으로 고려할 원리는 다음과 같다.

(1) 일과 운영의 기본 원리

하루 일과의 운영에서 기본적으로 고려해야 할 점은 프로그램이 지향하는 철학과 목표를 분명히 하는 것이다. 일일 활동계획을 세우고 운영하는 데 필요한 일과계획 및 운영의 기본 원리(이기숙, 2000)는 다음과 같다.

첫째, 매일의 일과계획은 대체로 일관성이 있어야 한다. 그래야 영유아들이 쉽게 이해할 수 있고 안정감을 가지며 이어지는 다음의 활동을 스스로 예측하고 그에 맞추어 적응하고 자신을 조절할 수 있다.

둘째, 일과계획은 반드시 영유아의 생리적, 신체적 요구를 충족시켜 줄 수 있도록 계획되어야 한다. 특히 영아는 배변과 섭식습관이 유아와 크게 다르다. 또한 어릴수록 쉽게 피로하지만 자신의 상태를 스스로 깨닫고 조절하는 것은 더 미숙하다. 따라서 영유아들의 생리적, 신체적 요구에 부합하는 일과구성이 필수적이다.

셋째, 일과계획은 프로그램의 철학과 목적에 근거를 두지만 일과활동의 내용과 순서는 균형을 고려하여 계획해야 한다. 휴식과 놀이, 실내활동과 실외활동, 정적 활동과 동적 활동, 개별활동과 대 · 소집단활동, 구조화된 활동과 비구조화된 활동, 대근육활동과 소근육활동, 교사주도 활동과 영유아주도 활동 등으로 구분할 때 다양한 활동들이 상호균형을 이룰 수 있도록 일과활동의 내용과 순서가 계획되어야 한다.

넷째, 계획된 일과의 운영에는 융통성이 있어야 한다. 유아의 요구와 가족 및 지역사회의 요구, 계절 및 시기에 따라 활동이 대체될 수도 있고 시간이나 장소 등이 조절될 가능성을 충분히 고려해야 한다.

끝으로, 일과계획에 따른 운영 이후에는 활동 전반에 대한 평가가 이루어져야 하며 그 평가결과를 바탕으로 다시 일과계획을 조정하거나 개선함으로써 일과의 계획과 운영 및 평가가 순환적으로 이루어지도록 해야 한다.

(2) 일일활동의 계획 및 구성

일일활동의 계획과 구성 및 전개는 일과의 특성을 반영해야 하며 그에 따라 교수전략이 마련되어야 한다. 일과의 특성을 살펴보면 다음과 같다(Decker & Decker, 2001).

① 등원

영유아와 첫 대면이 이루어지는 시간이다. 부모와의 대화를 통해 영유아의 심리상태나 건강상태를 확인한다. 보육교사가 기다려 주는 동안 영유아 스스로 자기 물건을 정리하는 기회를 가질 수 있다.

[그림 7-3] 등 · 하원은 부모와 함께

② 자유선택활동

영유아들의 놀이에 대한 본능적 요구를 학습으로 연결시킬 수 있는 시간으로, 일과 중 가장 핵심이 되는 시간이다. 영유아의 자율성과 주도성이 요구되는 시간이며 작은 사회를 경험하는 사회생활시간이다.

③ 정리정돈 및 평가

영유아 스스로 정리할 수 있는 환경으로 구성해 줌으로써 유아들이 자율적으로 자기활동을 정리할 수 있다.

④ 배변과 씻기

영아의 경우 배변훈련 및 기본습관을 형성하기 위한 중요한 시간이다. 영유아의 위생습관을 형성하기 위한 좋은 기회다.

⑤ 간식 및 점심

영유아가 균형있는 영양섭취를 하고, 식사의 즐거움을 경험하며, 바른 식습관을 형성하는 기회가 된다.

⑥ 낮잠 및 휴식

오랜 시간을 어린이집에서 지내는 영유아에게 낮잠과 휴식은 꼭 필요한 시간이다. 일정한 시간대에 낮잠과 휴식시간을 계획하고 운영함으로써 안정감을 느끼게 할 필요가 있고 건강을 위한 시간이 되도록 운영해야 한다.

⑦ 대 · 소집단활동

대 · 소집단활동을 통해 유아들은 동일한 활동을 동일한 속도로 진행하게 된다. 영유아의 개별적 요구나 개인차를 반영하기 어렵고 영유아의 연령에 따라 주의집중하는 시간이 다르므로 활동시간을 조절할 필요가 있다.

⑧ 실외놀이

영유아에게 실외놀이는 필수적이다. 오전과 오후에 실내활동과 교차로 배치하며 가능한 한 매일 실외놀이를 해야 한다. 단, 실외놀이시간에는 안전지도가 매우 중요하다.

⑨ 하루평가 및 귀가

하루 일과 종료 후 함께 모여 하루 동안 지낸 일들을 돌아보고 정리하는 시간을 갖는다. 즐거웠던 일, 속상했던 일, 친구를 칭찬해 주고 싶은 일 등에 대해 이야기를 나누고 전달사항이나 가정통신문을 배부한다. 보호자가 도착하면 유아의 하루 일과에 대해 대화하고 귀가지도를 한다.

일과 운영 사례는 다음과 같다.

표 7-4 어린이집 일과 운영의 예

시간	활동명	활동내용
8 : 30~9 : 30	등원 및 실내 자유놀이	• 교사는 영유아의 건강 · 기분상태를 살피고 소지품 및 준비물을 정리한다. • 영유아는 교실에서 자유놀이를 한다.
9 : 30~10 : 00	오전 간식	• 간식 전 손을 씻는다. • 간식 먹은 후 그릇을 정리한다. • 화장실을 다녀온다.
10 : 00~12 : 00	대 · 소집단활동 실외활동	• 이야기 나누기 및 언어활동, 미술작업활동, 음률활동, 신체활동 등을 대집단 또는 소집단으로 진행한다. • 실외 대근육활동, 물 · 모래놀이, 산책, 동물관찰, 텃밭활동을 대집단 또는 소집단으로 진행한다.
12 : 00~1 : 30	점심	• 화장실을 다녀와서 손을 씻고 점심식사를 한다.
1 : 00~2 : 00	휴식	• 식사 후 양치를 한다. • 동화 듣기/낮잠 준비를 한다.
2 : 00~3 : 30	낮잠시간 정리하기	• 조용한 음악을 들으며 낮잠을 자거나 휴식을 취한다. • 만 5세반은 낮잠시간 없이 휴식시간 또는 특별활동 시간으로 운영한다. • 화장실에 다녀온다. • 이불을 정리한다.
3 : 30~4 : 00	오후 간식	• 간식 전 손을 씻는다. • 간식 먹은 후 그릇을 정리한다.

〈계속〉

4 : 00~6 : 00	실내외 자유놀이 특별활동	• 실내외에서 자유놀이나 특별활동을 한다. 
5 : 00~6 : 30	귀가준비, 자유놀이	• 부모님이 오시는 대로 귀가한다.
6 : 30~7 : 00	실내 자유놀이	• 당직교사가 보육한다.

*출처: 서울대학교 생활과학대학 어린이집(kidshome.snu.ac.kr).

2) 연간, 월간, 주간 보육계획

(1) 연간 보육활동계획과 운영의 예

[그림 7-4] 보육활동에 대화와 토론은 필수요소다

연간 및 월간 보육계획은 보육의 목적에 기초하여 1년 단위의 계획을 수립하는 것으로, 영유아를 위한 교육 및 영양, 건강, 안전, 부모참여와 교육 등에 관한 사항을 모두 포함한다. 보육에 관한 한 해의 설계도이지만 영유아의 발달이나 상황에 맞추어 융통성 있게 수정 또는 변경될 가능성을 고려한다. 연간 보육활동계획과 운영 사례는 〈표 7-5〉와 같다.

표 7-5 연간 보육활동계획과 운영의 예(서울대학교 생활과학대학 어린이집)

구분		세부 활동	시기	실시내용
연간 행사 계획	행사	어린이집 안내	2월	신입원아 및 학부모 대상 어린이집 안내교육
		적응 지도	3월	2~4주간 각 연령별로 적응 지도 진행
		생일잔치	매월	각 반별 생일잔치(매월 마지막 주 목요일)
		먼 나들이	4월/9월	봄, 가을 각 연령별로 멀리 나들이
		견학 및 현장학습	수시	주제탐구표현활동과 연계하여 학급별 또는 같은 연령대별로 진행
		어린이날 행사	5월	어린이날 행사
		물놀이	7월/8월	어린이집 옥상놀이터 및 바깥놀이터에서 물놀이
		일일캠프(원내)	7월	만 5세반, 방과후반 원아들이 어린이집에서 일일캠프
		아나바다장터	10월	아껴 쓰고 나눠 쓰고 바꿔 쓰고 다시 쓰는 알뜰장터 행사
		한마음 가족운동회	10월	어린이집 가족이 한마음이 되어 함께하는 가을운동회
		산타잔치	12월	각 반별 산타잔치
		민속놀이	1월	우리나라 전래놀이를 직접 체험
		졸업식/수료식	2월	만 5세반 원아들의 졸업식으로, 1년을 마무리하며 각 반별로 조촐한 수료행사
교육 활동	교육활동	주제탐구 표현활동	상시	• 학습주제에 맞는 다양한 체험학습활동 운영 • 어린이집 주변 환경을 활용한 자연주의 보육활동 지향 • 신체, 언어, 인지, 사회, 정서의 통합적인 발달을 도모하는 보육활동 • 주제활동 종결행사 등 교육활동에 부모참여 권장
		특별활동	상시	• 음악/미술/체육/영어/과학 특별수업 실시 • 만 3세 이상 반을 대상으로 주 2회 실시
	평가활동	보육수첩	매일	• 학부모와 교사 간 원아의 발달상황에 대한 정보를 교류하기 위해 보육수첩과 아동발달 및 생활기록부 작성 • 교사의 보육활동 평가 및 계획을 위한 교육활동일지 기록과 보육활동평가회 진행
		교육활동일지	매일	
		아동발달 기록부	8월/2월	
		보육활동 평가회	8월/2월	

<table>
<tr><td rowspan="13">부모
협력
프로
그램</td><td rowspan="3">교육참여</td><td>부모참여 수업</td><td>6월</td><td>교육활동에 대한 이해 및 자녀의 어린이집 생활에 대한 이해 증진을 위해 연 1회 부모참여 수업 실시</td></tr>
<tr><td>일일교사</td><td>상시</td><td>주제탐구표현활동에 전문가로 초빙되거나 특별활동 지도, 견학도우미 등 교육활동 지원</td></tr>
<tr><td>종결행사 참여</td><td>상시</td><td>주제탐구표현활동 종결행사에 참여</td></tr>
<tr><td rowspan="3">부모상담</td><td>개별면담</td><td>8월</td><td>1학기 아동발달기록부를 기초로 원아의 발달 및 원생활에 대한 교사와 학부모의 개별면담 실시</td></tr>
<tr><td>집단면담</td><td>3월</td><td>교사의 보육철학 및 학급운영을 학부모들에게 설명하고, 학부모의 보육요구 파악</td></tr>
<tr><td>상담</td><td>상시</td><td>자녀의 어린이집 생활 및 발달 상담</td></tr>
<tr><td rowspan="2">부모봉사</td><td>식당봉사</td><td>학기당
1회</td><td>급간식 준비 및 주방관리 참여로 급간식의 질 향상 유도</td></tr>
<tr><td>청소봉사</td><td>학기당
1회 이상</td><td>자녀의 보육환경 청결 유지에 봉사 참여</td></tr>
<tr><td rowspan="3">운영참여</td><td>부모평가제</td><td>연간 1회</td><td>부모의 보육 만족도를 조사하여 보육활동계획 수립에 반영</td></tr>
<tr><td>학부모회(반별)</td><td>필요시
마다</td><td>각 반의 전체 학부모가 참여하여 학급 운영에 대해 논의하고 지원</td></tr>
<tr><td>학부모
대표회의</td><td>필요시
마다</td><td>어린이집의 운영 논의로 학부모의 주체적 참여 유도</td></tr>
<tr><td>부모교육</td><td>부모교육</td><td>·</td><td>생활과학대학과 연계하여 운영</td></tr>
<tr><td rowspan="7">교사
장학
프로
그램</td><td rowspan="5">교사교육</td><td>교사세미나</td><td>연간
20회</td><td>교육활동과 아동 지도에 관한 정기적인 세미나를 통해 교사의 전문성 강화</td></tr>
<tr><td>신입교사교육</td><td>연간 2회</td><td>신입교사의 직무수행을 돕는 교육 실시</td></tr>
<tr><td>교사특강</td><td>연간 2회</td><td>전문강사의 특강을 통해 교사의 자질 강화</td></tr>
<tr><td>교사장학협의</td><td>연간 1회</td><td>교사의 사기진작 및 동료의식 함양을 위해 교사장학협의회 운영</td></tr>
<tr><td>교사연수 참여</td><td>교사 1인
1회</td><td>교사의 연수를 통해 재교육의 기회 제공</td></tr>
<tr><td rowspan="2">교사평가</td><td>보육활동
평가회</td><td>연간 2회</td><td>상반기, 하반기 보육활동평가 및 자기평가를 통해 보육활동 평가 및 신규계획 수립</td></tr>
<tr><td>교육활동일지</td><td>매일</td><td>일상적인 보육활동을 평가하고 기록</td></tr>
</table>

*출처: 서울대학교 생활과학대학 어린이집(kidshome.snu.ac.kr/).

표 7-6 연간 교육활동계획의 예(예상주제)

월	영아반	유아반
3	즐거운 어린이집	즐거운 어린이집 나와 친구
4	봄(식물의 성장)	봄 (날씨 · 꽃 · 나무 · 새싹 · 개구리)
5	나와 가족	우리 가족(집)
6	색깔과 모양	우리 이웃 (우리 동네 · 시장 · 지역사회기관 · 직업)
7	여름과 물놀이	여름 (여름과일 · 물놀이 · 물고기 · 바다)
8	과일	
9	교통기관과 여행	가을 (가을과일 · 추수 · 열매)
10	가을	우리나라와 세계 (우리말과 글 · 태극기와 무궁화 · 세계 여러 나라)
11	동물	교통기관 (운송수단 · 교통규칙)
12	겨울	겨울 (날씨 · 성탄절 · 얼음 · 옷 · 불)
1	형님이 되었어요	동물
2	민속놀이	우리의 전통놀이 형님이 되었어요

*출처: 서울대학교 생활과학대학 어린이집(kidshome.snu.ac.kr).

(2) 주간 보육계획과 운영의 예

주간 보육계획은 연간 계획과 월간 계획에 따라 일주일의 보육활동의 방향과 내용을 구성한 것이다. 주간 보육계획을 통해 실제 보육활동에 필요한 교재교구나 활동의 방법, 환경구성이 결정되므로 사전에 충분히 연구하여 주간 계획을 수립해야 한다. 또한 주간 계획을 실행하는 경우에 영유아의 흥미 변화나 발달수준, 외적 상황의 변화, 개인차의 영향을 고려해야 한다. 주간 보육계획의 예는 〈표 7-7〉, 〈표 7-8〉과 같다.

표 7-7 주간 보육계획의 예 1(만 3세)

- 주　제: 나와 가족
- 소주제: 우리가족을 사랑해요

(실시기간: 5월 4주)

<table>
<tr><th colspan="2">요일
구분</th><th>월</th><th>화</th><th>수</th><th>목</th><th>금</th><th>토</th></tr>
<tr><td colspan="2">등원 및 맞이하기</td><td colspan="6">아침에 부모님과 등원하며 겪었던 일 들어주기</td></tr>
<tr><td rowspan="7">실내
자유
선택
활동</td><td>쌓기</td><td colspan="3">집짓기 목공놀이</td><td colspan="3">블록으로 집짓기</td></tr>
<tr><td>역할</td><td colspan="3">가족인형 집놀이</td><td colspan="3">엄마 아빠 놀이</td></tr>
<tr><td>미술</td><td colspan="3">가족인형 만들기</td><td colspan="3">비밀그림 그리기</td></tr>
<tr><td>언어</td><td colspan="3">가족 이름 말해 보기</td><td colspan="3">가족 명칭 촉감 글자</td></tr>
<tr><td>수</td><td colspan="3">우리 가족은 ○명</td><td colspan="3">가족들 옷 입혀 주기</td></tr>
<tr><td>과학</td><td colspan="3">엄마, 아빠 얼굴과 내 얼굴 비교하기</td><td colspan="3">밥 짓기</td></tr>
<tr><td>음률</td><td colspan="3">'엄마 아빠 이름은' 노래 부르기</td><td colspan="3">그대로 멈춰라</td></tr>
<tr><td colspan="2">대 · 소집단활동</td><td colspan="2">〈동시〉
손가락 가족</td><td colspan="2">〈노래 배우기〉
닮은 곳이 있대요</td><td colspan="2">〈이야기 나누기〉
우리 가족을 소개해요</td></tr>
<tr><td colspan="2">실외활동</td><td colspan="3">가족놀이</td><td colspan="3">놀잇감 설거지하기</td></tr>
<tr><td colspan="2">점심 및 낮잠</td><td colspan="3">대금 연주 음악 듣기</td><td colspan="3">'다 같이 자장자장' 그림책 보기</td></tr>
<tr><td colspan="2">기본생활</td><td colspan="6">내가 만든 물건 보관하기</td></tr>
<tr><td colspan="2">귀가 및
가정과의 연계</td><td colspan="6">유아의 가족사진 가져오도록 안내하기</td></tr>
</table>

*출처: 중앙보육정보센터(central.childcare.go.kr).

표 7-8 주간 보육계획의 예 2(만 5세)

- **소주제: 우리동네 기관 2**

(실시기간: 6월 3주)

구분		월	화	수	목	금	토
기본생활		• 하루 일과에 즐겁게 참여해요					
등원		• 등원하면서 본 우리 동네 모습 이야기하기					
오전 자유 선택 활동	쌓기 놀이	• 블록을 이용하여 종합병원을 구성해 보아요			• 폐품을 활용하여 방송국을 꾸며 보아요		
	역할 놀이		• 종합병원이 문을 열었어요			• 오늘의 뉴스를 보도해 보아요	
	미술 영역	• 초를 이용해 비밀그림을 그려요			• 방송국 카메라와 마이크를 만들어요		
	언어 영역		• 처방전, 의료보험카드 만들기 • 어느 병원에 가야 할까요? 게임을 해요		• 오늘의 프로그램을 계획해 보아요		
	수 과학 영역	• 청진기로 다양한 소리 들어보기	• 우리 몸속 여행하기	• 우리가 좋아하는 텔레비전 프로그램을 그래프로 만들어 보아요			
	음률 영역	• 병원놀이 노래가사 바꾸어 부르기		• 다양한 소리를 만들어 보아요	• 텔레비전 노래에 맞추어 동작 바꾸어 움직이기		
대 · 소집단 활동		• 이야기 나누기: 종합병원에 다녀왔어요	• 신체활동: 꼬리 잡기	• 이야기 나누기: 새로운 소식을 어떻게 알 수 있을까요?	• 새롭게 움직이며 '여기는 방송국노래' 부르기	• 우리가 만든 어린이집 뉴스를 발표해요	
실외활동		• 벽돌조각을 빻아서 가루약을 만들어요		• 실외놀이 장면을 카메라로 촬영해 보아요			
점심 및 휴식		• 먹을 수 있는 양을 알고 적당한 양 먹기		• 음악감상: 제네트 알렉산더의 '할아버지의 시계' 연주 듣기			
오후 자유 선택 활동		• 초를 이용한 그림에 물감을 칠해요	• 실외: 모래로 알약을 만들어요	• 어린이집에서 일하는 분들을 인터뷰해요	• 내가 텔레비전에 나온다면 무슨 말을 하고 싶은지 이야기를 나누어요		
귀가 및 가정과의 연계		• 다 먹고 깨끗이 씻은 플라스틱 약병을 가져와요					
활동 간 연계		• 5세의 놀이특성을 반영하여 일상적이지는 않으나 우리 생활과 관련된 기관인 종합병원이나 방송국을 소재로 놀이를 연계한다. 병원이나 방송국의 복합적인 기능에 대하여 유아의 직접 또는 간접 경험과 연계하여 놀이에 반영한다. • 자유선택활동 등 흥미영역 간의 상호 연계 • 실내 쌓기, 역할, 미술, 언어, 실외 자유선택활동					

*출처: 육아정책연구소(2012). 5세 누리과정 운영 지원을 위한 교사 연수 자료집, p. 279.

(3) 영양, 건강, 안전관리의 계획과 운영

영아와 유아는 영양 및 건강에 대한 요구와 안전주의사항이 다르므로 대상에 따라 차별화된 운영이 중요하다. 영양, 건강, 안전에 대한 교육, 급·간식계획과 운영, 건강검진과 검진결과에 대한 안내, 안전활동을 통해 영양 및 건강, 안전관리가 실행된다.

급·간식의 운영에서 영아의 경우 신체적 성장이 급속히 이루어지고 식품에 대한 기호와 식습관이 형성되는 시기라는 점을 고려하여야 한다. 영양의 균형과 필요열량이 충족되어야 하며 소화능력을 고려하면서 다양한 식품을 경험하게 하고 식사가 즐거운 경험이 될 수 있어야 한다. 아직 이유하지 않은 영아가 포함되는 경우 식사를 할 수 있는 영아와 다른 별도의 관리체계에 따라 영양 및 건강지도가 이루어지도록 해야 한다. 유아의 경우 신체적 성장과 활동이 매우 왕성하며 이미 가정에서 식습관과 음식에 대한 선호가 형성되었으므로 급·간식시간에 다양한 음식을 경험하면서 균형 잡힌 영양을 섭취하고 필요에 따라서는 식습관을 바로잡도록 해야 한다. 영유아를 위한 식단의 예는 〈표 7-9〉, 〈표 7-10〉과 같다.

건강관리에 있어서는 영유아의 입소 전 건강과 질병에 대한 정보를 수집하며 매일 영유아의 영양과 건강, 위생을 점검하고 정기적인 신체계측과 신체검진을 병행한다. 더불어 영유아기는 시력발달에 특히 중요한 시기이므로 시력검사를 실시하며 영양섭취와 건강에 중요한 역할을 하는 구강검진과 추후교육도 실시해야 한다. 필요한 예방접종의 종류와 시기를 파악하여 적기에 예방접종이 이루어지도록 해야 하며, 정기적인 신체계측 결과 및 건강검진 결과를 부모에게 전달하여 영유아의 건강을 증진시키는 데 부모와 협력해야 할 것이다. 신체적 건강의 관리와 함께 심리적 건강을 점검하는 것도 중요하다. 성인 및 또래와 바람직한 사

[그림 7-5] 영유아의 위생을 위한 소독기와 정수기

표 7-9 식단의 예: 2012년 10월 식단표-2주간(영아반)

요일	월	화	수	목	금	토
날짜	8	9	10	11	12	13
오전간식	씨리얼/우유	제철과일/우유	견과류/두유	떠먹는 요구르트	제철과일	고구마/우유
점 심	쌀밥 북엇국 두부양념조림 느타리버섯 볶음 김치	현미찹쌀밥 열무된장국 동그랑땡 시금치나물무침 김치	베이컨마늘볶음밥 마카로니샐러드 유부장국 깍두기	쌀밥 미역국 (친환경) 어묵채소볶음 콩나물무침 김치	수수밥 청국장 삼치조림 청경채나물 김치	김치볶음밥 팽이무된장국 깍두기
오후간식	찐밤/차	우엉채소주먹밥/ 차	크림빵/차	꿀떡/우유	팬케이크/우유	·
초기이유식	흑미미음	흑미미음	흑미미음	감자미음	감자미음	감자미음
중기이유식	쇠고기버섯죽	시금치채소죽	연두부죽	미역죽	청경채채소죽	타락죽
후기이유식	쇠고기버섯진밥 간북어진밥 두부채소진밥	시금치채소죽 우엉채소진밥 과일샐러드	연두부진밥 흰살생선진밥 호박채소진밥	플레인요구르트 미역채소진밥 어묵채소진밥	청경채채소진밥 진밥+삼치살 두부채소진밥	타락진밥 무채소진밥
날짜	15	16	17	18	19	20
오전간식	제철과일/우유	생채소/ 아동용치즈	제철과일/우유	떠먹는 요구르트	(잡곡)가루/우유	제철과일/우유
점 심	쌀밥 쇠고기콩나물국 돼지고기사태찜 애호박새우젓볶음 김치	보리밥 오징어무국 채소달걀말이 우엉조림 김치	팽이무된장국 카레라이스 멸치(해바라기씨) 볶음 깍두기	쌀밥 순두부찌개 참치옥수수볶음 도라지나물 김치	조밥 아욱된장국 쇠고기채소볶음 숙주나물무침 김치	닭칼국수/쌀밥 깍두기
오후간식	시루떡/차	크루아상/차	감자전/차	단팥빵/우유	호박설기/차	
초기이유식	조미음	조미음	조미음	밤미음	밤미음	밤미음
중기이유식	단호박죽	치즈죽	멸치죽	순두부죽	쇠고기무죽	당근감자죽
후기이유식	단호박채소진밥 간건새우진밥 쇠고기양배추진밥	치즈채소진밥 오징어채소진밥 과일샐러드	멸치채소진밥 호박두부채소진밥 감자치즈진밥	플레인요구르트 순두부채소진밥 참치채소진밥	쇠고기무진밥 달걀채소진밥 미역채소진밥	잘게 썬 칼국수 당근감자진밥

* 출처: 관악구보육정보센터(www.gwanak.go.kr/educare/main.html).

표 7-10 식단의 예: 2012년 10월 식단표-2주간(유아반)

요일 / 날짜	월	화	수	목	금	토
날짜	8	9	10	11	12	13
오전간식	씨리얼/우유	제철과일/우유	견과류/두유	떠먹는 요구르트	제철과일	고구마/우유
점 심	쌀밥 북엇국 두부양념조림 느타리버섯볶음 김치	현미찹쌀밥 열무된장국 동그랑땡 시금치나물무침 김치	베이컨마늘볶음밥 마카로니샐러드 유부장국 깍두기	쌀밥 미역국 (친환경) 어묵채소볶음 콩나물무침 김치	수수밥 청국장 삼치조림 청경채나물 김치	김치볶음밥 팽이무된장국 깍두기
오후간식	찐밤/차	우엉채소주먹밥/ 차	크림빵/차	꿀떡/우유	팬케이크/우유	·
Kcal. Ca. Fe	551-258-4.5	568-315-4.9	566-159-3.9	616-403-3.3	558-348-3.6	·
날짜	15	16	17	18	19	20
오전간식	제철과일/우유	생채소/ 아동용치즈	제철과일/우유	떠먹는 요구르트	(잡곡)가루/우유	제철과일/우유
점 심	쌀밥 쇠고기콩나물국 돼지고기사태찜 애호박새우젓볶음 김치	보리밥 오징어무국 채소달걀말이 우엉호두조림 김치	팽이무된장국 카레라이스 멸치(해바라기씨) 볶음 깍두기	쌀밥 순두부찌개 참치채소볶음 도라지나물 김치	조밥 아욱된장국 쇠고기채소볶음 숙주나물무침 김치	닭칼국수/쌀밥 깍두기
오후간식	시루떡/차	크루아상/차	감자전/차	단팥빵/우유	호박설기/차	·
Kcal. Ca. Fe	552-265-4.9	567-187-3.0	554-386-7.7	645-416-5.3	551-174-5.7	·

*출처: 관악구보육정보센터(www.gwanak.go.kr/educare/main.html).

회적 · 정서적 관계를 형성할 수 있도록 보육자가 지속적으로 영유아를 관찰하고 기록하는 가운데 심리적 건강을 점검하고 필요한 활동이나 상담 등이 이루어지도록 한다.

안전관리는 어린이집의 시설과 설비에 대한 안전점검과 영유아에 대한 안전교육, 안전활동을 연간으로 계획하여 실시하며 위생을 위해 시설에 대한 방역과 영유아대상의 위생교육활동도 연간 계획에 포함하여 실행한다. 어린이집의 시설설비, 교구와 비품, 환경요소 등 안전점검해야 할 목록을 명시하고 점검일정에 따라 점검하며 안전사고 발생 시에는 사고보고서를 작성하여 원인을 분석하고 조치하여야 한다. 매월 소방훈련을 실시하며 영유아의 연령에 따라 안전교육과 안전활동이 이루어질 수 있도록 한다. 연간 안전교육활동의 주제를 보면 〈표 7-11〉과 같다.

표 7-11 연간 안전교육 주제(예)

월	활동주제	월	활동주제
3	교통	9	동물, 식물
4	놀이터, 놀잇감, 놀이기구	10	화재
5	학대, 낯선 사람	11	전기
6	성범죄	12	겨울철 놀이
7	식품	1	스포츠
8	물놀이, 재난	2	가정

5. 영유아 보육과정 운영의 문제점

보육의 질에 대한 관심의 확대와 함께 영유아 보육과정의 개발과 운영에 대한 관심도 높아졌다. 영유아를 위한 보육과정은 다양하게 각처에서 계속적으로 실험, 개발되었고 표준화된 보육과정이 적용되고 있다.

영유아 보육과정의 구성과 운영에서 당면한 문제점은 영유아 보육의 대상이 매우 포괄적이라는 점, 다양한 보육욕구를 가진 보육수요자를 고려해야 한다는 점과 관련 있다.

우선, 영유아의 보호에 치중했던 보육에서 이제는 보호와 교육을 통합한 보육의 개념으로 변화되었다고 지적되지만 교육에 있어 인지중심 프로그램이 매우 강조되고 있다는 점을 간과할 수 없다. 어린이집에서의 인지프로그램에 대한 초점은 유아의 인지발달에 대한 부모의 높은 관심과 불가분의 관계를 갖는다. 가정 내에서의 유아 조기, 특기교육 실태를 파악한 바에 따르면 유아의 8할 이상이 한글이나 수학, 영어 등의 학습을 받으며 학습준비에 중점을 두는 것으로 나타났다(이기숙 · 장영희 · 정미라 · 홍용희, 2002). 보육분야에서는 부모교육과 부모참여를 통해 영유아에게 적합한 보육과정이 무엇인지 부모들에게 인식시키고, 부모로부터 협력과 지지를 이끌어 내는 노력이 더 필요하다.

둘째, 인지적 활동에 대한 초점 및 어린이집의 환경여건과 맞물려 영유아에게 필수적인 실외활동의 기회와 여건이 취약하다는 점을 주목해야 한다. 영유아에게 놀이는 가장 중요한 활동이며 권리이지만 지금까지 많은 어린이집은 법으로 규정하는 최소한의 실내공간 기준만을 갖춘 채 영유아를 보육해 왔다. 어린이집의 여건상 실외 놀이공간에서의 자유로운 활동기회가 부족하거나 제한되었을 뿐 아니라 자연을 전혀 접할 수 없는 여건의 시설도 허다했다. 영유아에게 실외활동의 기회가 매우 필요할 뿐 아니라 자연을 접하는 기회도 매우 중요하므로 이러한 여건을 제공하기 위한 노력이 요구된다.

[그림 7-6] 실외놀이 및 자연체험 활동은 영유아의 발달에 꼭 필요하다

출처: 서울대학교 생활과학대학 어린이집(kidshome.snu.ac.kr).

셋째, 급식재료의 질적 문제, 영양과 위생상으로 열악한 급 · 간식, 부적격자에 의한 영유아 건강검진 등 영유아의 영양 및 건강관리의 부실한 운영은 그간 대중매체를 통해 잇달아 드러났다. 양적으로만 확대된 보육, 그리고 공보육보다는 민간보육에 더 많이 의존하고 있는 보육실정과 무관하지 않은 것으로 평가된다. 영유아 보육과정에서 교육에 대한 관심만큼 영양, 건강, 안전관리에 대한 질적인 부분의 지속적 노력이 요청된다.

6. 표준보육과정

[영유아보육법]의 제정 이후 어린이집이 크게 늘어나고 영유아 및 가정을 위한 보육의 필요성은 높아졌으나 구체적인 보육 목표와 내용에 대한 국가수준의 지침이 없이 어린이집이 운영되다 보니 보육 목표와 내용이 어린이집마다 다르고 질적 수준의 차이가 나타났다. 이러한 실정은 어린이집에서의 보육에 대한 사회적 신뢰를 형성하는 데 방해요인이 되었다(central.childcare.go.kr). 이에 어린이집에서 영유아에게 어떤 경험을 제공할 것인가에 대한 국가 수준의 지침이 필요해졌고, 2004년 개정 [영유아보육법]은 표준보육과정을 개발 · 보급하도록 명시하여 표준보육과정 개발의 근거를 마련하였다. 그 후 2005년의 표준보육과정 연구를 통해 2007년에는 표준보육과정이 고시되었다.

표준보육과정이 고시되어 적용된 이후 3~5세의 유아가 어린이집과 유치원에서 각기 다른 교육과정으로 보육되는 실정에 대한 문제가 제기되었다. 그에 따라 보건복지부와 교육과학기술부는 2011년에 어린이집과 유치원의 5세 유아를 위한 공통의 교육과정을, 이어서 2012년에는 3~4세 유아를 위한 공통의 교육과정을 제정하여 만 3세에서 5세까지의 유아를 대상으로 하는 '3~5세 연령별 누리과정' 을 고시하였다. 이로써 2013년부터는 어린이집과 유치원의 어디에 다니거나 3~5세의 유아는 공통과정을 통해 양질의 보육과 교육을 제공받도록 하였다(보건복지부, 교육과학기술부, 2012). '3~5세 연령별 누리과정' 은 심신의 건강과 조화로운 발달을 도와 바른 인성을 갖춘 민주시민의 기초를 형성하는 것을 목적으로 밝히고 있다. 그리고 3~5세 연령대 전후의 발달의 연속성을 고려하여 0~2세 표준보육과정 및 초등학교 교육과정과의 연계를 강조하였다. 누리과정은 3, 4, 5세 각 연령별로 적용할 수 있는 국가수준의 공통과정으로 기존의 유치원 교육과정과 어린이집 표준보육과정의 내용을 최대한 반영하였다. 내용 구성에서 우선 유아기부터 바른 습관과 올바른 인성을 기를 수 있도록 타인을 배려하고 존중하며 공감하는 역량을 기르기 위한 인성교육을 강화하는 데 중점을 두었다. 또한 건강한 몸을 기르도록 신체운동을 강조하였고 어려서부터 인터넷, 미디어 중독을 예방하고 바른 사용습관을 기르도록 하였다. 그리고 다양한 기후변화에 대처하고 에너지를 절약하는 등 유아발달수준에서 녹색생활을 체험하고 실천하는 녹색성장교육이 자연스럽게 이루어지도록 강조하였으며, 다양한 가족유형과 문화, 국제화 등 다원화된 사회에서 미래 민주시민의 기초를 형성하도록 다른 사람과 화목하게 지내며 서로의 차이를 존중하는 내용이 보강되었다.

2011년 5세 누리과정이 마련되면서 어린이집의 영유아를 위한 제2차 표준보육과정이 고시되었고, 2012년 3~5세 누리과정이 고시되면서 어린이집의 표준보육과정도 개정 · 고시되었다. 2013년 보건복지부에서 고시한 제3차 어린이집 표준보육과정은 3~5세 누리과정에 맞추어 기존의 2차 표준보육과정을 개편한 것이다. 3차 표준보육과정은 어린이집을 이용하는 모든 영유아를 대상으로 하여 국가수준에서 제공하는 보편적이고 공통적인 보육의 목표와 내용을 제시하며, 0~1세 보육과정, 2세 보육과정, 3~5세 보육과정(누리과정)으로 구성해 누리과정을 포함하는 넓은 개념으로 정리되었다.

1) 표준보육과정의 목적과 목표

표준보육과정을 통해 추구하는 인간상은 다음과 같다.

- 심신이 건강하고 행복한 사람
- 자율적이고 창의적인 사람
- 자신과 타인을 존중하고 배려하는 사람
- 자연과 우리문화를 사랑하는 사람
- 다양성을 인정하는 민주적인 사람

(1) 목적

영 · 유아의 심신의 건강과 전인적 발달을 도와 행복을 도모하며 민주시민의 기초를 형성하는 것을 목적으로 한다.

(2) 목표

① 0~1세 보육과정의 목표

- 건강하고 안전한 일상생활을 경험한다.
- 감각 및 기본신체운동능력을 기른다.
- 말소리를 구분하고 의사소통의 기초를 마련한다.
- 친숙한 사람과 관계를 형성한다.
- 아름다움에 관심을 가진다.
- 보고, 듣고, 만지면서 주변 환경에 관심을 가진다.

② 2세 보육과정의 목표

- 건강하고 안전한 생활습관의 기초를 마련한다.
- 감각, 신체조절 및 기본운동능력을 기른다.
- 의사소통능력의 기초를 기른다.
- 나를 인식하고 다른 사람과 더불어 생활하는 경험을 한다.
- 아름다움에 관심을 가지고 예술경험을 즐긴다.
- 주변 환경에 호기심을 갖고 탐색하기를 즐긴다.

③ 3~5세 보육과정의 목표

- 기본운동능력과 건강하고 안전한 생활습관을 기른다.
- 일상생활에 필요한 의사소통능력과 바른 언어 사용습관을 기른다.
- 자신을 존중하고 다른 사람과 더불어 생활하는 능력과 태도를 기른다.
- 아름다움에 관심을 가지고 예술경험을 즐기며, 창의적으로 표현하는 능력을

기른다.

• 호기심을 가지고 주변세계를 탐구하며, 일상생활에서 수학적 · 과학적으로 생각하는 능력과 태도를 기른다.

2) 연령별 보육과정의 영역별 내용

보육과정은 0~1세, 2세, 3~5세 연령집단별로 구분되어 있는데, 0~1세 보육과정과 2세 보육과정은 기본생활, 신체운동, 의사소통, 사회관계, 예술경험, 자연탐구의 6개 영역을 중심으로 구성되며 영역의 내용은 범주에 따라 구분된다. 내용범주에 따른 내용은 다시 0~1세 보육과정은 4수준, 2세 보육과정은 2수준으로 세분화된다. 3~5세 보육과정은 신체운동 · 건강, 의사소통, 사회관계, 예술경험, 자연탐구의 5개 영역을 중심으로 구성되며 내용범주에 따른 내용은 연령에 따라 세분화된다. 한 내용범주 내의 내용은 연령이 증가하는 데 따라 내용수준도 높아지도록 연계성을 가지고 있다.

기본생활 영역은 일생의 건강의 기초가 되는 영유아기의 건강과 안전을 위해 그들이 가지고 있는 잠재능력을 최대한 발달시킬 수 있도록 건강과 안전에 대한 지식과 태도를 기르고 스스로 건강을 관리할 뿐 아니라 타인의 건강과 안전을 배려할 수 있는 능력을 기르기 위한 영역이다. 신체운동 영역은 다양한 신체활동을 통하여 자신의 신체에 대해 긍정적으로 인식하도록 하고 일상생활에 필요한 기본운동능력을 습득하게 함으로써 영유아 자신의 행복한 삶을 이루게 하기 위한 영역이다. 기본생활 영역과 신체운동 영역의 내용범주가 유아의 경우 신체운동 · 건강 영역에 반영되어 있다. 의사소통 영역은 다양한 의사소통 경험과 언어활동을 통하여 영유아가 듣고 말하는 것을 즐거워하고 일상생활에 필요한 의사소통능력과 기초적인 문해능력을 기르고, 바르고 즐거운 언어생활 태도와 습관을 기르기 위한 영역이다. 사회관계 영역은 자신에 대한 존중감을 기르고 자신과 다른 사람의 정서를 인식하며, 이를 사회적 관계에서 적절히 조절하여 활용할 수 있도록 하고, 가족과 또래, 사회 구성원과 긍정적 관계를 형성하며 유능한 사회 구성원으로 기능하기 위해 필요한 사회적 지식을 획득하기 위한 영역이다. 예술경험 영역은 영유아가 주변 환경 및 생활 속에서 다양한 예술적 요소를 흥미롭게 경험하고 자신의 생각과 느낌을 다양한 방식으로 표현하고 즐기도록 하기 위한 영역이다. 자연탐구 영역은 영유아가 다양한 감각과 호기심으로 주변 사물과 자연환경을 지각하고 탐색하며, 이러한 과정에서 발생하는 의문점을 탐구하고 해결하는 데 필요한 기초능력과 태도를 기르기 위한 영역이다. 각 영역별 내용범주와 내용을 연령별로 구분하여 제시하면 〈표 7-12〉 및 〈표 7-13〉과 같다.

표 7-12 보육과정 영역별 내용범주와 내용(0~2세)

영역	내용범주	내용	
		0~1세	2세
기본생활	건강하게 생활하기	몸을 깨끗이 하기 즐겁게 먹기 건강한 일상생활하기	몸을 깨끗이 하기 바르게 먹기 건강한 일상생활하기 질병에 대해 알기
	안전하게 생활하기	안전하게 지내기 위험한 상황에 반응하기	안전하게 놀이하기 교통안전 알기 위험한 상황 알기
신체운동	감각과 신체 인식하기	감각적 자극에 반응하기 감각기관으로 탐색하기 신체 탐색하기	감각능력 기르기 감각기관 활용하기 신체를 인식하고 움직이기
	신체조절과 기본운동하기	신체 균형잡기 대근육 조절하기 소근육 조절하기 기본운동하기	신체 균형잡기 대근육 조절하기 소근육 조절하기 기본 운동하기
	신체활동 참여하기	몸 움직임 즐기기 바깥에서 신체 움직이기 기구를 이용하여 신체활동 시도하기	신체활동에 참여하기 바깥에서 신체활동하기 기구를 이용하여 신체활동하기
의사소통	듣기	주변의 소리와 말소리 구분하여 듣기 경험과 관련된 말 듣고 알기 운율이 있는 말 듣기 말하는 사람을 보기	말소리 구분하여 듣고 의미 알기 짧은 문장 듣고 알기 짧은 이야기 듣기 말하는 사람 주의 깊게 보기

〈계속〉

의사소통	말하기	발성과 발음으로 소리내기 표정, 몸짓, 말소리로 말하기 말할 순서 구별하기	낱말과 간단한 문장으로 말하기 자신이 원하는 것을 말하기 상대방을 바라보며 말하기
	읽기	그림책과 환경 인쇄물에 관심 가지기	그림책과 환경 인쇄물에 흥미 갖기
	쓰기	끼적이기	끼적이며 즐기기
사회관계	나를 알고 존중하기	나를 구별하기 나의 것 인식하기	나를 구별하기 좋아하는 것 해 보기
	나와 다른 사람의 감정 알기	나의 감정을 나타내기 다른 사람에게 주의 기울이기	나의 감정을 나타내기 다른 사람의 감정에 반응하기
	더불어 생활하기	안정적인 애착 형성하기 또래에 관심 갖기 자신이 속한 집단 알기 사회적 가치를 알기	내 가족 알기 또래와 관계하기 자신이 속한 집단 알기 사회적 가치를 알기
예술경험	아름다움 찾아보기	예술적 요소에 호기심 가지기	예술적 요소 탐색하기
	예술적 표현하기	리듬 있는 소리로 반응하기 움직임으로 반응하기 단순한 미술경험하기 모방행동 즐기기	리듬 있는 소리와 노래로 표현하기 움직임으로 표현하기 자발적으로 미술활동하기 모방과 상상놀이 하기
	예술 감상하기	아름다움 경험하기	아름다움 즐기기
자연탐구	탐구하는 태도 기르기	사물에 관심 가지기 탐색 시도하기	호기심 가지기 반복적인 탐색 즐기기
	수학적 탐구하기	수량 지각하기 주변 공간 탐색하기 차이를 지각하기 간단한 규칙성 지각하기	수량 인식하기 공간과 도형에 관심 가지기 차이에 관심 가지기 단순한 규칙성에 관심 가지기 구분하기
	과학적 탐구하기	물체와 물질 탐색하기 주변 동식물에 관심 가지기 주변 자연에 관심 가지기 생활도구 탐색하기	물체와 물질 탐색하기 주변 동식물에 관심 가지기 자연을 탐색하기 생활도구 사용하기

* 출처: 보건복지부(2013). 제3차 어린이집 표준보육과정(2013. 1. 21). 재구성.

표 7-13 보육과정 영역별 내용범주와 내용(3~5세)

영역	내용범주	내용
신체운동 · 건강	신체 인식하기	감각능력 기르고 활용하기 신체를 인식하고 움직이기
	신체 조절과 기본운동하기	신체 조절하기 기본운동하기
	신체활동에 참여하기	자발적으로 신체활동에 참여하기 바깥에서 신체활동하기 기구를 이용하여 신체활동하기
	건강하게 생활하기	몸과 주변을 깨끗이 하기 바른 식생활하기 건강한 일상생활하기 질병 예방하기
	안전하게 생활하기	안전하게 놀이하기 교통안전 규칙 지키기 비상시 적절히 대처하기
의사소통	듣기	낱말과 문장 듣고 이해하기 이야기 듣고 이해하기 동요, 동시, 동화 듣고 이해하기 바른 태도로 듣기
	말하기	낱말과 문장으로 말하기 느낌, 생각, 경험 말하기 상황에 맞게 바른 태도로 말하기
	읽기	읽기에 흥미 가지기 책 읽기에 관심 가지기
	쓰기	쓰기에 관심 가지기
		쓰기도구 사용하기(4~5세)
사회관계	나를 알고 존중하기	나를 알고, 소중히 여기기 나의 일 스스로 하기
	나와 다른 사람의 감정 알고 조절하기	나와 다른 사람의 감정 알고 표현하기 나의 감정 조절하기
	가족을 소중히 여기기	가족과 화목하게 지내기 가족과 협력하기

〈계속〉

사회관계	다른 사람과 더불어 생활하기	친구와 사이좋게 지내기 공동체에서 화목하게 지내기 사회적 가치를 알고 지키기
	사회에 관심 갖기	지역사회에 관심 갖고 이해하기 우리나라에 관심 갖고 이해하기
		세계와 여러 문화에 관심 가지기(4~5세)
예술경험	아름다움 찾아보기	음악적 요소 탐색하기 움직임과 춤 요소 탐색하기 미술적 요소 탐색하기
	예술적 표현하기	음악으로 표현하기 움직임과 춤으로 표현하기 미술활동으로 표현하기 극놀이로 표현하기 통합적으로 표현하기
	예술 감상하기	다양한 예술 감상하기 전통예술 감상하기
자연탐구	탐구하는 태도 기르기	호기심을 유지하고 확장하기 탐구과정 즐기기
		탐구기술 활용하기(5세)
	수학적 탐구하기	수와 연산의 기초개념 알아보기 공간과 도형의 기초개념 알아보기 기초적인 측정하기 규칙성 이해하기 기초적인 자료수집과 결과 나타내기
	과학적 탐구하기	물체와 물질 알아보기 생명체와 자연환경 알아보기 자연현상 알아보기 간단한 도구와 기계 활용하기

* 출처: 보건복지부(2013). 제3차 어린이집 표준보육과정(2013. 1. 21.). 재구성.

3) 표준보육과정의 영역별 세부 내용

(1) 0~1세, 2세 보육과정의 수준별 세부 내용

제3차 표준보육과정은 영아기를 0~1세, 2세로 나누고 3~5세와 함께 세 보육과정으로 구성되었다. 이 중 영아기에 속하는 두 보육과정은 발달 차이가 크다는 사실을 고려해서 발달 수준별로 세부 내용을 제시했다. 구체적으로 0~1세 보육과정의 기본생활에서 건강하게 생활하기 범주의 즐겁게 먹기는 발달 수준에 따라서 달리 제작되었다. 1수준은 편안하게 안겨서 우유(모유)를 먹는다. 2수준은 이유식에 적응한다. 3수준은 고형식에 적응한다. 4수준은 다양한 음식을 먹어 본다로 구분했다. 이처럼 영아의 발달 수준을 고려해 보육의 세부 내용을 구분한 것은 높이 평가할 만하다.

0~1세 보육과정과 2세 보육과정의 범주별 세부 내용은 다음의 표와 같다.

표 7-14 0~1세 보육과정의 기본생활 범주의 수준별 세부 내용

<table>
<tr><th>내용범주</th><th>내용</th><th>1수준</th><th>2수준</th><th>3수준</th><th>4수준</th></tr>
<tr><td rowspan="11">건강하게
생활하기</td><td rowspan="3">몸을 깨끗이
하기</td><td colspan="4">몸이 깨끗해졌을 때 기분이 좋음을 안다.</td></tr>
<tr><td colspan="4">도움을 받아 손을 씻는다.</td></tr>
<tr><td></td><td colspan="3">도움을 받아 이를 닦는다.</td></tr>
<tr><td rowspan="3">즐겁게
먹기</td><td>편안하게 안겨서 우유(모유)를 먹는다.</td><td>이유식에 적응한다.</td><td>고형식에 적응한다.</td><td>다양한 음식을 먹어 본다.</td></tr>
<tr><td colspan="2"></td><td colspan="2">도구로 음식을 먹어 본다.</td></tr>
<tr><td colspan="4">즐겁게 먹는다.</td></tr>
<tr><td rowspan="4">건강한 일상
생활하기</td><td colspan="4">수면을 충분히 취한다.</td></tr>
<tr><td colspan="4">편안하게 쉰다.</td></tr>
<tr><td colspan="4">하루 일과에 편안하게 참여한다.</td></tr>
<tr><td colspan="2"></td><td colspan="2">배변 의사를 표현한다.</td></tr>
</table>

〈계속〉

안전하게 생활하기	안전하게 지내기	안전한 상황에서 놀이한다.			놀잇감을 안전하게 사용한다.
		안전한 장소에서 놀이한다.			
		차량 승하차 시 안전 장구를 착용한다.			
	위험한 상황에 반응하기		위험하다는 말에 반응을 보인다.	위험하다고 알려주면 주의한다.	
감각과 신체 인식하기	감각적 자극에 반응하기	시각, 청각, 촉각, 후각, 미각으로 자극을 느낀다.			
		시각, 청각, 촉각, 후각, 미각으로 자극에 반응한다.			
	감각기관으로 탐색하기	감각기관으로 주변 환경을 탐색한다.			
	신체 탐색하기	손과 발 등을 바라보며 탐색한다.	주요 신체 부분의 움직임을 탐색한다.		
신체조절과 기본운동하기	신체 균형 잡기	몸의 균형을 잡기 위한 자세를 시도한다.	붙잡고 서 있기 등의 자세를 취한다.	안정되게 서 있기 등의 자세를 시도한다.	
	대근육 조절하기	뒤집기 등 몸을 조절하여 위치를 바꾼다.	누웠다 앉기 등 몸의 움직임을 조절한다.		
	소근육 조절하기	보이는 물체에 손을 뻗는다.	눈과 손을 협응하여 소근육을 활용해 본다.		
	기본 운동하기	배밀이 등 이동운동을 시도한다.	기기, 걷기 등 이동운동을 시도한다.	걷기 등 이동운동을 시도한다.	
		팔 다리 뻗기, 흔들기 등 제자리 운동을 시도한다.		서 있기, 앉기 등 제자리 운동을 시도한다.	
신체활동에 참여하기	몸 움직임 즐기기	몸을 활발히 움직인다.		몸의 움직임을 다양하게 시도한다.	
	바깥에서 신체 움직이기	규칙적으로 바깥환경을 경험한다.		규칙적으로 바깥에서 신체활동을 한다.	
	기구를 이용하여 신체활동 시도하기		간단한 기구를 이용하여 신체활동을 시도한다.		

표 7-15 0~1세 보육과정의 의사소통 범주의 수준별 세부 내용

<table>
<tr><th>내용범주</th><th>내용</th><th>1수준</th><th>2수준</th><th>3수준</th><th>4수준</th></tr>
<tr><td rowspan="7">듣기</td><td rowspan="3">주변의 소리와 말소리 구분하여 듣기</td><td colspan="3">여러 가지 소리와 말소리 듣기에 흥미를 보인다.</td><td>친숙한 낱말의 발음에 흥미를 보인다.</td></tr>
<tr><td colspan="4">익숙한 목소리를 듣고 그것에 반응한다.</td></tr>
<tr><td colspan="2"></td><td colspan="2">높낮이와 세기 등 말소리의 차이에 반응한다.</td></tr>
<tr><td rowspan="2">경험과 관련된 말 듣고 알기</td><td colspan="4">눈앞에 보이는 경험과 관련된 말에 반응한다.</td></tr>
<tr><td></td><td colspan="3">자신의 이름이 불리면 듣고 반응한다.</td></tr>
<tr><td>운율이 있는 말 듣기</td><td colspan="4">운율이 있는 짧은 말소리를 관심 있게 듣는다.</td></tr>
<tr><td>말하는 사람을 보기</td><td colspan="2">말하는 사람의 눈을 마주 바라본다.</td><td colspan="2">말하는 사람의 표정, 몸짓을 관심 있게 본다.</td></tr>
<tr><td rowspan="5">말하기</td><td rowspan="3">발성과 발음으로 소리내기</td><td colspan="2" rowspan="2">여러 가지 소리를 내고 옹알이를 한다.</td><td colspan="2">여러 말소리를 즐겁게 내 본다.</td></tr>
<tr><td colspan="2">의미 있는 음절을 내 본다.</td></tr>
<tr><td colspan="2">옹알이와 말소리에 대해 말로 반응해 주면 모방하여 소리 낸다.</td><td colspan="2">교사의 말을 모방하여 발음한다.</td></tr>
<tr><td>표정, 몸짓, 말소리로 말하기</td><td>표정과 소리로 의사표현을 한다.</td><td>표정, 몸짓, 소리로 의사표현을 한다.</td><td colspan="2">표정, 몸짓, 말소리로 의사표현을 한다.</td></tr>
<tr><td>말할 순서 구별하기</td><td colspan="4">말할 순서에 따라 표정, 몸짓, 말소리로 반응한다.</td></tr>
<tr><td rowspan="3">읽기</td><td rowspan="3">그림책과 환경 인쇄물에 관심 가지기</td><td colspan="4">다양한 감각 책을 탐색해 본다.</td></tr>
<tr><td colspan="2"></td><td colspan="2">사물과 주변의 친숙한 환경 인쇄물에 관심을 가진다.</td></tr>
<tr><td colspan="4">읽어 주는 짧은 그림책에 관심을 가진다.</td></tr>
<tr><td>쓰기</td><td>끼적이기</td><td></td><td colspan="3">끼적이기에 관심을 가진다.</td></tr>
</table>

표 7-16 0~1세 보육과정의 사회관계 범주의 수준별 세부 내용

<table>
<tr><th>내용범주</th><th>내용</th><th>1수준</th><th>2수준</th><th>3수준</th><th>4수준</th></tr>
<tr><td rowspan="3">나를 알고 존중하기</td><td>나를 구별하기</td><td colspan="2">거울 속의 나에게 관심을 가진다.</td><td colspan="2">거울 속의 나를 알아본다.</td></tr>
<tr><td rowspan="2">나의 것 인식하기</td><td colspan="4">자기 이름을 부르는 소리에 반응한다.</td></tr>
<tr><td colspan="2"></td><td colspan="2">친숙한 자기 물건을 안다.</td></tr>
<tr><td rowspan="2">나와 다른 사람의 감정 알기</td><td>나의 감정을 나타내기</td><td colspan="4">나의 욕구와 감정을 나타낸다.</td></tr>
<tr><td>다른 사람에게 주의 기울이기</td><td colspan="2">다른 사람의 말과 표정, 몸짓에 주의를 기울인다.</td><td colspan="2">다른 사람이 나타내는 여러 가지 감정에 주의를 기울인다.</td></tr>
<tr><td rowspan="6">더불어 생활하기</td><td rowspan="2">안정적인 애착형성하기</td><td>양육자와 시선을 맞춘다.</td><td colspan="3">양육자에게 적극적으로 관심과 욕구를 표현한다.</td></tr>
<tr><td colspan="2">주변의 친숙한 사람의 얼굴과 목소리를 인식한다.</td><td colspan="2">주변의 친숙한 사람에게 애정을 표현한다.</td></tr>
<tr><td>또래에 관심 갖기</td><td colspan="4">다른 영아와 함께 지내는 것을 경험한다.</td></tr>
<tr><td>자신이 속한 집단 알기</td><td colspan="2">담임교사를 구별한다.</td><td colspan="2">자기 반에서 지내며 안정감을 가진다.</td></tr>
<tr><td rowspan="2">사회적 가치를 알기</td><td colspan="2"></td><td colspan="2">친숙한 물건의 자리를 안다.</td></tr>
<tr><td colspan="4">만나고 헤어지는 인사를 해 본다.</td></tr>
</table>

표 7-17 0~1세 보육과정의 예술경험 범주의 수준별 세부 내용

<table>
<tr><th>내용범주</th><th>내용</th><th>1수준</th><th>2수준</th><th>3수준</th><th>4수준</th></tr>
<tr><td rowspan="2">아름다움 찾아보기</td><td rowspan="2">예술적 요소에 호기심 가지기</td><td colspan="4">주변의 소리와 움직임에 호기심을 가진다.</td></tr>
<tr><td colspan="4">주변 환경에서 색, 모양에 호기심을 가진다.</td></tr>
<tr><td rowspan="6">예술적 표현하기</td><td rowspan="2">리듬 있는 소리로 반응하기</td><td colspan="2">리듬 있는 소리에 관심을 가진다.</td><td colspan="2">노래를 부분적으로 따라 부른다.</td></tr>
<tr><td colspan="2">리듬과 노래에 소리로 반응한다.</td><td colspan="2">리듬과 음높이에 맞추어 소리를 낸다.</td></tr>
<tr><td rowspan="2">움직임으로 반응하기</td><td colspan="4">손발 흔들기와 몸 움직임으로 반응한다.</td></tr>
<tr><td colspan="2"></td><td colspan="2">간단한 도구를 활용하여 움직인다.</td></tr>
<tr><td>단순한 미술 경험하기</td><td colspan="2"></td><td colspan="2">감각적으로 단순한 미술경험을 한다.</td></tr>
<tr><td>모방행동 즐기기</td><td colspan="2">소리나 얼굴 표정, 몸 움직임 등을 모방한다.</td><td colspan="2">단순한 모방 행동을 놀이처럼 즐긴다.</td></tr>
<tr><td rowspan="2">예술 감상하기</td><td rowspan="2">아름다움 경험하기</td><td colspan="2">일상생활에서 반복되는 소리와 노래에 관심을 가진다.</td><td colspan="2">일상생활에서 리듬 있는 소리와 노래를 즐겨 듣는다.</td></tr>
<tr><td colspan="4">일상생활에서 자연이나 사물의 아름다움을 경험한다.</td></tr>
</table>

표 7-18 0~1세 보육과정의 자연탐구 범주의 수준별 세부 내용

<table>
<tr><th>내용범주</th><th>내용</th><th>1수준</th><th>2수준</th><th>3수준</th><th>4수준</th></tr>
<tr><td rowspan="2">탐구하는 태도 기르기</td><td>사물에 관심 가지기</td><td></td><td colspan="3">주변 사물에 관심을 가진다.</td></tr>
<tr><td>탐색 시도하기</td><td>나와 주변 사물을 감각으로 탐색한다.</td><td colspan="3">주변의 사물에 대해 의도적인 탐색을 시도한다.</td></tr>
<tr><td rowspan="5">수학적 탐구하기</td><td>수량 지각하기</td><td></td><td>있고 없는 상황을 지각한다.</td><td>‘있다’ 와 ‘없다’ 를 구별한다.</td><td>‘한 개’ 와 ‘여러 개’ 를 구별한다.</td></tr>
<tr><td rowspan="2">주변 공간 탐색하기</td><td></td><td colspan="3">도움을 받아 주변의 공간을 탐색한다.</td></tr>
<tr><td colspan="4">주변 사물의 모양을 지각한다.</td></tr>
<tr><td>차이를 지각하기</td><td colspan="2"></td><td colspan="2">주변 사물의 차이를 지각한다.</td></tr>
<tr><td>간단한 규칙성 지각하기</td><td colspan="2"></td><td colspan="2">일상과 놀이에서 간단한 규칙성을 경험한다.</td></tr>
<tr><td rowspan="5">과학적 탐구하기</td><td>물체와 물질 탐색하기</td><td colspan="4">일상생활 주변의 몇 가지 친숙한 것들을 양육자와 함께 탐색한다.</td></tr>
<tr><td>주변 동식물에 관심 가지기</td><td colspan="2"></td><td colspan="2">주변 동식물의 모양, 소리, 움직임에 관심을 가진다.</td></tr>
<tr><td rowspan="2">주변 자연에 관심 가지기</td><td></td><td colspan="3">생활 주변의 자연물을 감각으로 느껴 본다.</td></tr>
<tr><td></td><td colspan="3">바람, 햇빛, 비 등을 감각으로 느껴 본다.</td></tr>
<tr><td>생활도구 탐색하기</td><td colspan="2"></td><td colspan="2">도움을 받아 생활도구를 탐색한다.</td></tr>
</table>

표 7-19 2세 보육과정의 기본생활 범주의 수준별 세부 내용

<table>
<tr><th>내용범주</th><th>내용</th><th>1수준</th><th>2수준</th></tr>
<tr><td rowspan="10">건강하게 생활하기</td><td rowspan="2">몸을 깨끗이 하기</td><td colspan="2">스스로 손과 몸 씻기를 시도한다.</td></tr>
<tr><td colspan="2">스스로 이 닦기를 시도한다.</td></tr>
<tr><td rowspan="3">바르게 먹기</td><td colspan="2">음식을 골고루 먹는다.</td></tr>
<tr><td colspan="2">도구를 사용하여 스스로 먹는다.</td></tr>
<tr><td colspan="2">정해진 자리에서 먹는다.</td></tr>
<tr><td rowspan="4">건강한 일상생활하기</td><td colspan="2">일과에 따라 규칙적으로 잠을 잔다.</td></tr>
<tr><td colspan="2">정해진 시간에 알맞게 휴식한다.</td></tr>
<tr><td colspan="2">하루 일과에 즐겁게 참여한다.</td></tr>
<tr><td>정해진 곳에서 배변한다.</td><td>화장실에서 배변한다.</td></tr>
<tr><td>질병에 대해 알기</td><td colspan="2">질병의 위험을 안다.</td></tr>
<tr><td rowspan="5">안전하게 생활하기</td><td rowspan="2">안전하게 놀이하기</td><td colspan="2">놀이기구나 놀잇감을 안전하게 사용한다.</td></tr>
<tr><td colspan="2">안전한 장소에서 놀이한다.</td></tr>
<tr><td>교통안전 알기</td><td>교통수단의 위험을 안다.</td><td>교통수단의 위험을 알고 조심한다.</td></tr>
<tr><td rowspan="2">위험한 상황알기</td><td>위험한 상황과 위험한 것을 안다.</td><td>위험한 상황과 위험한 것을 알고 조심한다.</td></tr>
<tr><td colspan="2">위험한 상황 시 어른의 지시에 따른다.</td></tr>
</table>

표 7-20 2세 보육과정의 신체운동 범주의 수준별 세부 내용

내용범주	내용	1수준	2수준
감각과 신체 인식하기	감각능력 기르기	다양한 감각적 차이에 반응한다.	
	감각 기관 활용하기	감각기관으로 주변 환경을 탐색한다.	
	신체를 인식하고 움직이기	신체 각 부분의 명칭을 안다.	
		신체 각 부분의 움직임을 탐색한다.	
신체조절과 기본 운동하기	신체 균형 잡기	안정된 자세를 취하려고 시도한다.	
	대근육 조절하기	팔, 다리, 목, 허리 등 움직임을 조절한다.	
	소근육 조절하기	눈과 손을 협응하여 소근육을 조절해 본다.	
	기본운동하기	걷기, 계단 오르기 등 이동운동을 한다.	
		제자리에서 몸을 움직여 본다.	
신체활동에 참여하기	신체활동에 참여하기	신체활동에 자발적으로 참여해 본다.	
	바깥에서 신체활동하기	규칙적으로 바깥에서 신체활동을 한다.	
	기구를 이용하여 신체활동하기	간단한 기구를 이용하여 신체활동을 한다.	

표 7-21 2세 보육과정의 의사소통 범주의 수준별 세부 내용

<table>
<tr><th>내용범주</th><th>내용</th><th>1수준</th><th>2수준</th></tr>
<tr><td rowspan="7">듣기</td><td rowspan="2">말소리 구분하여 듣고 의미알기</td><td>친숙한 낱말의 발음에 흥미를 보인다.</td><td>친숙한 낱말의 발음에 관심을 가지고 듣는다.</td></tr>
<tr><td colspan="2">다양한 말소리의 차이를 구분한다.</td></tr>
<tr><td rowspan="2">짧은 문장 듣고 알기</td><td>낱말을 듣고 친숙한 사물과 사람을 찾아본다.</td><td>일상생활과 관련된 친숙한 낱말을 듣고 뜻을 이해한다.</td></tr>
<tr><td colspan="2">친숙한 짧은 문장을 듣고 반응한다.</td></tr>
<tr><td>짧은 이야기 듣기</td><td colspan="2">짧은 이야기와 노랫말 등을 즐겁게 듣는다.</td></tr>
<tr><td colspan="3" style="display:none"></td></tr>
<tr><td>말하는 사람을 주의 깊게 보기</td><td colspan="2">말하는 사람의 표정, 몸짓, 억양 등을 주의 깊게 보고 듣는다.</td></tr>
<tr><td rowspan="6">말하기</td><td rowspan="3">낱말과 간단한 문장으로 말하기</td><td>눈앞에 보이는 친숙한 사물의 이름을 발음해 본다.</td><td>친숙한 낱말을 발음해 본다.</td></tr>
<tr><td colspan="2">일상생활에서 경험한 새로운 낱말에 관심을 가진다.</td></tr>
<tr><td colspan="2">일상생활의 반복적인 일이나 친숙한 상황을 한 두 낱말이나 간단한 문장으로 말해 본다.</td></tr>
<tr><td rowspan="2">자신이 원하는 것을 말하기</td><td colspan="2">표정, 몸짓, 말소리로 의사표현을 한다.</td></tr>
<tr><td>자신이 원하는 것을 한 두 낱말로 말해 본다.</td><td>자신이 원하는 것을 낱말이나 짧은 문장으로 말해 본다.</td></tr>
<tr><td>상대방을 바라보며 말하기</td><td colspan="2">말할 순서에 상대방을 바라보며 말을 주고받는다.</td></tr>
<tr><td rowspan="3">읽기</td><td rowspan="3">그림책과 환경 인쇄물에 흥미 가지기</td><td colspan="2">그림책과 환경 인쇄물에 있는 그림과 내용에 관심을 가진다.</td></tr>
<tr><td colspan="2">친숙한 그림과 환경 인쇄물을 보고 읽는 흉내를 내 본다.</td></tr>
<tr><td colspan="2">선호하는 그림책들을 읽어주면 집중하여 듣는다.</td></tr>
<tr><td rowspan="2">쓰기</td><td rowspan="2">끼적이며 즐기기</td><td colspan="2">의도적으로 끼적인다.</td></tr>
<tr><td colspan="2">자기 이름 끼적이기에 관심을 가진다.</td></tr>
</table>

표 7-22 2세 보육과정의 사회관계 범주의 수준별 세부 내용

<table>
<tr><th>내용범주</th><th>내용</th><th>1수준</th><th>2수준</th></tr>
<tr><td rowspan="3">나를 알고 존중하기</td><td>나를 구별하기</td><td colspan="2">나와 다른 사람의 모습을 구별한다.</td></tr>
<tr><td rowspan="2">좋아하는 것 해보기</td><td colspan="2">내가 좋아하는 것을 찾아본다.</td></tr>
<tr><td>좋아하는 놀이나 놀잇감을 선택해 본다.</td><td>스스로 선택한 놀이나 놀잇감을 즐긴다.</td></tr>
<tr><td rowspan="2">나와 다른 사람의 감정 알기</td><td>나의 감정을 나타내기</td><td colspan="2">여러 가지 감정을 말과 행동으로 나타낸다.</td></tr>
<tr><td>다른 사람의 감정에 반응하기</td><td colspan="2">다른 사람이 나타내는 여러 가지 감정에 반응을 보인다.</td></tr>
<tr><td rowspan="8">더불어 생활하기</td><td>내 가족 알기</td><td>내 가족에게 애정을 표현한다.</td><td>내 가족에게 다른 사람과는 구별된 특별한 감정을 갖는다.</td></tr>
<tr><td rowspan="2">또래와 관계하기</td><td>또래에게 관심을 보인다.</td><td>또래의 모습과 행동을 모방한다.</td></tr>
<tr><td>또래의 이름을 안다.</td><td>또래가 있는 곳에서 놀이를 한다.</td></tr>
<tr><td>자신이 속한 집단 알기</td><td>자신이 속한 반과 교사를 안다.</td><td>자신이 속한 반의 활동에 즐겁게 참여한다.</td></tr>
<tr><td rowspan="4">사회적 가치를 알기</td><td>도움 받아 물건을 정리한다.</td><td>스스로 물건을 정리한다.</td></tr>
<tr><td>자기 순서를 안다.</td><td>순서를 기다린다.</td></tr>
<tr><td colspan="2">바른 태도로 인사한다.</td></tr>
<tr><td colspan="2">간단한 약속을 지킨다.</td></tr>
</table>

표 7-23 2세 보육과정의 예술경험 범주의 수준별 세부 내용

<table>
<tr><th>내용범주</th><th>내용</th><th>1수준</th><th>2수준</th></tr>
<tr><td rowspan="2">아름다움
찾아보기</td><td rowspan="2">예술적 요소
탐색하기</td><td colspan="2">주변 환경에서 나는 다양한 소리와
움직임을 탐색한다.</td></tr>
<tr><td colspan="2">주변 환경에서 색, 모양을 탐색한다.</td></tr>
<tr><td rowspan="7">예술적 표현하기</td><td rowspan="2">리듬 있는 소리와
노래로 표현하기</td><td colspan="2">친근한 노래를 따라 부른다.</td></tr>
<tr><td colspan="2">신체, 사물, 리듬악기 등을 이용하여 간단한
리듬과 소리를 만든다.</td></tr>
<tr><td rowspan="2">움직임으로 표현하기</td><td colspan="2">노래나 리듬에 맞춰 몸으로 표현한다.</td></tr>
<tr><td colspan="2">간단한 도구를 활용하여 몸으로 표현한다.</td></tr>
<tr><td rowspan="2">자발적으로
미술활동하기</td><td colspan="2">자발적으로 그리기, 만들기를 한다.</td></tr>
<tr><td colspan="2">간단한 도구와 미술재료를 다룬다.</td></tr>
<tr><td>모방과 상상놀이하기</td><td>모방행동을 놀이처럼
즐긴다.</td><td>일상생활 경험을
상상놀이로 즐긴다.</td></tr>
<tr><td rowspan="3">예술 감상하기</td><td rowspan="3">아름다움 즐기기</td><td colspan="2">자연이나 생활의 소리나, 움직임, 친근한
음악과 춤을 관심 있게 듣거나 본다.</td></tr>
<tr><td colspan="2">일상생활에서 자연과 사물의 아름다움에
관심을 가지고 즐긴다.</td></tr>
<tr><td colspan="2">자신과 또래가 표현한 노래, 춤, 미술품
등에 관심을 가지고 즐긴다.</td></tr>
</table>

표 7-24 2세 보육과정의 자연탐구 범주의 수준별 세부 내용

<table>
<tr><th>내용범주</th><th>내용</th><th>1수준</th><th>2수준</th></tr>
<tr><td rowspan="2">탐구하는 태도 기르기</td><td>호기심 가지기</td><td colspan="2">주변 사물과 자연 세계에 호기심을 가진다.</td></tr>
<tr><td>반복적 탐색 즐기기</td><td colspan="2">관심 있는 사물을 반복하여 주도적으로 탐색하기를 즐긴다.</td></tr>
<tr><td rowspan="8">수학적 탐구하기</td><td rowspan="3">수량 인식하기</td><td colspan="2">많고 적음을 구별한다.</td></tr>
<tr><td>두 개가량의 수 이름을 말해 본다.</td><td>세 개가량의 구체물을 말하며 세어 본다.</td></tr>
<tr><td colspan="2">구체물을 일대일로 대응해본다.</td></tr>
<tr><td rowspan="2">공간과 도형에 관심 가지기</td><td colspan="2">나를 중심으로 익숙한 위치, 장소를 인식한다.</td></tr>
<tr><td colspan="2">주변 사물의 모양에 관심을 가진다.</td></tr>
<tr><td>차이에 관심 가지기</td><td colspan="2">주변 사물의 크기(속성의 차이)에 관심을 가진다.</td></tr>
<tr><td>단순한 규칙성에 관심 가지기</td><td colspan="2">주변에서 단순하게 반복되는 규칙성에 관심을 가진다.</td></tr>
<tr><td>구분하기</td><td colspan="2">주변 사물의 같고 다름에 따라 구분한다.</td></tr>
<tr><td rowspan="6">과학적 탐구하기</td><td>물체와 물질 탐색하기</td><td colspan="2">친숙한 물체와 물질을 능동적으로 탐색한다.</td></tr>
<tr><td>주변 동식물에 관심 가지기</td><td colspan="2">주변 동식물의 모양, 소리, 움직임에 관심을 가진다.</td></tr>
<tr><td rowspan="2">자연을 탐색하기</td><td colspan="2">돌, 물, 모래 등의 자연물을 탐색한다.</td></tr>
<tr><td colspan="2">날씨를 감각으로 느낀다.</td></tr>
<tr><td rowspan="2">생활도구 사용하기</td><td colspan="2">생활 속에서 간단한 도구에 관심을 가진다.</td></tr>
<tr><td colspan="2">간단한 도구를 사용한다.</td></tr>
</table>

(2) 3~5세 보육과정의 세부 내용

유아기 발달 양상을 보면 점진적으로 발달하며, 단기간에 획기적인 발달은 찾아보기 힘들다. 이러한 유아기 발달 양상은 몇 개월마다 현저한 발달 차이가 있는 영아기와는 다르며, 오히려 유아기에는 연령 차이보다는 개인 차이가 큰 시기라고 볼 수 있다. 따라서 유아기의 발달 수준을 구분지어 보육과정을 구성하기는 어려운 일이다.

더욱이 3~5세 누리과정이 이미 유치원이나 어린이집에서 적용되고 있으므로 누리과정과 어깨를 맞추어야 할 필요가 있으므로, 이러한 입장에서 표준보육과정은 3~5세 누리과정과 발을 맞추기 위해 발달 수준을 구분하지 않은 대신에 연령을 3세, 4세, 5세로 나누어 보육과정의 세부 내용을 제시했다.

3세, 4세, 5세 보육과정을 구체적으로 영역별로 묶어 한눈에 볼 수 있도록 비교해 보았다. 각각 영역별로 연령이 증가하면서 점진적 발달에 맞춰 보육과정이 구성되었음을 다음의 표에서 알 수 있다.

표 7-25a **3~5세 보육과정의 신체운동 · 건강 범주의 수준별 세부 내용(3세)**

내용범주	내용	세부 내용
신체 인식하기	감각능력 기르고 활용하기	감각적 차이를 경험한다.
		감각기관을 인식하고, 활용해 본다.
	신체를 인식하고 움직이기	신체 각 부분의 명칭을 알고, 움직임에 관심을 갖는다.
		자신의 신체를 긍정적으로 인식하고 움직인다.
신체 조절과 기본 운동하기	신체 조절하기	신체균형을 유지해본다.
		공간, 힘, 시간 등의 움직임 요소를 경험한다.
		신체 각 부분의 움직임을 조절해 본다.
		눈과 손을 협응하여 소근육을 조절해 본다.
	기본 운동하기	걷기, 달리기 등 이동운동을 한다.
		제자리에서 몸을 움직여 본다.

〈계속〉

신체 활동에 참여하기	자발적으로 신체 활동에 참여하기	신체 활동에 자발적으로 참여한다.
		다른 사람과 함께 하는 신체 활동에 참여한다.
	바깥에서 신체 활동하기	규칙적으로 바깥에서 신체 활동을 한다.
	기구를 이용하여 신체 활동하기	여러 가지 기구를 이용하여 신체 활동을 한다.
건강하게 생활하기	몸과 주변을 깨끗이 하기	손과 이를 깨끗이 하는 방법을 알고 실천한다.
		주변을 깨끗이 한다.
	바른 식생활하기	음식을 골고루 먹는다.
		몸에 좋은 음식에 관심을 갖는다.
		바른 태도로 식사한다.
	건강한 일상생활하기	규칙적으로 잠을 자고, 적당한 휴식을 취한다.
		하루 일과에 즐겁게 참여한다.
		스스로 화장실에서 배변한다.
	질병 예방하기	질병의 위험을 알고 주의한다.
		날씨에 맞게 옷을 입는다.
안전하게 생활하기	안전하게 놀이하기	놀이기구나 놀잇감, 도구를 안전하게 사용한다.
		안전한 놀이장소를 안다.
		TV, 인터넷, 통신기기 등을 바르게 사용한다.
	교통안전 규칙 지키기	교통안전 규칙을 안다.
		교통수단을 안전하게 이용한다.
	비상 시 적절히 대처하기	학대, 성폭력, 실종, 유괴상황을 알고 도움을 요청한다.
		재난 및 사고 등 비상 시 적절하게 대처하는 방법을 안다.

표 7-25b 3~5세 보육과정의 신체운동 · 건강 범주의 수준별 세부 내용(4세)

내용범주	내용	세부 내용
신체 인식하기	감각능력 기르고 활용하기	감각적 차이를 구분한다.
		여러 감각기관을 협응하여 활용한다.
	신체를 인식하고 움직이기	신체 각 부분의 특성을 이해하고 활용하여 움직인다.
		자신의 신체를 긍정적으로 인식하고 움직인다.
신체 조절과 기본 운동하기	신체 조절하기	다양한 자세와 움직임에서 신체균형을 유지한다.
		공간, 힘, 시간 등의 움직임 요소를 활용하여 움직인다.
		신체 각 부분을 협응하여 움직임을 조절한다.
		눈과 손을 협응하여 소근육을 조절해 본다.
	기본 운동하기	걷기, 달리기, 뛰기 등 다양한 이동운동을 한다.
		제자리에서 몸을 다양하게 움직인다.
신체 활동에 참여하기	자발적으로 신체 활동에 참여하기	신체 활동에 자발적이고 지속적으로 참여한다.
		다른 사람과 함께 하는 신체 활동에 참여한다.
		자신과 다른 사람의 운동능력의 차이에 관심을 갖는다.
	바깥에서 신체 활동하기	규칙적으로 바깥에서 신체 활동을 한다.
	기구를 이용하여 신체 활동하기	여러 가지 기구를 이용하여 신체 활동을 한다.
건강하게 생활하기	몸과 주변을 깨끗이 하기	손과 이를 깨끗이 하는 방법을 알고 실천한다.
		주변을 깨끗이 하는 습관을 기른다.
	바른 식생활하기	음식을 골고루 먹는다.
		몸에 좋은 음식을 알아본다.
		음식을 소중히 여기고 식사예절을 지킨다.
	건강한 일상생활하기	규칙적으로 잠을 자고, 적당한 휴식을 취한다.
		하루 일과에 즐겁게 참여한다.
		바른 배변습관을 가진다.
	질병 예방하기	질병을 예방하는 방법을 알고 실천한다.
		날씨와 상황에 알맞게 옷을 입는다.

〈계속〉

안전하게 생활하기	안전하게 놀이하기	놀이기구나 놀잇감, 도구를 안전하게 사용한다.
		안전한 장소를 알고 안전하게 놀이한다.
		TV, 인터넷, 통신기기 등의 위해성을 알고, 바르게 사용한다.
	교통안전 규칙 지키기	교통안전 규칙을 알고 지킨다.
		교통수단을 안전하게 이용한다.
	비상 시 적절히 대처하기	학대, 성폭력, 실종, 유괴상황 시 도움을 요청하는 방법을 알고 행동한다.
		재난 및 사고 등 비상 시 적절하게 대처하는 방법을 알고 행동한다.

표 7-25c 3~5세 보육과정의 신체운동 · 건강 범주의 수준별 세부 내용(5세)

내용 범주	내용	세부 내용
신체 인식하기	감각능력 기르고 활용하기	감각으로 대상이나 사물의 특성과 차이를 구분한다.
		여러 감각기관을 협응하여 활용한다.
	신체를 인식하고 움직이기	신체 각 부분의 특성을 이해하고 활용하여 움직인다.
		자신의 신체를 긍정적으로 인식하고 움직인다.
신체 조절과 기본 운동하기	신체 조절하기	다양한 자세와 움직임에서 신체균형을 유지한다.
		공간, 힘, 시간 등의 움직임 요소를 활용하여 움직인다.
		신체 각 부분을 협응하여 움직임을 조절한다.
		눈과 손을 협응하여 소근육을 조절해 본다.
		도구를 활용하여 여러 가지 조작운동을 한다.
	기본 운동하기	걷기, 달리기, 뛰기 등 다양한 이동운동을 한다.
		제자리에서 몸을 다양하게 움직인다.

〈계속〉

신체 활동에 참여하기	자발적으로 신체 활동에 참여하기	신체 활동에 자발적이고 지속적으로 참여한다.
		다른 사람과 함께 하는 신체 활동에 참여한다.
		자신과 다른 사람의 운동능력의 차이를 이해한다.
	바깥에서 신체 활동하기	규칙적으로 바깥에서 신체 활동을 한다.
	기구를 이용하여 신체 활동하기	여러 가지 기구를 이용하여 신체 활동을 한다.
건강하게 생활하기	몸과 주변을 깨끗이 하기	스스로 몸을 깨끗이 하는 습관을 기른다.
		주변을 깨끗이 하는 습관을 기른다.
	바른 식생활하기	적당량의 음식을 골고루 먹는다.
		몸에 좋은 음식을 선택할 수 있다.
		음식을 소중히 여기고 식사예절을 지킨다.
	건강한 일상생활하기	규칙적으로 잠을 자고, 적당한 휴식을 취한다.
		하루 일과에 즐겁게 참여한다.
		규칙적인 배변습관을 가진다.
	질병 예방하기	질병을 예방하는 방법을 알고 실천한다.
		날씨와 상황에 알맞게 옷을 입는다.
안전하게 생활하기	안전하게 놀이하기	놀이기구나 놀잇감, 도구의 바른 사용법을 알고 안전하게 사용한다.
		안전한 장소를 알고 안전하게 놀이한다.
		TV, 인터넷, 통신기기 등의 위해성을 알고, 바르게 사용한다.
	교통안전 규칙 지키기	교통안전 규칙을 알고 지킨다.
		교통수단을 안전하게 이용한다.
	비상 시 적절히 대처하기	학대, 성폭력, 실종, 유괴상황 시 도움을 요청하는 방법을 알고 행동한다.
		재난 및 사고 등 비상 시 적절하게 대처하는 방법을 알고 행동한다.

표 7-26a 3~5세 보육과정의 의사소통 범주의 수준별 세부 내용(3세)

내용범주	내용	세부 내용
듣기	낱말과 문장 듣고 이해하기	낱말의 발음에 관심을 가지고 듣는다.
		일상생활과 관련된 낱말과 문장을 듣고 뜻을 이해한다.
	이야기 듣고 이해하기	다른 사람의 이야기를 관심 있게 듣는다.
	동요, 동시, 동화 듣고 이해하기	동요, 동시, 동화를 다양한 방법으로 듣고 즐긴다.
	바른 태도로 듣기	말하는 사람을 바라보며 듣는다.
말하기	낱말과 문장으로 말하기	친숙한 낱말을 발음해 본다.
		새로운 낱말에 관심을 가진다.
		일상생활에서 일어나는 일들을 간단한 문장으로 말한다.
	느낌, 생각, 경험 말하기	자신의 느낌, 생각, 경험을 말해본다.
	상황에 맞게 바른 태도로 말하기	상대방을 바라보며 말한다.
		바르고 고운 말을 사용한다.
읽기	읽기에 흥미 가지기	주변에서 친숙한 글자를 찾아본다.
		읽어 주는 글의 내용에 관심을 가진다.
	책 읽기에 관심 가지기	책에 흥미를 가진다.
		책의 그림을 단서로 내용을 추측해 본다.
쓰기	쓰기에 관심 가지기	말을 글로 나타내는 것에 관심을 보인다.
		자기 이름의 글자에 관심을 가진다.

표 7-26b 3~5세 보육과정의 의사소통 범주의 수준별 세부 내용(4세)

내용범주	내용	세부 내용
듣기	낱말과 문장 듣고 이해하기	낱말의 발음에 관심을 가지고 듣는다.
		일상생활과 관련된 낱말과 문장을 듣고 뜻을 이해한다.
	이야기 듣고 이해하기	다른 사람의 이야기를 듣고 이해한다.
		이야기를 듣고 궁금한 것에 대해 질문한다.
	동요, 동시, 동화 듣고 이해하기	동요, 동시, 동화를 다양한 방법으로 듣고 즐긴다.
		전래 동요, 동시, 동화를 듣고 우리말의 재미를 느낀다.
	바른 태도로 듣기	다른 사람의 이야기를 주의 깊게 듣는다.
말하기	낱말과 문장으로 말하기	친숙한 낱말을 정확하게 발음해 본다.
		다양한 낱말을 사용하여 말한다.
		일상생활에서 일어나는 일들을 간단한 문장으로 말한다.
	느낌, 생각, 경험 말하기	자신의 느낌, 생각, 경험을 말한다.
		주제를 정하여 함께 이야기를 나눈다.
		이야기를 지어 말한다.
	상황에 맞게 바른 태도로 말하기	듣는 사람의 생각과 느낌을 고려하여 말한다.
		차례를 지켜 말한다.
		바르고 고운 말을 사용한다.
읽기	읽기에 흥미 가지기	주변에서 친숙한 글자를 찾아본다.
		읽어 주는 글의 내용에 관심을 가진다.
	책 읽기에 관심 가지기	책 보는 것을 즐기고 소중하게 다룬다.
		책의 그림을 단서로 내용을 이해한다.
		궁금한 것을 책에서 찾아본다.
쓰기	쓰기에 관심 가지기	말이나 생각을 글로 나타낼 수 있음을 안다.
		자기 이름을 써 본다.
		자신의 느낌, 생각, 경험을 글자와 비슷한 형태로 표현한다.
	쓰기 도구 사용하기	쓰기 도구에 관심을 가지고 사용해 본다.

표 7-26c 3~5세 보육과정의 의사소통 범주의 수준별 세부 내용(5세)

내용범주	내용	세부 내용
듣기	낱말과 문장 듣고 이해하기	낱말의 발음에 관심을 가지고 비슷한 발음을 듣고 구별한다.
		다양한 낱말과 문장을 듣고 뜻을 이해한다.
	이야기 듣고 이해하기	다른 사람의 이야기를 듣고 이해한다.
		이야기를 듣고 궁금한 것에 대해 질문한다.
	동요, 동시, 동화 듣고 이해하기	동요, 동시, 동화를 다양한 방법으로 듣고 이해한다.
		전래 동요, 동시, 동화를 듣고 우리말의 재미를 느낀다.
	바른 태도로 듣기	다른 사람의 이야기를 끝까지 주의 깊게 듣는다.
말하기	낱말과 문장으로 말하기	정확한 발음으로 말한다.
		다양한 낱말을 사용하여 상황에 맞게 말한다.
		일상생활에서 일어나는 일들을 다양한 문장으로 말한다.
	느낌, 생각, 경험 말하기	자신의 느낌, 생각, 경험을 적절한 낱말과 문장으로 말한다.
		주제를 정하여 함께 이야기를 나눈다.
		이야기 지어 말하기를 즐긴다.
	상황에 맞게 바른 태도로 말하기	듣는 사람의 생각과 느낌을 고려하여 말한다.
		때와 장소, 대상에 알맞게 말한다.
		바르고 고운 말을 사용한다.
읽기	읽기에 흥미 가지기	주변에서 친숙한 글자를 찾아 읽어 본다.
		읽어 주는 글의 내용에 관심을 가지고 읽어 본다.
	책 읽기에 관심 가지기	책 보는 것을 즐기고 소중하게 다룬다.
		책의 그림을 단서로 내용을 이해한다.
		궁금한 것을 책에서 찾아본다.
쓰기	쓰기에 관심 가지기	말이나 생각을 글로 나타낼 수 있음을 안다.
		자신의 이름과 주변의 친숙한 글자를 써 본다.
		자신의 느낌, 생각, 경험을 글자와 비슷한 형태나 글자로 표현한다.
	쓰기 도구 사용하기	쓰기 도구의 바른 사용법을 알고 사용한다.

표 7-27a 3~5세 보육과정의 사회관계 범주의 수준별 세부 내용(3세)

내용 범주	내용	세부 내용
나를 알고 존중하기	나를 알고, 소중히 여기기	나에 대해 관심을 갖는다.
		나와 다른 사람의 차이에 관심을 갖는다.
		나를 소중하게 여긴다.
	나의 일 스스로 하기	내가 할 수 있는 일을 알아본다.
		내가 하고 싶은 일을 선택해 본다.
나와 다른 사람의 감정 알고 조절하기	나와 다른 사람의 감정 알고 표현하기	자신에게 여러 가지 감정이 있음을 안다.
		다른 사람의 감정에 관심을 갖는다.
	나의 감정 조절하기	자신의 감정을 조절해 본다.
가족을 소중히 여기기	가족과 화목하게 지내기	가족의 소중함을 안다.
	가족과 협력하기	가족 구성원을 알아본다.
		가족을 위하여 내가 할 수 있는 일을 알아본다.
다른 사람과 더불어 생활하기	친구와 사이좋게 지내기	친구와 함께 놀이한다.
		나와 친구의 의견에 차이가 있음을 안다.
	공동체에서 화목하게 지내기	교사 및 주변 사람과 화목하게 지낸다.
	사회적 가치를 알고 지키기	다른 사람의 소유물을 존중한다.
		약속과 규칙을 지켜야 함을 안다.
사회에 관심 갖기	지역사회에 관심 갖고 이해하기	우리 동네의 이름을 안다.
		우리 동네 사람들에 관심을 갖는다.
	우리나라에 관심 갖고 이해하기	우리나라를 상징하는 것에 관심을 가진다.
		우리나라의 전통놀이와 풍습에 관심을 갖는다.

표 7-27b 3~5세 보육과정의 사회관계 범주의 수준별 세부 내용(4세)

내용범주	내용	세부 내용
나를 알고 존중하기	나를 알고, 소중히 여기기	나에 대해 알아본다.
		나와 다른 사람의 차이점을 알아본다.
		나에 대해 긍정적으로 생각하고 나를 소중하게 여긴다.
	나의 일 스스로 하기	내가 할 수 있는 일을 해 본다.
		하고 싶은 일을 계획하고 해 본다.
나와 다른 사람의 감정 알고 조절하기	나와 다른 사람의 감정 알고 표현하기	자신의 감정을 알고 표현한다.
		다른 사람의 감정을 안다.
	나의 감정 조절하기	자신의 감정을 조절해 본다.
가족을 소중히 여기기	가족과 화목하게 지내기	가족의 소중함을 안다.
	가족과 협력하기	가족 구성원의 역할에 대해 알아본다.
		가족을 위하여 내가 할 수 있는 일을 알아보고 실천한다.
다른 사람과 더불어 생활하기	친구와 사이좋게 지내기	친구와 협동하며 놀이한다.
		친구와의 갈등을 긍정적인 방법으로 해결한다.
	공동체에서 화목하게 지내기	도움이 필요할 때 다른 사람과 도움을 주고받는다.
		교사 및 주변 사람과 화목하게 지낸다.
	사회적 가치를 알고 지키기	정직하게 말하고 행동한다.
		다른 사람의 생각, 행동을 존중한다.
		친구와 어른에게 예의 바르게 행동한다.
		다른 사람과 한 약속이나 공공규칙을 지킨다.
		자연과 자원을 아끼는 습관을 기른다.
사회에 관심 갖기	지역사회에 관심 갖고 이해하기	우리 동네에 대해 알아본다.
		우리 동네 사람들이 하는 일에 관심을 갖는다.
		물건을 살 때 돈이 필요함을 안다.
	우리나라에 관심 갖고 이해하기	우리나라를 상징하는 것을 안다.
		우리나라의 전통놀이와 풍습에 관심을 갖는다.
		우리나라에 대해 자부심을 갖는다.
	세계와 여러 문화에 관심 가지기	세계 여러 나라에 대해 관심을 갖는다.
		다양한 인종과 문화에 관심을 갖는다.

표 7-27c 3~5세 보육과정의 사회관계 범주의 수준별 세부 내용(5세)

내용범주	내용	세부 내용
나를 알고 존중하기	나를 알고 소중히 여기기	나에 대해 알아본다.
		나와 다른 사람의 신체적, 사회적, 문화적 차이를 존중한다.
		나에 대해 긍정적으로 생각하고 나를 소중하게 여긴다.
	나의 일 스스로 하기	내가 할 수 있는 일을 스스로 한다.
		하고 싶은 일을 계획하고 해 본다.
나와 다른 사람의 감정 알고 조절하기	나와 다른 사람의 감정 알고 표현하기	자신의 감정을 알고 표현한다.
		다른 사람의 감정을 알고 공감한다.
	나의 감정 조절하기	자신의 감정을 상황에 맞게 조절한다.
가족을 소중히 여기기	가족과 화목하게 지내기	가족의 의미와 소중함을 안다.
		가족과 화목하게 지낸다.
	가족과 협력하기	다양한 가족구조에 대해 알아본다.
		가족은 서로 도와야 함을 알고 실천한다.
다른 사람과 더불어 생활하기	친구와 사이좋게 지내기	친구와 협동하며 놀이한다.
		친구와의 갈등을 긍정적인 방법으로 해결한다.
	공동체에서 화목하게 지내기	다른 사람과 도움을 주고받고, 서로 협력한다.
		교사 및 주변 사람과 화목하게 지낸다.
	사회적 가치를 알고 지키기	정직하게 말하고 행동한다.
		다른 사람을 배려하여 행동한다.
		친구와 어른께 예의 바르게 행동한다.
		다른 사람과 한 약속이나 공공규칙을 지킨다.
		자연과 자원을 아끼는 습관을 기른다.
사회에 관심 갖기	지역사회에 관심 갖고 이해하기	우리 동네에 대해 알아본다.
		다양한 직업에 관심을 갖는다.
		일상생활에서 돈의 쓰임에 대해 안다.
	우리나라에 관심 갖고 이해하기	우리나라를 상징하는 것을 알고 예절을 지킨다.
		우리나라의 전통, 역사, 문화에 관심을 갖는다.
		우리나라에 대해 자부심을 갖는다.
	세계와 여러 문화에 관심 가지기	세계 여러 나라에 대해 관심을 갖고, 서로 협력해야 함을 안다.
		다양한 인종과 문화를 알아보고 존중한다.

표 7-28a 3~5세 보육과정의 예술경험 범주의 수준별 세부 내용(3세)

내용범주	내용	세부 내용
아름다움 찾아보기	음악적 요소 탐색하기	다양한 소리, 음악의 셈여림, 빠르기, 리듬 등에 관심을 갖는다.
	움직임과 춤 요소 탐색하기	움직임과 춤의 모양, 힘, 빠르기 등에 관심을 갖는다.
	미술적 요소 탐색하기	자연과 사물의 색, 모양, 질감 등에 관심을 갖는다.
예술적 표현하기	음악으로 표현하기	간단한 노래를 듣고 따라 부른다.
		전래동요를 즐겨 부른다.
		리듬악기로 간단한 리듬을 표현해 본다.
		간단한 리듬과 노래를 즉흥적으로 만들어 본다.
	움직임과 춤으로 표현하기	신체를 이용하여 주변의 움직임을 자유롭게 표현한다.
		움직임과 춤으로 자신의 생각과 느낌을 표현한다.
		도구를 활용하여 다양한 움직임으로 표현한다.
	미술 활동으로 표현하기	다양한 미술활동을 경험해 본다.
		미술활동에 필요한 재료와 도구에 관심을 가지고 사용한다.
	극놀이로 표현하기	일상생활의 경험을 극놀이로 표현한다.
	통합적으로 표현하기	예술 활동에 참여하여 표현과정을 즐긴다.
예술 감상하기	다양한 예술 감상하기	다양한 음악, 춤, 미술작품, 극놀이 등을 듣거나 본다.
		나와 다른 사람의 예술 표현을 소중히 여긴다.
	전통예술 감상하기	우리나라의 전통예술에 관심을 갖는다.

표 7-28b 3~5세 보육과정의 예술경험 범주의 수준별 세부 내용(4세)

내용범주	내용	세부 내용
아름다움 찾아보기	음악적 요소 탐색하기	다양한 소리, 음악의 셈여림, 빠르기, 리듬 등에 관심을 갖는다.
	움직임과 춤 요소 탐색하기	움직임과 춤의 모양, 힘, 빠르기 등에 관심을 갖는다.
	미술적 요소 탐색하기	자연과 사물의 색, 모양, 질감 등에 관심을 갖는다.
예술적 표현하기	음악으로 표현하기	노래로 자신의 생각과 느낌을 표현한다.
		전래동요를 즐겨 부른다.
		리듬악기를 연주해 본다.
		간단한 리듬과 노래를 즉흥적으로 만들어 본다.
	움직임과 춤으로 표현하기	신체를 이용하여 주변의 움직임을 자유롭게 표현한다.
		움직임과 춤으로 자신의 생각과 느낌을 표현한다.
		도구를 활용하여 다양한 움직임으로 표현한다.
	미술 활동으로 표현하기	다양한 미술활동으로 자신의 생각과 느낌을 표현한다.
		협동적인 미술활동에 참여한다.
		미술활동에 필요한 재료와 도구를 다양하게 사용한다.
	극놀이로 표현하기	일상생활의 경험이나 간단한 이야기를 극놀이로 표현한다.
		소품, 배경, 의상 등을 사용하여 협동적으로 극놀이를 한다.
	통합적으로 표현하기	음악, 움직임과 춤, 미술, 극놀이 등을 통합하여 표현한다.
		예술 활동에 참여하여 표현과정을 즐긴다.
예술 감상하기	다양한 예술 감상하기	다양한 음악, 춤, 미술작품, 극놀이 등을 듣거나 보고 즐긴다.
		나와 다른 사람의 예술 표현을 소중히 여긴다.
	전통예술 감상하기	우리나라의 전통예술에 관심을 갖는다.

표 7-28c 3~5세 보육과정의 예술경험 범주의 수준별 세부 내용(5세)

내용범주	내용	세부 내용
아름다움 찾아보기	음악적 요소 탐색하기	다양한 소리, 악기 등으로 음악의 셈여림, 빠르기, 리듬 등을 탐색한다.
	움직임과 춤 요소 탐색하기	움직임과 춤의 모양, 힘, 빠르기, 흐름 등을 탐색한다.
	미술적 요소 탐색하기	자연과 사물에서 색, 모양, 질감, 공간 등을 탐색한다.
예술적 표현하기	음악으로 표현하기	노래로 자신의 생각과 느낌을 표현한다.
		전래동요를 즐겨 부른다.
		리듬악기를 연주해 본다.
		리듬과 노래 등을 즉흥적으로 만들어 본다.
	움직임과 춤으로 표현하기	신체를 이용하여 주변의 움직임을 다양하게 표현하며 즐긴다.
		움직임과 춤으로 자신의 생각과 느낌을 표현한다.
		다양한 도구를 활용하여 창의적으로 움직인다.
	미술 활동으로 표현하기	다양한 미술활동으로 자신의 생각과 느낌을 표현한다.
		협동적인 미술활동에 참여하여 즐긴다.
		미술활동에 필요한 재료와 도구를 다양하게 사용한다.
	극놀이로 표현하기	경험이나 이야기를 극놀이로 표현한다.
		소품, 배경, 의상 등을 사용하여 협동적으로 극놀이를 한다.
	통합적으로 표현하기	음악, 움직임과 춤, 미술, 극놀이 등을 통합하여 표현한다.
		예술 활동에 참여하여 창의적으로 표현하는 과정을 즐긴다.
예술 감상하기	다양한 예술 감상하기	다양한 음악, 춤, 미술작품, 극놀이 등을 듣거나 보고 즐긴다.
		나와 다른 사람의 예술 표현을 소중히 여긴다.
	전통예술 감상하기	우리나라의 전통예술에 관심을 갖고 친숙해진다.

표 7-29a 3~5세 보육과정의 자연탐구 범주의 수준별 세부 내용(3세)

내용 범주	내용	세부 내용
탐구하는 태도 기르기	호기심을 유지하고 확장하기	주변 사물과 자연세계에 대해 호기심을 갖는다.
	탐구과정 즐기기	궁금한 점을 알아보는 과정에 흥미를 갖는다.
수학적 탐구하기	수와 연산의 기초개념 알아보기	생활 속에서 수에 관심을 갖는다.
		구체물 수량의 많고 적음을 비교한다.
		다섯 개 가량의 구체물을 세어보고 수량에 관심을 갖는다.
	공간과 도형의 기초 개념 알아보기	나를 중심으로 앞, 뒤, 옆, 위, 아래를 알아본다.
		물체의 모양에 관심을 갖는다.
	기초적인 측정하기	두 물체의 길이, 크기를 비교해 본다.
	규칙성 이해하기	생활주변에서 반복되는 규칙성에 관심을 갖는다.
	기초적인 자료 수집과 결과 나타내기	같은 것 끼리 짝을 짓는다.
과학적 탐구하기	물체와 물질 알아보기	친숙한 물체와 물질의 특성에 관심을 갖는다.
	생명체와 자연환경 알아보기	나의 출생과 성장에 대해 관심을 갖는다.
		주변의 동식물에 관심을 가진다.
		생명체를 소중히 여기는 마음을 갖는다.
	자연현상 알아보기	돌, 물, 흙 등 자연물에 관심을 갖는다.
		날씨에 관심을 갖는다.
	간단한 도구와 기계 활용하기	생활 속에서 간단한 도구와 기계에 관심을 갖는다.
		도구와 기계의 편리함에 관심을 갖는다.

표 7-29b 3~5세 보육과정의 자연탐구 범주의 수준별 세부 내용(4세)

내용범주	내용	세부 내용
탐구하는 태도 기르기	호기심을 유지하고 확장하기	주변 사물과 자연세계에 대해 지속적으로 호기심을 갖는다.
	탐구과정 즐기기	궁금한 점을 알아보는 탐구과정에 관심을 가지고 참여한다.
	탐구기술 활용하기	일상생활의 문제를 해결하는 과정에서 탐색, 관찰 등의 방법을 활용해 본다.
수학적 탐구하기	수와 연산의 기초개념 알아보기	생활 속에서 사용되는 수의 여러 가지 의미를 안다.
		구체물 수량에서 '같다', '더 많다', '더 적다'의 관계를 안다.
		열 개 가량의 구체물을 세어보고 수량을 알아본다.
	공간과 도형의 기초개념 알아보기	위치와 방향을 여러 가지 방법으로 나타내 본다.
		기본 도형의 특성을 인식한다.
		기본 도형을 사용하여 여러 가지 모양을 구성해 본다.
	기초적인 측정하기	일상생활에서 길이, 크기, 무게 등을 비교해 본다.
	규칙성 이해하기	생활주변에서 반복되는 규칙성을 알아본다.
		반복되는 규칙성을 인식하고 모방한다.
	기초적인 자료 수집과 결과 나타내기	필요한 정보나 자료를 수집한다.
		한 가지 기준으로 자료를 분류해 본다.
과학적 탐구하기	물체와 물질 알아보기	친숙한 물체와 물질의 특성을 알아본다.
		물체와 물질을 여러 가지 방법으로 변화시켜 본다.
	생명체와 자연환경 알아보기	나의 출생과 성장에 대해 관심을 갖는다.
		관심 있는 동식물의 특성을 알아본다.
		생명체를 소중히 여기는 마음을 갖는다.
		생명체가 살기 좋은 환경에 대해 관심을 갖는다.
	자연현상 알아보기	돌, 물, 흙 등 자연물의 특성과 변화를 알아본다.
		날씨와 기후변화에 관심을 갖는다.
	간단한 도구와 기계 활용하기	생활 속에서 간단한 도구와 기계를 활용한다.
		도구와 기계의 편리함에 관심을 갖는다.

표 7-29c 3~5세 보육과정의 자연탐구 범주의 수준별 세부 내용(5세)

내용범주	내용	세부 내용
탐구하는 태도 기르기	호기심을 유지하고 확장하기	주변 사물과 자연세계에 대해 지속적으로 호기심을 갖고 알고자 한다.
	탐구과정 즐기기	궁금한 점을 알아보는 탐구과정에 참여하고 즐긴다.
		탐구과정에서 서로 다른 생각에 관심을 갖는다.
	탐구기술 활용하기	일상생활의 문제를 해결하는 과정에서 탐색, 관찰, 비교, 예측 등의 탐구기술을 활용해 본다.
수학적 탐구하기	수와 연산의 기초개념 알아보기	생활 속에서 사용되는 수의 여러 가지 의미를 안다.
		구체물 수량의 부분과 전체 관계를 알아본다.
		스무 개 가량의 구체물을 세어보고 수량을 알아본다.
		구체물을 가지고 더하고 빼는 경험을 해 본다.
	공간과 도형의 기초개념 알아보기	위치와 방향을 여러 가지 방법으로 나타내 본다.
		여러 방향에서 물체를 보고 그 차이점을 비교해 본다.
		기본 도형의 공통점과 차이점을 알아본다.
		기본 도형을 사용하여 여러 가지 모양을 구성해 본다.
	기초적인 측정하기	일상생활에서 길이, 크기, 무게, 들이 등의 속성을 비교하고, 순서를 지어 본다.
		임의 측정 단위를 사용하여 길이, 면적, 들이, 무게 등을 재 본다.
	규칙성 이해하기	생활주변에서 반복되는 규칙성을 알고 다음에 올 것을 예측해 본다.
		스스로 규칙성을 만들어 본다.
	기초적인 자료 수집과 결과 나타내기	필요한 정보나 자료를 수집한다.
		한 가지 기준으로 분류한 자료를 다른 기준으로 재분류해 본다.
		그림, 사진, 기호나 숫자를 사용해 그래프로 나타내 본다.
과학적 탐구하기	물체와 물질 알아보기	주변의 여러 가지 물체와 물질의 기본 특성을 알아본다.
		물체와 물질을 여러 가지 방법으로 변화시켜 본다.
	생명체와 자연환경 알아보기	나와 다른 사람의 출생과 성장에 대해 알아본다.
		관심 있는 동식물의 특성과 성장 과정을 알아본다.
		생명체를 소중히 여기는 마음을 갖는다.

		생명체가 살기 좋은 환경과 녹색환경에 대해 알아본다.
과학적 탐구하기	자연현상 알아보기	돌, 물, 흙 등 자연물의 특성과 변화를 알아본다.
		낮과 밤, 계절의 변화와 규칙성을 알아본다.
		날씨와 기후변화 등 자연현상에 대해 관심을 갖는다.
	간단한 도구와 기계 활용하기	생활 속에서 간단한 도구와 기계를 활용한다.
		변화하는 새로운 도구와 기계에 관심을 갖고 장단점을 안다.

4) 편성과 운영

표준보육과정은 다음의 편성, 운영 및 교수 · 학습방법을 제시했다.

(1) 편성

- 어린이집의 운영시간에 맞추어 편성한다.
- 표준보육과정에 제시된 각 영역의 내용을 균형 있게 통합적으로 편성한다.
- 영 · 유아의 발달특성 및 개인차, 경험을 고려하여 놀이를 중심으로 편성한다.
- 영 · 유아의 일과 중 일상생활을 포함하여 편성한다.
- 어린이집과 보육실의 특성에 따라 융통성 있게 편성한다.
- 성별, 종교, 신체적 특성, 가족 및 민족 배경 등으로 인한 편견이 없도록 편성한다.

(2) 운영

- 보육계획(연간, 월간, 주간, 일일 계획 등)에 의거하여 운영한다.
- 실내 · 외 환경을 다양한 흥미영역으로 구성하여 운영한다.
- 영 · 유아의 능력과 장애정도에 따라 조정하여 운영한다.
- 부모와 각 기관의 실정에 따라 부모교육을 실시한다.
- 가정과 지역사회와의 협력과 참여에 기반하여 운영한다.

• 교사 재교육을 통해 어린이집 표준보육과정 운영을 개선해 나간다.

(3) 교수 · 학습방법

• 주도적인 놀이를 중심으로 교수 · 학습활동이 이루어지도록 한다.
• 흥미를 중심으로 활동을 선택하고 지속할 수 있도록 한다.
• 생활 속 경험을 소재로 하여 지식, 기술, 바람직한 태도를 기르도록 한다.
• 교사와 신뢰감을 형성하고 개별적인 활동이 이루어지도록 한다.
• 교사, 환경, 또래와 능동적인 상호작용이 이루어지도록 한다.
• 주제를 중심으로 여러 활동이 통합적으로 이루어지도록 한다.
• 0~1세아, 2세아는 일상생활 및 개별활동, 휴식 등이 균형 있게 이루어지도록 한다.
• 3~5세아는 실내 · 실외활동, 정적 · 동적 활동, 대 · 소집단활동 및 개별활동, 일상생활 및 휴식 등이 균형 있게 이루어지도록 한다.

(4) 평가

보육 평가는 어린이집 운영평가와 영유아 평가로 구분된다. 표준보육과정에서 제시한 평가 항목은 아래와 같다.

① 운영평가

• 어린이집 표준보육과정의 목표와 내용에 근거하여 보육내용이 적절히 편성 · 운영되는지 평가한다.
• 어린이집 표준보육과정의 운영내용 및 활동이 영유아의 발달수준과 흥미, 요구에 적합한지 평가한다.
• 영 · 유아의 발달수준, 흥미, 요구에 적합한 경험 및 학습을 촉진할 수 있는 다양한 활동과 교수 · 학습방법이 계획되고 통합적으로 운영되는지 평가한다.
• 일과운영 및 보육활동 구성 시 놀이활동과 일상생활활동의 양과 내용이 영아 및 유아 각 연령의 발달에 적합하게 계획되고 운영되는지 평가한다.

- 0~1세아, 2세아는 집단활동보다 개별적인 상호작용과 교수법을 중심으로 상호작용이 진행되는지를 평가한다.
- 어린이집 표준보육과정 운영평가 결과를 수시로 반영하여 보육과정 운영계획을 수정 · 보완하거나 다음 연도의 계획 수립 및 운영에 반영하는지 평가한다.

② 영 · 유아평가

- 어린이집 표준보육과정의 목표와 내용에 근거하여 영 · 유아의 특성과 변화정도를 평가한다.
- 지식, 기술, 태도 등을 평가한다.
- 일상생활과 보육과정 활동 전반에 걸쳐 평가한다.
- 관찰, 활동결과물 분석, 부모면담 등 다양한 방법을 사용하여 종합적으로 평가하고, 그 결과를 기록한다.
- 평가결과는 영 · 유아에 대한 이해와 어린이집 표준보육과정 운영 개선 및 부모면담 자료로 활용한다.

참고문헌

보건복지부(2002). 표준보육과정.

보건복지부(2012). 표준보육과정의 구체적 보육내용 및 교사지침.

보건복지부(2013). 제3차 어린이집 표준보육과정.

보건복지부, 교육과학기술부(2012). 3~5세 연령별 누리과정.

여성가족부(2006). 표준보육과정.

육아정책연구소(2012). 5세 누리과정 운영 지원을 위한 교사 연수 자료집.

이기숙(2000). 유아교육과정. 서울: 교문사.

이기숙 · 장영희 · 정미라 · 홍용희(2002). 가정에서의 유아 조기 · 특기교육 현황 및 부모의 인식. 유아교육연구, 22(3), 153-171.

이순형 · 이경화 · 문무경 · 이영미 · 한유진 · 이성옥 · 권혜진 · 김영명 · 권기남 · 김혜라 · 안소영 · 임송미 · 엄성애(2000). 발달수준별 주제탐구표현활동 프로그램의 운영. 서울: 창지사.

이순형 · 이성옥 · 권혜진 · 이소은 · 황혜신 · 이혜승 · 한유진 · 정윤주 · 이영미 · 이옥경 · 성미영 · 권기남 · 김지현(2009). **보육과정(3판)**. 서울: 학지사.

Decker, C. A., & Decker, J. R. (2001). *Planning and Administering Early Childhood Programs* (7th ed.).

http://www.gwanakgu.go.kr/educare/main.html(관악구보육정보센터)
http://kidshome.snu.ac.kr(서울대학교 생활과학대학 어린이집)
http://central.childcare.go.kr(중앙보육정보센터)

제8장

보육프로그램

1. 영유아 보육프로그램의 종류별 특성

이 장에서는 영유아를 대상으로 하는 보육현장에서 적용될 수 있는 보육프로그램을 소개한다. 다음에 소개되는 보육프로그램은 이제까지 개발된 보육프로그램 중 대표적인 것으로서 각 프로그램은 고유한 특성과 장점을 지니고 있다.

1) 프뢰벨 프로그램

(1) 프뢰벨 유아교육의 배경

프뢰벨

프뢰벨(Friedrich Froebel)의 유아교육은 19세기의 낭만주의적 시대 배경에서 태어났다. 아동을 독립적이고 자주적인 존재로 보는 프뢰벨의 아동중심적 아동관은 19세기 페스탈로치의 영향을 받은 진보적인 것으로 평가된다. 또한 아동도 자연의 아름다움에 눈떠야 하며 자연을 통해서 그 아름다움의 요구가 충족될 수 있다고 프뢰벨은 생각했다. 또한 '생활은 자연이 가르치고 있는 법칙을 활용하는 장이다.' 라고

[그림 8-1]『어린이의 정원』

*출처: 바바라 콜벳, 어린이의 정원, p. 127.

하여 생활의 중요성을 강조했다. 프뢰벨 프로그램에서 아동은 자기주도적 의지를 가진 존재로 성장하며 교사는 아동이 스스로 길을 찾아가도록 인도해야 한다. 지식을 가르치는 것은 아동의 자기주도적 탐구심을 억제하는 것이다. 아동은 자연을 통해서 신의 섭리와 우주의 원리를 깨달을 수 있으므로 교구는 자연물로, 자연을 형상화해서 만들어져야 한다.

프뢰벨이 강조한 교육적 접근방법은 자연스러움이다. 그는 이러한 생각에 기초하여 아동의 발달을 돕는 방법들을 제시한『어머니 놀이』라는 책을 썼다. 또한 그는 말년에 어머니와 유치원 선생님, 보육교사들을 교육하는 훈련학교를 세웠다. 프뢰벨은 아동들은 교육되는 것이 아니라 계발되어야 한다는 생각에서 '교사' 보다 '유치원 선생님(킨더가르트너)' 이란 말을 사용했다. 유치원 선생님이란 정원을 가꾸는 정원사처럼 유치원에서 아동을 양육하는 사람이다.

당시 여성들은 거의 정규교육을 받을 수 없었지만 프뢰벨은 여성이 '인류를 육성하는 사람' 으로서 교육을 받아야 한다고 생각했다. 프뢰벨이 세운 첫 번째 아동 교육기관은 '아동의 마음을 채워 주는 곳(Kleinkinderbesch Ftigungsanstalt)' 이었다. 그러나 그 이름이 만족스럽지 않았던 그는 마침내 알맞은 이름을 찾아냈다. 오늘날에도 널리 쓰이고 있는 '유치원(Kindergarten)' 으로 이름을 결정했다(Corbett, 2002).

(2) 교구재료

프뢰벨은 수학이 자연의 법칙에 다가갈 수 있는 원리를 제공해 준다고 생각했으므로 수학기초를 바탕으로 은물이라는 교구를 만들었다. 공, 입방체, 막대기 등 다양한 기하물은 자연과 우주의 천체를 상징하며, 이를 이용하여 '구분' 하고 '분류' 하는 활동을 할 수 있다.

(3) 프뢰벨 프로그램의 교육목표 및 원리

프뢰벨 프로그램의 교육목표 및 원리는 다음과 같다.

- 아동의 타고난 본성을 중시해야 한다.
- 아동은 발전 가능성을 가지고 있다.
- 아동은 발달단계를 거치면서 나선형으로 성장한다.
- 아동은 발달하기 위해서 발달과업으로 요구되는 것을 이루려고 노력한다.
- 부모, 성인은 아동의 발달을 지원하는 인적 환경 역할을 해야 한다.
- 신이 만든 자연과 우주의 법칙에 가까이 다가가기 위해서 아동은 수학을 통해서 그 논리를 배워야 한다.

(4) 프뢰벨 프로그램의 교육내용 및 활동

① 은물

프뢰벨의 교육활동은 열 가지 교구를 중심으로 구성된 인지활동 프로그램인 은물과 11～20까지의 수작업에 해당하는 손으로 하는 활동으로 구성된다. 은물의 첫 번째 단계에서는 단순한 구 형체를 통해 크기, 형태, 색깔, 움직임을 관찰하고 비교할 수 있는 기회를 얻을 수 있다. 두 번째 단계에서는 입체도형인 구, 원기둥, 정육면체를 이용해 면, 모서리, 꼭짓점을 비교하고 물체의 회전을 알 수 있다. 세 번째 단계에서는 입방체를 이용해 분할과 조합을 익히고 네 번째, 다섯 번째, 여섯 번째

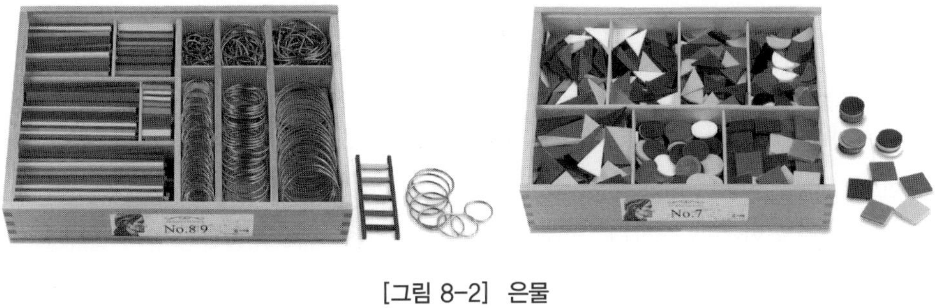

[그림 8-2] 은물

단계에서는 다르게 분할된 입방체를 이용해 구성과 건축, 비례에 대한 경험을 할 수 있다. 일곱 번째 단계에서는 정사각형과 삼각형 모양의 면 평판을 이용해 고체에서 평판으로의 이동을 경험하고, 제시되는 색으로 아동의 마음에 색감을 일깨우고 발달시키는 데 도움을 준다. 여덟 번째 단계와 아홉 번째 단계에서는 각각 직선과 곡선을 이용해 하나의 형태를 이전의 형태로부터 발전시키는 방법을 경험하고 여러 가지 각들을 효과적으로 연구하는 출발점을 제시해 준다. 마지막 열 번째 단계에서는 점 같은 작은 막대기를 통해 구체적인 것에서 추상적인 것으로의 경험을 하게 된다.

② 일과 구성 및 활동 구성

일과 구성은 일반 프로그램들과 다르지 않고 오전, 오후 모두 은물활동이 포함되며 밭에서 꽃이나 농작물을 키우는 노작활동이 포함된다. 프뢰벨 유치원 활동지침서에 따르면 은물활동은 인지활동에 국한된 것이 아니라 인지활동과 관련해 여러 측면의 많은 활동을 포함하고 있으며 여러 단계로 제시하고 있다. 제시 절차는 단계 1(은물 설명), 단계 2(묘사), 단계 3(활용수준), 단계 4(훈련방법), 단계 5(교수방법), 단계 6(사물의 개념학습 또는 언어를 통한 환상화)으로 구성되어 있다.

③ 프로그램의 평가

프뢰벨의 은물교육은 유아교육학자들이 아니라 기업에 의해 확산되고 있는 추세다. 미국에서는 프뢰벨 정신에 입각해 세워진 유아교육기관이 점차 지시적이고 공식화된 프로그램으로 왜곡되기에 이르렀다. 현재 미국에서 프뢰벨의 은물중심 유아교육 프로그램을 실시하는 유치원은 소수에 그치고 있다.

④ 교사 및 부모의 역할

전통적으로 프뢰벨 유치원의 교사는 아동을 관찰하고 인도하며 그의 활동을 방해하지 않는 역할을 수행한다. 교사가 이끌어 나가는 대로 은물활동이 무한대로 확장될 수 있으므로 실제로 교사의 역할이 매우 크다. 교사는 유아의 이해를 살피는 민감성이 있어야 하고 활동 가운데 적절한 지식과 노래와 정서경험이 포함되도록 주도면밀하게 계획을 세워서 주도적으로 활동에 참여하듯이 이끌어 가야 한다.

(5) 한국 현장에서의 적용 및 문제점

전통적으로 프뢰벨 유치원 교사들은 자유롭게 은물을 가지고 놀게 하면서 그 놀이 속에서 은물의 특성을 점차 탐구하게 하였으나 유치원 교사들은 조심스럽게 은물을 가지고 노는 방법을 가르치곤 했다. 이처럼 교사의 역할이 다르지만 이러한 차이는 프뢰벨 유아교육의 본질을 이루는 것이므로 주지적 유아교육 프로그램에 물든 교사들에 의해서는 오늘날 프뢰벨 유치원이 제대로 운영되기 어렵다는 것을 알 수 있다(이순형 외, 2004).

2) 몬테소리 프로그램

(1) 몬테소리 프로그램의 배경

몬테소리

몬테소리(Maria Montessori)는 정신병원에 수용된 정신지체아동을 위해 아동은 사물을 만지거나 느끼는 과정에서 가장 잘 학습한다는 원리에 근거한 교육방법을 개발하였고 일반아동에게도 적용하였다. 이 과정을 통해서 몬테소리는 최상의 교육방법은 어떤 내용을 아동에게 일방적으로 가르치는 것이 아니라 구체적인 목적이 있는 활동을 하면서 아동 스스로 배우도록 하는 것임을 깨닫게 되었다. 몬테소리는 면밀한 관찰을 토대로 영유아는 자유로운 환경에서 스스로 발달해 나갈 수 있는 잠재능력을 가지고 있다는 교육철학을 세우고 아동은 자신의 성숙기제에 따라 스스로 학습한다는 자동교육 개념을 제시하였다. 특히 몬테소리 이론의 핵심은 민감기와 흡수정신이라고 할 수 있다. 민감기는 결정적 시기와 유사한 개념으로서 아동이 어떤 특정한 과제를 완수하고자 하는 열망이 강하며 완수할 수 있는 능력이 있는 유전적으로 계획되어 있는 기간을 말한다. 흡수정신은 아동이 어떤 환경에 있는 동안 그 환경을 무의식적으로 흡수하여 지식을 획득하는 능력을 말한다. 아동은 환경과의 관계 속에서 자신을 스스로 형성해 가므로 교육은 출생부터 시작되어야 하고, 강압적으로 아동에게 무엇을 학습하게 하는 것은 있을 수 없으며, 교육은 인간이 이루어 가는 자연스러운 과정으로서 다른 사람이 하는 말을 들으며 이루어지는 것이 아니라고 보았다.

몬테소리 교육에서 가장 중요시하는 요소는 준비된 환경, 준비된 성인, 책임을 동반할 자유로 요약할 수 있다. 준비된 환경은 아동발달에 장애가 될 요소가 완전히 배제된 채 잘 정리되어 있고 아름다우며 단순하고 아동의 활동과 집중에 도움이 되는 환경을 의미한다. 준비된 성인은 아동을 환경과 연결해 주는 안내자 역할을 하는데, 아동 개개인의 발달상태와 내적 요구를 파악하기 위해 관찰하고 아동의 요구에 맞는 교구를 소개해 준다. 아동은 성인이 소개해 준 교구를 가지고 독립적으로 활동하면서 스스로 학습한다. 자유는 아동이 자신을 스스로 통제하며 논리적인 사고과정에 의해 선택한 활동을 할 수 있다는 의미다.

(2) 몬테소리 프로그램의 교육목표

가장 핵심적인 요소는 교구와 훈련을 포함하는 환경과 환경을 조성하는 교사다. 몬테소리는 아동의 학습요구를 충족시켜 주는 환경을 조성하는 것이 자신의 교육프로그램에서 가장 중요하다고 보았다. 학교환경이 각 민감기마다 아동이 요구하는 것에 부합되는 교재를 제공한다면 아동은 그 교구를 이용한 기능을 완전히 습득할 때까지 놀라운 집중력을 스스로 반복연습한다는 것을 관찰하여 알게 되었다. 집중하여 어떤 과제를 완수하고 나면 기쁘고 편안해지는데, 몬테소리는 아동이 이렇게 열중하여 어떤 과제를 해결하기 위해서 정상적인 상태에 도달하는 과정을 정상화라고 하였다.

(3) 몬테소리 프로그램의 교육내용 및 활동

몬테소리는 유아교육과정을 일상생활, 감각, 언어, 수학, 사회적 행동 등의 영역으로 구분하였다.

① 일상생활

아동은 일상생활도구를 사용하면서 집중력과 독립성을 기르며 문화적으로 요구되는 예절을 배운다. 예절은 수업이 아니라 모방을 통해 자연스럽게 배우게 된다.

② 감각

감각교구는 추상적인 개념이 구체적인 형태로 전달되도록 고안되어 있다. 그리고 교구의 정확성은 정확성을 추구하는 인간의 근본 성향에 부합하는 것이며 인간의 기술이 근거하고 있는 현실을 경험하게 한다. 모든 감각교구들은 손을 사용하도록 되어 있으며 손과 두뇌의 협응에 의한 활동은 추상적인 개념과 그 개념을 구체적으로 표현한 것을 연결시킨다.

③ 언어

몬테소리 교육에서는 자유로운 대화를 통해 언어발달이 촉진된다. 어휘력은 다양한 방식으로 길러지는데, 환경에 있는 모든 사물을 정확한 명칭으로 부르며 음악가, 도구, 가구, 음식, 복식, 주택, 교통기관, 동물, 식물, 도형 등 다양한 사물 그림카드 맞추기와 같이 어휘력을 확장하기 위한 게임도 한다.

④ 수학

아동은 교구를 사용한 활동에서 십진법을 이해하는 데 필요한 기초를 형성하여 0의 기능과 일 단위부터 백만 단위까지의 위계를 이해한다. 또한 가감승제 개념의 기초를 습득하고 다양한 모양의 교구를 감각적으로 탐색하면서 기하에 관한 기초를 다진다.

⑤ 사회적 행동

몬테소리 교육은 지적 발달뿐만 아니라 아동의 인성과 사회적 행동발달을 무엇보다 중요시한다. 몬테소리 아동집은 3~6세 아동이 함께 생활하고 배우도록 구성되어 있는데, 이러한 환경이 아동의 예의바른 행동, 다른 사람에 대한 배려, 연령이 다른 사람들과의 원만한 관계 형성 등을 가능하게 한다는 것이다. 이러한 사회적 환경에서 최상의 인간발달이 가능해진다고 하였다.

⑥ 교구

몬테소리 교구의 목적은 아동에게 어떤 기술을 가르치거나 지식을 전달하는 것이 아니며 아동의 자아 형성과 정신적 발달을 내적으로 돕기 위한 것이다. 즉, 아동의 주의를 끌 수 있고 집중하게 할 수 있는 자극을 제공하여 아동의 성장을 돕도록 고안된 것이 몬테소리 교구다.

몬테소리 교구는 다음의 다섯 가지 원리를 충족하여야 한다. 첫째, 몬테소리 교구를 사용하는 과정에서 일어날 수 있는 오류는 교구 중 한 측면에서만 나타난다. 둘째, 교구의 디자인이나 사용방법은 단순한 것부터 시작하여 복잡한 것으로 진행하도록 구성되어 있다. 셋째, 교구는 아동이 앞으로 학습할 것에 대해 간접적으로 준비되도록 고안되어 있다. 넷째, 어떤 개념을 구체적으로 표현하는 교구 사용에서 시작하여 점차 추상적으로 표현하는 교구로 옮겨 간다. 다섯째, 스스로 학습하도록 만들어져 있고 오류의 통제는 교사가 하는 것이 아니고 교구에 내재되어 있다. 교구는 아동이 사용하면서 사용방법을 스스로 터득하도록 되어 있고, 자신의 실수를 인식하도록 만들어져 있다.

아동은 자신이 선택한 교구를 스스로 가져다 사용하고 사용을 마친 후에는 다른 아동을 위해서 원위치에 정리한다. 그리고 아동이 교구를 사용하는 동안은 교사나 다른 아동의 방해를 받지 않을 권리가 있다. 아동이 어떤 교구를 처음 사용할 때는 교사가 기초수업을 통해 교구를 소개하고 무엇을 할 수 있는지 제시해 준다. 기초수업은 개인수업으로 이루어지고 정확하고 간결하고 단순하고 객관적이어야 한다. 교구가 아동의 발달에 의미가 있으려면 반복적으로 사용하는 것이 중요하다. 교사는 교구의 기본

[그림 8-3] 정돈되어 있는 몬테소리 감각교구

적인 사용방법만을 보여 주어야 하며 창의적인 활용방법은 아동이 스스로 생각해 내도록 해야 한다.

⑦ 몬테소리 교육 준비

아동이 자신에게 부여된 자유를 활용하는 데 필요한 자기수양을 갖추려면 시간과 경험이 필요하므로 프로그램을 적용하기 이전에 교사가 모델이 되어 준비훈련을 하게 된다. 예를 들어, 조용하게 책상과 의자를 제자리에 정리하거나 발끝으로 조용히 걷기 등의 훈련을 하면서 자기행동을 통제하는 것에 집중하게 된다. 이러한 훈련이 이루어지면 점진적으로 일상생활교육이 시작되고 교구를 사용하는 활동도 하게 된다.

⑧ 환경 구성

최선의 환경을 조성해 주는 것을 교육의 주요 목표로 하기 때문에 환경을 매우 중요하게 여긴다. 교실환경 조성에서 강조하는 원리는 자유로움, 구조와 질서, 현실과 자연에 대한 이해, 아름다움, 공동체의식이다.

⑨ 평가

몬테소리 프로그램은 관찰과 기록을 통해 아동의 성취를 평가한다. 이런 평가를 통해 교사는 아동의 발달수준에 적합한 교구나 활동을 제공하고, 아동이 준비되었다고 판단되면 한 단계 높은 학습단계로 넘어가도록 안내한다.

(4) 몬테소리 프로그램에서 교사의 역할

몬테소리 프로그램에서 교사는 아동관찰자의 역할을 수행한다. 교사는 대부분의 시간을 아동의 활동을 관찰하는 데 보내면서 각 아동이 필요로 하는 것을 파악하고 새로운 과제의 준비가 되었는지 가늠하는 것이 중요하다. 또한 교사는 환경제공자로서 아동이 독립적으로 어떤 과제를 달성하고 새로운 기능을 완전히 익힐 수 있도록 필요한 교재 교구를 갖춘 환경을 조성해 주어야 한다. 한편, 교사는 안내자로서

때때로 아동에게 새로운 교구와 과제를 제시하기도 한다. 이때 교사가 아동으로 하여금 특정 과제를 배워야 한다는 생각이 들게 해서는 안 되며 아동이 독립적으로 학습하도록 물러나 있어야 한다.

(5) 한국 현장에서의 적용 및 문제점

한국에서는 몬테소리 교육에 대한 선호도가 높아 교구가 상당히 많이 보급되어 있으나 교육원리나 교구사용법에 대한 인식은 낮은 실정이다. 따라서 전문적인 훈련을 받은 교사 양성이 선행되어야 한다(이순형 외, 2004).

3) 프로젝트 접근법

(1) 프로젝트 접근법의 배경

듀이

1886년에 듀이(John Dewey)가 세운 실험학교에서 시작된 프로젝트 접근법(Project Approach)은 교사의 안내하에 학급의 모든 아동이나 소집단의 아동, 때로는 개별 아동이 학습할 가치가 있는 특정 주제를 능동적으로 탐구하는 교육형태라고 할 수 있다. 이후 1960년대 후반 인간중심 교육에 대한 요구가 높아지면서 다시 프로젝트법에 관심을 갖게 되었다. 프로젝트 접근법은 듀이의 진보주의 교육철학을 바탕으로 킬패트릭(William Head Kilpatrick)이 체계화한 '프로젝트법'을 카츠와 차드(Katz & Chard)가 오늘날 유아교육의 현실에 맞게 재조직화한 것이라고 할 수 있다(김대현 외, 1999; 지옥정, 1996).

프로젝트 접근법은 영유아의 능동적 참여, 구체적인 경험에 의한 학습, 교사 · 또래 · 부모와의 상호작용을 통한 협력학습 등을 주요한 특징으로 강조한다. 이러한 특성은 듀이의 경험을 통한 아동중심 교육과 통합교육, 피아제의 새로운 지식의 인지적 구성주의, 비고츠키의 사회문화적 학습과정의 여러 요소를 부분적으로 반영하고 있음을 보여 준다.

(2) 프로젝트 접근법의 교육목표

프로젝트 접근법은 유아의 새로운 경험에 대한 이해를 통한 지식획득, 신체적 · 인지적 · 사회적 · 의사소통능력 발달에 필요한 기술습득, 다양한 상황에서 겪는 경험에 대해 비교적 지속적으로 나타나는 반응양식이나 행동유형을 의미하는 성향의 계발, 주관적 감정상태로서의 다양한 느낌의 발달을 주요 목표로 한다.

(3) 프로젝트 접근법의 교육과정

① 준비-도입-전개-마무리

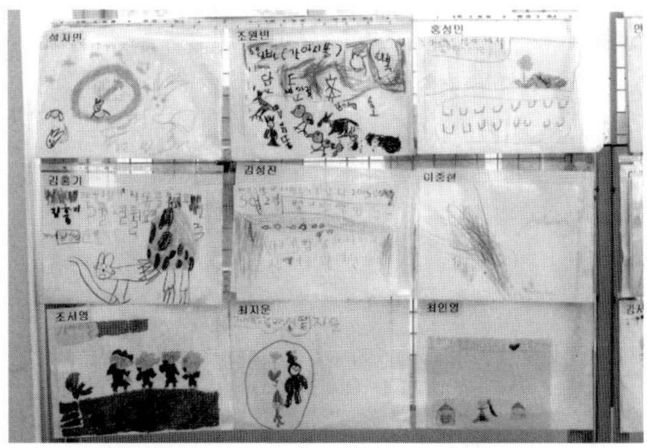

[그림 8-4] 프로젝트 접근법의 활동기록

프로젝트 접근법의 교육과정은 준비-도입-전개-마무리의 순서로 구성된다. 준비단계에서는 영유아의 관심이나 흥미에 따라 탐구할 주제를 선정하고 아동의 사전경험과 교사의 지식을 기초로 예비주제망을 구성한다. 도입단계는 경험 나누기 및 표현하기, 교사와 유아의 공동주제망 완성하기, 질문목록 구성하기로 이루어진다. 전개단계에서는 주제에 대한 의문점들을 해결하기 위한 활동들이 이루어진다. 중심활동은 현장견학활동이나 전문가와의 면담을 통해 주제와 관련된 지식을 조사 · 탐구하고 경험을 표현하는 활동이다. 마무리단계에서는 프로젝트 활동결과를 전시하고 발표하는 경험을 통해 프로젝트 수행과정에서 얻은 다양한 정보들을 내면화하고 다른 사람과 정보를 상호공유하는 데 의미가 있다. 이 단계에서는 마무리 행사준비와 전시회 및 발표회 활동이 이루어진다.

② 일과 운영

프로젝트 접근법의 일과 구성은 일반적으로 등원 및 실내 자유선택활동시간, 간식시간, 프로젝트 활동시간, 점심시간, 낮잠시간, 실내외 자유선택활동 및 특별활동시간, 하원시간으로 구성되며 프로젝트 진행과정에 따라 융통성 있게 조정되기도 한다. 교사가 주도적인 역할을 하는 프로젝트의 도입단계에서는 계획된 활동시간에만 프로젝트 활동이 이루어지고, 프로젝트가 점차 발전하여 유아가 주도적으로 활동하는 빈도가 높아지는 진행단계에 이르면 프로젝트 활동시간 이외에도 많은 시간을 프로젝트 활동에 할애하게 된다.

③ 환경 구성

환경 구성은 유아의 프로젝트 활동을 촉진하는 중요한 계기가 된다는 면에서 중요하다. 프로젝트 접근법을 전개하기 위해 프로젝트 활동을 수행하는 별도의 공간을 마련할 수도 있지만 프로젝트 활동이 유아의 실생활과 분리되지 않도록 자연스럽게 진행되기 위해서는 기존의 영역별 구성을 유지하는 것이 좋다. 다만 필요시에 환경 구성에 변화를 줌으로써 융통성을 발휘할 필요가 있다.

④ 부모 및 지역사회와의 연계

프로젝트 활동에서 유아가 행동하는 모든 공간은 학습의 장이 될 수 있다(Katz & Chard, 1989). 특히 가정은 유아가 대부분의 시간을 보내는 생활공간으로, 가정과 연계된 프로젝트 활동은 부모와 자녀가 프로젝트를 공유할 수 있는 기회를 제공하여 프로젝트 진행의 활성화에 기여한다. 또한 다양한 직업과 취미, 경력을 소유하고 있는 부모들이 프로젝트 활동을 지원할 수 있다. 한편, 프로젝트 활동을 전개하다 보면 지역사회의 도움을 받아야 할 경우가 많기 때문에 지역사회와 긴밀한 연계를 유지하는 것이 중요하다.

(4) 프로젝트 접근법에서 교사의 역할

프로젝트 접근법에서는 민감한 관찰자와 안내자로서의 교사 역할이 중요하다. 시작단계에서 교사는 유아의 다양한 생각들을 격려하고 유아의 흥미와 호기심을 유도할 수 있는 여러 가지 활동을 지원하는 한편, 전개단계에서는 적합한 자원을 조달하고 활동결과물을 공유하는 시간을 통해 적합한 추후활동으로 연결해 줄 수 있다. 또한 부모의 적극적인 참여를 유도하고 부모와 긴밀한 협조적 관계를 유지하는 것도 중요하다.

(5) 한국 현장에서의 적용 및 문제점

프로젝트 접근법을 한국 현장에 효율적으로 적용하는 데에는 몇 가지 문제점이 있다. 우선 영유아 수에 비해 교사 수가 절대 부족하여 교사가 프로젝트 활동에 관심을 가지지 않는 개별 영유아까지 배려하며 프로젝트 활동을 진행하는 것이 어렵다. 이를 위해 교사 수를 증원하여 활동에 참여하지 않는 영유아와 상호작용할 수 있도록 배려하는 것이 필요하다. 또한 다양한 물적 · 인적 지원체제가 부족하여 열악한 환경을 해결하기 위해 국가적 차원에서의 충분한 재정적 지원이 필요하며, 현장견학 및 전문가와의 면담활동의 원활한 진행을 위해 영유아 교육활동에 대한 사회의 전반적인 인식 증진이 필요하다. 마지막으로 지속적인 교사교육이 이루어지지 않는 문제점이 있다. 타 기관 교사들과의 긴밀한 관계를 유지하는 지속적인 연합교육을 실시한다면 교사는 프로그램의 적용에 필요한 유용한 정보를 모을 수 있을 것이다(이순형 외, 2004).

4) 발도르프 프로그램

(1) 발도르프 프로그램의 배경

발도르프 프로그램(Waldolf Program)은 19세기 중엽 유럽의 자유학교운동의 흐름 속에서 슈타이너(Rudolf Steiner, 1861~1925)의 인지학적 인간학에 기초하여 시작되었고, 1919년에 최초의 발도르프 학교가 생긴 이후부터 21세기의 오늘날에 이르기까지 개혁교육 또는 대안교육의 모델이 되어 왔다.

슈타이너

(2) 발도르프 프로그램의 교육목표 및 원리

① 모방과 본보기 교육

7세 이전의 아동은 모방을 통해 배우므로 교사나 부모는 모태와 같은 교육환경을 형성하여 본보기가 되어야 한다. 그래서 발도르프 유아교육기관에서는 교사가 가르치지 않고 진지한 태도로 삶에 필요한 작업을 하면 유아가 모방을 통해 계절과 일상생활을 체험하면서 자신의 신체 형성에 충분히 몰두할 수 있게 하고 있다(Jaffke, 2000).

② 감각 중시 교육

영유아기는 신체감각이 발달하는 시기이나 현대 문명발달로 인해 이 감각들이 많이 손상되어 가고 있다. 그래서 발도르프 유치원에서는 자연물로 이루어진 놀잇감을 제공하고 유아에게 적합한 색깔로 된 환경을 구성하며 유아의 신체동작감각을 충분히 경험할 수 있는 라이겐(Reigen)을 하고 있다.

③ 리듬과 반복을 중시하는 생활교육

리듬은 생활에 안정감을 주고 두려움을 없애 주며, 새로운 환경에 능동적으로 적응할 수 있는 힘을 주고 조화롭게 살아가게 하며, 삶의 근원적인 힘을 체험하게 하는 중요한 요소다. 따라서 교육자는 들숨과 날숨이 반복되는 하루 일과를 형성함으로써 리듬적인 분위기를 조성하여 생활습관을 형성해야 한다. 발도르프 유치원은 아동에게 안정감을 주기 위해 3~4주 동안 한 가지 일을 계속해서 반복하며 아동의 내적인 호흡작용을 고려한 반복적인 리듬이 담긴 하루 일과로 진행된다.

④ 상상력 발달을 중시하는 창의성과 감성교육

아동의 상상력을 제한하지 않기 위해 완벽하게 만들어진 놀잇감을 제공하는 대신 나뭇가지나 나무토막 또는 단순하게 만들어진 눈, 코, 입이 없거나 점만 찍힌 인형을 제공한다. 동화도 가급적 그림 없이 들려주고 인형극의 인형도 옷의 색깔만으로 상징적으로 표현하도록 상상의 여지를 남겨 둔다.

(3) 발도르프 프로그램의 교육내용 및 활동

① 놀이와 놀잇감

발도르프 유치원에서는 구조화된 놀잇감과 비디오, TV 시청은 상상력의 시간과 기회를 빼앗아 유아를 과민하고 집중력이 부족하게 만든다고 본다. 따라서 놀잇감은 대부분 바느질, 조각, 매듭, 바구니 짜기 등을 통해 교사에 의해 만들어지며 건전지나 전기를 이용한 장난감이나 버튼으로 조작되는 장난감 대신 나무로 만든 블록, 나무그릇, 천연염료로 염색한 천들이 제공된다. 비디오나 TV는 보여 주지 않고 요리, 설거지, 빨래, 진흙놀이, 모래놀이 등은 실컷 할 수 있다.

② 예술작업

예술작업은 주로 교사에 의해 이루어지며 인형 만들기, 절기음식 만들기, 수놓기, 조각, 바느질, 놀잇감 만들기, 명절 등 특별한 날 준비하기 등을 한다. 아동은 교사의 진지한 예술활동을 통해 인간생활에 필요한 모든 문화적인 행위, 조형과정을 직·간접적으로 체험하며 노동의 가치, 물건제조과정, 만든 물건의 소중함, 자연과 더불어 사는 즐거움 등을 배운다. 교사는 자신의 전 작업과정을 주도면밀하게 구성하여 아동에게 교육적인 경험을 제공해야 한다. 또한 아동의 자발적 참여를 위해 재료가 담긴 바구니를 항상 준비해 둔다. 아동의 모방을 염두에 두고 작업에 임하며, 절대 지시하여 결과물을 요구하지 않아야 한다(Jaffke, 2000).

③ 동화 및 이야기 들려주기와 인형극

아동에게 상상력의 발달과 안정감을 느끼고 반복의 즐거움을 주기 위해 2~4주간 같은 시간에 같은 동화를 그림 없이 들려준다. 인형극을 보여 줄 때도 상상력을 최대한 일깨우는 데 주안점을 둔다.

④ **라이겐**

리듬활동의 하나인 라이겐은 시나 동화, 노래를 가지고 신체적인 움직임으로 표현하는 것이다. 의미 있는 신체적 움직임은 치료적 효과가 있으며, 이후 수학이나 기하학교육에 필요한 기초능력도 발달시킬 수 있다.

⑤ **그리기**

그림은 아동의 내적 표현이며 색깔의 본질적인 체험이므로 주제를 주지 않고 교사가 모범으로 그림을 그린다. 주로 크레용과 물감을 이용하며 선을 사용하기보다 면으로 형태가 드러나는 그림을 그려서 아동들로 하여금 생동감 있는 그림을 경험하도록 한다.

⑥ **노래**

슈타이너는 6~8세경까지는 5도 음정으로 이루어진 꿈꾸는 듯한, 끝이 없는 듯한 음으로 이루어진 노래가 아동의 감성과 맞는다고 하고, 그러한 음정에 적당한 악기로 라이어(lyre)를 개발하였다.

(4) 발도르프 프로그램의 하루 일과

발도르프 프로그램에서는 자연스럽게 거닐 수 있는 자연적인 공간이 필수적이다. 실내환경은 밝고 넓게 트여 있고 자연적인 색감들로 채워져 있어서 영유아들의 감각과 감성이 풍부해지도록 보조하는 환경을 갖추고 있어야 한다. 계절에 따라 자연의 변화와 인간 삶의 모습이 담긴 각종 자연물과 교사가 직접 만든 인형 등으로 꾸며진 계절탁자도 발도르프 교실의 특징이다.

(5) 발도르프 프로그램에서 교사의 역할

발도르프 교육에서 필요한 교사상은 자기수양 혹은 자기교육을 지속적으로 실천하는 교사와 영혼과 정신과 신체를 통합하는 교육을 실시하는 교사다. 북미발도르프연합회(AWSNA: Association of Waldorf Schools of North America)는 발도르프 교

표 8-1 발도르프 프로그램의 일일 일과와 일주 일과(특별활동)

시간	주요 내용
09 : 30 ~ 10 : 40	• 등원 및 자유놀이 (상상놀이, 요리하기, 그림 그리기, 수채화 그리기, 수작업(수공예)-바느질하기, 달팽이끈 말기 등)
10 : 40 ~ 11 : 00	• 정리정돈 및 손 씻기
11 : 00 ~ 11 : 30	• 노래 부르기 • 기름 바르기 • 아침기도(동작기도 시) • 라이겐
11 : 30 ~ 12 : 30	• 바깥 놀이 (숲 속 산책, 모래놀이)
12 : 30 ~ 12 : 50	• 자연주의 스토리텔링
12 : 50 ~ 13 : 30	• 점심식사, 양치질하기, 귀가

요일	주요 내용
월	• 자연 가꾸기(숲 속 휴지 줍기, 나무 가꾸기)
화	• 학기별 특별활동(유아명상, 감각통합놀이 등)
수	• 자유놀이시간-수채화 그리기
목	• 오이리트미
금	• 자유놀이시간-청소하기/동화시간-밀랍놀이

*출처: 강인구 · 최경(2006), p. 113.

사가 사상가, 예술가, 과학자, 시인, 환경론자, 음악가의 역할을 감당할 수 있어야 한다고 강조하였다. 한편, 부모회와 협력하고 발도르프 학교와 마찬가지로 원장, 원감, 교사가 평등한 관계에서 의논하고 결정하는 '동료협의체(Kollegium)'의 일원이 되는 것도 교사의 역할이다.

(6) 한국 현장에서의 적용 및 문제점

발도르프 프로그램은 한국 현장에 적용할 때에 범기독교적 관점을 바탕으로 종교적 색채가 강하게 느껴지며, 슈타이너의 인지학에 대한 이해가 어렵고 한국적 토착화가 아직 충분히 이루어지지 않은 어려움이 있다. 또한 고정화된 단일연령 편성과 자연과의 교감을 강조하는 교육방침, 거리가 먼 여건의 유아시설들도 발도르프 프로그램 적용의 문제점이라 하겠다(이순형 외, 2004).

5) 포테이지 프로그램

(1) 포테이지 프로그램의 배경

포테이지 프로그램(Portage Program)은 포테이지 시에 있는 협동교육기관(CESA: Cooperation Educational Service Agency)에서 아동교육을 위해 교사가 가정을 방문해 부모에게 직접 자녀교육방법을 지도하는 서비스 활동을 말한다.

1969년에 처음으로 소개된 포테이지 프로그램은 취학 전 장애아 부모에게 아동의 행동을 관리하고 지도하기 위해 필요한 기초지식과 기술을 제공함으로써 아동의 행동을 보다 효율적으로 가르치고 관리하는 데 목적을 두고 개발되었다. 현재는 정규 학교교육을 받고 있지 않은 아동의 부모도 사용 가능한 프로그램으로, 적극적인 부모참여의 중요성을 강조하며 중재프로그램에서 부모가 아동의 일차적 중재자 및 교사로 참여할 수 있는 기회를 제공한다.

(2) 포테이지 프로그램의 교육원리

포테이지 프로그램에서는 행동주의 원리에 입각해 직접 가르치는 정밀교수법이 특징이다. 포테이지 프로그램에서는 부모의 직접적인 참여가 강조된다. 부모는 아동을 위한 프로그램과 서비스에 비용을 지불하는 소비자이므로 아동이 무엇을 배우는지 알고 싶어 하며 아동을 가르치는 데 참여하고 싶어 한다. 또한 부모와 같은 가족의 지원은 아동의 학습속도를 가속화시킬 수 있으며 부모참여의 정도는 아동의 인지발달과 정적 관련을 보이므로 중시된다. 포테이지 프로그램에서 학습은 가정과 아동의 자연스러운 환경 내에서 발생하므로 학급에서 이루어진 학습내용을 가정으로 전이시킬 필요가 없다는 점에서 유용하다. 또한 이 프로그램은 가족구성원 모두가 참여할 수 있는 기회를 제공하므로 부모는 훈련을 통해 아동의 새로운 행동을 다루는 데 요구되는 기술을 획득할 수 있다.

(3) 포테이지 프로그램의 교육내용 및 활동

① 정밀교수법의 활용

정밀교수법은 행동주의 원리에 입각하여 개발되었으며, 특히 장애아동에게 효과적인 교수법이다. 이 교수법은 첫째, 구체적인 학습행동에 대한 정확하고 조작적인 개념정의, 둘째, 복합기술을 보다 세부적인 하위기술로 분류하는 과제분석, 셋째, 새로운 기술의 반복적 연습을 요구하는 직접적 교수법, 넷째, 향상과정을 모니터하고 중재를 평가하는 지속적 측정으로 이루어진다. 이처럼 정밀교수법은 시행착오의 과정을 감소시켜 줌으로써 발달이 급격히 이루어지는 생의 초기 영유아에게 적합한 중재프로그램을 제공한다.

② 부모참여

포테이지 프로그램에서는 부모가 유아에 대해 가장 잘 알고 있기 때문에 유아를 직접 지도하도록 권장한다. 자녀에 대한 부모의 지식을 활용하여 가정방문교사와 부모는 유아에게 가장 적합한 개별교육 프로그램을 구성할 수 있다.

③ 포테이지 가정방문 모델

포테이지 가정방문 모델의 첫 번째 단계는 직접적 중재(directive intervention) 단계로, 영유아의 발달과정을 중심으로 가정에서 해야 하는 활동의 실연 및 회상, 부모에 의한 연습, 그리고 과제의 목적과 예상결과에 대한 논의가 이루어진다. 이 단계가 가정교수과정(home teaching process)이라 부르는 핵심과정으로 가정방문교사와 부모는 상호협력하여 2~3개의 행동과 과제를 일주일 단위의 목표로 설정한다. 가정방문교사는 부모에게 학습자료, 활동제시방법, 학습시행 횟수, 행동강화방법, 수정절차 그리고 기록방법의 모델을 제시해 줄 수 있다. 두 번째 단계는 상호작용과 놀이(interaction and play) 단계로, 놀이활동을 제공하며 학습한 활동을 일상생활에 통합시킴으로써 아동이 활동을 일반화할 수 있도록 부모가 도울 수 있게 안내한다. 마지막 단계는 가족지원단계로, 가정방문교사는 부모의 지원자 역할을 담당하며 가족이 요구하는 적절한 정보와 도움을 제공하고 가족과 신뢰 있는 관계를 형성한다.

④ 포테이지 아동발달지침서

개별 아동에게 적합한 포테이지 프로그램을 구성하기 위해 1976년 '영유아용 포테이지 지침서'가 개발되었고, 2003년 개정판에서 일부 내용이 보완되고 구체화되었다. 개정된 지침서에서는 출생부터 6세에 이르는 연령범위를 크게 출생에서 3세까지의 영아기와 3~6세까지의 유아기로 구분하고 다시 세분하여 각 연령에 적합한 활동들을 제공하였다.

⑤ 평가

체계적인 아동발달 상태를 측정하기 위해 포테이지 프로그램에서는 공식적인 평가(예: 표준화된 검사도구), 비공식적 평가(예: 관찰), 교육과정중심평가(예: 포테이지 관찰기록표), 지속적인 평가 등 네 가지 유형의 평가절차를 실시한다. 이를 통해 개별 아동의 요구를 충족시킬 수 있는 교육과정 개발을 위한 정보를 획득한다.

(4) 포테이지 프로그램에서 교사의 역할

개별 가정을 방문하는 가정방문교사는 부모 및 아동과 함께 교육활동을 실시한다. 포테이지 프로그램에서 교사의 역할은 실제로 아동을 가르치는 것이 아니라 그 아동이 학습할 내용과 학습방법 등을 부모에게 가르치는 것이다.

(5) 한국 현장에서의 적용 및 문제점

한국에서는 포테이지 모델 전체가 갖는 가정중심 접근법으로서의 중요성보다는 '포테이지 아동발달지침서'를 위주로 소개되었고 가정을 중심으로 프로그램이 확산되지는 않았다. 또한 한국 상황에 적합하도록 '포테이지 아동발달지침서' 에 대한 표준화 과정이 필요하다. 한편, 포테이지 프로그램은 가정중심 접근이기 때문에 유아교육기관에서 실시되기에는 어려움이 있으나 장애유아 통합교육 현장에서의 활용 가능성이 높을 것으로 판단된다(이순형 외, 2004).

6) 뱅크 스트리트 프로그램

(1) 뱅크 스트리트 프로그램의 배경

뱅크 스트리트 프로그램(Bank Street Program, www.bankstreet.edu)이라고 널리 알려진 이 프로그램은 1916년 루시 미첼(Lucy Sprague Mitchell) 여사가 설립한 교육 실험국에서 발전한 발달적 상호작용 접근법에서 시작되었다. 듀이의 영향을 크게 받은 미첼은 아동의 성장을 지적 · 신체적 · 사회적 · 정서적 · 미적 영역을 아우르는 것으로 보았으며, 이러한 전인아동(whole child)의 개념은 뱅크 스트리트 프로그램에서 가장 강조하는 것이다. 또한 진보주의와 정신건강을 중시하여 창조적이고 즐거운 작업기회, 협동심의 강조, 호기심을 불러일으킬 수 있는 학습의 제공, 개인 특성에 대한 존중과 지지, 민주주의 사회 가치의 함양을 강조하였다.

(2) 뱅크 스트리트 프로그램의 교육목표 및 원리

뱅크 스트리트 프로그램은 정서적 안정감과 표현력을 향상시키는 것, 아동의 창의성과 안전감을 최대화시키는 것 외에 인지적 숙달과 관련된 기쁨이나 자존감, 그리고 아동의 호기심을 중요하게 생각한다. 이 프로그램은 기본적으로 아동의 유능감을 향상시킨다는 목적이 있는데, 유능감이 정서적 안녕이나 심리적 성장에 필요한 필수조건이기 때문이다. 뱅크 스트리트 프로그램은 아동이 심층적이고 의미있는 학습에 몰입하도록 한다(Roopnarine & Johnson, 2000). 이와 관련하여 바이버와 그의 동료들(Biber, Shapiro, & Wickens, 1977)은 다음과 같은 목표를 설정하였다.

- 직접적인 물리적 접촉과 연습을 통하여 환경에 영향을 주고자 하는 아동의 욕구를 만족시켜 준다.
- 인지적 전략과 책략을 통하여 경험을 구성할 수 있는 잠재력을 증진시켜 준다.
- 주위환경에 대한 기능적인 지식을 증진시켜 준다.
- 아동이 충동조절을 내면화할 수 있도록 도와준다.
- 발달단계별로 충동을 극복하려는 아동의 욕구를 충족시켜 준다.
- 자신의 독특하고 유능한 자아상을 발달시킬 수 있도록 도와준다.
- 상호 간에 지지적인 활동을 할 수 있도록 도와준다.

(3) 뱅크 스트리트 프로그램의 교육내용 및 활동

① 현장학습

현장학습(field trip)은 초기부터 아동의 학습을 깊이 있게 하기 위해, 직접 경험의 중요성을 알게 하기 위해, 개념을 구체화시키기 위해 그리고 적극적인 탐색활동을 북돋아 주기 위해 이용된다.

② 사회 교과목에 대한 강조

사회는 사람과 환경 간의 관계와 우리가 알고 있는 세상과 지역에 대해 공부하는 것으로서, 학교는 기본적으로 아동이 민주적인 생활을 경험하는 기회를 끊임없이 제공해야 한다. 또한 사회교육을 통해 사회적 · 물리적 환경에 대한 질문과 문제해결, 그리고 상호작용에 대한 다양한 기회가 제공되고, 이를 통해 아동은 자신과 세상에 대한 이해를 넓혀 가게 된다.

③ 언어의 역할 강조

말하기와 쓰기 모두 즐겁고 유용한 수단으로 제시되어야 한다. 책과 그림이 광범위하게 제공되고 읽기는 의사소통의 수단으로 가르치며 아동은 언어의 발달과 사고의 발달을 상호연결된 것으로 이해한다.

④ **과학과 수학에 대한 접근**

뱅크 스트리트 프로그램에서는 과학과 수학을 사고하는 방법과 문제해결로 접근한다. 수학은 실생활에 기반을 두고 있다는 것을 강조하고 구체적인 자료 및 교구와 상호작용하면서 수학적 경험에 대해 스스로 유능하다고 느끼게 한다.

⑤ **통합된 교과과정**

뱅크 스트리트 프로그램에서는 아동을 스스로 의미를 창출하는 존재로 여기며 통합된 교과과정을 통해 경험과 아이디어가 상호연결되는 것을 강조한다. 사회 교과목 프로그램은 통합된 교육을 이룰 수 있는 가장 중요한 과목이다. 또한 아동은 독자성을 인정받는 동시에 집단의 구성원이 되는 자율적인 사고자다. 집단과의 만남을 통해 적극적인 경청자세를 가르쳐 집단의 구성원 각자를 존중하며 집단의 멤버십을 굳건히 한다.

⑥ **환경 구성**

교실은 아동이 적극적으로 참여하고 협동하며, 독립적으로 활동하기도 하고, 많이 표현하며, 의사소통이 이루어지는 곳이다. 교구들은 아동의 기호, 관심, 발달적 욕구에 맞는 풍부한 환경을 제공하며 아동의 문해기술과정과 연관된 언어적으로 풍부한 환경을 제공해 주는 데 그 목적이 있다. 교실은 읽기, 듣기, 쓰기활동, 수학, 과학, 미술을 위한 영역 및 교구영역으로 구성되어 있다.

⑦ **평가**

평가는 참평가와 학습자중심의 평가로 이루어진다. 평가를 할 때는 정책적인 차원에서 평가 틀의 질을 가늠하며 수행에 대한 적절한 질문을 해야 한다. 또 교실환경에서 평가는 시간의 경과에 따른 아동의 행동이나 활동을 엄격하고 체계적이며 반영적으로 관찰하고 기록해야 한다. 이를 통해 교사는 개별 아동의 강점과 요구를 파악하고 부모면담 시 기초자료를 갖게 되고 계속적인 계획을 세울 수 있다. 이러한 방법으로 평가, 학습과 교과과정이 통합되며, 이는 진보적인 교육의 실험적 태도에 대한 기본적인 전제가 된다.

(4) 뱅크 스트리트 프로그램에서 교사의 역할

교사는 아동의 개인적 관심사와 경험을 객관적이고 질서 있는 영역의 세계와 연결시켜 주는 역할을 한다. 교사는 발달에 대한 지식을 가져야 하고 각 아동의 개별성을 파악해야 하며 교과과정 내용을 깊이 있게 이해해야 한다. 교사의 임무는 매일의 교실활동에 대하여 내용이나 방법, 시간, 장소를 의미 있게 통합하고 분석하고 이해하는 것이다. 교사는 아동들에게 지식을 전달하기 위해서가 아니라 의미 있는 질문에 답하기 위하여, 그들의 경험을 위하여, 이용 가능한 자원을 알기 위하여 그리고 연구의 발전을 평가하기 위하여 필요한 지식과 내용을 잘 알고 있어야 한다.

(5) 한국 현장에서의 적용 및 문제점

뱅크 스트리트 프로그램은 미국의 대표적인 영유아 보육 · 교육프로그램이지만 아직 우리나라에는 잘 알려지지 않았다. 뱅크 스트리트 프로그램의 아동중심 사상이나 상호작용에 대한 강조는 우리나라 프로그램에서도 강조하고 있는 것으로, 우리나라에 적용된다면 아동을 유능하고 능력 있는 아동, 스스로 발견해 가는 즐거움을 아는 아동, 또래 및 환경과 적극적인 상호작용을 하는 아동으로 키울 수 있을 것이다(이순형 외, 2004).

7) 하이 스코프 프로그램

(1) 하이 스코프 프로그램의 배경

1960년대 미시간 주 입실렌티의 저소득층 아동을 지원하기 위한 인지지향적 교육과정에서 시작된 하이 스코프 프로그램(High Scope Program, www.highscope.org)은 와이카트(David P. Weikart)와 동료들에 의해 발전되어 왔다. 이 프로그램은 성인이 아동과 청소년을 보호하고 교육하기 위해 추구하는 일련의 지도원리와 실제가 포함된 영유아, 아동 그리고 청소년을 위한 교육프로그램으로서 피아제의 인지발달이론에 기초하여 '능동적 학습'을 프로그램의 기본 전제로 삼고 있다. 1998년 이후 영국, 멕시코, 싱가포르, 네덜란드 등 세계 각국에서 적용·운영되고 있고 한국에서도 2004년에 하이 스코프 시범학교가 개원하였다.

(2) 하이 스코프 프로그램의 교육목표 및 원리

하이 스코프 프로그램의 교육원리는 능동적 학습, 주요 경험, 계획–실행–평가 과정 그리고 부모참여다. 교육목표는 우선 아동이 사건, 개념 등과 관련된 학습에 의욕적으로 참여하는 자세를 갖도록 하며 이후의 학교생활 및 삶을 영위할 때 독립성, 책임감, 자신감을 고취하도록 돕는 것이다. 또한 아동 스스로 행동을 계획하고 이끌어 나가며 학습한 내용을 또래 및 교사와 이야기할 수 있도록 한다. 이와 함께 아동이 언어능력(말하기, 듣기, 읽기, 쓰기), 사회성, 창의적 표현, 건강한 신체, 논리적 사고력과 같은 능력 및 관련 지식을 습득하도록 하는 데 교육목표를 두고 있다.

(3) 하이 스코프 프로그램의 교육내용 및 활동

① 능동적 아동

아동은 하루 일과 중 자신이 참여할 활동과 교재·교구를 직접 선택하도록 격려받는다. 자신이 선택하고 계획한 활동에 참여하면서 아동은 탐색, 질문 및 응답, 문제해결, 또래 및 성인과의 상호작용을 지속해 나간다. 교사는 지지적인 역할을 담당하며 아동의 장점을 장려하고 아동의 놀이를 촉진하는 적극적 상호작용전략을 사용한다(Wortham, 2002).

② 주요 경험

하이 스코프 교육과정은 유아에게 일련의 조직된 주요 경험을 제공한다. 교사는 자기인식, 사회적 관계, 창의적 표상, 동작, 음률, 의사소통 및 언어, 사물탐색, 수, 공간, 시간 등을 포함한 조직화된 주요 경험을 활용하여 유아 스스로 선택한 활동을 지지하고 확장시켜 주며, 그 결과 유아는 발달에 적합한 경험에 지속적으로 참여할 수 있게 된다. 교실에서 이루어지는 학습경험은 상호배타적이지 않으며 개별활동은 몇 가지 형태의 주요 경험을 포함한다. 주요 경험을 이용한 접근법은 교육과정을 구조화시키고 새로운 형태의 경험에 대해서도 아동이 개방적 자세를 취하도록 도와준다(Weikart & Schweinhart, 2000). 이 접근법은 교사가 유아를 관찰하고 그들을 위한 프로그램에 대해 심사숙고할 수 있는 기회를 제공해 준다. 결과적으로 주요 경험은 하이 스코프 과정이 유아의 바람직한 성장과 발달을 도모하는 효과적인 방법으로 발전하기 위해 중요한 근거가 된다.

[그림 8-5] 하이 스코프 프로그램의 유아활동
*출처: www.highscope.org

③ **일과 구성**

유아가 능동적으로 학습할 수 있는 환경을 조성하기 위해서는 일정한 형태의 하루 일과가 유지되어야 한다. 하이 스코프 교육과정의 중심축은 계획-실행-평가(plan-do-review)과정으로 하루 일과 역시 계획-실행-평가와 그 외 부수적 요소로 이루어져 있다. 이 순서를 통해 유아는 자신의 활동에 대한 생각을 적극적으로 표현하는 기회를 가진다. 계획시간, 작업시간, 정리시간, 회상시간, 소집단활동시간, 대집단활동시간을 포함한 각 과정에서 유아는 스스로 활동을 계획하고 실행하고 평가하며, 교사는 지지적 역할을 수행한다.

④ **환경 구성**

학습환경은 흥미영역별로 배치되어야 하며 모든 교구를 개방된 선반과 정리장에 배치하고 사용 후 유아가 스스로 돌려놓을 수 있도록 선반과 정리장에 해당 그림을 붙여 둔다. 유아가 자신의 흥미와 관심에 따라 교구를 마음껏 활용할 수 있도록 편리하고 융통성 있는 실내환경을 제공해야 한다(이기숙, 2002).

⑤ **평가**

하이 스코프 프로그램의 평가는 프로그램의 질적 수준을 측정하는 평가도구(PQA)를 통해 프로그램 자체에 대한 평가가 이루어지고 이와 함께 영아용 및 유아용 아동관찰기록(COR)을 통해 영유아의 발달수준을 평가한다.

(4) 하이 스코프 프로그램에서 교사의 역할

하이 스코프 프로그램에서 교사는 유아와 더불어 능동적 학습자 역할을 담당한다. 매일의 일과계획 및 다양한 주요 경험활동을 진행함으로써 개별 유아에 대한 통찰력을 가지고 지지적이고 적극적인 방식으로 상호작용을 이끌어 나간다. 상호작용자로서의 교사 역할은 하이 스코프 교육과정에서 매우 중시되는 것으로, 교사는 세분화된 학습주제나 내용을 제공하는 대신 유아가 자신의 발달수준에 적합한 과제를 수행할 수 있도록 격려한다. 대화 상대방으로서 교사는 개방형 질문을 통해 자유롭고 풍부한 대화를 이끌고 유아 간의 언어적 상호작용을 촉진시켜야 한다. 집단면담 등을 통한 부모와의 의사소통 역시 중요한 부분으로, 교사는 개별 유아에게 적절한 정보를 부모에게 제공하고 개별 가정의 고유한 문화에 대한 정보를 제공받아야 한다. 이를 위해 부모와 교사가 각자 자신이 담당하고 있는 영역에 대해 전문가라는 믿음을 가져야 한다.

(5) 한국 현장에서의 적용 및 문제점

한국에 공식적으로 하이 스코프 교육과정이 도입된 것은 2004년 1월 하이 스코프 한국시범학교가 개원하면서부터다. 그러나 한국에서 한국 아동을 대상으로 실시되고 있는 하이 스코프 프로그램은 영어로 교육활동이 진행되어 원래 교육목표보다는 조기영어교육의 측면이 더 부각되고 있으며, 따라서 프로그램 고유의 특성은 상대적으로 퇴색되고 있다. 능동적 학습이라는 원래의 취지를 되살리기 위해서는 하이 스코프 교사교육 훈련과정이 개설되어 충분한 자격을 갖춘 교사 양성이 이루어질 필요가 있다(이순형 외, 2004).

8) 레지오 에밀리아 접근법

(1) 레지오 에밀리아 접근법의 배경

이탈리아 레지오 에밀리아 지역에서 제2차 세계 대전 직후 부모들에 의해 시작된 레지오 에밀리아 접근법(Reggio Emilia Approach)은, 아동은 어려운 상황을 잘 극복할 수 있고 강하며 유능하다는 아동관을 기초로 한다. 아동은 단지 요구가 아닌 권리를 가지는 고유한 개인으로, 잠재력 있고 유연성 있으며 개방적이고 성장하고자 하는 욕구가 있고 호기심이 있으며 다른 사람들과 관계를 맺고 의사소통하고자 하는 욕구가 있다. 또한 아동은 교환과 상호성에 대해 개방적이며 사랑을 받을 뿐 아니라 사랑을 주고 싶어 하는 특성을 가지고 있다. 이에 따라 레지오 에밀리아 접근법에서는 유아의 교육에서 환경과 관계, 기록의 중요성을 강조한다.

(2) 레지오 에밀리아 접근법의 교육목표

레지오 에밀리아 접근법은 교육과정의 목표를 정해 놓고 있지 않다는 점에서 다른 일반적인 교육과정과 구분된다. 레지오 에밀리아 교육 관련자들은 아동이 잠재력, 유연성, 개방성, 성장욕구, 호기심, 다른 사람들과 관계를 맺고 의사소통하려는 욕구가 있다는 믿음을 갖고 있으므로 교사는 미리 교육목표를 세부적으로 수립하고 학습을 이끌어 가기보다는 아동의 관심에 의해 시작된 프로젝트가 진행되는 과정에서 아동이 원할 때 언제든지 필요한 지원을 제공하는 역할을 한다.

(3) 레지오 에밀리아 교육내용 및 활동

① 놀이

레지오 에밀리아 교사들은 항상 놀이하는 아동을 사진 찍거나 녹화할 준비가 되어 있다. 아동이 서로 대화하는 것을 주의 깊게 들으며 아동의 대화 속에서 그들의 사고, 감정, 이해, 애정에 대해 파악하고 그 내용을 다른 교사나 부모와 공유한다. 이런 대화의 결과는 레지오 에밀리아 교육과정의 가장 가시적인 부분인 프로젝트로 연결된다.

② **프로젝트**

레지오 에밀리아에서 프로젝트는 사물이나 사회에 대한 호기심, 실제적인 제안, 철학적 질문에서부터 시작된다. 교사는 문제를 제기하거나 새로운 가능성을 제시할 수 있고, 다양한 주제 중에서 아동들이 몰입할 수 있고, 지적인 자극이 되며, 다양한 해석과 탐색이 가능하여 연구할 만한 가치가 있는 것을 선택하는 데 중요한 역할을 한다.

[그림 8-6] 발 주제 표현활동

레지오 에밀리아의 프로젝트는 미국의 프로젝트 접근법이나 발현적 교육과정과 다음과 같은 점에서 구분된다. 첫째, 레지오 에밀리아의 교육과정은 '아동의 백 가지 언어' 로 표현되는 언어 이외에 다양한 의사소통방식을 통한 표현을 강조한다. 창의력과 지적 능력의 관계에 대한 이러한 믿음은 학교마다 아틀리에스타라는 미술전담교사를 두어 아동의 상징적 언어발달 증진을 도모하고 있다. 둘째, 레지오 에밀리아 교사들은 아동의 호기심과 질문에 기초하여 교육목표를 수립한다. 아동에 대한 세심한 관찰과 기록을 통해 아동의 관심과 흥미에 대해 가장 잘 파악할 수 있으며, 이를 근거로 하여 프로젝트에 대한 틀이 구체화된다. 셋째, 기록은 학습과정이며 학습의 결과물이다. 레지오 에밀리아 학교의 벽에는 아동의 다양한 결과물이 전시되며 이러한 전시물을 통해 부모는 아동의 지식구성과정에 대한 교사의 설명을 듣고 학교환경에서 아동발달이 지원되는 것을 알게 되며, 이것은 학교프로그램을 지지하는 역할을 한다. 교사들 간의 협력작업에 의한 기록판넬 제작은 프로젝트 활동에서 아동들이 다른 아동과의 협력을 통해 문제를 해결하고 새로운 지식을 구성하는 것과 같은 경험을 교사들이 할 수 있는 기회가 된다.

③ 시민자질교육

레지오 에밀리아 학교는 아동이 기술이나 지식을 습득하게 도울 뿐만 아니라 지역사회 공동체에 참여하는 것도 배우도록 한다. 레지오 에밀리아의 아동은 다른 사람들과의 관계를 형성 및 유지할 뿐 아니라 관계 자체의 중요성도 배우며 프로젝트 활동 참여를 통해 협력의 중요성을 끊임없이 학습한다. 또한 서로의 지식과 경험을 보완할 수 있는 아동들과의 활동을 통해 세상을 다양한 관점에서 볼 수 있는 기회를 일상적으로 가지게 된다.

④ 일과 구성

교사는 사전에 치밀하게 계획하지 않고 매일 반복적으로 일어나는 부분을 포함한 전반적인 일과를 계획한다. 점심시간처럼 필요한 경우가 아니면 시간을 적지 않으며 각 활동에 소요될 것으로 예상되는 시간만 계획한다. 교사는 아동이 그때그때의 활동에 몰입하는지 여부를 관찰하여 일과 진행에 관한 의사결정에 자료로 활용한다.

⑤ 환경 구성

유아교육은 지역사회 전체의 관심사이며 책임이라는 아이디어에 따라 레지오 에밀리아 학교는 도시계획의 일부로 통합되며 학교건물의 신축이나 개축은 교육조정자, 교사, 부모들이 건축가와 긴밀히 협의하여 계획한다. 학교공간은 아동, 교사, 직원, 부모 간의 만남, 상호작용, 교환을 지원할 수 있도록 조성되어야 한다. 학교의 실내 구성은 일반적으로 공동공간인 피아자(Piazza)를 향해 개방된 교실과 아틀리에, 컴퓨터가 갖추어진 도서실, 문서보관실, 창고로 구성된다. 아틀리에에서의 작업은 레지오 에밀리아의 교육프로그램 전체에 통합되는 것으로 본다.

(4) 레지오 에밀리아 보육 · 교육기관 구성원의 역할

① 교사의 역할

레지오 에밀리아 프로그램에서 교사는 관찰을 통해 얻은 자료를 바탕으로 아동의 경험과 발달과정을 기록하고, 제3의 교사인 환경을 조성하고, 지식구성을 위해 관찰한 내용이나 아동의 대화내용에 관해 다른 교사들과 협력하며, 부모와의 긴밀한 연계를 가져야 한다. 또한 아동과 다른 교사, 부모와의 의사소통이 중요하며 유능한 아동을 지지하는 역할을 하고 아동, 교사, 부모, 지역사회를 포괄하는 학습자 간의 상호적 공동체를 형성하는 것을 지지하고 교사와 아동 간의 이해 교환이 강조된다.

② 교육조정자의 역할

교육조정자는 프로그램 운영이 질적 수준을 유지하도록 관리하며 교육시스템의 행정적, 기술적, 교육적, 사회적, 정치적 영역을 통합하는 역할을 한다. 교육조정자들은 각 학교 교사들과 동등한 위치에서 협력하여 일하며 다른 사람들과의 정보교환을 통해 계속 변화하고 직업적으로 성장해 간다. 교육조정자의 역할은 교육시스템을 운영하는 데 관여하고 있는 모든 기관과 담당자들 간의 조정과 협력을 이루는 것이다.

③ 미술전담교사

미술전담교사는 시각예술 전공자로서 아동과 미술재료 간의 연관과 아동이 그 재료를 통해 어떻게 학습하는지 깊이 이해하고 있다. 미술전담교사는 학교 구성원들과 긴밀한 관계를 맺고 장기적인 프로젝트를 개발하는 데 참여한다. 아동이 백 가지 언어를 사용할 수 있는 기회를 제공하며 아동의 경험에 관한 기록을 만들어 내고 전시하기 위해 협력한다. 미술전담교사는 교사가 프로젝트 활동의 틀을 만들어 가는 과정에서 이를 지원하는 핵심적인 역할을 한다.

[그림 8-7] 꽃동산 만들기 표현활동

④ 요리사와 청소부

요리사와 청소부는 교사와 같은 지위를 가지며 교육적 경험의 한 부분이 된다.

이들은 학교의 모든 사람과 밀접한 정서적 유대를 유지하며 학교의 인상을 결정하는 중요한 역할을 한다.

(5) 한국 현장에서의 적용 및 문제점

레지오 에밀리아 접근법을 한국 현장에 적용할 때에 문제점으로는 교사의 전문성 부족, 환경여건 열악, 교사인원 부족, 경제적 부담, 아틀리에 미비 등이 지적된다. 특히 레지오 에밀리아 접근법에서는 교사가 진행과정을 판단하고 결정해 나가야 하므로 장기간의 충분한 교육을 통한 교사의 전문성을 기르는 것이 필수적이라 하겠다(이순형 외, 2004).

9) 프로젝트 스펙트럼 접근법

(1) 프로젝트 스펙트럼 접근법의 배경

프로젝트 스펙트럼 접근법(Project Sepectrum Approach, www.pzweb.harvard.edu/Research/spectrum.htm)은 1980년대 미국 교육체계의 문제점 발견 및 해결책 모색이라는 시대적 흐름 속에서 제시된 이론적 측면을 강조하는 영유아 보육 · 교육프로그램이다. 펠트만(Feldman)의 영역별 발달이론과 가드너(Gardner)의 다중지능이론에 기초를 둔 이 프로그램은 개별 아동이 다양한 유형의 지능 중 고유한 지능유형을 갖추고 있으므로 이에 적합한 교육경험을 제공해 주고자 개발된 접근법이며, 최근 미국의 학습지체아 보상교육정책(No Child Left Behind)과 맥을 같이하고 있다.

(2) 프로젝트 스펙트럼 접근법의 특징

프로젝트 스펙트럼 접근법의 특징은 우선 지능에 대한 기존의 보편적 사고를 변화시킴으로써 새로운 가능성을 제시하고 있다는 것이다. 스펙트럼은 사람들이 인지적 문제해결활동으로 생각하지 않는 신체활동이나 예술활동과 같은 활동들의 지적인 측면들을 다루어 고정관념을 재고하도록 만든다. 다음으로 스펙트럼은 아동과 아동의 수행을 평가하는 방식으로서 교사들로 하여금 아동의 인지능력을 평가하는 기본적 틀을 제공한다. 또한 스펙트럼은 교육과정에 있어서 다중적 출발점을 제공하며 교육과정의 내용을 보다 강조하여 내용의 폭과 함께 그 깊이도 고려하여 아동의 관심과 흥미를 자극한다. 이와 더불어 스펙트럼은 아동의 강점을 강조하는데, 아동의 강점을 발견하여 이를 칭찬함으로써 강점을 부각한다. 마지막으로 스펙트럼은 교사와 아동에게 학습을 위한 부가적 언어, 즉 음악, 미술, 운동과 같은 다른 상징체계를 복합적으로 활용하여 제공한다.

(3) 프로젝트 스펙트럼의 교육활동

① 주요 능력

유아의 영역특정적 능력은 구체적 학습영역에서의 수행에 필수적인 주요 능력으로 정의된다. 스펙트럼의 실제 교육활동은 1998년 출판된 『프로젝트 스펙트럼: 초기 학습활동(*Project Spectrum: Early Learning Activities*)』에 상세히 소개되어 있다. 프로젝트 스펙트럼 활동은 다중지능이론의 일곱 가지 지능을 기초로 활동영역을 여덟 가지로 구분하였다. 수학, 과학, 언어, 기계·도구, 동작, 사회적 이해, 음악, 미술영역이 여덟 가지 학습활동영역이다. 이 영역별로 주요 능력이 구성되어 있으며 각 영역의 주요 능력에 따라 다양한 개별 활동이 선정되어 있다.

② 학습활동의 유형

프로젝트 스펙트럼 접근법에서는 유아의 집단 크기, 활동에 대한 교사의 지도 및 자문수준을 고려하여 학습활동의 유형을 네 가지 범주로 구분하였다. 유아중심적 소집단활동, 교사주도적 소집단활동, 유아중심적 대집단활동, 교사주도적 대집단활동이 그것이다. 따라서 활동영역, 주요 능력, 학습유형에 따라 다양한 학습활동들이 이루어진다.

③ **가정에서의 활동**

개별 활동의 마지막 단계에서는 가정과 부모가 함께 할 수 있는 '가정에서의 활동' 을 제안하고 있다. 이를 통해 학급에서 유아의 강점을 발견하고 육성하는 교육이 가정과 연계하여 이루어질 수 있다.

④ **환경 구성**

프로젝트 스펙트럼의 환경 구성은 개별 영역들 간의 탐색과 더불어 개별 영역 내에서의 탐색을 촉진하는 다양한 범위의 교재 및 교구들을 포함하는 것이 특징이다. 음악이나 운동과 같은 개별 주제영역의 전문가들이 각자 독자적으로 주제영역을 운영하는 대신, 학급의 교사가 자신의 학급 내에 영역별 활동센터를 구축하는 것이 바람직하다.

⑤ **부모 및 지역사회와의 연계**

부모나 교사는 지역사회 단체에서 다양한 역할모델로서 봉사하는 기회를 가짐으로써 서로 다른 유형의 전문성을 공유할 수 있다. 박물관 관람과 같은 지역사회와의 연계활동을 통해 부모는 아동의 학습참여에 대해 구체적인 계획을 세우고, 이를 통해 단순히 보호자로서가 아닌 교육적 안내자의 역할을 수행하게 된다. 또 가정과의 연계를 위해 아동이 가정에서 부모 또는 형제와 함께 할 수 있는 활동과 연관하여 주제를 정할 수도 있다.

⑥ **평가**

스펙트럼의 평가체계는 유아용 평가활동(preschool assessment activities), 관찰보고서(observational guidelines), 스펙트럼 프로파일(spectrum profile)의 세 가지 요소를 포함한다. 평가활동은 일곱 가지 지식영역에서 열다섯 가지 활동들이 포함되며 구조화된 일대일 평가활동과 집단상황에서 발생하는 자발적 활동으로 구성된다. 관찰보고서는 여덟 가지 영역에 대한 관찰기록표(observational checklist)로 일련의 주요 능력과 핵심요소가 기술된다. 마지막으로 스펙트럼 프로파일은 앞의 두 가지 평가과정에서 획득한 정보에 근거한 이야기 보고서(narrative report)다. 검사도구가 아닌 언어를 통해 광범위한 인지능력에 초점을 맞추고 개별 아동의 상대적 강점과 취약점이 기술된다.

스펙트럼의 평가에서 측정은 광범위한 영역들에서 아동의 지적 능력을 정확히 평가해야 하고, 검사도구는 개별 영역에 적합한 매체를 활용하여 평가를 실시해야 하며, 평가활동에서 적절한 교구의 선택이 중요하다. 또한 스펙트럼의 평가에서는 교수를 위한 생태학적 타당성과 적절성에 초점을 둔 맥락이 제공되어야 한다.

(4) 프로젝트 스펙트럼 프로그램에서 교사의 역할

스펙트럼 프로그램의 원활한 운영을 위해서는 다재다능한 사람보다 특정 영역에 전문성을 갖춘 교사가 적합하다. 이처럼 특정한 전문자질을 갖춘 교사는 다른 영역에 전문적인 자질이 있는 동료 교사와 더불어 팀을 구성하여 아동을 가르칠 수 있다는 장점이 있다(안영진, 2004).

교사는 프로그램의 진행과정에서 자신이 담당하는 역할을 변화시켜 나가는데, 프로그램 운영의 초기 단계에서 교사는 발달의 연속성이라는 관점에서 학습을 바라보아야 한다. 또한 교사는 협동학습전략을 사용할 필요가 있고 다양한 다중지능 활동을 기록해야 한다. 프로그램이 지속됨에 따라 교사는 학습이 보다 아동중심적으로 될 수 있도록 아동의 자율성을 촉진시키는 역할을 수행한다.

(5) 한국 현장에서의 적용 및 문제점

스펙트럼 프로그램은 이론적 측면이 강조되는 프로그램이므로 다중지능에 대한 체계적이고 깊이 있는 지식이 축적되지 않으면 진정한 스펙트럼의 실시가 어려울 수 있다. 『프로젝트 스펙트럼: 초기 학습활동(*Project Spectrum: Early Learning Activities*)』에 소개된 영역별 활동들을 토대로 한국 실정에 맞추어 적절히 수정 후 적용한다면 아동과 교사 모두에게 효과적인 스펙트럼 프로그램 활동이 가능할 것으로 기대된다(이순형 외, 2004).

2. 특별한 영유아 보육프로그램

영유아는 타고난 유전적 정보에 의해서 지적 능력과 재능이 다를 뿐 아니라 영유아가 성장하는 가정환경도 인종, 민족, 국적, 종교와 사용언어에 따라서 다르고 가족구조, 부모의 교육수준과 직업지위, 가정경제적 지위 등에 따라 다양하다. 이처럼 생활환경과 타고난 조건이 다른 영유아를 대상으로 다양한 영유아 보육 · 교육프로그램을 구성해 제공해야 할 필요가 있다.

1) 혼합연령 프로그램

근래에 형제가 없이 혼자 성장하는 아동이 증가하면서 사회적 발달을 우려하는 목소리가 커지고 있다. 가정에서 형제자매가 없는 외동아를 위해서 아동집에서 연령이 다른 아동과 함께 어울리는 것이 사회적 관계를 학습하는 데 도움이 될 것이다. 각 가정에서 온 아동이 연령이 다르지만 한 반에 모아서 보육활동을 하도록 혼합연령반 편성을 하는 것이 권장되고 있다. 이곳에서는 혼합연령 프로그램을 소개하고자 한다.

(1) 혼합연령 프로그램의 배경

현대사회의 일반화된 동일연령 집단구성 모델은 사실 산업혁명 이후 대량생산시대의 산물로 새롭게 출현한 것으로 획일적이고 균일한 교육과정이다. 그러나 핵가족화, 맞벌이 부모의 증가, 외동아의 증가 등으로 다양한 대인관계 경험의 부족이 영유아의 사회정서적 발달에 부정적인 영향을 미친다는 인식이 높아지면서 대안적인 방법으로 혼합연령 학급구성이 제안되었다. 혼합연령 프로그램은 사회문화적 이론과 사회학습이론의 영향을 받고 있는데, 사회문화적 이론에서는 영유아들의 인지발달은 그들의 현재 발달수준을 약간 넘어서는 어떤 것을 하도록 도전받았을 때 가장 잘 이루어진다고 본다. 이는 비고츠키의 근접발달영역(zone of proximal development) 개념에 의해 잘 설명된다. 더 유능한 또래와의 상호작용은 단계적 지지(scaffolding)의 역할을 하여 실제 발달수준보다 높은 수준의 수행을 가능하게 한다. 한편, 사회학습이론의 관점에서 혼합연령 학급구성은 나이 많은 영유아의 상대적인 사회적 유능성이 그들을 나이 어린 영유아들에게 또래교사와 양육자로서의 역할을 하게 하며 어린 영유아들에게는 연장 영유아의 행동을 관찰하고 모델링할 기회를 제공한다고 본다. 현재 혼합연령 집단구성은 몬테소리 유치원, 영국의 유아학교, 독일의 상황중심 유치원, 미국의 개방교육 등에서 볼 수 있으며 세계 각국의 영유아 교육 · 보육기관으로 확산되고 있다.

(2) 혼합연령 프로그램의 특성

혼합연령의 집단구성은 가장 나이 많은 영유아와 가장 나이 어린 영유아 간에 적어도 2년의 연령차가 나도록 의도적으로 구성하는 것을 말한다. 혼합연령 집단구성은 영유아의 개별적 요구를 충족시키는 데에 근거하며 집단의 연령범위, 집단의 크기, 집단구성의 유형, 교사 대 영유아의 구성비 등 형태가 매우 다양하다.

혼합연령 프로그램의 영유아들은 다양한 대인관계를 경험할 수 있고 나이 많은 영유아들이 어린 영유아들에게 도움을 줄 수 있다는 장점이 있다. 혼합연령 집단구성은 부적응행동 유아의 발달에 기여할 뿐 아니라 부적응행동 중 특히 사회적으로 위축된 유아에게 효과가 있다.

그러나 혼합연령 프로그램은 발달수준의 차이가 나는 영유아들의 개별적 욕구에 부응하기 어렵다는 단점을 가지고 있다. 이러한 집단구성은 더 훈련되고 유능한 교사의 자질을 요구하며 교사 2~3인의 상호협력이 전제되어야만 교육적 효과를 거둘 수 있다. 따라서 이와 같은 혼합연령 프로그램의 장단점을 파악하여 각 기관의 상황과 영유아의 특성에 맞도록 교육과정을 마련해야 한다(이순형 외, 2004).

2) 장애아 통합 프로그램

아동이 출생할 때 타고난 유전적 정보에 따라 외양이 다르듯이 지적 능력과 재능의 차이가 있을 수 있다. 보통 아동의 수준을 기준으로 연령별 표준 보육프로그램을 구성했을 때, 정상발달을 앞선 영재나 여러 가지 발달장애를 가진 발달장애아동은 보통의 발달수준을 고려한 일반 보육프로그램에서 충분한 활동을 하기 어려운 문제가 있다. 따라서 영재를 위한 보육프로그램과 발달장애아동을 위한 개별 보육프로그램이 별도로 구성되어야 한다.

(1) 장애아 통합 프로그램의 배경

장애아동이 통합교육을 받아야 하는 이유는 첫째, 철학적으로 모든 아동은 정상적인 생활을 할 권리가 있으므로 장애를 가진 아동도 일반아동이 받는 것과 똑같은 높은 질의 프로그램을 경험하도록 해야 한다는 것이다. 둘째, 법률적으로 미국에서는 장애를 이유로 일반시설에서 장애아 보육 · 교육을 거부할 수 없게 되어 있으므로 통합교육이 적법하다. 셋째, 전문가와 가족이 모두 장애아가 일반시설에서 보육 · 교육되는 통합환경이 교육적으로 월등히 이롭다는 사실을 알아야 한다. 통합은 기존 육아 및 교육시설과 종교시설을 활용함으로써 별도 시설이 필요 없고 비용을 절감한다. 또한 통합함으로써 소속감을 갖고 사회생활을 영위할 수 있도록 하며 사회적 기술을 배울 기회를 준다.

미국에서는 1975년에 제정된 전장애아동교육법(Education for All Handicapped Children Act)이 1997년 전면개정되면서 장애아동이 출생부터 21세까지 무상교육과 지원을 받게 되었다. 1980년대에 일반 교육주도(REI: Regular Education Initiative)로 알려진 통합교육운동이 일어나면서 다양한 학습요구를 가진 아동을 보다 많이 통합하는 일반교육체제를 확립하고자 하였다. 이후 1990년대 후반 이래 발달적 및 문화적 다양성 수용이 유아교육의 큰 흐름이 되면서 장애아동의 통합이 다양성을 더욱 증대시키는 흐름으로 작용하고 있다.

(2) 장애아 통합 프로그램의 기본 전제

① 장애아동의 발달특성 이해

일반적으로 장애아동은 전반적인 발달영역에서 지체를 가지고 있으면서도 성취능력에 있어 발달의 불균형을 이룬다. 따라서 개별화 프로그램이 절실히 필요하며 또한 정상발달에서 이탈된 발달을 예방하기 위한 적절한 조기개입이 필요하다.

그러나 장애아동도 정상적인 발달적 욕구를 가지고 있고 정상적인 놀이발달단계를 거친다. 다만 속도가 느리고 세분화된 발달단계를 거치며 장애로 인한 발달이 지체되고 개별화된 욕구가 생겨남을 정상적인 것으로 이해할 필요가 있다. 영유아기에는 장애아라기보다는 발달지체(developmental delay) 또는 장애위험아(at-risk child)라는 명칭이 더욱 적절할 것이다.

② 장애아동의 발달에 적합한 교육방법 이해

장애아동에게는 일반아동에 대한 기본적인 전략에 더하여 특수교육학적 전략이 필요하다. 장애아에게는 개별화된 접근이 필수적인데, 장애아동은 매우 다양한 발달적 다양성과 가족문화적 다양성을 지니고 있기 때문이다. 또한 교육목표를 세분화하여 제시할 필요가 있다. 즉, 활동목표를 세분하여 익히기 쉽도록 하는 것이 적합한 교육방법이다(이순형 외, 2004).

3) 반편견 프로그램

아동이 출생하고 성장하는 가정환경은 다양하다. 인종이나 민족이 다를 수 있고 국적이 다를 수 있으며 종교가 다르고 사회경제적 지위도 다르다. 이러한 환경의 차이는 사용하는 언어나 사고방식의 차이뿐 아니라 생활문화의 차이도 가져올 수 있다. 그리고 아동은 타고난 외모, 지능, 재능이 다르다. 이처럼 아동이 어떤 환경과 조건 속에서 출생하고 성장하든지 사회적으로 차별받았다는 생각을 가지고 성장해서는 바람직한 발달에 이를 수 없다. 따라서 가정에서는 물론이고 아동집에서 보육을 할 때 차별보육을 해서는 안 되며 그러한 조건과 환경에 따라 편견을 가진 보육이 되어서도 안 된다.

(1) 반편견 프로그램의 배경

반편견 교육은, 아동은 경험, 탐색, 불평형, 사회적 상호작용, 토의로부터 사회도덕적 지식을 구성한다는 구성주의 교육철학에 기초한다(Carter & Cutis, 1994; Derman-Sparks & A. B. C. Task Force, 1989). 또한 기존의 서구중심의 교육과정에서 탈피하여 모든 민족의 다양성을 존중하고 다양한 문화적 배경을 가진 유아들이 평등한 교육을 받을 수 있는 기회를 제공하는 것을 목표로 하는 사회재건주의와 문화적 다원주의 철학에도 기초를 두고 있다. 1989년에 처음으로 문서화된 반편견 접근은 성별, 사회적 계급, 종교, 성적 지향, 장애와 같은 정체감의 다양한 측면들도 아동의 긍정적인 자아정체감과 타인에 대한 존중감 발달에 중요한 역할을 한다고 보았다. 이 관점은 학교가 아동들에게 그들 자신을 존중하고 다양한 범위의 사람들과 평등한 관계를 만들도록 가르칠 뿐만 아니라 아동들이 어떻게 편견과 차별을 없애는 일을 할 수 있는지를 가르쳐야 한다고 주장한다.

(2) 반편견 프로그램의 기본 전제

반편견 교육이란 인종, 장애, 성, 다문화, 차별행동 등의 편견에 대한 문제점에 직면하여 함께 고민하고 사고하면서 긍정적인 정체감과 함께 편견에 대응하는 능력을 길러 주는 교육이다.

① 반편견 보육의 시기

유아는 2세경부터 성, 인종에 관한 차이점을 인식하고 3, 4세경이 되면 자신이 속한 가족, 문화 등에 근거한 문화적 정체성을 이해하기 시작하며 편견을 인식하고 영향을 받으므로 반편견 교육은 연령별 발달수준에 맞추어 영유아기부터 시작되어야 한다.

② 반편견 보육의 접근

반편견 교육활동은 여행객이 다양한 문화를 방문하는 것과 같은 관광적 접근(tourist approach)이 되지 않도록 주의해야 한다(Carter & Cutis, 1994). 관광적 접근은 문화 간의 색다른 차이점을 강조하며 축제 등의 특별한 이벤트를 부각함으로써 다른 문화에 속한 사람들의 실생활에 대한 이해를 왜곡시킬 수 있다. 이러한 관점은 즐거운 경험을 제공하지만 오히려 '나'와 '다른' 사람이 하는 것이란 인상을 주게 되며 편견을 조장하는 교육방법이 될 수 있다. 반편견 접근 역시 관광적 접근과 마찬가지로 문화의 내용(what)과 방법(how)을 주시하지만 이유(why)에 좀 더 주목한다는 점에서 차이가 있다. 문화적 차이점에 대한 이유는 가치, 신념 체계의 차이고 반편견 접근에서는 이에 대한 인식과 이해를 핵심적인 것으로 보아 유아에게 전달하기 위해 노력한다. 관광적 접근을 피하기 위해 다문화와 반편견에 관한 내용은 특정 기간이 아닌 연간 교육과정으로 포함시킬 것이 제안되고 있다.

③ 교육과정의 운영

반편견 교육과정은 하나의 독립된 교육내용이라기보다는 일종의 접근법에 더 가깝다(Carter & Cutis, 1994). 따라서 공식적 교육과정과 함께 수업이나 교육기관의 관행으로 학생들이 은연중에 배우는 가치, 태도, 행동양식과 같은 잠재적 교육과정을 통해서도 이루어진다. 잠재적 교육과정으로서의 반편견 교육활동은 편견적 상황이 발생할 때마다 교사의 적절하고 즉각적인 개입으로 영유아들이 문제해결을 할 수 있도록 돕고 편견에 대처하는 능력을 길러 줄 수 있다. 의도하지 않은 요인이 영유아에게 영향을 미치기 때문에 교사의 민감성이 중요하며 반편견 내용을 일과와 환경 구성에 통합하여 운영하는 것이 바람직하다(이순형 외, 2004).

4) 영재아 프로그램

아동의 타고난 지적 능력과 재능이 정상발달을 앞선 영재아동은 보통의 발달수준을 고려한 일반 보육프로그램에서 충분한 활동을 하기 어려운 문제가 있다. 따라서 영재를 위한 보육프로그램이 별도로 구성되어야 한다.

(1) 영재아 프로그램의 배경

① 영재아에 대한 개념 정의

영재아에 대한 정의는 학자들에 따라 다르지만 공통되는 점은 이미 자신의 영재성을 구체화시킨 성인과 달리 아동기의 영재성은 보다 잠재적이라는 것, 아동기의 영재성은 성인기 성취를 보장하는 것이 아니라 단지 성취의 가능성을 높여 주는 것일 뿐이라는 것, 그리고 이를 감안할 때 영재아의 환경이 매우 중요하다는 것 등이라 할 수 있다.

② 영재아의 발달특성

일반적으로 영재아는 형식적 조작기에 빨리 도달하며 또래에 비해 지적으로 조숙하다. 이들의 읽기와 쓰기능력은 일반아동보다 빨리 나타나고 인지양식이나 인지적 전략의 선택에서도 차이를 나타내어 내적 동기에 의해 독립적으로 과제를 해결하려 하며 체계적으로 해결과정과 해결책을 점검하는 인지적 전략을 선택한다. 영재아들은 과도한 흥분, 완벽주의, 지나친 자기비판을 하는 경향이 있으며 인정에 대한 욕구, 다른 영재아와 어울리고자 하는 욕구, 학업적 성취에 대한 욕구가 강하다. 영재아라는 주변의 인식은 영재아의 자아존중감을 높여 주지만 또래나 형제자매로부터 소외될 수 있는 부정적 측면도 있다.

③ 영재아 프로그램의 역사

영재교육의 역사는 고대 그리스부터 시작되나 19세기 이후 큰 진전을 보였다. 갈톤(Galton), 비네(Binet), 터만(Terman), 홀링워스(Hollingworth) 등은 영재 연구 및 영재교육의 발전에 많은 공헌을 했다. 갈톤은 지능이 유전된다고 주장하면서 측정을 시도하였고, 비네는 '정신연령' 의 개념을 설정하고 지능(IQ) 검사를 개발하였으며, 터만은 비네의 검사를 미국 문화에 맞게 개정한 스탠퍼드-비네 지능검사를 만들었고, 홀링워스는 영재아의 독특한 사고방식을 지원하기 위해 생산적 습관이나 리더십과 관련된 태도나 동기 등을 발달시킬 수 있는 교육방식을 강조하였다. 1967년 스푸트니크호의 발사 이후 미국은 영재교육에 대한 관심이 급증하여 1990년대에 이르러서는 미국 대부분의 주에서 영재교육과 관련된 법률을 제정하고 영재교육에 재정적인 지원을 하게 되었다.

(2) 영재아 프로그램의 기본 전제

영재교육의 패러다임은 영재성이 표준화된 지능검사에 의해 측정될 수 있다는 전통적인 패러다임에서 영재아의 개별적 특성을 파악하고 이를 개별화된 교육계획과 내용에 반영하고자 하는 패러다임으로, 또 '다양한 수준의 재능' 과 문화적 다양성, 계층의 차이 등 맥락을 고려한 영재성의 정의를 강조하는 최근의 패러다임으로 변화하여 왔다.

반타셀-바스카(VanTassel-Baska, 2000)는 영재아 프로그램 교육과정의 기본 과정을 다음과 같이 제시하였다.

- 교육과정에서 모든 학습자는 최적의 학습수준을 이룰 수 있는 기회를 제공받아야 한다.
- 영재성이 있는 학습자는 평재아에 비해 차별화된 학습욕구를 가지고 있다. 그러므로 교육과정은 이들 요구를 적극적으로 반영할 수 있도록 계획되고, 또 이에 맞추어 언제든지 조정될 수 있어야 한다.
- 교육과정에서 영재성이 있는 학습자의 요구는 인지적, 정서적, 사회적, 심미적 영역을 통해 전반적으로 충족되어야 한다.
- 영재성이 있는 학습자를 위한 가장 좋은 교육과정은 촉진제와 심화학습을 통해 풍부하고 확장된 경험을 할 수 있도록 하는 것이다.
- 영재성이 있는 학습자에게 제시되는 교육과정의 잠재적 효과를 극대화시킬 수 있으려면 전 과정이 세심하게 계획되고 기록되며 적용되어야 한다.
- 영재성이 있는 학습자를 위한 교육과정은 '지속과정(ongoing-process)' 으로서

평가의 결과를 다음 교육과정의 계획 수립과 현 교육과정의 변경에 적극 반영시켜야 한다(이순형 외, 2004).

5) 친환경 프로그램

도시환경에서 시멘트 건물만 보고 성장한 아동이 성인이 되었을 때 바람직한 상태에 도달할 것인지도 의문으로 여겨졌다. 인간은 자연 속에서 자연과 더불어 살아가는 것이 바람직한 발달환경이라는 생각에서 친환경 보육프로그램이 개발되었다.

(1) 생태주의의 배경과 개념

생태주의는 생태학의 원리를 수용하는 사회이론과 실천을 포괄하는 용어다. 생물학자 코모너(Barry Commoner, 1981)는 생태학의 네 가지 원리로 상호연관성의 원리, 순환의 원리, 자기 지지(self-support)의 원리, 무에서 창조되는 것은 아무것도 없다는 원리를 제시하였다. 인간은 이 체계의 구성요소로서 자연과 더불어 존재하며 자연의 연관과 순환의 체계를 그 원리에 따라 이용할 수 있는 존재일 뿐이다. 생태학적 관점은 인간과 자연의 관계에 대한 대안적 관점으로서 1970년대를 기점으로 자연과학의 경계를 벗어나 다양한 학문분야와 연결되어 생태계 생태학의 개념, 원리, 법칙 등을 문화와 인간에 적용하는 해석의 방식으로 연구되고 있다.

(2) 생태주의의 기본 전제와 생태주의 교육의 목적

생태주의는 자연과 인간을 공존적 존재로 보는 자연친화적 자연관과 자연지배의 기술지향주의를 벗어나 자연의 생물학적 생존권을 인식하고 인간과 자연이 공존하는 삶의 영역을 개척함으로써 인간과 자연의 지속 가능성을 확보하자는 세계관을 바탕으로 한다.

생태주의 교육은 자연과 인간에 대한 생태적 이해와 연관성, 환경적 자각과 존중뿐만 아니라 지구적 책임감을 향상시켜 준다. 생태주의 이념을 교육적 차원으로 적용하여 자연을 합리적인 방식으로 인식할 수 있게 하는 생태적 문해력(literacy), 즉 생태학 원리에 대한 지식, 체계적 사유방식, 생태적 가치의 실천을 획득하도록 하는 것이 생태주의 교육의 목적이다(이순형 외, 2004).

참고문헌

강인구 · 최경(2006). 발도르프 유아교육의 이론과 실제. 서울: 아이나무.

김대현 · 왕경순 · 이경화 · 이은화(1999). 프로젝트 학습의 운영. 서울: 학지사.

안영진 역(2004). 프로젝트 스펙트럼 1: 다중지능이론에 의한 아동의 다양한 능력 개발 프로젝트. 서울: 창지사.

이기숙(2002). 유아교육과정. 서울: 교문사.

이순형 · 이성옥 · 이완정 · 권혜진 · 황혜신 · 이혜승 · 이영미 · 정윤주 · 성미영 · 권기남(2004). 영유아 보육 · 교육 프로그램의 이해. 서울: 학지사.

지옥정(1996). 프로젝트 접근법이 유아의 학습준비도, 사회정서 발달, 자아개념 및 프로젝트 수행능력에 미치는 효과. 한국교원대학교 대학원 박사학위 청구논문.

Biber, B., Shapiro, E., & Wickens, D. (1977). *Promoting cognitive growth: A developmental interaction point of view* (2nd ed.). Washington, DC: NAEYC.

Carter, M., & Cutis, D. (1994). *Training teachers: A theory and practice*. 이영애 외 편역(2001). 반편견 교육을 위한 유아교사 교육의 새로운 접근. 서울: 창지사.

Corbett, B. (2002). *A Garden of Children*. 프뢰벨교육연구소 역(2003). 아동의 정원. 서울: 프뢰벨.

Derman-Sparks, L., & A. B. C. Task Force. (1989). *Anti-bias curriculum: Tools for empowering young children*. 이경우 · 이은화 편역(1999). 반편견 교육과정: 아동에게 대응능력을 길러 주는 도구. 서울: 창지사.

Jaffke, F. (2000). *Spiel mit uns! stuttgart: Freies Geistesleben Gmbh*. 윤선영 역(2011). 발도르프 킨더가르텐에서의 놀이와 작업. 서울: 창지사.

Katz, L. G., & Chard, S. C. (1989). *Engaging children's minds: The project approach*. Norwood, NJ: Ablex.

Roopnarine, J. L., & Johnson, J. E. (2000). *Approaches to Early Childhood Education*. New Jersey: Merrill.

VanTassel-Baska, J. (2000). Theory and research on curriculum development for the gifted. In K. A. Heller, F. J. Mönks, R. J. Sternberg, & R. F. Subotnik (Eds.), *International handbook of giftedness and talent* (2nd ed., pp. 345–366). Oxford: Pergamon.

Weikart, D. P., & Schweinhart, L. J. (2000). The High/Scope Curriculum in early childhood care and education. In J. L. Roopnarine & J. E. Johnson (Eds.), *Approaches to early childhood education* (2nd edition). Columbus, OH: Merrill.

Wortham, S. C. (2002). *Early childhood curriculum.* Upper Saddle River, NJ: Merrill.

http://www.bankstreet.edu

http://www.highscope.org

http://www.pzweb.harvard.edu/research/spectrum.htm

제9장

보육환경

이 장에서는 보육환경의 개념과 특성을 살펴보고 영유아의 발달에 적합한 보육환경을 구성하기 위한 원리, 그리고 보육환경의 실내 및 실외환경 구성에 대해 살펴본다.

1. 보육환경의 개념과 특성

영유아가 활동하고 머무는 환경은 영유아의 성장과 발달에 매우 중요한 의미를 갖는다. 특히 종일제로 운영되는 어린이집의 환경은 오랜 시간 영유아들이 머무는 공간이므로 많은 영향을 미친다. 이러한 영유아 어린이집의 환경 구성이 어떻게 이루어지느냐에 따라 영유아의 발달과 성장에 미치는 영향은 다르게 나타날 수 있다. 예를 들어, 영유아의 연령별 발달수준에 적합하도록 구성된 환경은 심리적 · 정서적으로 편안함을 줄 수 있는 반면, 그렇지 않은 경우는 영유아의 불안함과 불편함을 가중시킬 수 있다. 실내외환경의 구성에 따라 영유아의 공격성이 증가하기도 하며 사회성발달이 원만하게 이루어지거나 방해받기도 한다. 잘 구성된 환경에서는 영유아가 마음껏 뛰어놀고 활동의 제한을 받지 않아 신체적 발달을 도모할 수 있지만 그렇지 않은 경우는 영유아의 신체활동을 방해할 수 있다(이윤경 외, 2003).

보육환경은 영유아의 발달수준에 적절한 보호와 교육을 제공할 수 있는 환경으로 구성되어야 한다. 보육환경은 어린이집의 입지에서부터 고려되어야 하며 일반적으로 실내환경과 실외환경으로 구분된다. 대상 아동의 연령에 따라 실내환경의 구성은 차이가 있다. 예컨대, 영아를 위한 실내환경과 유아를 위한 실내환경은 영역 구성의 측면에서 차이를 보인다. 또한 나이 어린 시기 아동의 발달을 보다 밀접하게 보살펴 줄 수 있도록 영아기를 다시 영아와 걸음마기 아동으로 세분화하여 환경을 구성할 수도 있다.

영유아기는 성장과 발달이 빠르게 이루어지고 이러한 발달은 환경과의 친밀한 상호작용을 통해 가속화되므로 교사가 보육환경을 어떻게 계획하고 조직 및 구성하느냐는 매우 중요하다. 예를 들어, 실내외환경이 구성되고 활용되는 방법에 따라 유아의 사회성, 독립성, 놀이 참여 정도 및 놀이 확대수준은 높아지기도 하고 낮아지기도 한다(이영자 · 이기숙 · 이정욱, 2000).

이처럼 어린이집의 물리적 환경은 영유아들이 단순히 활동하는 공간적 의미에서 벗어나 신체적, 인지적, 정서적, 사회적 발달 등 전인 발달에 영향을 주는 중요한 역할을 하므로 공간 구성에 대한 계획이 세심하게 이루어져야 한다. 또한 연령이나 발달수준, 개별 유아의 독특성 등 다양한 영유아의 특성을 고려하여 환경이 계획되고 구성되어야 한다. 이와 함께 영유아뿐만 아니라 교사나 성인의 요구와 필요에도 적합하게 환경 구성이 이루어져야 한다. 어린이집의 공간은 영유아들에게도 중요한 활동장소이지만 교사에게는 직장의 의미를 가지므로 교사가 어린이집에서 편안하고 효율적으로 활동할 수 있도록 교사의 특성과 요구에도 부합되는 환경을 구성해야 한다.

어린이집의 환경 구성에서는 물리적 측면뿐만 아니라 심리적 측면도 고려되어야 한다. 예컨대, 영유아의 심리적 안정을 위해 실내외환경 구성이 너무 산만하다거나 다양한 색채가 사용되는 것은 삼갈 필요가 있다. 또한 교실의 바닥에 마루를 깔거나 목재로 된 교구 및 교구장을 배치함으로써 영유아에게 보다 자연친화적인 환경을 제공해 주어야 한다.

2. 보육환경 구성원리

영유아를 위한 보육 · 교육프로그램이 원활하게 운영되기 위해서는 적절한 보육환경이 갖추어져야 한다. 이처럼 영유아의 발달에 적합한 보육환경을 구성하기 위해서는 다음과 같은 구성원리를 준수해야 한다(White & Coleman, 2000).

1) 발달에 적합한 보육환경

영유아의 발달에 적합한 실제를 위해서는 교실의 환경 구성 역시 발달에 적합해야 한다(Bredekamp & Copple, 1997). 이는 교재 및 교구를 선정하고 실내 흥미영역을 배정할 때 연령별 차이를 고려함과 동시에 동일 연령 내에서의 개인 간 차이 역시 고려해야 함을 의미한다. 즉, 연령별 적합성은 특정 연령집단의 일반적 발달수준과 흥미를, 개별 적합성은 개별 아동의 독특한 발달수준과 흥미에 적절하도록 고려하는 것이다. 실내환경과 더불어 실외환경 역시 연령에 적절한 공간, 시설 및 설비를 갖추어야 한다.

2) 통합을 위한 보육환경

통합을 위한 보육환경이란 발달수준과 흥미의 차이가 다양한 모든 아동을 통합적으로 보육할 수 있는 환경을 의미한다. 다양한 능력을 가진 모든 아동의 발달수준에 적절히 반응할 수 있는 흥미영역과 교구를 선정하기 위한 배려가 필요하다.

통합보육에서 고려해야 할 또 하나의 사항은 아동의 성별이다. 남아와 여아는 자신의 학습경험과 사회적 기술을 최대화시킬 수 있도록 모든 흥미영역에서 활동을 하도록 격려받을 필요가 있다. 이를 위해 블록과 인형을 아동이 함께 가지고 놀이

할 수 있도록 교사가 도와주어야 한다.

3) 균형을 갖춘 보육환경

교재 및 교구, 흥미영역, 일과 구성의 균형은 영유아의 발달에 적합한 학습환경을 제공해 준다. 구체적으로 균형을 갖춘 보육환경은 정적인 활동과 동적인 활동을 주기적으로 반복함으로써 아동이 자신의 에너지를 조절할 수 있도록 도울 수 있다. 이 외에도 개별 활동과 집단활동, 사적 공간과 공적 공간의 균형 역시 보육환경을 구성하는 데 적절히 이루어져야 한다.

4) 연속성과 융통성을 갖춘 보육환경

균형을 갖춘 보육환경이 되기 위해서는 학습환경에서의 연속성과 융통성이 요구된다. 아동이 너무 지치거나 무기력해지지 않도록 하나의 활동이 너무 오랫동안 지속되어서도, 그리고 활동이 너무 자주 변화되어서도 안 된다. 활동의 연속성과 융통성이 균형을 이루기 위해서는 보육환경에 대한 아동의 반응을 계속해서 관찰할 필요가 있다. 아동이 지루해하는 반응을 보일 경우 새로운 교구를 제시해야 하고 아동의 탐구심을 조장하고 흥미를 지속시키기 위해서는 흥미영역의 배치를 새롭게 변경해야 한다.

5) 안전한 보육환경

안전은 신체, 인지, 사회·정서적 안녕을 반영하는 총체적인 개념이다. 부서진 교구는 아동에게 신체적 해를 입힐 수 있으며, 이러한 물리적 손상은 아동에게 심리적 손상도 가져올 수 있다. 부서지거나 고장난 장난감은 수리한 후 사용하며 콘센트는 아동의 키보다 높은 곳에 설치하거나 안전핀을 꽂아 두고 문틈에 손가락이 끼어서 발생하는 안전사고를 예방하기 위한 장치를 설치한다.

[그림 9-1] 안전을 고려한 콘센트 위치

[그림 9-2] 현관문에 설치된 안전사고 예방장치

교재 및 교구를 선정할 때 영유아의 안전을 위해 고려해야 할 사항은 〈표 9-1〉에 제시되어 있다.

표 9-1 교재 및 교구 선택 시 영유아의 안전을 위해 고려할 사항

구분	고려사항
모서리	뾰족한 모서리를 가진 물건을 가능한 한 적게 배치함
표면	가능한 한 표면이 부드러운 물건을 선택함
페인트	유독성 페인트로 칠해진 장난감의 구입을 피해야 함
크기	호흡장애를 일으킬 수 있는 작은 크기의 물건은 부적절함
부품	부품이 많아서 부서지거나 잃어버리기 쉬운 장난감은 부적합함

*출처: White & Coleman (2000), pp. 294-295에서 재구성.

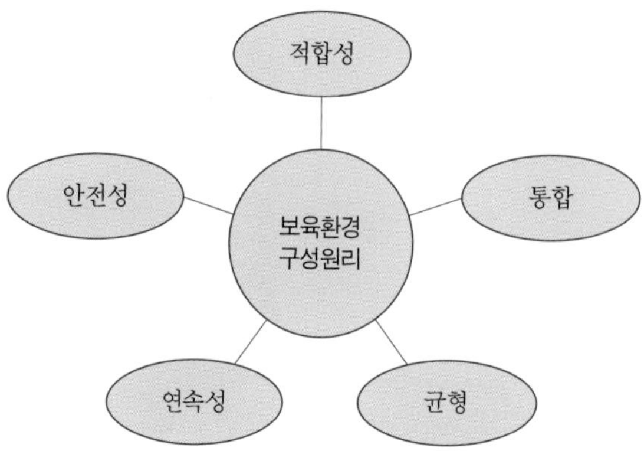

[그림 9-3] 보육환경의 구성원리

3. 보육환경 구성

보육환경은 크게 실내환경과 실외환경으로 구분할 수 있다. 먼저 실내환경의 구성은 연령에 따라 영아를 위한 실내환경과 유아를 위한 실내환경으로 구분하여 연령별 특성에 적합한 환경 구성의 실제에 대해 살펴본다. 이와 함께 연령별로 발달영역을 고려한 환경 구성을 구체적으로 알아보고 실외환경 구성에서 고려할 사항들을 알아본다.

1) 실내환경 구성

어린이집의 실내환경은 보육실, 화장실, 목욕실, 식당, 실내동작실, 특별활동실 등 다양한 공간으로 구성되어 있다. 특히 보육실을 영아반(만 1, 2세)과 유아반(만 3, 4, 5세)으로 구분해 놓은 연령 구분에 적합한 실내환경 구성을 살펴보면 다음과 같다.

(1) 영아를 위한 실내환경 구성

영아를 위한 양질의 보육·교육프로그램은 나이 어린 영아의 신체적, 사회·정서적, 인지적 요구를 적절하게 고려할 필요가 있다. 이처럼 영아의 발달적 요구에 적합한 프로그램이 되기 위해서는 양질의 보육교사, 적절한 환경 구성, 발달에 적합한 프로그램 그리고 적극적인 부모참여가 요구된다.

영아를 위한 적절한 환경 구성의 경우 나이 어린 아동의 발달적 요구에 적합한 물리적 환경을 구성하는 것이 중요하다(Wortham, 2006). 영아를 위한 대부분의 프로그램은 나이 많은 유아에게 보다 적합한 환경을 갖추고 있으나, 자유롭게 이동하고 사물을 탐색할 수 있고 안전하며 놀잇감 선택이 용이한 환경이 영아에게 보다 적합한 환경이다.

다음에서는 신체운동발달, 인지발달, 사회성발달 영역으로 구분하여 영아를 위한 보육환경을 제시한다.

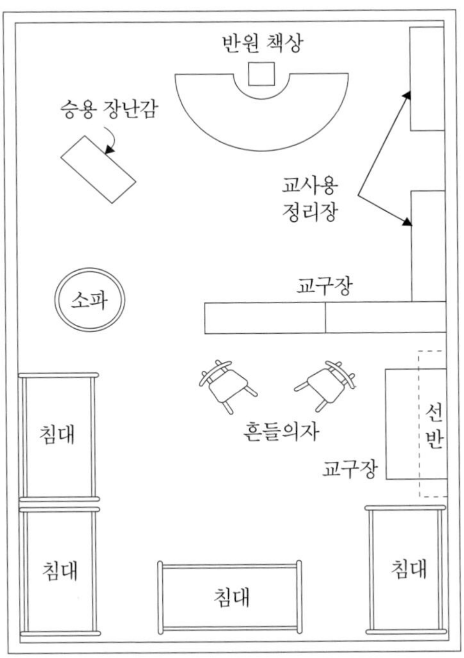

[그림 9-4] 영아(만 1세)를 위한 실내환경

*출처: Wortham (2006).

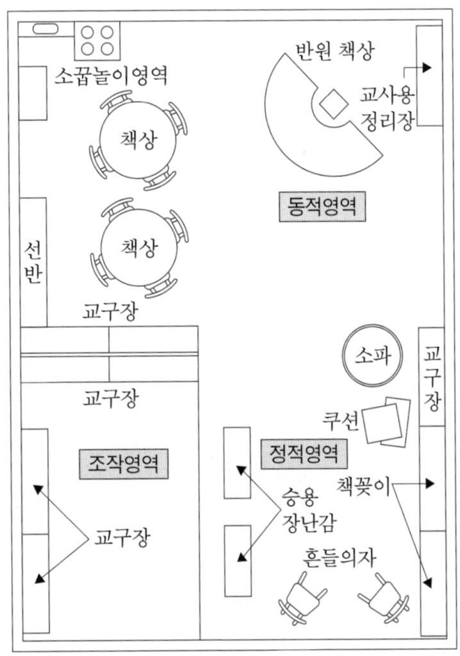

[그림 9-5] 영아(만 2세)를 위한 실내환경

*출처: Wortham (2006).

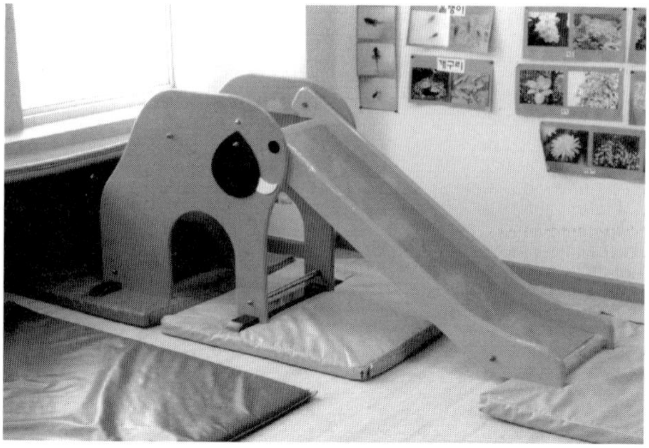

[그림 9-6] 영아를 위한 신체운동발달영역

① **신체운동발달영역**

인간의 신체운동발달은 출생과 더불어 시작되며 신생아 시기에는 보다 제한된 운동능력을 가진다. 영아는 자신의 신체에 대한 통제력을 발달시켜 감에 따라 손, 발 그리고 다른 신체부위를 활용한 놀이를 점차 확장시켜 나간다. 영아가 놀잇감을 잡을 수 있게 되면 영아의 놀이활동은 실내환경에 구비되어 있는 사물들로 확장된다. 따라서 신체활동의 확장과 사물활용능력의 증가에 따라 발달된 능력에 적절한 놀잇감을 보육실에 구비하여 영아가 가지고 놀 수 있도록 해야 한다.

② **인지발달영역**

인지발달은 영아로 하여금 신체활동의 증가와 세상을 탐색할 수 있는 인지능력을 결합시킬 수 있도록 도와준다. 대물놀이와 환경탐색은 영아의 인지발달을 촉진시키는 역할을 한다. 영아가 놀잇감을 가지고 놀기 위해서는 감각 및 운동기술의 활용이 가능해야 한다. 전형적으로 영아는 눈과 입을 활용하여 놀잇감을 탐색하며, 이를 통해 놀잇감의 이모저모를 살펴보고 놀잇감을 보다 잘 이해하기 위해 구체적 특성들에 주의를 기울인다. 이러한 과정을 통해 영아는 놀잇감의 다양한 기능을 이해하고 이를 활용하는 능력을 습득하게 된다.

[그림 9-7] 영아를 위한 인지발달영역

따라서 영아의 인지발달특성을 고려하여 입에 넣어도 유해하지 않은 재질의 놀잇감을 보육실에 준비해 두어야 한다. 예를 들어, 천으로 만들어진 과일이나 그릇은 깨질 위험이 없고 입에 넣어도 특별한 문제가 없으며 자주 세탁을 할 경우 영아에게 적절한 놀잇감이 될 수 있다.

③ 사회성발달영역

영아의 사회성발달에서 놀이는 중요한 역할을 담당한다. 영아가 경험하는 사회적 환경은 주로 어머니와 같은 주 양육자와의 상호작용이다. 까꿍놀이와 같은 사회적 활동을 통해 놀이 상대방은 영아를 놀이에 참여시킨다. 이처럼 놀이 상대방과의 상호작용활동을 함으로써 영아는 의사소통능력을 획득할 수 있고, 대화 주고받기에 대한 연습이 된다.

[그림 9-8] 영아를 위한 사회성발달영역

자신의 신체에 주의가 집중되어 있어서 자기중심적 성향을 강하게 보이던 영아는 점차 놀잇감을 자신의 놀이에 포함시키며 그 이후에는 다른 영아와의 놀이에 참여함으로써 사회적 놀이로 발전시켜 나간다. 이러한 영아의 놀이발달을 고려하여 공동놀이를 촉진할 수 있는 흔들거리는 보트나 모래상자 등의 놀잇감을 실내에 구비해 둔다.

(2) 유아를 위한 실내환경 구성

일반적으로 유아를 위한 실내환경은 홍미영역이나 학습영역에 따라 구분된다. 개별 홍미영역에는 교육활동을 지원하기 위한 교재교구가 비치되어 있다. 따라서 개별 홍미영역에서 이루어지는 아동중심 활동들은 자기주도적 학습과 독립심을 촉진시킬 수 있다. 홍미영역은 여러 가지 방식으로 배치될 수 있는데 극놀이영역, 언어영

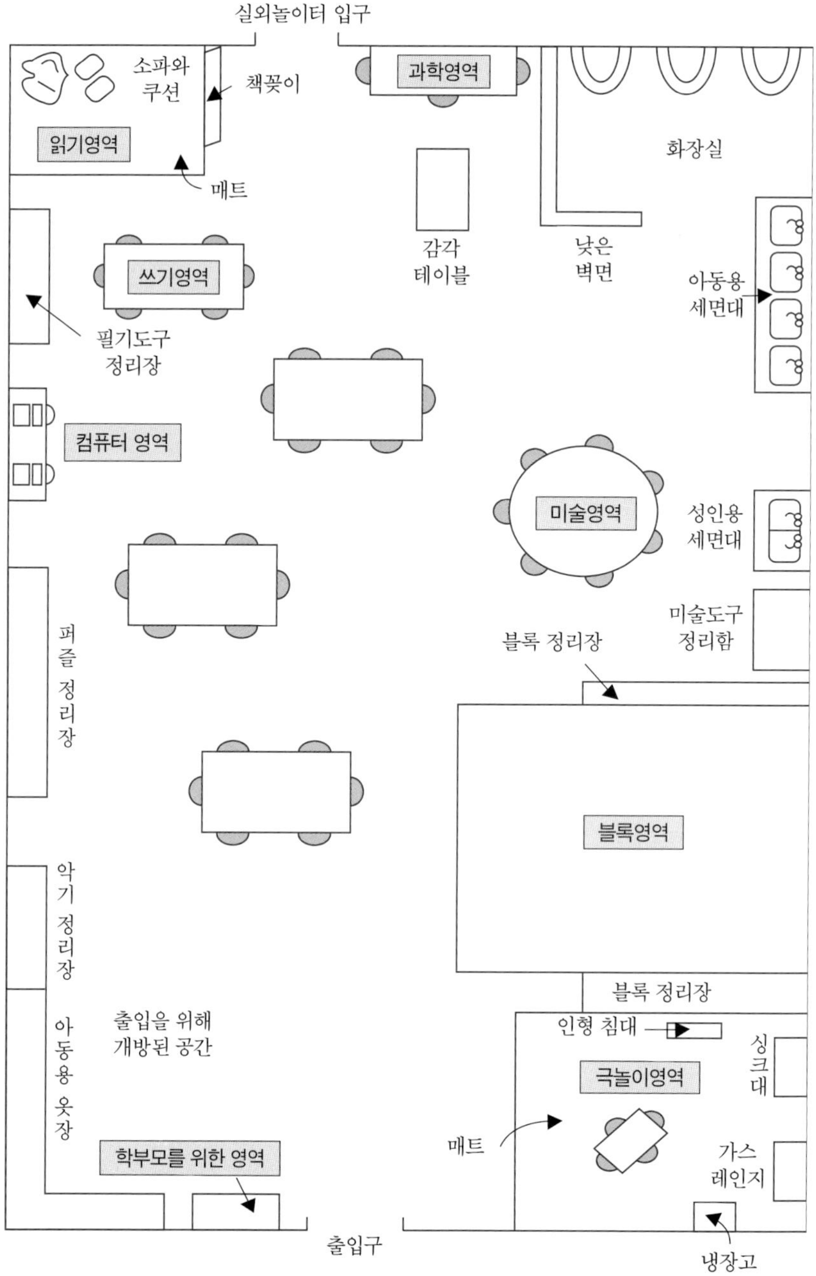

[그림 9-9] 유아를 위한 실내환경

* 출처: White & Coleman (2000), p. 307.

역, 수과학영역, 미술영역, 음률동작영역 등이 대표적인 예다. 이와 달리 발달영역을 기준으로 유아를 위한 흥미영역을 구분해 보면 신체운동발달영역, 인지발달영역, 언어발달영역, 사회성발달영역 등으로 나누어 볼 수 있다. 영아의 경우 흥미영역으로 구분되기보다는 발달영역을 기준으로 구분되는 경우가 많으므로 이의 연장선상에서 유아의 경우도 발달영역을 기준으로 실내환경을 구분하여 환경 구성의 특징을 살펴보고자 한다.

① 신체운동발달영역

놀이활동의 질은 신체놀이의 유용성에 영향을 미치므로 놀이공간의 안전성을 먼저 확보할 필요가 있다. 단순히 신체놀이를 위한 교구 디자인과 구성의 안전성을 넘어서 유아의 놀이활동은 놀이가 발생하는 공간의 유형, 놀이에 활용되는 교구 그리고 놀이공간이 배치되는 방법과도 관련이 있다(Johnson, Christie, & Yawkey, 1999).

실내와 실외에서 이루어지는 신체발달을 위한 놀이는 서로 다른 유형으로 나타난다. 먼저 구성놀이의 경우에는 실외보다는 실내에서 보다 빈번하게 발생하는데, 그 이유는 실내 흥미영역에 블록이나 조작놀이 교구가 더 많이 준비되어 있기 때문이다.

신체운동발달의 경우 남아와 여아 간에도 실내 및 실외 놀이활동에서 차이를 보인다. 남아는 여아보다 실외에서의 신

[그림 9-10] 유아를 위한 신체운동발달영역

체활동을 더 선호하고 실외에서 이루어지는 가상놀이에 더 많이 참여한다. 이와 달리 여아는 실내에서의 놀이를 더 선호하며 남아보다 소근육활동에 참여하기를 좋아한다.

② 인지발달영역

[그림 9-11] 유아를 위한 인지발달영역

유아가 수 · 과학영역에서 활발하게 인지적 개념들을 탐색하고자 한다면 여러 가지 필수적인 교구들이 준비되어 있어야 한다. 수학 및 과학에 관련된 다양한 교구들이 보육실 내에 갖추어져 있어야 유아의 인지발달을 촉진할 수 있다. 예를 들어, 수세기를 위한 일반적인 사물들이 여러 개 준비되어야 하는데 단추, 병뚜껑, 땅콩 등이 수세기에 도움이 되는 사물의 예다. 수세기, 패턴, 분류, 서열화 등의 수학적 지식을 유아가 습득하는 데 도움이 되도록 자연물을 준비하는 것과 더불어 수학적 지식 획득에 도움이 되는 기존 교구들을 함께 준비함으로써 유아가 수학적 개념에 접근할 수 있는 기회를 보다 폭넓게 제공해 주어야 한다.

과학영역에는 화분, 어항, 자석, 광석, 현미경 등을 구비하여 유아들이 자연스럽게 과학적 지식을 탐색할 수 있도록 해야 한다. 또한 관련 그림책을 언어영역에 비치함으로써 과학적 정보 탐색도 함께 이루어질 수 있도록 배려해야 한다.

③ 언어발달영역

유아를 위한 보육실의 영역 구성은 유아를 개별 영역으로 초대할 수 있도록 다양한 교구를 포함하고 있어야 한다. 유아를 위한 홍미영역에서는 창의적, 구성적, 극적, 조작적 놀이가 가능해야 한다. 특히 언어발달영역에서는 손인형의 활용이나 동화구연을 포함한 활동들이 이루어지도록 실내환경을 구성해야 한다.

언어와 문해발달을 위한 실내환경을 구성하기 위해서는 특정 영역을 언어영역으로 구분하여 동화책을 비치하는 것과 더불어 전체 실내환경에 풍부한 인쇄물을 배치하여 유아의 언어발달을 자극해야 한다. 특히 유아의 문해발달을 촉진하기 위한 사물의 명칭, 기호, 도표, 포스터 등의 풍부한 인쇄물이 보육실의 곳곳에 배치될 수 있다. 또한 교육활동의 주제가 변경될 경우 주제에 적합한 읽기자료를 극놀이영역에 포함시킬 수 있다.

[그림 9-12] 유아를 위한 언어발달영역

언어영역은 유아의 문해발달을 적극적으로 지원하기 위한 공간이다. 유아를 위한 보육실의 언어영역은 듣기, 말하기, 읽기, 쓰기의 모든 언어발달 교육과정을 위한 활동자료를 갖추고 있어야 한다. 특히 쓰기영역에는 종이, 연필, 사인펜, 크레파스, 매직 등의 다양한 필기구가 준비되어서 유아가 자유롭게 쓰기 연습을 할 수 있어야 한다. 또한 읽기영역에는 개념 설명 그림책, 이야기 그림책, 실생활 관련 그림책, 전래동화책, 시집 등의 다양한 읽기자료가 준비되어서 유아가 관련 도서를 손쉽게 읽을 수 있도록 준비한다.

④ **사회성발달영역**

놀이는 유아의 사회성발달을 위해 중요한 요소이므로 유아반 교실은 사회성발달과 사회생활교육을 위한 환경 구성이 필요하다. 예컨대, 유아들이 사회극놀이활동에 참여할 수 있도록 활동 공간과 관련 소품들이 준비되어야 한다. 소꿉놀이 또는 역할극놀이영역은 가상놀

[그림 9-13] 유아를 위한 사회성발달영역

이 주제가 가장 일반적으로 등장하는 영역이다. 그러나 실제적으로는 블록영역이나 조형영역과 같이 보육실 내의 다른 영역에서 유아들이 사회극놀이에 참여하는 경우가 많다.

실내환경의 구성 및 영역의 배치는 유아의 사회적 기술 발달과 사용에 영향을 미친다. 예를 들어, 활동영역의 공간이 협소하게 배분될 경우 유아들 간에 공간을 확보하려는 다툼이 발생할 수 있다. 따라서 유아들이 긍정적 사회행동을 보다 많이 보일 수 있도록 넓은 공간에서 놀잇감에 쉽게 접근할 수 있는 영역 배치가 필요하다.

(3) 장애아 통합보육을 위한 실내환경 구성

장애아를 위한 어린이집은 일반적으로 장애아전담 어린이집과 장애아통합 어린이집으로 구분할 수 있다. 장애아전담 어린이집은 장애아를 위한 다양한 편의시설이 제공될 가능성이 높지만 정상아동과 장애아를 통합보육하고 있는 어린이집의 경우, 그리고 한두 명의 장애아가 다니는 어린이집의 경우에는 이들을 위한 시설이 제대로 갖추어지지 않아 불편을 겪을 수 있다. 어린이집에 다니는 장애아들의 편리성을 도모하기 위해 보육실과 복도의 문턱을 없애고 출입문의 폭을 넓혀서 통행이 편리하도록 해야 한다. 또한 보육실 내에서는 세면대와 변기에 휠체어의 접근이 용이하도록 한다.

2) 실외환경 구성

실외환경은 영유아를 위한 프로그램에서 빠뜨릴 수 없는 중요한 부분이다. 유아는 실외활동을 통해 대근육발달뿐만 아니라 개념학습의 기회, 사회적 기술과 관계의 발달 기회, 창의적 활동에의 참여 기회, 놀이활동을 통해 즐거움을 느끼는 기회를 제공받는다(이영자 외, 2000).

실외환경은 실내환경과는 질적으로 다른 종류의 놀이활동을 유아에게 제공해 준다. 일반적으로 실외환경은 그네 타기, 미끄럼틀 타기, 자전거 타기, 올라가기, 뛰기 등의 신체활동을 위한 영역으로만 인식하는 경우가 대부분이다. 실외환경은 유

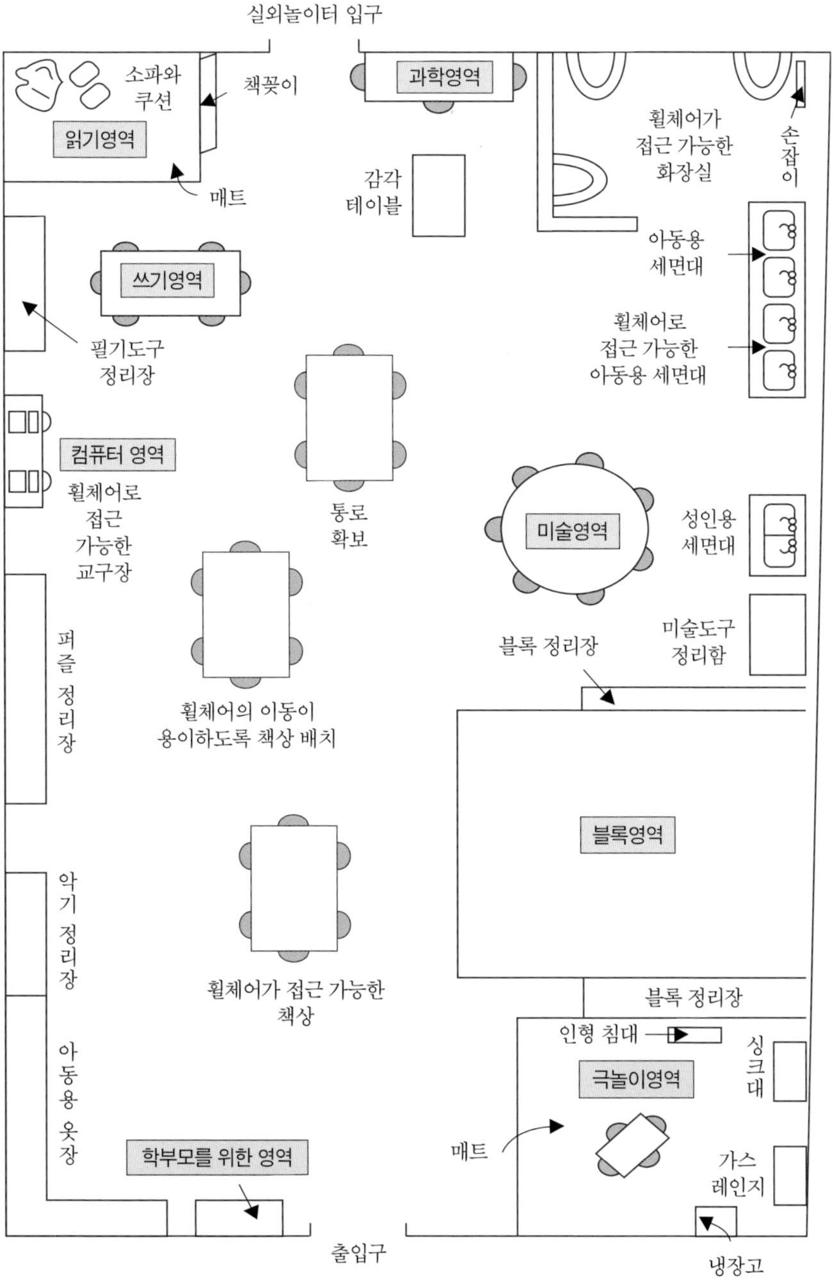

[그림 9-14] 장애아 통합보육을 위한 실내환경

* 출처: White & Coleman (2000), p. 307.

아가 교육활동으로 인한 긴장을 해소하거나 신체운동이나 도전을 허용할 뿐만 아니라 동물과 식물 등 자연환경을 탐색하고 실험하며 조사하는 활동을 할 수 있는 장소다. 그리고 실외환경은 보다 활동적인 극놀이, 창의적인 구성놀이, 소란스러운 목공놀이, 물을 이용한 모래놀이, 휴식하면서 할 수 있는 조용한 놀이, 책 읽기 등 다양한 놀이를 제공하는 장소로도 활용될 수 있다.

실외활동은 실내활동에 비해 영유아를 위험에 노출시킬 가능성이 높다. 따라서 유아들이 특별한 제약을 받지 않고 자유롭게 탐색하고 활동할 수 있도록 실외환경의 안전에 대한 점검이 정기적으로 이루어져야 한다(양옥승 외, 1999).

(1) 영아를 위한 실외환경 구성

영아를 위한 실내환경 구성에서와 마찬가지로 실외환경의 경우에도 발달과 놀이를 촉진하는 경험을 영아에게 제공해 주어야 한다. 즉, 영아의 독특한 발달적 요구를 고려한 환경 구성이 필요하다. 햇빛, 그늘, 바람 등에 따라 분위기를 전환하거나 경치를 감상하며 감각적 경험이 가능하도록 실외환경을 조성해 주어야 한다.

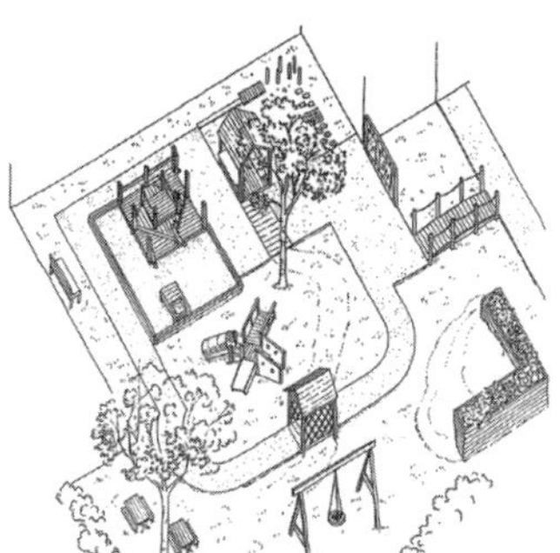

[그림 9-15] 영아를 위한 실외환경

(2) 유아를 위한 실외환경 구성

실내에서도 유아를 위한 다양한 대근육활동이 계획되고 실행될 수 있다. 그럼에도 불구하고 실외에서는 모든 대근육활동이 자연스럽게 이루어진다는 장점이 있다. 실외에서 유아는 마음껏 달리거나 뛸 수 있으므로 넓은 공간은 다양한 대근육활동을 가능하게 해 준다. 또한 실외놀이기구는 신체활동의 기회를 보다 폭넓게 제공해 준다.

유아를 위한 실외환경은 대근육활동뿐만 아니라 소근육활동을 위한 기회 역시 제공해 주어야 한다. 실외에서도 여러 가지 조형활동들이 가능한데, 예를 들어 모

[그림 9-16] 유아를 위한 실외환경

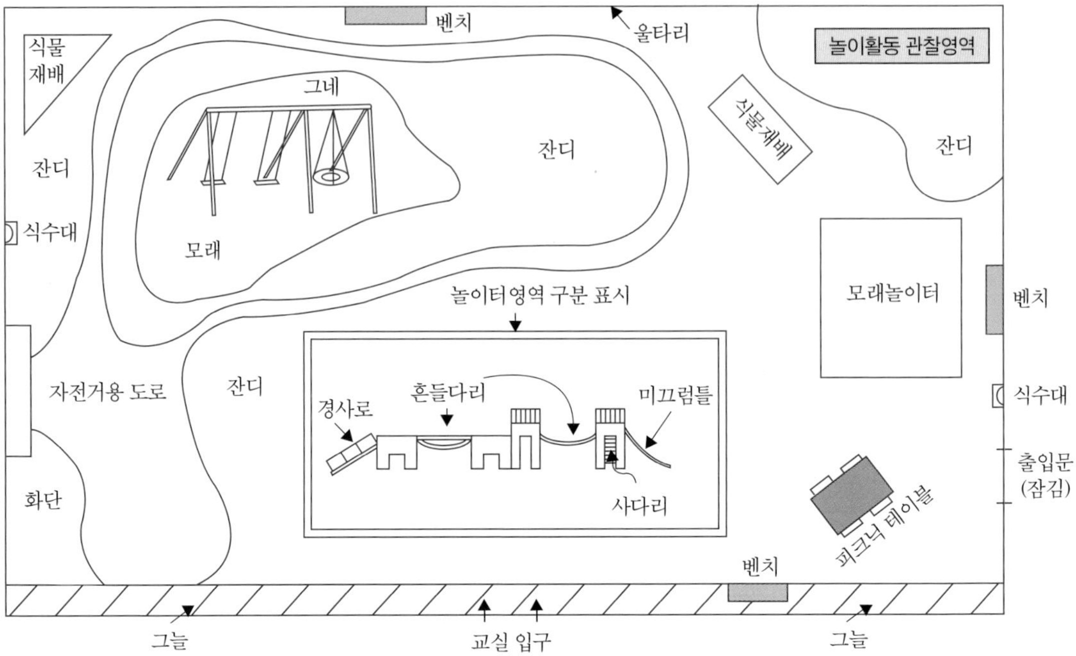

[그림 9-17] 유아를 위한 실외환경 구성

*출처: White & Coleman (2000), p. 313.

래와 물놀이활동은 소근육과 대근육활동 모두를 촉진할 수 있다. [그림 9-17]에는 유아를 위한 실외환경 구성의 예가 제시되어 있다.

(3) 장애아 통합보육을 위한 실외환경 구성

장애아 통합보육을 위한 실외환경의 구성은 실내환경의 구성과 유사하게 이루어진다. 실외환경에서도 놀이터의 곳곳을 자유롭게 다닐 수 있도록 턱을 없애고 통로를 평평하게 만들어야 한다. 또한 피크닉 테이블에도 휠체어가 접근할 수 있도록 한쪽에는 의자를 비치하지 않아서 휠체어가 자리잡을 수 있도록 한다. [그림 9-18]에는 장애아 통합보육을 위한 실외환경 구성의 예가 제시되어 있다.

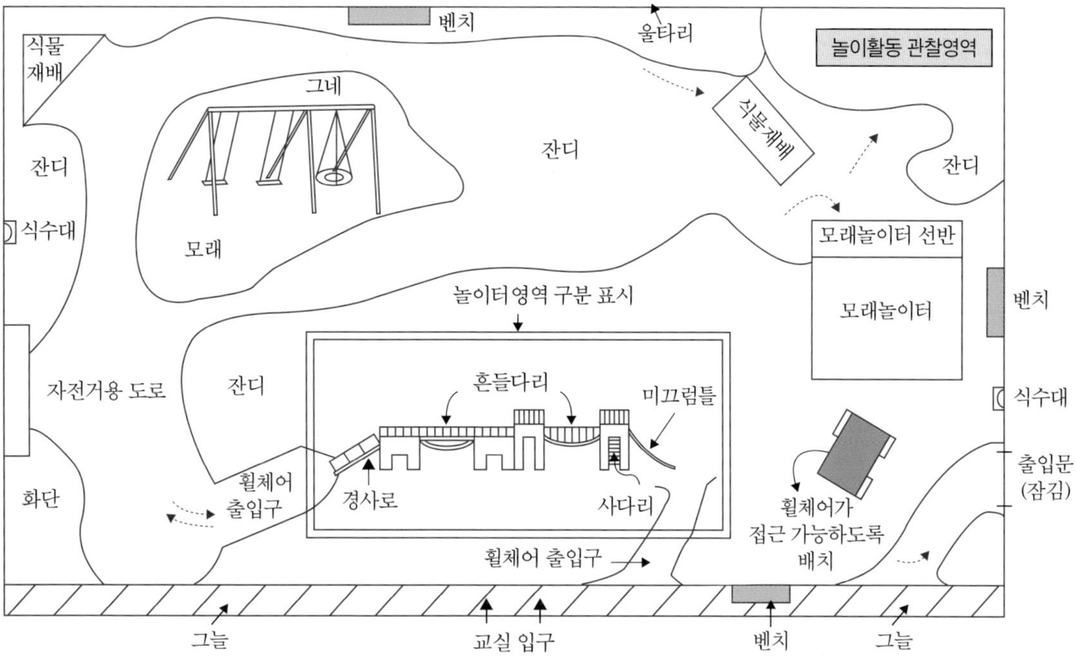

[그림 9-18] 장애아 통합보육을 위한 실외환경 구성

*출처: White & Coleman (2000), p. 319.

참고문헌

양옥승 · 김영옥 · 김현희 · 신화식 · 위영희 · 이옥 · 이정란 · 이차숙 · 정미라 · 지성애 · 홍혜경(1999). 영유아 보육개론. 서울: 학지사.

윤애희 · 김온기 · 박정민 · 곽윤숙 · 주영은 · 박정문 · 정정옥 · 임명희 · 정지영(2003). 보육의 이해와 영 · 유아보육프로그램. 서울: 창지사.

이영자 · 이기숙 · 이정욱(2000). 유아교수학습방법. 서울: 창지사.

이윤경 · 김선영 · 김성희 · 김지은 · 나종혜 · 문혁준 · 신인숙 · 안선희 · 천희영 · 최은미 · 황혜신 · 황혜정(2003). 유아교육개론. 서울: 창지사.

Bredekamp, S., & Copple, C. (1997). *Developmentally appropriate practice in early childhood programs serving children from birth through age 8: Revised edition.* Washington, DC: National Association for the Education of Young Children.

Johnson, J. E., Christie, J. F., & Yawkey, T. D. (1999). *Play and early childhood development.* New York: Longman.

White, C. S., & Coleman, M. (2000). *Early childhood education.* Upper Saddle River, New Jersey: Merrill.

Wortham, S. C. (2006). *Early childhood curriculum* (4th ed.). Upper Saddle River, New Jersey: Merrill.

제10장

보육인력

이 장에서는 먼저 보육을 담당하는 보육인력의 구체적인 역할에 대해 살펴본 후, 각 인력들이 역할을 수행하기 위해 요구되는 자질에 대해 알아본다. 모든 역할 담당자들이 중요하겠지만 그중에서도 보육을 직접 담당하는 교사는 보육의 질과 직결되는 만큼 그 중요성이 크므로 보육교사의 발달과 교육 및 교사윤리강령에 대해 알아본다.

1. 보육인력의 역할

보육인력은 [영유아보육법]에 의거, 어린이집에 두어야 할 보육교직원으로서 원장, 보육교사, 간호사(간호조무사), 영양사, 취사부(조리사) 등을 말한다. 보육인력은 영유아의 보육을 주로 담당하는 원장과 보육교사, 그리고 이들을 지원하는 기타 보육인력으로 분류할 수 있다(김익균 외, 2002). 기타 보육인력, 즉 보육지원인력은 보조교사, 영양사와 취사부(조리사), 관리인, 사무직원, 자원봉사자 등이며 의사와 간호사, 사회복지사, 심리학자, 아동발달 및 상담전문가 등이 포함될 수 있다. 의사나 상담전문가 등은 개별 어린이집에서 상주 직원으로 두기 어려우므로 지역사회와의 적절한 네트워크에 의해 확보하는 것이 바람직하다. 원장을 비롯한 여러 보육인력이 유기적으로 상호작용하며 역할을 담당함으로써 영유아의 전인적 발달을 도울 수 있다.

1) 원장의 역할

[그림 10-1] 원장도 원아를 알아야 한다

원장은 어린이집을 총체적으로 관리·감독하는 한 기관의 책임자다. 원장의 철학, 자질과 능력에 따라 어린이집의 질이 좌우된다. 원장은 중요하고 다양한 임무를 수행하는데, 먼저 어린이집의 보육철학 및 이념을 설정하고 그에 따른 보육과정을 실행한다. 표준보육과정 공표·보급 이후, 원장은 표준보육과정에 따라 영유아를 보육하도록 노력하여야 한다(영유아보육법 제29조 3항). 또는 표준보육과정을 적용하여 보육프로그램의 목표와 내용, 교수·학습방법, 평가의 구체적 내용을 교사와 협의하며 지속적으로 관리하는 역할을 한다. 즉, 보육과정이 교사에 의해 실천되는 과정을 점검하고 평가하며 교사를 비롯한 보육인력을 채용하고 이들의 직무를 관리한다. 보육예산을 편성하고 효율적인 집행을 관리하며 보육의 물리적 환경, 즉 시설 및 설비를 관리하고 물품구매 및 관리를 한다. 또한 어린이집 내부 및 대외적 행정업무를 처리하고 학부모 및 지역사회와 협력하고 소통하는 일을 주관한다.

– 원장의 서비스 리더십 –

몇 년 전 지방의 보육교사교육원 학생들과 서울의 어린이집 참관을 갔었다. 여러 시설들을 둘러본 그날 밤 숙소에서 학생들에게 보고 느낀 바를 물었더니, 학생들이 하나같이 훌륭하다고 말한 어린이집이 있었다. 그 어린이집은 여타의 시설에 비해 규모가 큰 것도, 시설이 번듯하고 좋은 것도 아니었다. 학생들이 입을 모은 이유는 '방문객이 존중받고 배려받는 느낌' 때문이라 했다. 한 번 다녀가는 관람객에게도 원장과 교사가 그런 서비스를 하니, 어린이집의 아이들에게는 얼마나 정성을 다하겠느냐는 것이다.

훌륭한 어린이집에는 원장의 서비스 리더십이 있었다. 서비스 리더십이란 경영자가 부하직원에게 정성을 다해 서비스하여 직원을 만족시켜서 외부고객을 만족시키는 리더십이다. 어린이집 경영자는 먼저 내부고객인 교사를 만족시켜, 교사로 하여금 외부고객인 어린이와 부모를 만족시키도록 리더십을 발휘해야 한다.

심리학자인 매슬로는 사람은 기본 욕구가 해결되고 나면 고차원적인 자기실현욕구가 생긴다고 했다. 자기를 인정받고 자기실현을 하고픈 교사의 욕구를 헤아리고 교사의 능력이 발휘되도록 여건을 조성해 주는 것은 원장의 몫이다. 교사의 구체적인 욕구를 헤아리려면 교사가 다가서고 싶고 이야기하고 싶은 원장이어야 한다. 이야기하고 싶은 원장은 '저 높은 곳' 에 있어서는 안 된다. 교사를 직책이 아닌 동등한 인간으로서 존중하고 교사에게 먼저 웃고 관심을 보여야 다가가 이야기할 수 있을 테니까. 원장이 교사(내부고객)에게 진심으로 서비스하면 감동한 교사는 즐거운 마음으로 외부고객인 어린이와 학부모에게 최선을 다하며 스스로 일을 하게 될 것이다.

*출처: 이성옥(2002). 보육네트워크 울산 3, 4월호.

2) 보육교사의 역할

(1) 보육행위 주체로서의 보육교사의 역할

보육교사의 역할은 말 그대로 영유아를 '보육' 하는 것이다. 보육교사는 영유아의 신체 · 정서 · 언어 · 사회성 및 인지적 발달을 도모하기 위해 표준보육과정에 의거 보육을 실행하고 영유아의 발달상황 등을 종합적으로 관찰 · 평가한 생활기록부를 작성해야 한다(영유아보육법 제29조의 2 참조).

선행연구자들이 교사 역할에 대해 다양하게 구분하고 있지만, 연구자들의 교사 역할을 정리해 보면 교사 역할은 양육자, 교수자와 교류자의 역할로 묶인다. 교수자의 역할은 계획자 및 조직자, 운영자, 관찰자 및 기록자, 평가자 및 강화자와 지지자로 구분지을 수 있다(김익균 외, 2002; 양옥승 외, 1999).

① 양육자로서의 역할

영유아는 부모의 따뜻한 보살핌을 받을 권리가 있다. 부모를 대신하여 영유아를 돌보는 시설에서는 영유아에게 무엇보다도 우선 부모와 같은 따뜻한 보살핌을 주어야 한다. 교사는 부모와 분리되어 오랜 시간 시설에서 생활하는 영유아에게 가정과 같은 따뜻함을 느끼도록 하고 그들의 심신이 편안하고 안정되도록 돌볼 필요가 있다. 보육교사가 하는 양육자 역할은 헌신적일 뿐 아니라 영유아의 영양을 챙기고 건강과 안전에 대한 지도자의 역할을 수행하는 전문화된 어머니(professional mother)의 역할을 해야 한다. 이것이 바탕이 되어야 비로소 배우고 가르치는 일이 이루어질 수 있다.

② 교수자로서의 역할

교수자로서의 역할은 계획자 및 조직자, 운영자, 관찰자 및 기록자, 평가자, 강화자 및 지지자로서의 역할을 포함한다.

[그림 10-2] 어린이집 보육교직원 알림판

- 계획자 및 조직자: 교사는 영유아와 함께 할 활동을 계획하고 조직해야 한다. 일과를 구성하고 교육활동에 맞는 환경을 조직해야 한다. 미리 활동을 계획하고 조직하지 않는다면 교육활동이 원활하게 이루어지기 어렵다. 또한 일과와 환경을 조직하지 않는다면 그날이 그날인 무계획적인 일상을 보내게 되어 영유아의 발달을 촉진하기 어렵다.
- 운영자: 교사는 학급의 운영자다. 학급활동을 계획하고 조직하며 운영하는 역할을 맡는다. 보육교사는 학급을 융통성 있게 운영할 필요가 있다. 기계적이고 엄격한 교실 운영은 영유아에게 바람직하지 않다. 보육교사는 활동주제에 맞추어 보육실의 환경영역 구성에 변화를 주거나 상황에 따라 시간을 탄력적으로 운영해야 한다.
- 관찰자 및 기록자: 영유아를 보육할 때 아이들 개개인의 특성을 알고 욕구에 반응하기 위해서는 영유아를 자세히 관찰해야 한다. 개별 영유아를 관찰하여 기록하고 그것에 기초하여 상호작용함으로써 효과적인 교수활동이 이루어져 영유아의 발달을 도울 수 있다. 관찰능력이란 실제 경험으로 향상되는 학습된 기술이며 교사의 계속적인 노력과 훈련을 필요로 한다.
- 평가자: 영유아에 대해 정확하게 이해해야 적절한 보육계획을 작성하고 영유아의 전인적 발달을 도울 수 있다. 보육교사는 영유아의 발달 정도를 평가할 수 있는 눈을 지녀야 한다. 영유아의 발달과 특성에 대한 평가는 주로 관찰과 기록에 의해 가능하다. 보육교사는 영유아에 대한 평가뿐 아니라 자신이 계획하고 실천한 프로그램에 대해 자신 및 영유아, 동료교사의 평가 등을 취합하여 개선할 수 있어야 한다.
- 강화자 및 지지자: 영유아가 바람직한 행동을 발달시키도록 도우려면 영유아가 적절한 행동을 했을 때 칭찬을 하면 된다. 그러나 영유아에게는 말로 하는 교수법은 효과가 작다. 그리고 영유아는 교사가 하는 말보다는 교사의 무의식적인 행동을 따라하며 배운다. 결국 교사의 말투와 행동 하나하나가 영유아에게 모방과 동일시의 대상이 되어 영유아를 가르치게 되는 것이다. 교사가 말로 가르치기보다는 영유아가 몸으로 직접 체험함으로써 교사가 하는 것을 보고 배우도록 하는 것이 바람직하다.

- 유아를 위한 성공적인 교수활동 20계명 -

1. 교사가 자신의 삶을 즐긴다. 교사가 즐거움을 느끼면 유아들도 즐거울 것이다. 유머를 많이 사용한다.
2. 교사는 다양한 흥미영역, 조용한 영역, 유아의 크기에 맞는 가구 등을 갖춘 학습환경을 만든다. 이러한 환경은 즐겁지만 지나치게 자극적이어서도 안 되며 깨끗하지만 지나치게 정돈되지도 않아야 한다.
3. 교사의 모든 행동은 분명하고 쉽게 진술된 유아교육철학에 근거한다. 예를 들면, '유아들은 구체물과 그들을 돌보는 사람들과 상호작용할 때 학습하고 성장한다.' 와 같은 교육적 신념에 토대를 둔다.
4. 유아들이 스스로 선택하여 적극적으로 학습하도록 교사는 계획을 세운다. 게임을 하거나 적목을 사용하고 자연에서 사물을 탐구하며 역할놀이를 하거나 미술자료의 사용을 통해 학습할 수 있는 기회를 제공한다.
5. 유아들이 놀이를 할 때 교사는 방해하지 말고 적극적으로 놀이에 참여한다. 유아들의 놀이를 관찰하고 놀이에 관한 질문을 하거나 교재나 교구들을 추가해 주어 놀이를 확장시킨다. 유아가 교사를 필요로 할 때 항상 유아 가까이 있는다.
6. 교사는 유아를 개별적 또는 소집단으로 구성하여 재미있고 의미 있는 활동을 통해 기술을 가르치거나 정보를 제공한다. 활동을 서로 분리된 기술로 나누어 적용하지 않는다. 예를 들면, 유아들에게 종이에 미리 그려진 선을 가위로 자르게 하기보다 자신의 사물함에 붙이기 위해 자신의 이름표를 오리게 함으로써 자르는 기술을 발달시킨다.
7. 교사는 유아의 요구, 흥미와 일치되는 교육과정을 구성한다. 교사가 사용하는 활동유형과 활동시간은 주의력이 짧거나 화를 잘 내거나 정서적 요구가 크거나 학구적인 관심이 적은 유아들이나 그렇지 않은 유아들에게 똑같이 할 것이 아니라 달리 계획해야 함을 명심한다.
8. 교사는 유아가 다른 유아들과 잘 지내도록 하고 갈등을 해결하기 위해, 그리고 협동적으로 활동하도록 돕기 위해 유아에게 구체적이고 특정한 기술을 가르친다.
9. 교사는 유아가 의사결정을 할 수 있고 리더가 되거나, 선택을 하거나, 책임감을 느낄 수 있는 기회를 많이 제공한다. 유아들이 스스로 학습에 열정을 보이고 흥미를 느낄 수 있도록 목표를 세운다. 유아들이 교사에 의해 통제되기보다는 스스로 자신을 제어할 수 있도록 격려해 준다. 예를 들면, 유아들이 스스로 차례 지키기를 할 수 있도

록 유아가 놀이하는 곳에 부엌에서 사용하는 시간기록계(스톱워치)를 놓아 둔다.

10. 교사는 유아들이 무엇을 잘하고 있고 얼마나 유능한지 빈번하게, 그리고 구체적으로 이야기해 준다.
11. 교사는 유아들이 지속적으로 부적절한 행동을 할 때 필요하면 그런 행동을 수정하도록 가르치고 의미 있는 결과를 제시한다. 보상이나 벌을 사용하지 않으며 유아가 자신의 행동이나 성취를 통해 자기만족감을 가질 수 있도록 목표를 설정한다.
12. 교사는 유아들에게 긍정적으로 상호작용하거나 이야기할 수 있는 기회를 많이 준다.
13. 교사는 모든 유아를 똑같이 대할 것이 아니라 공평하게 대한다. 유아의 개별적 요구를 충족시켜 주고 장점을 인식한다.
14. 교사는 계획을 세운 다음 검토하고 검토한 결과를 토대로 다시 계획을 세운다. 교사는 활동과 학습환경을 미리 철저하고 세심하게 준비한다.
15. 교사는 유아와 그 가족에 대해 충분히 안다. 부모와 의사소통하고 그들로부터 정보를 얻기 위해 교사가 할 수 있는 모든 것을 한다. 친밀감을 형성하고 유아를 보다 잘 이해하고 신뢰를 형성하기 위해 가정방문을 하거나 가족들을 교사의 집으로 초대한다.
16. 교사는 보육분야의 다른 전문가들과 아이디어와 문제를 공유한다. 존경하는 동료교사나 장학요원에게 교사가 맡은 학급을 관찰하고 피드백을 줄 것을 부탁한다. 그들에게서 교사가 얻은 통찰을 통해 학급을 개선한다.
17. 교사는 자신의 성장에 대한 책임을 짐과 동시에 다른 교직원의 성장을 지원해 준다. 문제를 해결하기 위해서, 혹은 새로운 기술을 학습하기 위해서 강의나 수업을 받으러 갈 때까지 기다리지 않는다. 그런 것에 관해 알고 있는 사람이나 책 또는 잡지에서 먼저 정보를 얻는다.
18. 교사는 독서나 워크숍, 훈련이나 연수를 통해 얻은 새로운 아이디어를 활용한다.
19. 교사는 자신의 한계를 알아야 한다. 도움이 필요하면 도움을 청한다.
20. 교사는 '충분한 예산이 없어요.' '시간이 부족해요.' 와 같은 변명을 하지 않는다. 문제를 만들어 내거나 불평을 하기보다는 문제를 해결하기 위해 노력한다.

*출처: Saifer (1990); 임승렬 역(2001). 유능한 유아교사의 학급운영: 문제와 그 해결방안, pp. 11-13.

– 효과적인 관찰, 기록을 위한 지침 –

1. 관찰 · 기록을 위한 준비를 한다.
   - 관찰, 기록을 위한 용구 마련
     - 준비물: 펜, 연필, 빈 클립보드(종이집게가 달린 필기판), 선이 그어진 종이, 색인 카드와 고리, 메모장, 커다란 스티커 노트, 껍질이 벗겨지는 접착성 라벨, 녹음기, 비디오카메라, 기타 준비물
   - 관찰을 위한 실질적인 스케줄 마련
     - 하루에 4~5명의 유아를 관찰하는 계획을 세워서 일주일 단위로 완전한 그룹을 관찰

2. 관찰기록방법을 선택한다.
   - 대표적인 관찰기록방법으로는 일지(diaries)와 일화(anecdote), 발달 체크리스트(developmental checklist), 평정척도(rating scales)가 있다. 각각의 방법들은 각기 다른 정보들을 제공하며 보다 많은 시간을 투자하고 더 많은 관찰기록방법을 사용할수록 유아를 이해 · 평가하는 것이 보다 완전해진다.
     - 일지: 특정 시기 동안 연속적인(매일) 기록으로 구성한다. 일지의 기록은 풍부하고 가치 있는 자료를 제공하지만 관찰에 많은 시간을 투자해야 한다. 시간이 흐르면 일지는 관찰자의 해석을 돕는 양식(patterns)이나 경향(trends)을 보여 준다.
     - 일화: 일정한 형식 없이 그때그때 나타나는 행동과 사건을 있는 그대로 서술식으로 기록하는 것이다. 일지는 일어난 모든 것을 포착하려 하지만, 일화는 특정한 사건(event)이나 행동이 어떻게 시작되고 전개되고 끝나는지 포착한다.
     - 발달 체크리스트: 관찰항목들은 미리 정의되고 관찰자는 단순히 그 항목이 발견되었는지 여부를 해당 항목 앞에 '예' '아니요' 와 같이 표시한다. 체크리스트는 한 번 이상 기록될 수 있으며 다양한 관찰, 시간에 따른 변화를 보여 준다.
     - 평정척도: 관찰항목들은 미리 정의되고 관찰자는 유아에게서 관찰되는 행동을 '정도' 에 따라 구분하여 해당 관찰항목에 기록한다. 예를 들어, '가장 많은' '중간' '가장 적은' 과 같은 연속선상에서 평정할 수 있다. 평정척도는 체크리스트보다 더 정확한 자료를 제공한다.

3. 관찰행동에 초점을 맞추고 관찰장면을 선택한다.
   - 관찰자는 가능한 한 다양한 장면에서 유아의 행동이 고르게 관찰될 수 있도록 적

합한 시간과 장소를 선택한다.

- 관찰자는 반복되는 하루 일과 중에서 어느 시간이 가장 관찰하기에 적합한지, 그리고 어떤 시간에 대체로 어떤 행동이 나타나는지를 알고 이에 따라 계획을 세운다. 창의적 표현에 흥미가 있다면 미술시간을 선택하는 것이 좋다.

4. 유아들이 관찰자의 존재를 의식하지 않고 자연스럽게 행동하도록 한다.
- 관찰자는 관찰 아동이나 유아들과 거리를 유지하고 그들에게 관여하지 말아야 한다. 만일 그들이 관찰자에게 접근하면 그들이 하던 것으로 되돌아가게 한다. 유아들은 자신들이 관찰되고 있고 자신들이 말하고 행동하는 것들을 누군가 적고 있다는 것을 알면 행동이 변화된다.

5. 객관적으로, 공정하게 그리고 선입견 없이 기록한다.
- 유아가 말하고 행동한 것을 객관적으로 기록한다. 유아의 얼굴표정, 몸짓이나 손짓, 동작과 같은 비언어적 신호도 포함하여 기록한다.
- 기록은 특정하고 묘사적인 단어를 사용하여 사실적이어야 한다.
- 같은 유아를 다른 환경, 다른 시기에 관찰한다.
- '좋다' '나쁘다' '훌륭하다' '엉망이다' 와 같은 의견은 피한다. 이러한 것들은 관찰자의 주관이 내재된 것이며 즉시 관찰될 수 있는 것들이 아니다. 또한 어떤 관찰자에 의해 나쁜 행동으로 분류된 것이라도 다른 관찰자에게는 나쁘게 여겨지지 않을 수 있다.

6. 분석과 해석을 관찰과 분리한다.
- 관찰은 묘사적인 것이고 사실(보고 들은 것)에 기초하며 분석과 해석은 추론에 기초한다. 훌륭한 관찰은 추론보다 사실에 기초한다.
- 관찰의 마지막 단계 또는 추후 적당한 시점에서 관찰자의 해석을 추가한다. 이것은 급하게 결론으로 비약하기보다 면밀하게 다시 읽고 통찰력 있는 분석을 통해서 반영할 시간을 가지는 것이다.
- 관찰용지의 왼쪽 란에 관찰을 기록하고 오른쪽 란은 빈 공간으로 남겨 두어 나중에 분석이 추가되도록 한다. 한때의 관찰은 그것으로부터 결론을 이끌어 낼 어떤 의미 있는 자료를 거의 제공하지 못한다.
- 양식(patterns)이나 경향(trends)은 시간의 경과에 따른 지속적인 관찰에서 생기며 관찰자의 분석과 해석을 지지하는 역할을 한다.

*출처: 김경희 외(2005). 영유아를 위한 관찰 및 실습, pp. 115-117.

– 가르치지 않고 체험을 통해 배우게 하는 인디언 체로키족의 교육 –

–『내 영혼이 따뜻했던 날들』에서 배우기
'작은 나무'의 할아버지와 할머니의 강화자, 지지자로서의 역할

『내 영혼이 따뜻했던 날들』이란 책에서 '작은 나무'라는 이름의 인디언 소년은 할아버지 할머니의 인도로, 자연 속에서 필요한 만큼 취하며 동물, 나무, 풀, 새들과 함께 살아가는 이치를 익힌다.

어느 날 소년은 사기꾼에게 속아 애써 저축한 돈을 빼앗기게 된다. 그러나 소년의 할아버지는 미리 간섭하여 보호해 주기보다는 소년이 하는 대로 내버려 두었다.

"너 하는 대로 내버려 둘 수밖에 없었단다. 만약 내가 그 송아지를 못 사게 막았더라면 너는 언제까지나 그걸 아쉬워했겠지. 그렇지 않고 너더러 사라고 했으면 송아지가 죽은 걸 내 탓으로 돌렸을 테고. 직접 해 보고 깨닫는 것 말고는 방법이 없었어."라고 나중에 말한다. 그리고 아이에게 착하고 좋은 사람인 척 떠벌리는 사람을 조심해야 한다는 것을 일깨워 준다.

교육자의 의도와 계획은 먼저 지식을 가르치려 하기보다는 아이의 경험을 중심에 놓고 결합되어야 효과적이다. 나중에 소년의 할머니는 종이와 연필을 가져와 사기꾼과의 거래에서 손해 본 액수를 계산해 보여 주고, 소년은 송아지의 가죽을 판 10센트를 제하고 손해 본 액수가 결국 40센트라는 것을 알게 된다. 또 할머니는 '작은 나무'가 여섯 살이 되면서부터는 거의 매일 등잔불을 밝혀 책을 읽어 주고 사전공부(일주일에 단어 5개를 외우고 그 단어를 넣어 문장을 만드는 공부)도 계속 시키는데, 작은 나무는 자기 몫의 공부를 매우 열심히 한다.

그 후 성인이 된 인디언 소년은 자신의 할머니, 할아버지와 함께 보낸 어린 시절을 묘사한 소설『내 영혼이 따뜻했던 날들(*Education of Little Tree*)』을 써서 세계인에게 깊은 감동을 선사한다.

*출처: Carter (2001); 조경숙 역(2003). 내 영혼이 따뜻했던 날들.

③ **교류자로서의 역할**

영유아의 전인적 발달을 도모하려면 부모 및 지역사회와 협력해야 한다. 영유아는 부모 및 지역사회환경과 분리되어 존재하지 않기 때문이다. 보육교사는 영유아를 보다 잘 이해하기 위해 부모와 원활한 의사소통을 하고 그를 통해 신뢰를 쌓아

영유아의 전인적 발달을 도와야 한다. 부모와의 대화를 위해서 먼저 교사는 부모와 한편임을 보여 주고 친밀감 있게 대화하면서도 품위를 유지하며 다른 아이와 비교하는 말을 해서는 안 되는 등(하정연 · 김은주, 2000) 지켜야 할 원칙이 있다.

지역사회의 협력과 지원은 보육에 매우 유용하다. 보육정보센터, 가까운 의료기관, 사회복지기관, 경찰서, 소방서의 협조를 통해 영유아의 건강 · 안전관리를 할 뿐 아니라 보다 생생한 교육활동이 이루어질 수 있다. 생생한 교육을 함으로써 유관기관들도 소기의 목적을 달성할 수 있으므로 어린이집이 지역사회의 협조를 일방적으로 받기만 하는 것은 아니며 상호협조하는 것이다. 보육교사는 지역네트워크의 형성과 활용에 대한 의식을 갖추고 동네산책, 지역의 기관 방문이나 지역전문가 초청, 자원봉사자 운용, 지역사회 행사 참여 등을 통해 지역사회와 교류할 수 있어야 한다.

– 학부모와의 효과적인 상담방법 –

1. 상담 시작 시기는 학기가 시작된 후 2~4주 사이가 적당하다. 왜냐하면 유아나 교사 모두 새로운 환경에 적응하는 시간이 필요하고 교사는 유아를 파악하는 시간이 필요하기 때문이다.
2. 상담을 위한 준비로서 교사는 입학원서, 관찰기록부 등 다양한 방법을 활용하여 아동에 관한 자료수집과 분석을 해야 한다. 또한 가정통신문을 통해 학부모에게 상담 일정을 알리고 일정을 잡도록 한다.
3. 상담시간은 20~25분 사이가 적당하다. 3세 이상 반의 경우에는 한 교사가 20여 명의 학부모와 며칠간 상담해야 한다. 상담시간이 길면 교사의 수업 준비에도 차질을 빚을 수 있고 학부모에게도 부담을 줄 수 있다. 상담시간을 가정통신문을 통해 알려 주고 교실 밖에 공고해 시간을 준수하게 하고 다음 사람을 위해 상담시간을 지켜 주기를 당부한다. 그리고 한 학부모와의 상담 후 5~10분의 시간 여유를 두어 교사는 이전 학부모와의 상담내용을 기록하고 다음 상담을 위한 준비를 할 수 있도록 한다.
4. 상담을 시작할 때 교사는 자녀에 대해 무슨 말을 할까 긴장하는 부모의 마음을 편하게 해 주는 것이 현명하다. 상담에 응해 주셔서 감사하다는 말이나 유아에 대한 관심이나 칭찬 등으로 시작하면 상담의 기본적인 라포(rapport) 형성이 될 수 있다. 그리

고 간단하게 상담의 취지를 설명하고 유아의 장점이나 가장 최근에 관찰한 발달기록을 가지고 이야기를 시작하도록 한다.

유아에 대한 긍정적인 언급은 부모로 하여금 마음의 문을 열고 편안하게 이야기하게 한다. 만일 특별하게 알려 줄 만한 장점이 없거나 학기 초에 비해 큰 진전이 없는 유아라면 아주 사소한 일이라도 이야기해 주면 부모는 자녀에 대한 정보를 얻게 되어 즐거워할 것이다.

상담을 마무리 지을 때는 앞으로 유아를 어떻게 지도해 나갈 것인지 부모와 의논한다. 유아에게 보이는 좋지 않은 면이나 부적응행동에 대해서는 조심스럽게 이야기를 꺼내어 부모의 의견을 최대한 경청하도록 한다. 유아의 부적응행동을 어떻게 지도할 것인지 부모의 의견을 듣고 방향을 정하도록 한다. 만약 상담시간 내에 해결책이 제시되지 않으면 상담 후 전화나 수시로 이루어지는 만남을 통해 유아의 부적응행동을 일관성 있게 조율하기로 한다.

5. 상담 후에는 부모의 기대, 부모의 특성, 아동의 특이사항을 적고 추후상담을 준비한다. 상담이 일회성 행사로 끝나서는 성공적일 수 없으므로 부모와 나누었던 상담내용 중 중요한 점을 기록하여 수시로 체크하고 등원 및 귀가 시 부모와의 비형식적인 만남을 통해 상담내용이 어떻게 적용되고 있는지를 알려 주는 것이 필요하다.
6. 유아 개개인의 상담내용을 기초로 유아별 지도내용 및 보육목표를 설정하고 학기말에 유아의 발달사항 평가 및 그 결과를 부모에게 보내어 피드백 받기를 원했던 내용을 전달해 주면 학부모들은 어린이집에 대해 신뢰감과 안정감을 갖게 되고 어린이집 또한 대외적으로 좋은 이미지를 형성하게 될 것이다.

*출처: 서울특별시 보육정보센터 구 홈페이지(children.seoul.go.kr/dataroom/mdata.html).

(2) 영유아의 연령에 따른 보육교사의 역할

보육교사는 역할수행의 모든 과정에서 영유아와 상호작용을 한다. 보육교사가 영유아와 어떤 상호작용을 하는가는 보육의 질을 가늠하는 척도가 될 수 있다. 영유아의 연령에 따라 보육교사의 적절한 역할은 조금씩 달라진다.

① 영아담당 보육교사의 역할

영아를 담당하는 보육교사에게 기대되는 역할은 영아의 기본 욕구를 충족시켜 주고 놀아 주며 말이나 생활습관을 배우도록 하는 것이다(유희정 · 강정희 · 이숙희 · 원명순, 2002). 그렇게 하기 위해 영아담당 교사는 우선 영아와 안정된 애착을 맺고 적절한 신체접촉을 통해 영아의 정서발달과 함께 신체발달을 도와야 한다.

우리나라 어린이집의 영아반에서 이루어지는 보육교사와 영아 걸음마기 아동 간의 상호작용을 조사한 결과(이순형 · 최일섭 · 이옥경, 1998), '교사가 영아와 대근육활동에 직접 참여하기' 가 영아반 교실에서 잘 지켜지지 않았다. 어린이집 영아반의 경우 보육교사가 구체적인 프로그램을 계획하고 실행하려 노력하지 않는다면 주로 영아의 기본적 욕구 충족(기저귀 갈기, 수유, 안아 주기 등)에 치중하여 영아와 대근육활동에 직접 참여하는 등의 '활동' 을 하기 어려운 현실이다.

영아담당 교사는 영아와의 대근육활동을 의도적으로 계획해야 하는데, 영아기는 발달의 개인차가 아주 큰 시기이므로 반드시 영아의 개별 특성과 발달속도에 맞추어야 한다. 영아의 개별성을 잘 관찰하고 영아의 눈높이에 맞추는 것은 보육교사의 중요한 역할이다.

또한 걸음마기 아동의 경우 발달특성상 환경을 탐색하기 위해 이것저것 만져 보려 하고 그 과정에서 위험에 처하는 경우가 많은데, 이때 보육교사가 이를 귀찮게 여겨 '안 돼' '하지 마' 등의 부정적 반응을 보임으로써 걸음마기 아동의 환경 탐색 욕구를 저해하지 않도록 주의해야 한다.

영아기는 급속한 언어발달이 이루어지는 시기임을 감안하여 영아의 언어발달을 촉진하기 위해 교사가 모범적인 언어를 사용하고 영아의 발성을 경청, 확장시켜 반응하는 데 더 관심을 가져야 한다.

② 유아담당 보육교사의 역할

유아를 담당하는 보육교사는 유아의 신체적, 사회 · 정서적, 지적 발달을 촉진하는 활동을 계획하고 유아가 자신의 흥미와 관심을 따라 활동을 하도록 이끌 수 있어야 한다. 보육교사는 보육교구재를 준비하여 유아에게 적절한 학습경험을 제공하고 유아에게 친밀하면서도 개방적인 질문기법으로 유아의 적극적 활동과 발달을 도와야 한다.

우리나라 어린이집의 유아반에서 이루어지는 보육교사와 유아 간의 상호작용을 조사한 결과 '유아의 부적절한 행동을 비판하는 대신 바람직한 행동으로 유도하기' '충분한 교재교구를 준비하여 유아들이 무리 없이 사용할 수 있도록 하기' '간식활동을 통해 유아가 자조기술을 발달시킬 기회를 제공하기' '유아를 대할 때 긍정적인 신체표현을 자주 하기' '유아의 눈높이에서 이야기하기' '간식시간 동안 유아와 이야기 나누기' 등이 잘 지켜지지 않았다(이순형 외, 1998).

바람직한 보육원칙 중 한 가지는 먹기, 씻기, 잠자기 등 유아의 일상생활 중에 이 기회를 자연스러운 학습의 경험과 연결시키는 것이다. 보육교사는 유아가 화장실에 갈 때나 식사를 할 때 자연스럽게 이야기를 나누며 교육하는 기회로 연결시키도록 해야 할 것이다(이순형 외, 1998). 보육교사는 유아를 대할 때 긍정적인 신체표현을 자주 하고 유아의 눈높이에서 이야기함으로써 유아를 사랑하고 존중하는 자세를 보여 주는 데도 더 관심을 기울여야 할 것이다.

③ 방과후 아동담당 보육교사의 역할

방과후 아동을 담당하는 보육교사는 방과후에 부모나 가정의 역할을 대신하여 아동을 돌보고 가르치는 역할을 해야 한다. 교사는 아동의 발달단계에 맞는 프로그램을 제공하여 아동의 신체, 정서 및 사회성, 인지발달을 도와야 한다. 가정과 같은 따뜻함을 주고 균형잡힌 음식을 제공하며 아동이 친구와 놀거나 운동을 하고 숙제를 하도록 도와야 한다.

우리나라 어린이집의 방과후 아동반에서 이루어지는 보육교사와 아동 간의 상호작용을 조사한 연구(이순형 외, 1998)에 의하면 긍정적 상호작용, 반응적 교사, 긍정적 아동행동 지도 및 즐겁고 편안한 급식경험을 지키는 어린이집은 조사대상의 약 45~50% 수준이었다. 자율성과 독립성이 더욱 커진 아동의 특성에 맞게 보다 긍정적인 교사와의 상호작용이 필요하다.

방과후 아동 지도는 아동의 발달단계나 학교환경과의 연계라는 특성을 감안하여 영아나 유아를 위한 보육프로그램과 질적으로 차별화된 프로그램으로 운영되도록 해야 한다.

3) 보육지원인력의 역할

(1) 보조교사

보조교사는 보육교사를 도와 보육실의 효율적인 운영에 참여한다. 보조교사의 역할은 보육실 관리와 본보기 되기의 두 가지다(이순형 외, 2000).

보조교사는 보육실을 관리하는데, 보통 그날의 수업계획, 간식, 활동에 관해 보육교사와 미리 이야기를 나누기 위해 일찍 출근한다. 또한 매일 보육실을 정리정돈해야 한다. 보조교사는 일상의 흐름을 잘 알고 일을 신속하게 처리하는 능력을 가져야 하며, 영유아의 신체적 청결을 돕는다.

보조교사는 영유아의 역할모델로서 중요한 본보기가 되므로 영유아와 함께 생활할 때 사용하는 언어와 행동을 신중히 해야 한다.

(2) 간호사 또는 양호교사

어린이집에서 의사와 간호사는 영유아의 위생관리, 영양지도, 안전지도, 건강 및 보건상담, 정기검진 등의 역할을 담당한다.

현실적으로 의사는 상주하기 어려우므로 촉탁의로 위촉하여 인근 병원과 연결하여 건강검진 등을 하거나 인근 병·의원 몇 곳을 비상연락처로 확보해 두고 비상시에 이용한다. 간호사의 경우 의무적으로 배치되어야 하는 100인 이상 시설에서도 전담이 아니라 영아반 보조를 하면서 간호사 역할을 하는 경우가 대부분이고 중소규모 시설은 간호사를 따로 채용하기가 어렵다.

간호사의 역할은 영유아의 일일건강검진을 실시하고 투약을 하며 신체검사를 하거나 안전사고가 발생했을 때 응급처치를 하는 것이다. 간호사는 비상약품과 의료기구를 비치하고 관리하며 어린이집의 다른 교사와 부모에게 주기적으로 영유아의 건강과 안전에 관한 기본 정보를 알려 주기도 한다. 간호사는 전염성 질환의 종류와 발생시기, 예방과 사후처리방법 등을 정확하게 숙지하여 전체 어린이집에서 일관되게 적용하도록 한다.

또한 간호사는 신체검사를 정기적으로 실시하고 누적된 기록을 보관하여 영유아 개개인의 성장과정을 점검하고 종합적인 정보를 부모에게도 알려 주어야 한다. 간호사가 없는 중소시설에서는 반별로 교사가 일정 정도까지 간호사의 역할을 담당한다.

(3) 영양사 및 취사부(조리사)

영양사는 영유아에게 적절한 영양과 칼로리에 입각하여 식단을 작성하고 조리과정을 관리 · 감독하여 점심식사와 간식을 제공한다. 또한 위생적인 조리과정, 신선한 식재료 구입과 검수, 취사부의 조리과정 지도 등의 역할을 한다.

영유아는 하루 필요한 영양섭취량의 대부분을 어린이집에서 섭취하는 편이고 시간연장형이나 24시간 어린이집에서는 저녁식사까지 추가되므로 양질의 식사와 간식이 더욱 중요하다.

취사부는 영양사가 작성한 식단에 따라 조리하는 역할을 한다. 취사부는 영유아의 연령을 고려해 음식물의 크기와 형태를 조절한다. 위생적인 조리과정은 영유아의 건강과 직결되므로 항상 주방과 주방기구의 청결을 유지하고 취사부 자신도 청결에 주의해야 한다. 현실적으로 영양사를 따로 두기보다는 취사부(조리사)를 겸직하는 경우가 많다. 취사부는 영양사와 충분히 의사소통을 하며 보다 영양가 있고 건강한 식단을 꾸리도록 노력하고, 어린이집에서는 취사부를 '아줌마' 등의 호칭이 아니라 '조리 선생님' '요리 선생님' 등으로 불러 취사부가 자긍심을 갖고 자신의 전문성을 살리도록 해야 한다.

(4) 특수교사

장애아통합 어린이집과 장애아전담 어린이집에는 특수교사가 근무하고 있다. 장애아통합 어린이집에 근무하는 특수교사의 경우 일반 보육교사와 긴밀한 협력을 함으로써 장애영유아의 발달을 도울 수 있다. 특수교사의 역할은 개별 장애영유아에 맞는 개별 프로그램을 작성하여 장애영유아의 통합을 돕는 것이다.

(5) 사무원

사무원은 각종 공문서의 처리, 교직원과 보육 영유아에 대한 각종 기록의 관리 및 보관, 보육료 수납을 포함한 재정 및 회계업무와 기타 사무 등을 담당한다. 규모가 큰 어린이집은 별도로 사무원을 두지만 소규모 어린이집은 원장이나 교사가 업무를 담당하기도 한다.

(6) 관리인 및 운전기사

어린이집에는 시설과 비품관리, 경비 등의 역할을 담당하는 관리인이 필요하다. 비품 등의 운반, 소규모 시설 수리, 공용공간 청소 등 어린이집의 상황에 따라 다양한 업무가 주어진다. 소규모 어린이집에서는 운전기사나 취사부가 관리인 역할을 하기도 한다. 이들 직원들은 직접 영유아를 보육하지는 않지만 같은 공간에서 함께 생활하므로 원장은 이들에게 영유아의 안전과 관련된 수칙을 주지시키고 자긍심을 가지고 일할 수 있도록 신경을 써야 한다.

2. 보육인력의 자질

원장을 비롯한 여러 보육인력이 유기적으로 상호작용하며 역할을 함으로써 영유아들의 전인적 발달을 도울 수 있다. 이 같은 보육인력에게 기대되는 역할을 잘 수행할 수 있는 자질이 무엇인지 알아보고자 한다. 원장에게 요구되는 자질은 어린이집 운영에 대한 비전과 관리능력, 원만한 대인관계, 민주적인 의사결정능력이다. 보육교사의 자질은 개인적 자질과 전문적 자질로 나누어 자세히 알아보고 보육지원인력에게 요구되는 자질도 살펴본다.

1) 원장의 자질

원장이 갖추어야 할 적합한 자질은 올바른 아동관과 보육에 대한 철학, 어린이집 운영에 대한 행정적 능력과 관리기술, 원만한 대인관계, 민주적 의사결정을 들 수 있다. 원장은 보육철학과 비전을 가져야 한다. 영유아를 독립된 인격체로 존중하고 이들의 무한한 잠재력을 믿는 철학을 갖고 어린이집에 대한 비전을 제시하여야 한다. 이러한 원장의 아동관 및 보육철학과 비전은 어린이집 운영의 근간을 이룬다.

원장은 어린이집 운영에 대한 행정적 능력과 관리기술을 갖추고 열심히 일해야 교사와 보육지원인력에게 지도력을 가질 수 있다. 원장은 인사관리, 재정관리, 보육프로그램 계획 및 운영관리, 시설 및 환경관리 등을 총괄적으로 하고 어린이집 운영과 관련된 정책과 법규에 대한 지식도 숙지하고 있어야 한다.

원장은 원만한 대인관계와 교사 등 보육인력 간의 바람직한 관계 형성을 도울 수 있는 능력을 지녀야 한다. 보육인력은 원장의 지휘에 따라 아름다운 하모니를 연출하는 오케스트라 단원이 되어 아름다운 보육환경을 만들어 낼 수 있다.

보육의 질은 교사의 질을 넘어서지 못한다고 하는데, 교사의 질은 많은 부분 원장의 책임이다. 원장은 우선 교사를 독립된 인격체로 대하며 교사들의 가치관이나 사고방식, 생활방식을 존중하여 교사가 충분히 이해받는다는 느낌을 갖도록 해야 한다. 그리고 교사의 능력계발에 관심을 갖고 최대한 지원해야 한다.

교사의 업무방식과 업무량을 파악하여 기대되는 바나 개선되어야 할 사항과 방법을 알려 주고 격려하여야 한다. 원장은 교사의 지식과 기술을 향상시키는 교육 및 연수의 기회를 제공하고 교사 스스로 자신의 능력을 향상시키도록 격려한다. 또한 교사에게 보육업무와 관련하여 방침을 알려 주고 숙지하는 시간을 갖는다. 예를 들어, 보육교사에게 기대되는 역할인 영유아 관찰이나 부모와의 상담방법을 구체적으로 알려 준 후 질문하고 대답할 기회를 주어 숙지하도록 한다. 원장은 교사가 업무수행을 잘할 수 있도록 자원을 제공하고 격려하며 의견이 불일치하는 부분은 즉시 해결책을 모색한다. 교사를 비롯한 보육인력의 처우에 관심을 갖고 개선을 위해 노력하는 것도 어린이집의 좋은 분위기 형성을 위해 어린이집의 경영자가 잊지 말아야 할 부분이다.

2) 보육교사의 자질

보육의 질을 구성하는 요소에는 교사의 질, 교구재의 질, 시설이나 건물 및 설비의 질, 주변의 물리적 환경, 부모 및 지역사회환경 등이 있다. 보육의 질을 결정하는 여러 요소 중 가장 중요한 요소는 교사다. 그래서 보육의 질은 교사의 질을 능가하지 못한다고 한다. 그러면 훌륭한 교사는 어떤 사람인가? 훌륭한 교사의 자질은 무엇인가?

훌륭한 교사의 자질에는 아동과의 대화와 상호작용에 깊이 몰입하는 것, 감수성을 갖고 아동들의 방식과 삶에 관심과 연민을 갖는 태도, 세상에 대한 열정과 적극적인 투자 그리고 풍부하고 자유롭게 기능하는 인간이 되기 위해 의미 있는 지식과 정보를 탐구하려는 열정 등이 있다(Ayers, 1989).

브라질의 교육사상가인 파울로 프레이리(Paulo Freire)는 훌륭한 교사의 자질로 겸손, 사랑, 조급함과 인내심의 균형 등을 말하였다. 겸손은 모든 것을 다 아는 사람도 없고 아무것도 모르는 사람도 없다는 명백한 진리에서 나온다(Freire, 1998). 보육교사는 모든 것을 가르치려 들지 않으며 아동 나름대로 세상을 보고 판단하는 이야기에 귀를 기울여야 한다. 이를 위해서 교사는 아동을 이해하고 아동의 가능성과 능력을 믿어야 한다. 교사는 아동에 대한 사랑뿐 아니라 가르치는 일에 대한 사랑, 교육자로서의 자신에 대한 사랑으로 무장해야 교사에 대한 열악한 처우를 견딜 수 있다. 교사에게 인내만 있으면 자신의 꿈을 부정하여 체념하거나 지나치게 허용적인 입장이 되고, 반대로 조급함만 있으면 맹목적 행동주의에 빠져 오만하고 무책임해질 수 있으므로 두 가지가 균형을 이루어야 한다고 보았다. 예를 들어, 계속 우유를 엎지르는 아동에게는 교사가 무조건 인내하거나 조급하게 야단칠 것이 아니라 아동의 행동을 인내하면서도 개선을 위한 적절한 교육적 개입을 해야 하는 것이다.

한편, 21세기 대안교육으로 주목받고 있는 발도르프 교육의 창시자인 루돌프 슈타이너(Rudolf Steiner)는, 영유아는 주변인물과 환경에 대해 끊임없이 모방과 본보기를 통해 배우므로 이론적인 전문가보다는 자기수양이나 자기교육을 실천하는 것을 중요한 교사의 자질로 보고 있다(홍지연, 2002).

앞에서 살펴본 보육교사의 자질은 교육관이나 보육철학에 따라 달라지며 시대가 요구하는 교사의 역할에 따라서도 달라진다(박은혜, 2003). 또한 자질은 자격요건과 분명히 구분된다. 교사의 자격은 교직을 수행하는 데 필요한 최소한의 요건을 행정적 · 제도적으로 규정한 것으로서 교사가 지녀야 할 최저의 수행능력이며 최소한의 임용요건이고, 교사의 자질은 효율적인 교육활동을 하기 위해 교사가 갖추어야 할 많은 특성이 망라된 것이다(양옥승 외, 1999).

보육교사의 자질은 크게 개인적 자질과 전문적 자질로 나누어진다. 개인적 자질이란 교사 개개인의 사람됨과 관계되는 특성으로, 주로 인성적 측면의 자질을 말한다. 전문적 자질은 영유아에 관한 전문지식, 교육과정 및 교수에 대한 전문지식과 운영기술, 교직에 대한 건전한 태도, 윤리의식 등 교사의 전문성과 관련된 자질을 말한다(양옥승 외, 1999; 이순형 외, 2000; 조성연 외, 2006).

(1) 개인적 자질

보육교사의 역할은 보호적 역할에서 시작하였기 때문에 교사자질에 대한 초기 관점은 교사의 개인적 인성에 중점을 두었다. 최근에 교사의 전문적 자질이 더 많이 강조되는 경향이 있으나 영유아 보육이 어린이집이라는 자연적인 생활의 장에서 체험위주로 보육하는 방식이라는 것을 생각해 본다면 교사의 개인적 자질, 즉 교사의 심성과 삶에 대한 자세는 여전히 매우 중요하다.

① 신체적 · 정신적 건강

영유아와 함께 생활하는 보육교사는 무엇보다도 신체와 정신이 건강해야 한다. 영유아는 교사의 끊임없는 보호와 교육을 필요로 하는데, 신체적으로 건강하지 않다면 곤란하다. 많은 영유아가 함께 지내다 보면 한두 명의 아이는 늘 감기에 걸려 있기 일쑤다. 몸이 약한 교사는 아픈 아이들과 서로 감기를 주고받으며 1년 내내 아플 수도 있다. 따라서 자신의 조건에 맞는 건강관리법이 필요하다.

신체적 건강뿐 아니라 심리적 · 정신적 건강도 매우 중요하다(김익균 외, 2002; 조성연 외, 2006). 교사의 정서적 안정감과 자기조절능력, 그리고 밝고 긍정적인 사고

방식은 영유아들에게 바람직한 태도와 성격을 형성하도록 돕는다.

② 온화한 마음

보육교사가 온화한 마음의 소유자가 아니라면 하루 종일 영유아와 생활하며 부모 대신 영유아에게 사랑과 관심을 줄 수 없을 것이다. 보육대상인 영유아는 보육교사에 비해 여러 면에서 약한 존재이며 의존적인 존재다. 교사는 이러한 영유아에 비해 우월한 지위에 있으므로 강력한 힘을 행사할 수도 있다. 그러나 교사가 아동을 함부로 대하지 않는지 확인하기 위해 계속적으로 교사를 모니터하는 것은 가능하지도 바람직하지도 않다(Katz, 1989). 윤리강령으로써 보육교사가 옳은 선택을 하도록 도울 수 있겠지만 그 이전에 보육교사는 영유아에 대한 온화한 마음을 지녀야 한다.

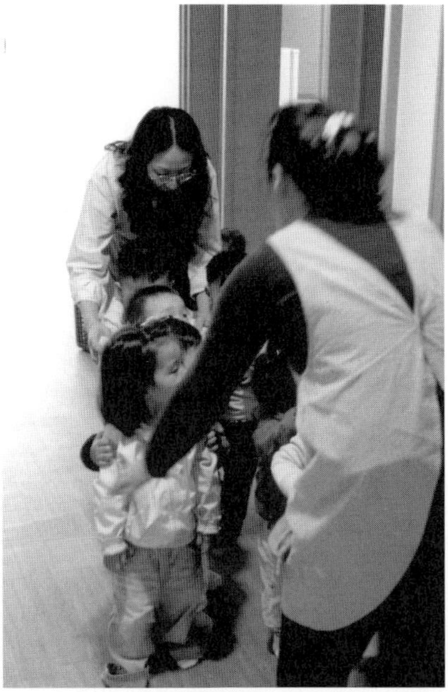

[그림 10-3] 자상한 교사의 보살핌이 중요하다

③ 원만한 대인관계

보육교사는 원장, 동료교사, 기타 보육인력과 관계를 맺으며 어린이집의 분위기를 조성한다. 또한 유아의 부모들과도 우호적인 관계를 형성해야 영유아 보육의 교육적 효과가 커진다. 원만한 인간관계를 유지하려면 효율적인 의사소통능력을 갖추어야 한다. 이를 위해서는 다른 사람의 의견을 경청하고 수용할 수 있는 열린 마음과 함께 자신의 생각과 신념을 설득력 있게 주장할 수 있는 능력이 있어야 한다.

④ 성실하고 열성적인 태도

보육교사가 보육업무에 대해 갖는 태도는 아이들에게 그대로 전달된다. 교사는 영유아에게 본보기와 모방의 대상이기 때문이다. 영유아의 보호와 교육에 강한 책임감을 가지고 자신이 맡은 일에 최선을 다하는 자세는 보육의 질을 향상시키는 요소가 된다.

(2) 전문적 자질

보육교사의 개인적 자질이 훌륭한 교사가 되기 위한 기초 요건이라면, 전문적 자질은 보육교사의 전문성 확립과 관련되어 관심이 높다. 보육교사의 전문적 자질은 크게 세 가지 차원에서 생각해 볼 수 있다. 보육수행에 필요한 특수지식, 보육교사가 갖추어야 할 교육기술, 보육교사란 직업에 대한 태도와 관련 있는 자질이 그것이다(양옥승 외, 1999).

① 보육수행에 필요한 특수지식

보육수행에 필요한 특수지식은 다시 영유아에 관한 전문지식과 보육과정 및 교수에 대한 전문지식으로 나누어 볼 수 있다. 영유아에 관한 지식은 영유아의 학습방법에 대한 지식, 영유아의 발달에 영향을 미치는 경험과 자극의 최적 정도에 관한 지식, 영유아의 태도 형성에 관한 지식, 영유아의 언어 습득에 관한 지식 등이 있다. 보육과정 및 교수에 대한 지식으로는 보육프로그램 계획지식, 보육활동 조직 및 수행지식, 교수방법과 매체 선택의 적절성, 교재교구 제작과 활용지식, 보육활동 평가지식 등이 있다.

② 보육교사가 익혀야 할 교육기술

보육교사의 교육기술은 효과적인 학습상황 조성능력과 상관이 깊다. 이러한 능력은 상급 교육기관의 교사에 비해 보육교사에게 특히 중요한 능력이다. 왜냐하면 어린이집에서 생활하는 영유아는 상급 아동이나 학생과 달리 구조적 · 집단적 · 언어적인 방법으로 학습하기 어려우며, 개별적이고 적극적이며 능동적으로 학습활동에 참여하여 학습하기 때문이다(양옥승 외, 1999). 따라서 보육교사는 개인차에 대한 탐색기술, 개별적인 교수기술, 영유아에 적합한 동기유발기술, 학습활동 참여유도기술, 능동적인 학습을 촉진하는 환경구성능력, 영유아 관찰 및 평가기술 등을 지녀야 한다.

③ 보육교사직에 대한 보육교사의 태도

발도르프 교육을 이끈 슈타이너는 교육이란 어린 영혼과 교감하는 예술행위라고 하여 어린 영유아를 담당한 보육교사의 중대한 사명을 일깨우고 있다(홍지연, 2002). 그러나 보육교사에 대한 사회적 처우는 이와 같은 중대한 사명에 비추어 매우 열악한 편이다. 경제적인 보수에 집착하지 않고 어린 생명을 돌보고 가꾼다는 것에 대한 사명감을 깊이 느끼지 않는다면 교사도, 함께 생활하는 영유아도, 동료 직원들도 모두 행복하지 못하고 불편함을 느끼게 될 것이다. 보육교사직에 대한 사명감은 교사의 현직연수와 장학 등을 통해 계속적으로 일깨워야 할 중요한 전문적 자질이다.

보육교사직에 대한 교사의 태도와 함께 교사에게 중요한 또 하나의 전문적 자질은 교사로서의 윤리의식이다. 윤리란 올바른 것, 공정한 것 또는 정당한 것에 관한 문제를 다루기 때문에 영유아를 담당하는 교사에게는 강조되어야 할 자질 중 하나다(양옥승 외, 1999).

보육교사직에 대한 사명감, 교사로서의 윤리의식과 함께 필요한 또 하나의 태도 관련 자질은 교사의 전문성 함양 노력이다(박은혜, 2003). 보육교사는 현직교육이나 교육활동에 대한 자기평가의 과정을 통해 정체성과 전문성을 신장시키고 사회적 책무성을 수행할 수 있어야 한다.

양옥승(2003)은 보육교사에게 요구되는 지식, 기술, 태도 관련 전문적 능력으로 다음 여덟 가지를 제시하였다.

- 영유아 보육에 대한 전문적인 지식: 체계적인 보육에 대한 지식을 숙지한 후 보육현장에 적용할 수 있어야 한다. 보육교사는 가르치는 일보다 영유아를 신체적, 사회적, 정서적으로 돌보는 일에 전문적인 지식과 이해가 필요하다.
- 개별화와 융통성: 보육교사는 영유아의 개별적인 특성과 흥미, 요구, 관심을 존중하고 이해할 수 있는 능력과 태도를 지녀야 한다. 이러한 개별성과 사회문화적 상황에 맞추어 교육과정과 교수방법을 운용할 수 있는 융통성을 지녀야 한다.

- 보살핌과 협력: 영유아를 잘 돌보고 보살필 수 있는 기본 자세를 갖추고 영유아가 가정과 어린이집 양쪽의 교류와 협력 속에서 성장할 수 있도록 가정이나 지역사회와 파트너십을 가지고 협력할 수 있어야 한다.
- 현장성과 정보기술의 이해: 보육교사는 지속적인 현장연구를 통해 교육의 실제성과 실천 가능성을 높여야 한다. 이와 함께 정보통신기술에 대한 이해를 바탕으로 교수·학습과정을 분석, 개발, 평가할 수 있어야 한다.
- 개방성과 의사소통능력: 보육교사는 가족과 지역사회에 개방적이어야 하며 가족이나 지역사회와 의사소통할 수 있어야 한다. 교사는 가족 간의 갈등상황을 줄이고 가족이나 지역사회의 발달과 복지를 이끄는 데 크게 기여할 수 있기 때문이다.
- 의사결정의 능력: 보육교사가 유아의 발달 측면뿐 아니라 사회문화적 측면에서도 적절한 교육을 실시하려면 미·거시적인 사회생태에 대한 이해와 유아를 둘러싸고 있는 주변의 사회경제적, 문화적인 특성을 파악할 수 있는 능력이 필요하다. 의사결정자의 역할은 교육 지역자치의 시행으로 그 요구가 점차 확대되고 있다.
- 지속적인 자기갱신: 보육교사는 현직교육이나 교육활동에 대한 자기평가의 과정을 통해 정체성과 전문성을 신장시키고 사회적 책무성을 수행할 수 있어야 한다.
- 삶에 대한 비전: 보육은 영유아의 일상생활과 삶의 질을 향상시키는 과정이므로 보육교사의 삶에 대한 비전은 매우 중요하다.

3) 보육지원인력의 자질

보조교사, 간호사 또는 양호교사, 영양사 및 취사부(조리사), 특수교사, 사무원, 관리인 및 운전기사 등 어린이집에 종사하는 보육지원인력 역시 제2, 제3의 교사라고 할 수 있다. 왜냐하면 영유아는 그들의 특성상 모방하고 본보기를 통해서 배우기 때문이다. 예를 들어, 영유아와 직접 대면하고 접촉빈도가 높은 보조교사가 어두운 표정으로 무뚝뚝하게 영유아를 대한다면 영유아에게 어떤 영향을 미칠지 생각해 볼 일이다. 교사가 아닌 다른 지원인력들도 모두 기본적으로 아이를 좋아하고 밝고 명랑한 성격이 적합하다. 보육교사의 덕목인 신체 · 정신적 건강, 온화한 마음, 원만한 대인관계, 성실하고 열성적인 태도는 여타의 보육인력에도 어느 정도 필요하다. 영양사 및 조리사는 특히 신체의 질병이 없어야 하고 위생관념이 있는 사람이 적임자다. 물론, 이와 같은 개인적 자질 이전에 각각의 역할에 따른 전문적 자질을 우선 갖추어야 한다.

[그림 10-4] 자상한 식사지도는 특히 중요하다

3. 보육교사의 교육

보육교사에게 기대되는 역할은 사회적 상황의 변화에 따라, 만나게 될 영유아의 연령이나 보육경력 등에 따라 달라진다. 이렇게 보육교사에게 요구되는 역할이 달라지면 그에 따라 보육교사에게 요구되는 태도나 자질도 다르므로 현직교사는 지속적인 재교육을 받을 필요가 있고, 실제적인 도움을 주는 재교육이 되려면 보육현장의 실정에 맞는 교육(장학)이 중요하다.

보육교사에 대한 교육은 크게 보아 전직교육과 현직교육으로 나누어진다. 전직교육은 보육교사의 자격을 갖추기 위한 자격취득교육으로 직장을 갖기 전의 교육이며, 현직교육은 교사의 전문성을 심화시키고 발전시키기 위한 재교육이다. 보육교사의 자격교육과 현직교육을 살핀 후, 교사에 대한 교육에서 빠뜨리지 않아야 할 중요한 내용인 보육교사의 윤리강령에 대해 알아본다.

1) 보육교사의 자격교육

보육교사의 자격을 갖추기 위해 필요한 교육은 대체로 교양영역, 전공영역, 교직영역으로 이루어져 있다. 퀴젠베리와 패트리지(Quisenberry & Patridge, 1993: 박은혜, 2003 재인용)는 예비교사들이 교양영역을 통해 기를 수 있는 능력을 다음과 같이 제시하였다.

- 책, 신문 등 다양한 출판물을 읽고 분석하고 종합 평가할 수 있는 능력
- 여러 계층의 사람과 의사소통할 수 있는 능력
- 새로운 경험이나 정보에 대해 반성적 사고를 할 수 있는 능력
- 문학작품을 이해하고 감상할 수 있는 능력
- 건강의 중요성을 인식하고 건강한 생활을 영위할 수 있는 능력
- 수학적 기술을 바르게 사용하고 논리수학적으로 사고할 수 있는 능력
- 생물, 물리, 지구과학을 바르게 이해하는 능력
- 인간생활에 영향을 미치는 사회정치적 힘을 바르게 파악하고 이해하는 능력
- 세계 여러 나라의 다양한 문화와 풍습을 이해하고 존중하는 능력
- 다양한 장르의 예술작품을 이해하고 감상할 수 있는 능력
- 첨단의 기술이나 도구, 매체 등을 이해하고 바르게 사용할 수 있는 능력

보육교사가 이수해야 할 전공영역으로는 보육수행에 필요한 전문지식으로 영유아의 발달 및 학습에 관한 영역, 영유아의 영양, 건강, 안전에 관한 영역이 있으며 보육교사가 익혀야 할 교육기술로 영유아 보육과정의 운영 및 교수·학습과정에 관한 과목들, 영유아의 영양, 건강, 안전관리기술이 있다. 교직에 대한 보육교사의 태도영역으로 영유아 보육의 역사, 철학 및 사회 기초이론, 교사의 전문성과 관련된 영역이 있다.

보육교사의 자격을 갖추기 위한 교직영역은 교직이론, 교과교육, 보육실습이 있다. 교직이론은 보육학개론을 비롯하여 보육철학 및 사상사, 보육과정 및 보육평가,

보육방법 및 교육공학, 교육심리, 교육사회, 보육행정 등이 있다. 교과교육은 교과교육론, 교과교재 연구 및 지도법, 논리 및 논술에 관한 과목 등이 있다.

2) 보육교사의 발달과 현직교육

현직교육은 보육교사가 가진 주된 관심사에 따라 달라져야 하는데, 보육교사의 관심사는 교사의 발달단계에 따라 달라진다고 보고 있다. 여기서는 먼저 보육교사의 발달단계와 관심사에 대해 알아보고 그에 맞는 전문성 향상을 위한 현직교육에 대해 알아본다.

(1) 보육교사의 발달단계와 관심사

캐츠(Katz)는 보육교사의 관심사를 연구하였는데, 이는 교사의 발달단계에 따라 달라진다. 보육교사는 생존단계(survival stage), 강화단계(consolidation stage), 갱신단계(renewal stage), 성숙단계(maturity stage)의 4단계에 걸쳐 변화 · 발전한다(윤애희 외, 2004). 생존단계는 최초의 교직 1년간을 가리킨다. 이 시기에 교사는 생존 관심사를 갖는데, 자신이 교사로서 현장에서 부딪히는 문제를 잘 처리할 수 있을지 걱정하며 적응하기 위해 고민하는 모습을 보인다. 이때는 선배교사의 지원, 이해, 격려, 확신, 위로 등이 필요하다.

강화단계는 교직경력이 1~3년 정도가 되는 때로, 이 시기에 이르면 교사로서 안정감과 자신감을 갖고 지금까지의 경험을 다지며 강화 관심사를 보인다. 즉, 교사로서의 기본 업무나 교수기술을 숙달한 후 비로소 개별적인 문제유아와 문제상황에 관심을 갖기 시작한다. 이 시기의 교사에게도 다른 교사의 지원, 이해, 격려가 필요하며 선배교사의 도움이나 전문가와의 정보교환이 유용하다.

갱신단계는 교직경력이 2~5년 정도가 되는 때로 교사로서 자신감을 확고히 하는 한편, 새로운 변화를 모색한다. 이 시기에 이르면 교사는 반복되는 일에 새로운 변화를 추구하면서 보육 전반에 관심을 확장하게 된다. 이렇게 확장된 관심사를 충족하기 위해 보육과 관련된 협회에 가입하거나, 상위의 학위를 취득하거나, 폭넓은 독서를 하거나, 다양한 분야의 전문가를 접촉하는 등의 과정을 거친다.

이와 같이 보육교사는 초기에는 학급통제 및 유지, 교사의 기본 역할 숙달, 교사로서 인정받기 등의 생존적 관심을 보이다가 교직에 어느 정도 자신감을 갖게 되면 학습자에 대해 보다 융통적이고 개방적인 태도를 보이고, 자신감이 확고해진 후에는 교직에 권태감을 느끼고 떠나는 교사도 있지만 교직을 지키는 교사 중 발전적인 경우는 성숙단계로 나아가 영유아, 어린이집, 교사 자신에 대해 가장 완벽한 기능을 하는 시기에 이른다.

(2) 보육교사의 현직교육

보육교사의 현직교육은 교직을 수행하는 중에 이루어지는 모든 교육이나 훈련을 의미한다. 현직교육이 필요한 이유는 자격취득교육의 보완, 사회문화적 변화에 따라 새로이 요구되는 지식과 기술 습득, 새로운 가치 추구 및 부단한 수양과 연구를 위해서다. 보육교사가 자격을 취득한 후 현장에서 보육업무를 수행하면서 이전에 이론적으로 배운 바를 검증하고 보완하도록 하기 위해 현직교육이 필요하다. 또한 사회의 변화 및 발달에 따라 시간연장형 보육요구가 높아지고, 보다 어린 영아를 보육하기 위한 시설을 확충하거나 장애를 가진 영유아를 일반시설에 통합적으로 보육하도록 하는 등의 정책 변화가 있으면 변화된 정책을 시행할 수 있도록 교사는 현직교육을 받고 능력을 갖추어야 한다.

현직교육의 유형은 크게 교사 개인이 주도하는 경우, 어린이집이 주도하는 경우, 정부 또는 관련 기관이 주도하는 경우로 나누어진다. 개인주도형 현직교육에는 첫째, 보육교사 스스로 관련 서적이나 정기간행물 또는 인터넷 사이트에서 정보를 찾는 것, 둘째, 보육교사가 스스로 교사들끼리의 토론모임을 정기적으로 갖는 것, 셋째, 보육교사가 스스로 관련 협회나 기관에 회원으로 가입하고 여러 현직교육을 받는 것, 넷째, 보육교사가 스스로 상급 학교에 진학하는 것 등이 있다.

어린이집주도형 현직교육은 교사공개수업 또는 연구수업을 사전에 계획하여 어린이집 내의 다른 교사나 다른 어린이집의 교사에게 공개하고, 다른 교사의 수업을 관찰하고 토론할 기회를 갖는 방식이 있다. 또는 교사들의 관심사에 맞는 강사를 어린이집으로 초빙하여 강의를 듣거나 연수를 하기도 하고 외부 연수기관에 교사를 보내 교육을 받게 하기도 한다.

정부 또는 기타 관련 기관주도형 현직교육은 [영유아보육법]에 따라 보건복지부가 인증하는 보육교사교육원이나 대학연구소, 중앙 및 각 시 · 도의 어린이집연합회 등에서 보수교육, 승급교육이 이루어지고 있다. 보수 · 승급교육 이외의 다양한 현직교육이 시 · 도, 시 · 군 · 구 단위의 보육정보센터에서 활발하게 실시되고 있다. 그 외 다양한 사설연구소에서는 문학, 음악, 미술 교수기법과 관련되어 교육을 시행하고 있다.

3) 보육교사의 윤리강령

보육교사는 직무수행과 관련하여 윤리강령이 필요하다. 캐츠는 보육직무의 특성상 발생할 수 있는 여러 종류의 유혹을 잘 다룰 수 있는 기준을 세우도록 돕는 것이 윤리강령이라고 보고 보육교사에게 윤리강령이 필요한 이유를 다음 네 가지로 제시하였다(Katz, 1989).

첫째, 보육교사의 힘과 지위가 영유아에 비해 우월하기 때문에 필요하다. 영유아는 아직 스스로 자신을 방어할 능력이 부족하고 교사는 영유아보다 우월한 지위를 가졌기 때문에 힘이 미약한 영유아를 보호하기 위해 필요하다. 교사는 때때로 유아를 함부로 대하거나, 불공평하게 일을 처리하거나, 유아의 의사를 무시하고 마음에 상처를 줄 수도 있다. 윤리강령을 통해 보육교사가 영유아를 존중하는 판단을 할 수 있도록 도와줄 수 있다.

둘째, 윤리강령은 영유아나 부모 등의 다양한 요구에 대처하는 것을 도와준다. 보육교사의 서비스 대상은 영유아뿐 아니라 부모, 어린이집 및 지역사회로 나아간다. 경우에 따라 부모와 영유아, 부모와 어린이집 등의 이익과 기대가 상충할 수 있다. 이때 윤리강령은 보육교사가 어떤 이익을 가장 우선적으로 고려해야 할지 지침을 제공한다.

셋째, 경험과 과정을 중시하는 교육과정의 불확실성을 제거하고 교사가 결정하는 것을 도와준다. 교육내용이 결정되어 있지 않은 과정중심 교육과정의 자율성은 끊임없는 의사결정을 필요로 한다. 교사가 행하는 의사결정과정에는 교사의 가치가 포함될 수밖에 없다. 보육교사는 상급 학교의 교사보다도 개인의 가치에 따라 교육과정의 내용 및 방법을 정하는 비율이 매우 높다. 윤리강령은 보육교사가 언제나 마음을 열고 좋은 정보를 받아들여 적절한 의사결정을 하도록 돕는다.

넷째, 보육교사의 적절한 역할이 무엇인지 혼란스러울 때 지침을 제공할 수 있다. 보육대상 영유아는 연령이 어리며 어린이집에서 지내는 시간이 길다. 이 경우 교사의 역할은 부모의 역할과 구분이 어렵다. 또한 양육방식에서 부모와 이견을 보일 때 교사는 적절한 판단을 내리기가 어려워진다. 윤리강령은 교사의 역할에 관한 한계와 제한을 알려 준다.

– 보육인 윤리선언 –

나는 영유아의 건강한 성장과 발달을 지원하는 보육교사(어린이집 원장)로서, 직무상의 윤리적 책임을 다하여 다음 사항들을 지킬 것을 다짐합니다.

1. 나는 내가 영유아에게 지대한 영향을 미치는 존재임을 잊지 않으며, 항상 스스로의 말과 행동에 신중을 기한다.
1. 나는 영유아의 인격과 권리를 존중하며, 어떠한 경우에도 영유아에게 해가 되는 일을 하지 않는다.
1. 나는 영유아 가정의 다양성을 이해하고 존중하며, 상호 신뢰하는 동반자적 관계를 유지한다.
1. 나는 동료를 존중하고 지지하며, 서로 협력하여 최상의 보육서비스를 제공하기 위해 노력한다.
1. 나는 보육의 사회적 책임과 역할을 인식하고, 영유아의 권익과 복지를 위한 활동에 앞장선다.
1. 나는 「어린이집 교직원 윤리강령」을 직무수행의 도덕적 규준으로 삼아 진심을 다하여 충실히 이행한다.

*출처: 보건복지부(2011. 10. 7.). 보도자료.

우리나라의 「어린이집 교직원 윤리강령」의 주요 내용은 다음과 같다. 보육교사가 가져야 할 유아에 대한 윤리적 책임은 영유아를 차별하지 않고, 안전하게 보호하며 인격을 존중한다. 개별적 요구를 수용하며, 사회 · 정서 · 인지 · 신체발달을 통합적으로 지원하는 프로그램을 실시하고, 활동의 모든 과정에 영유아의 흥미와 의사를 반영하는 것이다.

보육교사가 가져야 할 유아의 가정에 대한 윤리적 책임은 가정과 기관이 영유아의 발달을 강화하는 방향으로 서로 협조해야 할 책임이 있음을 인정하는 것이다.

보육교사가 가져야 할 동료에 대한 윤리적 책임은 상호 간에 전문성과 자율성을 인정하고, 상호 역량계발과 복지증진 환경조성에 힘쓰며 보육에 대한 신념을 공유하고 전문성 계발에 스스로 노력하는 것이다.

보육교사가 가져야 할 사회에 대한 윤리적 책임은 공보육에 대한 책임을 인식하고, 영유아의 안전을 위협하는 환경이나 정책 발견 시 관계기관과 협의하여 개선하며, 영유아의 권익보호를 위해 정책, 법률 제정에 적극 참여하는 것 등이다.

참고문헌

권영례(1999). 유아를 위한 교수학습방법의 이해. 파주: 양서원.

김경희 · 한성희 · 김혜금(2005). 영유아를 위한 관찰 및 실습. 서울: 정민사.

김익균 · 노은호 · 박금희 · 이미정 · 이순영 · 이행숙 · 이혜숙 · 정해은 · 조미환 · 조혜경(2002). 보육학개론. 서울: 교문사.

박은혜(2003). 유아교사론. 서울: 창지사.

보육인윤리강령(2011). 보건복지부 2011. 10. 7. 보도자료.

삼성에버랜드 서비스아카데미(2001). 에버랜드 서비스 리더십. 서울: 21세기북스.

양옥승(2003). 21세기 유아교육의 흐름. 2003년 울산광역시 위탁 보육시설장 보수교육. 21세기 보육기관의 효율적 운영을 위한 프로그램. 한국어린이육영회연수원.

양옥승 · 김영옥 · 김현희 · 신화식 · 위영희 · 이옥 · 이정란 · 이차숙 · 정미라 · 지성애 · 홍혜경(1999). 영유아 보육개론. 서울: 학지사.

유희정 · 강정희 · 이숙희 · 원명순(2002). 영아보육모형. 여성부.

이성옥(2002). 보육네트워크 울산 3, 4월호. 울산보육정보센터.

이순형 · 성미영 · 이성옥 · 권혜진 · 김미정 · 권기남 · 소은주 · 임송미(2000). 보육교사 보수교육. 보건복지부.

이순형 · 최일섭 · 이옥경(1998). 보육시설평가. 보건복지부.

조성연 · 이정희 · 김온기 · 제경숙 · 황혜정 · 나유미 · 박진재 · 송혜린 · 임은진 · 나종해(2006). 영유아보육의 이해. 서울: 학지사.

하정연 · 김은주(2000). 나도 멋진 선생님이 될 수 있다-새내기 유아교사를 위한 매너와 상식-. 파주: 양서원.

홍지연(2002). 영유아 교육 프로그램. 서울: 창지사.

Ayers, W. (1989). *The Good Preschool Teacher-Six Teachers Reeflect on Their Lives.* New York: Teachers College Press.

Carter, F. (2001). *Education of Little Tree.* 조경숙 역(2003). 내 영혼이 따뜻했던 날들. 서울: 아름드리미디어.

Freire, P. (1998). *Teachers as Cultural Workers: Letters to Those Who Dare Teach.* 교육문화연구회 역(2000). 프레이리의 교사론-기꺼이 가르치려는 이들에게 보내는 편지. 서울: 아침이슬.

Katz, L. G. (1984). *Talks with teachers/More talks with teachers.* 이차숙 역(1989). 유아교사를 위한 제언. 서울: 서원.

Saifer, S. (1990). *Practical Solutions to Practically Every Problem by Steffen Saifer.* 임승렬 역(2001). 유능한 유아교사의 학급운영: 문제와 그 해결방안. 서울: 다음세대.

http://www.moleg.go.kr(법제처)

http://children.seoul.go.kr/dataroom/mdata.html(서울특별시 보육정보센터 구 홈페이지)

제11장 어린이집 인적자원관리

어린이집의 인적자원관리는 보육목표를 효과적으로 달성하기 위하여 보육활동에 필요한 인적자원을 동원하고 관리하는 과정이다. 어린이집의 주요 인적자원은 보육아동, 부모, 보육교직원으로 구성되며 이 밖에도 자원봉사자, 실습생 등 다양한 인적자원이 보육의 목표를 수행하기 위해 협력하고 있다. 이 장에서는 어린이집의 인적자원인 보육아동, 보육교직원, 부모 및 기타 인적자원의 관리에 대해 알아본다.

1. 보육아동관리

보육아동이 어린이집에 입소하여 퇴소 또는 졸업할 때까지 보육아동과 관련된 업무가 보육아동관리다. 보육아동관리에는 구체적으로 보육아동 모집 및 입소 아동 선정, 입소 준비 및 적응, 보육아동의 발달상황이나 어린이집에서의 생활기록 등이 포함된다.

1) 원아모집

어린이집 운영에서 원아모집은 매우 중요한 문제로, 어린이집들은 원아모집을 위해 많은 노력을 기울이고 있다. 효과적인 원아모집을 위해서는 원아모집 계획 및 준비를 철저하게 할 뿐만 아니라, 훌륭한 자질 및 자격을 갖춘 교사의 채용, 좋은 시설과 설비 및 다양한 교재·교구의 구비, 양질의 보육프로그램 개발, 적절한 홍보 활동 등이 함께 이루어져야 한다.

(1) 원아모집의 계획 및 준비

어린이집의 원아모집은 매년 12월경에 시행하는 정규모집과 수시모집으로 이루어진다. 정규모집은 초등학교 입학과의 연계성 및 재원아동의 재원신청 결과 등을 반영하여 다음 해 3월 신학기를 기준으로 12월에 실시한다. 수시모집은 입소대기자명부를 마련하여 1년 내내 접수를 받고 어린이집에 결원이 생길 경우 입소대기 순서에 따라 입소할 수 있도록 한다. 정규모집 시에도 입소대기자명단을 활용한다. 어린이집의 경우 부모의 취업상황 등의 변동에 따라 원아의 입소와 퇴소가 불규칙한 경우가 많아서 결원이 발생할 경우 입소할 수 있도록 연중 수시로 모집을 하기도 한다.

따라서 홍보는 보통 보육프로그램이 시작되기 전에 집중적으로 이루어지지만, 특정 시기를 정하지 않고 안내홍보지, 현수막, 포스터, 홈페이지 등의 방법을 활용하여 수시로 장기적인 홍보를 할 필요가 있다. 가장 좋은 홍보는 어린이집을 잘 운영하여 지역사회에 믿음을 주는 것이다.

운영홍보의 내용은 홍보방법에 따라 다양하게 할 수 있으나 어떠한 방법을 선택하더라도 가장 중요하게 고려할 점은 부모들이 충분히 이해할 수 있도록 궁금해하는 내용을 상세하게 알려 주는 것이다. '어린이집 교육안내' '안내서' 등의 어린이집 홍보지에 포함되어야 할 내용으로는 어린이집의 명칭, 위치(약도 포함), 전화번호, 교통편, 모집 원아의 연령 및 인원수, 모집시기, 입학(입소) 절차, 월 보육료, 보육시간, 학급편성, 어린이집의 운영방침과 특성 및 보육프로그램 소개, 운영자 및 교직원 소개 등이다(Sciarra & Dorsey, 1998). 인터넷 홈페이지도 중요한 홍보수단이 될 수 있다. 또한 사회복지 관련 부서와의 협조를 통해 저소득층 아동의 보육비용 지원, 어린이집 입소 절차 등 정부의 보육사업정책을 적극 홍보하여 저소득층 아동의 어린이집 이용을 유도하도록 한다.

어린이집에서 미리 준비해야 할 서류는 원아모집 홍보를 위한 서류 및 자료, 입소대기자신청명부, 아동의 입소신청서, 생활기록부 등이며 부모에게 아동의 사진, 주민등록등본을 준비하도록 요청한다.

(2) 입소대상의 선정

어린이집의 보육은 0~6세 미만의 취학 전 영유아 보육과 초등학교 저학년 아동을 대상으로 하는 방과후 보육으로 나누어진다. 어린이집의 입소대상은 [영유아보육법] 제2조와 제27조의 규정에 의거하여 0~6세 미만의 취학 전 아동을 원칙으로 하며 필요한 경우 어린이집 원장은 만 12세까지 연장하여 보육할 수 있다.

어린이집의 연령별 반편성은 동년도 출생아(동년도 1. 1.~동년도 12. 31. 출생아)를 함께 편성하는 것을 원칙으로 하며 1, 2월생의 상위연령반 편성을 하지 않도록 규정하고 있다(보건복지부, 2012).

어린이집은 [영유아보육법 시행규칙] 제23조 '별표 8'의 규정에 의하여 가능한 한 2세 미만 영아반, 2세 영아반과 3세 이상의 유아반을 동시에 운영하여야 한다.

연령별 반편성 시에는 교사 대 아동 비율을 준수해야 한다. 연령별 교사 대 아동 비율은 만 0세반 1 : 3, 만 1세반 1 : 5, 만 2세반 1 : 7, 만 3세반 1 : 15, 만 4~5세반 1 : 20이며 보육과정 및 아동 1인당 보육실 면적 등을 감안하여 반별 최대정원제를 운영할 수 있다. 반별 최대정원제의 교사 대 아동 비율은 만 0세반 2 : 6, 만 1세반 2 : 10, 만 2세반 2 : 14로 규정하여 너무 많은 수의 아동들이 한 공간에서 보육되지 않도록 하고 있다.

영유아의 전출입 등 유동인원수가 많은 경우에 한하여 총 정원의 범위 내에서 초과보육이 가능하다. 만 0세반은 초과보육을 인정하지 않으며 만 1세반은 1 : 7명 이내, 만 2세반은 1 : 9명 이내, 만 3세반은 1 : 18명 이내, 만 4~5세반은 1 : 23명 이

표 11-1 연령별 반편성 교사 대 아동 비율

교사 대 아동 비율	만 0세	만 1세	만 2세	만 3세	만 4세 이상
원칙	1 : 3	1 : 5	1 : 7	1 : 15	1 : 20
초과보육 인정범위	해당없음	1 : 7	1 : 9	1 : 18	1 : 23
반별 최대정원제	2 : 6	2 : 10	2 : 14	-	-

내로 초과보육을 운영하는 시설은 교사 1인당 보육인원의 증가에 따라 발생하는 수익금을 보육교사 인건비 추가지급과 처우개선 급여 등에 우선 사용하여야 한다(〈표 11-1〉 참조).

또한 연령혼합반 운영 시 교사 대 아동 비율은 낮은 연령의 교사 대 아동 비율을 준수하여야 한다. 장애아는 연령이 아닌 장애(발달) 정도에 따라 적절한 반에 편성·운영할 수 있다. 다만 연령과 달리 편성할 때에는 부모와 협의하고 시·군·구 담당자의 확인을 받아 조정하도록 한다.

원아모집 접수가 끝난 후 입소신청자명부를 작성하여 어린이집의 반별 정원과 재원원아수와 결원아동수를 파악한 후 [영유아보육법]에 규정된 어린이집 입소 우선순위 등을 참고로 하여 입소 원아를 선정한다. [영유아보육법] 제28조, [영유아보육법 시행규칙] 제29조의 '보육의 우선 제공' 규정에 의하여 국가 또는 지방자치단체와 사회복지법인, 그 밖의 비영리법인이 설치한 어린이집, 대통령령으로 정하는 어린이집의 원장은 〈표 11-2〉에 해당하는 영유아가 어린이집을 우선적으로 이용할 수 있도록 한다.

'부모가 모두 취업중인 영유아' 라 함은 원칙적으로 아동의 부와 모가 모두 일을 하는 맞벌이 부모의 자녀로 1일 8시간 이상, 월 20일 이상 근로하는 경우를 말한다. 어린이집 원장은 취업증명서류(재직증명서, 고용보험피보험자격내역서, 직장건강보험자격취득확인서, 근로소득원천징수영수증 등)에 대한 확인을 철저히 해야 한다.

어린이집의 원장은 신청순위에 따라 어린이집 이용신청자명부(영유아보육법 시행

표 11-2 보육의 우선 제공

1. [국민기초생활 보장법]에 따른 수급자
2. [한부모가족지원법] 제5조에 따른 보호대상자의 자녀
3. [국민기초생활 보장법] 제24조에 따른 차상위계층의 자녀
4. [장애인복지법] 제2조에 따른 장애인 중 보건복지부령으로 정하는 장애등급 이상에 해당하는 자의 자녀
   - [장애인복지법 시행규칙] '별표 1' 의 장애등급 중 1급 또는 2급에 해당하는 사람
   - [장애인복지법 시행규칙] '별표 1' 의 장애등급 중 3급에 해당하는 지적장애인 또는 자폐성장애인으로서 다른 장애가 중복된 사람
5. [다문화가족지원법] 제2조 1호에 따른 다문화가족의 자녀
6. 그 밖에 소득수준 등을 고려하여 보건복지부령으로 정하는 자의 자녀
   - [아동복지법] 제16조에 따른 아동복지시설에서 생활 중인 영유아
   - 부모가 모두 취업 중인 영유아
   - 자녀가 3명 이상인 가구의 영유아 또는 영유아인 자녀가 2명 이상인 가구의 영유아
   - 산업단지 입주기업체 및 지원기관 근로자의 자녀로서 산업단지에 설치된 어린이집을 이용하는 영유아

규칙 별지 제17호의 2 서식)를 작성 · 비치하여 이를 열람할 수 있도록 한다. 이용신청자명부의 '대상별' 란에는 입소 우선순위(법정, 한부모 등)를 정확히 기재하여 관리하고 입소한 경우에는 입소일자를 기재하여야 한다. 어린이집의 원장은 당해 시설에 결원이 생겼을 때마다 〈표 11-2〉의 '입소 우선순위' 를 기준으로 선 순위자를 우선 입소 조치하여야 한다.

어린이집의 원장은 입소신청자에게 우선 입소대상 순위, 보육료지원제도, 두 자녀 보육료지원제도 등을 적극 홍보하여 지원혜택을 받을 수 있도록 하여야 한다. 그리고 입소원아 선정결과를 보호자에게 통보한 뒤 입학금 및 보육료 납입과 같은 절차를 진행한다. 보육료는 관할 시 · 군 · 구에서 고시한 보육료 범위 내에서 수납토록 하며 은행에 납입하도록 한다.

2) 입소준비 및 적응프로그램

등록을 마친 사람에게 임시소집일(입학안내모임), 어린이집 생활에 필요한 준비물 제출에 대한 안내를 한다. 영유아의 낯선 환경에 대한 적응을 돕기 위한 준비로 어린이집 방문이 이루어질 수 있다. 입학 결정 후 영유아가 부모와 함께 정식으로 실내외 시설과 환경을 살펴봄으로써 앞으로 생활하게 될 환경에 익숙해지고 교사들과 접촉을 갖는 경험은 영유아들을 심리적으로 준비시키는 의미를 가진다.

아동의 적응을 돕기 위해서는 점진적인 적응훈련이 필요하다(Sciarra & Dorsey, 1998). 입학 후에 아동들을 새로운 환경에 무리 없이 적응시키기 위해서는 입학 후 약 1개월 동안 보육시간을 차츰 연장함으로써 아동이 종일반 프로그램에 무리 없이 적응하도록 한다. 적응기간에 대해서는 부모의 협력이 필요하므로 입학 전 부모 오리엔테이션을 통해 적응기간이 필요하다는 사실을 인지시킨다. 〈표 11-3〉과 같은 초기 적응지도 프로그램 안내문을 통해 부모의 협력을 구한다.

표 11-3 초기 적응지도 프로그램 안내문의 예

신입원아 적응프로그램 안내
• 적응프로그램 운영의 필요성 적응기간은 영유아가 어린이집을 익숙하고 편안한 장소로 이해하고 즐거운 마음으로 다닐 수 있게 하기 위해 반드시 필요한 기간입니다. 가정에서 부모님과 함께 지내던 생활에서 벗어나 낯선 어린이집에서 여러 친구들과 함께 지내게 되는 것은 영유아에게 스트레스의 원인이 됩니다. 영유아가 스트레스 상황에 적응할 수 있도록 보육시간(부모와 헤어져 있는 시간)을 점차 늘려 나가는 것이 필요하며, 영유아는 적응기간에 부모 또는 애착을 형성한 양육자의 보호 아래 교사나 또래와 상호작용을 시도하면서 서서히 어린이집 생활에 적응하게 됩니다. 어린이집 생활에 적응하기 전까지 영유아들이 교사를 부모와 자신을 격리시키는 원인으로 생각하기 때문에 교사에게 적대적인 감정을 가질 수도 있습니다. 특히 3세 이전의 영아는 기본적인 신체 · 정서적 안정감 발달 및 기본생활습관의 틀이 형성되는 중요한 시기입니다. 이 시기에는 일대일의 안정적이고 지속적인 보육이 절실히 요구됩니다. 부모님께서는 자녀가 부모와 함께 보내는 시간의 양에 대한 절대적 요구가 있음을 기억하시고 노력해 주시기 바랍니다.

〈계속〉

• 적응기간 일정

– 영아반

입소 1주	영아와 함께 등원하여 부모님과 오전 간식을 먹고 자유놀이 후 11시 30분에 하원합니다.
입소 2주	등원 후 오전 간식, 자유놀이, 점심식사를 하고 하원합니다. *부모님께서는 영아를 데려다 주고 가신 후, 오후 1시 30분(낮잠시간 이전)에 다시 오셔서 하원합니다. 부모님의 품을 살짝 벗어나서 친구들, 담임교사, 어린이집에 익숙해질 수 있는 기간입니다.
입소 3주	등원하여 낮잠을 자고 오후 간식을 먹고 하원합니다(4시경).

– 유아반

입소 1주	등원하여 점심을 먹은 후 1시 30분에 하원합니다.
입소 2주	적응이 순조롭게 진행되면 정상일과에 따릅니다. 적응에 어려움을 보이면 교사와 상담하여 적응기간을 조정합니다.

* 구체적인 적응기간 일정은 담임교사와 상담하시기 바랍니다.

• 부모님께서 영유아의 적응을 도와주시려면?

① 어린 영유아이지만 어린이집에 가는 이유를 말로 반복하여 설명해 주세요.
② 어린이집에서 헤어질 때 처음에는 울더라도 꼭 아이가 보는 데서 인사를 하고 헤어집니다.
③ 영유아와 한 약속은 꼭 지킵니다.

• 어린이집에 처음 왔을 때는 이런 행동이 나타날 수 있습니다.

① 계속해서 어린이집에 오려고 하지 않는다.
② 어린이집의 문만 들어서면 그치지 않고 계속 운다.
③ 신체적 증상이 없어도 계속 아프다고 한다.
④ 또래와 어울리지 않고 시무룩하다.
⑤ 교사와 상호작용을 하려고 하지 않으며 반응이 없다.
⑥ 어린이집에서는 잠을 자지 않는다.
⑦ 어린이집에서는 간식이나 식사를 하려 하지 않는다.
⑧ 울음이 잦고 칭얼대고 밤에도 자지 않고 울며 깬다.
⑨ 새삼스럽게 젖병을 찾거나 손가락을 빤다.
⑩ 대소변을 가리던 영아가 대소변을 가리지 못한다.

3) 원아 기록관리

부모와 어린이집은 서로에 대한 여러 가지 정보를 충분히 교환하고 협력함으로써 효과적인 보육에 도움을 줄 수 있다. 부모로부터 받은 입소신청서, 생활 및 건강기록부와 함께 교사가 보육활동과정에서 수집하고 기록한 아동발달 및 생활기록부, 건강검진결과표, 표준화된 검사결과와 같은 아동의 개별 기록을 원아의 개인파일로 만들어 보관한다. 이러한 기록은 영유아의 특성을 파악하고 개별적인 보육을 실시하는 데 중요한 자료로 활용된다. 아동과 가족에 대한 정보는 영유아 보육을 위한 목적으로만 사용해야 하며 만약 연구를 위한 자료로 활용할 경우에는 보호자와의 사전협의나 허락을 받아야 한다. [영유아보육법] 제29조의 2에서는 어린이집의 원장은 영유아의 발달상황 등을 종합적으로 관찰 · 평가하여 영유아 생활지도 및 초등학교 교육과의 연계지도에 활용할 수 있도록 하기 위하여 보건복지부장관이 정하는 기준에 따라 생활기록부를 작성 · 관리하도록 규정하고 있다.

2. 보육교직원 관리

보육교직원관리는 보육교직원의 배치기준에 따른 교직원의 채용에서부터 역할 및 업무분담, 복무규율, 교직원의 임금 및 후생복지, 경력관리, 교직원의 보수교육 등을 포괄하며 이는 문서화된 인사관리정책과 절차를 통해 이루어지는 것이 바람직하다(Taylor, 2002). 어린이집의 보육교직원관리는 [영유아보육법]을 기초로 하여 개별 시설의 특성에 맞는 시설운영규정 및 운영세칙을 규정하여 명문화된 규정에 따라 운영하도록 한다.

1) 보육교직원의 배치와 자격

(1) 보육교직원의 배치기준

보육교직원은 어린이집에서 영유아의 보육, 건강관리 및 보호자와의 상담, 기타 업무를 담당하는 사람들로 구성된다. 어린이집의 보육교직원은 원장, 보육교사, 양호교사, 영양사, 사무원, 취사부, 관리인, 위생원 등이 있으며 이들 각자가 자신의 임무와 역할을 성실하고 효과적으로 수행할 때 보육의 효과가 극대화될 수 있다.

우리나라의 경우 [영유아보육법] 제17조에 의거하여 [영유아보육법 시행규칙] 제10조에 어린이집에서의 적정한 보육교직원 배치기준에 대해 규정하고 있다(〈표 11-4〉 참조).

어린이집에는 원장이 있어야 하며 영유아 20인 이하를 보육하는 어린이집은 원장이 보육교사를 겸임할 수 있다. 국공립어린이집은 시장 또는 구청장이 임면한다. 다만 설치자가 종사자 임면권을 수탁자에게 위임한 경우에는 수탁자가 임면하며 민간 및 직장어린이집은 시설 설치자가 임면한다. 채용조건으로는 유자격자인 경우라도 상근이 어려운 경우에는 채용대상에서 제외해야 한다.

보육교사의 배치는 영유아의 연령에 따라 달라진다. 영아반의 경우 만 1세 미만의 영아 3인당 교사 1인, 만 1세 이상 2세 미만의 영아 5인당 교사 1인, 만 2세 영아 7인당 교사 1인을 배치한다. 유아반의 경우 만 3세 유아 15인당 교사 1인, 만 4~5세 유아 20인당 교사 1인을 배치하도록 한다. 간호사와 영양사는 영유아 100명 이상 보육하는 시설에는 있어야 한다. 동일 시 · 군 · 구의 어린이집은 5개 이내 어린이집이 공동으로 영양사를 둘 수 있다. 이 경우 영양사는 5개 시설 중 어느 한 시설에는 반드시 배치되어야 하며 5개 시설에 대한 관리계획을 수립 · 실행하여야 한다. 또한 영유아 40명 이상을 보육하는 시설은 취사부를 두어야 한다.

표 11-4 어린이집에서의 보육교직원의 배치기준(영유아보육법 시행규칙 제10조 '별표 2')

보육교직원	배치기준
원장	• 원장 1명 * 20명 이하를 보육하는 어린이집은 어린이집의 원장이 보육교사 겸임 가능
보육교사	• 만 1세 미만의 영아 3명당 1명을 원칙으로 한다. • 만 1세 이상 만 2세 미만의 영아 5명당 1명을 원칙으로 한다. • 만 2세 이상 만 3세 미만의 영아 7명당 1명을 원칙으로 한다. • 만 3세 이상 만 4세 미만의 유아 15명당 1명을 원칙으로 한다. • 만 4세 이상 미취학 유아 20명당 1명을 원칙으로 하며, 이 경우 유아 40명당 1명은 보육교사 1급 자격을 가진 사람이어야 한다. • 취학아동 20명당 1명을 원칙으로 한다. • 장애아 보육은 장애아 3명당 1명을 원칙으로 하되, 장애아 9명당 1명은 특수교사 자격소지자로 한다.
간호사	• 영유아 100명 이상을 보육하는 어린이집의 경우 간호사(간호조무사를 포함) 1명을 두어야 한다.
영양사	• 영유아 100명 이상을 보육하는 어린이집의 경우 영양사 1명을 두는 것을 원칙으로 하되, 어린이집 단독으로 영양사를 두는 것이 곤란한 경우에는 동일한 시 · 군 · 구의 5개 이내 어린이집이 공동으로 영양사를 둘 수 있다.
취사부	• 영유아 40명 이상 80명 이하를 보육하는 어린이집의 경우 취사부 1명을 두며, 영유아가 80명을 초과할 때마다 1명씩 증원한다.
그 밖의 보육교직원	• 어린이집의 규모와 특성에 따라 의사(또는 촉탁의사), 사회복지사, 사무원, 관리인, 위생원, 운전기사, 치료사 등의 보육교직원을 둘 수 있다.
겸직	• 어린이집의 원장이 간호사 또는 영양사 자격이 있는 경우에는 간호사 또는 영양사를 겸직하게 할 수 있다.

(2) 보육교직원의 자격기준

보육교직원 채용에서의 기본적인 자격요건은 심신이 건강하고 보육에 대한 열의가 있으며 보육에 대한 전문적인 지식이 있는 사람이어야 한다. 우리나라에서는 [영유아보육법] 제20조, 제21조에 근거하여 [영유아보육법 시행령] 제21조에 원장 및 보육교사의 자격기준에 대해 규정하고 있다. 동법에 규정되어 있는 원장과 보육교사의 자격기준은 〈표 11-5〉, 〈표 11-6〉, 〈표 11-7〉과 같으며 원장 국가자격증, 보육교사 국가자격증을 발급받아야 한다.

표 11-5 원장의 자격기준(영유아보육법 시행령 제21조 '별표 1')

구분	자격기준
일반어린이집 (일반기준)	1) 보육교사 1급 자격을 취득한 후 3년 이상의 보육 등 아동복지업무 경력이 있는 사람 2) [유아교육법]에 따른 유치원 정교사 1급 자격을 취득한 후 3년 이상의 보육 등 아동복지업무 경력이 있는 사람 3) 유치원 원장의 자격을 가진 사람 4) [초·중등교육법]에 따른 초등학교 정교사 자격을 취득한 후 5년 이상의 보육 등 아동복지업무 경력이 있는 사람 5) [사회복지사업법]에 따른 사회복지사 1급 자격을 취득한 후 5년 이상의 보육 등 아동복지업무 경력이 있는 사람 6) [의료법]에 따른 간호사 면허를 취득한 후 7년 이상의 보육 등 아동복지업무 경력이 있는 사람 7) 국가 또는 지방자치단체에서 7급 이상의 공무원으로 보육 등 아동복지업무에 5년 이상 근무한 경력이 있는 사람
가정어린이집	1) 일반기준에서 정한 자격을 갖춘 사람 2) 보육교사 1급 이상의 자격을 취득한 후 1년 이상의 보육업무 경력이 있는 사람
장애아전담 어린이집	- 「장애인복지법」 제32조에 따라 장애인으로 등록된 영유아만을 20명 이상 보육하는 어린이집 - 일반기준에서 정한 자격을 갖춘 사람으로서 다음의 어느 하나에 해당하는 사람 1) 대학(전문대학을 포함한다)에서 장애인복지 및 재활 관련 학과를 전공한 사람 2) 장애아 어린이집에서 2년 이상의 보육업무 경력이 있는 사람
영아전담 어린이집	- 만 3세 미만의 영아만을 20명 이상 보육하는 어린이집 1) 일반기준에서 정한 자격을 갖춘 사람 2) 간호사 면허를 취득한 후 5년 이상의 아동간호업무 경력이 있는 사람
대학 및 교육훈련 시설이 운영하는 어린이집	- 「고등교육법」에 따른 대학(전문대학을 포함한다) 또는 법 제21조 2항 2호에 따른 교육훈련시설이 운영(위탁 또는 부설 운영을 말한다)하는 어린이집 1) 일반기준에서 정한 자격을 갖춘 사람 2) 어린이집을 운영하는 대학의 전임강사 또는 교육훈련시설의 전임교수 이상으로서 보육 관련 교과목에 대하여 3년 이상의 교육 경력이 있는 사람

표 11-6 보육교사 등급별 자격기준(영유아보육법 시행령 제21조 '별표 1')

등급	자격기준
보육교사 1급	가. 보육교사 2급 자격을 취득한 후 3년 이상의 보육업무 경력이 있는 사람으로서 보건복지부장관이 정하는 승급교육을 받은 사람 나. 보육교사 2급 자격을 취득한 후 보육 관련 대학원에서 석사학위 이상을 취득하고 1년 이상의 보육업무 경력이 있는 사람으로서 보건복지부장관이 정하는 승급교육을 받은 사람
보육교사 2급	가. 전문대학 또는 이와 같은 수준 이상의 학교에서 보건복지부령으로 정하는 보육 관련 교과목 및 학점을 이수하고 졸업한 사람 나. 보육교사 3급 자격을 취득한 후 2년 이상의 보육업무 경력이 있는 사람으로서 보건복지부장관이 정하는 승급교육을 받은 사람
보육교사 3급	• 고등학교 또는 이와 같은 수준 이상의 학교를 졸업한 사람으로서 보건복지부령으로 정하는 교육훈련시설에서 정해진 교육과정을 수료한 사람

표 11-7 보육 관련 교과목 및 학점(영유아보육법 시행규칙 제12조 1항 '별표 4')

영역	교과목	이수과목(학점)
보육필수	아동복지(론), 보육학개론, 영아발달, 유아발달, 보육과정, 보육교사론	6과목(18학점) 필수
발달 및 지도	인간행동과 사회환경, 아동관찰 및 행동연구, 아동생활지도, 아동상담(론), 특수아동이해, 장애아지도	1과목(3학점) 이상 선택
영유아교육	놀이지도, 언어지도, 아동문학, 아동음악, 아동동작, 아동미술, 아동수학지도, 아동과학지도, 영유아프로그램 개발과 평가, 영유아교수방법(론)	6과목(18학점) 이상 선택
건강 · 영양 및 안전	아동건강교육, 아동간호학, 아동안전관리, 아동영양학, 정신건강(론)	2과목(6학점) 이상 선택
가족 및 지역사회 협력 등	부모교육(론), 가족복지(론), 가족관계(론), 지역사회복지(론), 보육정책(론), 어린이집 운영과 관리	1과목(3학점) 이상 선택
보육실습	보육실습	1과목(3학점) 필수
전체	17과목(51학점) 이상	

※ 비고
1) 교과목명이 서로 다르더라도 교과목의 내용이 유사하면 동일한 교과목으로 인정하고, 보육실습의 경우 명칭과 관계 없이 실습기관과 실습기간의 조건을 만족하는 경우에는 보육실습으로 인정한다.
2) 각 과목은 3학점을 기준으로 하며 최소 2학점 이상이어야 한다.
3) 보육실습에 관한 기준
- 실습기관: 실습은 법적으로 인가받은 정원 15명 이상의 어린이집 또는 교육과정과 방과후 과정을 운영하는 유치원에서 보육교사 1급 또는 유치원정교사 1급 자격을 가진 사람이 실습을 지도하여야 한다. 이 경우 실습 지도교사 1명당 보육실습생은 3명 이내로 한다.
- 실습기간: 실습기간은 4주, 160시간을 원칙으로 하되, 야간대학 등의 경우에는 실습을 2회에 나누어 실시할 수 있다.
- 실습 인정시간: 실습은 평일 오전 9시부터 오후 7시 사이에 한 경우에만 인정하며 그 외의 시간에 한 실습은 인정하지 아니한다.
- 실습의 평가: 실습의 평가는 보건복지부장관이 정하는 보육실습일지와 실습평가서에 근거하여 하되, 평가점수가 80점 이상인 경우에만 실습을 이수한 것으로 인정한다.

2) 보육교직원의 임용

보육교직원은 기관의 질을 좌우하는 결정적 요인이다. 그러므로 기관이 적합한 능력과 자질을 갖춘 보육교직원을 임용하고 이들을 위한 근무여건에 관심을 가지고 지원하는 것은 기관의 질을 높이는 지름길이다.

(1) 임용과정

보육교직원의 임용과정은 모집과 선발을 통해 우수한 인력을 확보하여 보육현장에 배치하는 것을 말한다. 보육교직원의 임용은 공개경쟁을 원칙으로 하는 것이 업무에 대한 자부심과 책임감을 높이는 데 도움이 된다(Sciarra & Dorsey, 1998). 보육교직원의 채용 절차는 먼저 보육교사를 교육, 배출하는 대학이나 교육훈련시설에 채용공고문을 발송하고 보육정보센터, 교사단체 등의 구인구직란을 통해 공개채용의 내용을 게시한다. 지원자는 서류심사와 면접 등의 객관적이고 공정한 절차를 통해 채용한다. 서류심사 및 면접은 어린이집 원장 1인의 판단에 의존하기보다는 인사위원회를 구성하고 보다 객관적인 심사가 될 수 있도록 한다. 면접방법은 인터뷰와 실기시험 등을 통해 보육교직원의 업무능력과 인성 및 자질을 평가한다(근로복지공단, 2004).

(2) 임용 및 직무연수

보육교직원을 선발하고 나면 임용에 필요한 서류를 구비하고 정식으로 임용을 한다. [영유아보육법] 제19조의 규정에 의한 보육교직원의 임면에 따른 구비서류는 인사기록카드(영유아보육법 시행규칙 별지 제7호 서식), 최종학교 졸업증명서, 성적증명서(보육교사에 한한다), 자격증 사본, 경력증명서(경력자에 한한다), 주민등록등본, 채용신체검사서, 기타 임용에 필요한 서류 등이 필요하다. 법 제19조 2항의 규

보육교직원 채용 (원장, 보육교사, 특수교사, 취사부 등)	-채용주체: 어린이집 설치자 -채용조건: 자격기준을 갖춘 자 * 어린이집의 원장 및 보육교사는 국가자격증을 발급받은 자를 채용하여야 함
↓	
보육교직원 임면보고	-임면보고 절차: 어린이집→시 · 군 · 구청장(채용 후 14일 이내) -임면보고 시 구비서류: 인사기록카드, 채용신체검사서, 자격증 사본 * 자격증 사본은 일정 자격이 필요한 자(원장, 보육교사, 간호사 등)에 한함
↓	
보육교직원 자격의 적격성 확인	-확인주체: 시 · 군 · 구청장 -확인대상: 어린이집의 원장, 보육교사, 특수교사, 치료사, 영양사, 간호사 -확인방법: 각 자격별 자격증명 서류 및 보육통합정보시스템
↓	
보육교직원 신원조회	-신원조회주체: 시 · 군 · 구청장 -내용: 보육교직원 결격사유(영유아보육법 제20조)
↓	
경력관리시스템 입력관리	-보육교직원 임면사항을 경력관리시스템에 입력관리

[그림 11-1] 보육교직원 채용 및 임면보고 절차

*출처: 보건복지부(2012). 보육사업안내.

정에 의하여 어린이집의 원장은 특별자치도지사 · 시장 · 군수 · 구청장에게 인사기록카드 사본을 첨부하여 보육교직원 임면사항을 지체 없이 보고하여야 한다. 이 경우 특별자치도지사 · 시장 · 군수 · 구청장은 신원조회 등을 통하여 어린이집의 보육교직원이 법 제20조의 규정에 의한 결격사유에 해당되는지 여부를 확인해야 한다.

해당관청은 신규교사에 대한 임용보고가 되면 영유아교사 및 교직원의 자격 적격성을 확인해야 한다. 그다음으로 영유아교육기관 근무자로서 결격사유가 있는지를 확인하는 신원조회 및 성범죄경력조회를 관할 경찰서에 요청해서 적격한 영유아교사가 근무할 수 있도록 한다. 어린이집의 임면권자는 [아동 · 청소년의 성보호에 관한 법률] 제44조 및 같은 법 시행령 제20조에 따라 어린이집 교직원으로 채용하고자 하는 취업예정자에 대해 성범죄경력조회를 관할 경찰서에 요청한다. 범죄경력조회 요청 시 [영유아보육법]에 의한 어린이집임을 확인할 수 있는 어린이집 인가증 사본(인가증이 없는 국공립어린이집은 고유번호증), 채용예정자의 동의서를 첨부한다. 성범죄경력조회 결과 어린이집에 취업이 제한되는 자는 채용에서 배제하여야 하고 근무 중인 자에 대해서는 해임한다.

임용과 더불어 반드시 수행해야 할 것은 보육교직원의 직무연수다. 신임교사 직무연수의 내용은 보육서비스의 역할, 어린이집의 운영방침, 보육프로그램의 운영, 교사의 역할과 책임 및 복무규정 등을 포함한다. 이 과정을 통해 어린이집의 직원으로서의 소속감 및 동기부여, 책임감을 형성하게 된다.

교직원 채용 시 임금, 계약기간 등 근로조건을 명시한 근로계약을 체결하여야 하며 이 경우 부당한 내용이 포함되어서는 안 된다. 근로계약서를 작성하여 이를 직원이 1부, 기관에서 1부를 각각 보관한다. 고용계약서 작성 시 복무규정, 보수 및 후생복지를 규정한 운영규정 및 운영세칙을 제시하여 이를 충분히 살펴본 다음 고용계약서를 작성하도록 한다.

3) 보육교직원의 복무관리

보육교직원은 전임이어야 하며 다른 시설의 업무를 겸임할 수 없다. '전임' 이란

표 11-8 어린이집 교직원의 업무분담 사례

<table>
<tr><th colspan="2">직책</th><th>담당업무</th><th>비고</th></tr>
<tr><td colspan="2">원장</td><td>• 어린이집 대표/운영관리 총괄/대외 행정업무</td><td></td></tr>
<tr><td colspan="2">원감</td><td>• 원장 부재 시 원장대리/운영관리 총괄
• 교육프로그램 운영 총괄/부모상담/교사상담 지도
• 소식지/홈페이지 관리</td><td></td></tr>
<tr><td rowspan="3">주임 교사</td><td>영아반 주임</td><td>• 영아반 교육활동 관장(영아반 교사회의 운영)
• 영아반 교육활동계획안 점검 및 관리
• 영아반 각종 일지 점검 및 관리
– 교재교구 신청 및 관리 총괄
• 2층 환경관리 총괄: 영아반(교사실/자료실/미술실/로비/현관)
– 당직보육 관리</td><td>토요당직</td></tr>
<tr><td>유아반 주임</td><td>• 유아반 교육활동 관장(유아반 교사회의 운영)
• 유아반 교육활동계획안 점검 및 관리
• 유아반 각종 일지 점검 및 관리
– 특별활동수업 진행 관리(일정 조정 등)
• 3층 환경관리 총괄: 유아반(시청각실/악기실/옥상놀이터/동작실/3층 교사실)</td><td>토요당직</td></tr>
<tr><td>방과 후반 주임</td><td>• 방과후반 교육활동 관장
• 1층 환경관리 총괄
• 교사실 업무지원</td><td>토요당직</td></tr>
<tr><td>교사</td><td>반별</td><td>• 영유아 안전보육
• 교육프로그램 계획 및 운영
• 보육일지, 교육활동일지, 나들이일지, 견학보고서, 상해보고서 등 보육활동과 관련된 보고서 작성
• 각 보육실 및 화장실의 청결유지
• 아동관찰 및 학부모상담</td><td>담임교사</td></tr>
<tr><td rowspan="5">교사</td><td rowspan="5">역할 분담</td><td>• 실외놀이터</td><td>안○○</td></tr>
<tr><td>• 교사용 교수자료 및 활동자료(영아반 앞 수납공간)</td><td>홍○○</td></tr>
<tr><td>• 교사실 물품관리(교사실)</td><td>정○○
고○○</td></tr>
<tr><td>• 교사용 도서관리(교사실)</td><td>박○○</td></tr>
<tr><td>• 아동용 도서관리(도서실)</td><td>문○○</td></tr>
</table>

〈계속〉

<table>
<tr><td rowspan="11">교사</td><td rowspan="11">역할
분담</td><td>• 악기실</td><td>양○○</td></tr>
<tr><td>• 시청각실(비디오/기타 물품/환경정리 등)</td><td>김○○</td></tr>
<tr><td>• 동작실</td><td>박○○</td></tr>
<tr><td>• 옥상놀이터 관리 및 청결유지 관리/3층 교사실 관리</td><td>박○○</td></tr>
<tr><td>• 보육당직 및 교사실 당번 시간표 짜기 및 관리</td><td>김○○</td></tr>
<tr><td>• 미술실</td><td>소○○</td></tr>
<tr><td>• 어린이집 행사사진 관리/교사실 게시판 관리
(게시물 파일에 철하기) (연간 앨범 만들기)
• 교사교육 신청 및 관리</td><td>조○○</td></tr>
<tr><td>• 물품 신청</td><td>이○○</td></tr>
<tr><td>• 교사 상조관리–교사상조회비 관리</td><td>양○○</td></tr>
<tr><td>• 입소원아 관리–어린이집 행사 기획 및 지원
• 자원봉사자 및 실습생 관리
• 오전 교사실 근무</td><td>김○○</td></tr>
<tr><td>• 교사실 회계업무 지원
• 어린이집 행사 기획 및 지원
• 어린이집 기록서류 관리</td><td>문○○</td></tr>
<tr><td colspan="2">사무원</td><td>• 회계업무/각종 공문처리/기타 보육활동 지원/비품 관리/소모품 관리
• 어린이집 각종 서류 관리
• 특별활동/특기활동 관리</td><td></td></tr>
<tr><td colspan="2">양호교사</td><td>• 유아반 투약
• 아동 양호활동
• 유아 건강교육 및 건강관리(연령별 유아 건강교육/신체계측/건강검진/건강기록카드 만들기)
• 교사교육: 응급처치 및 영유아 건강에 관한 교육(학기별 1회, 연간 2회)
• 전염병 및 질병에 대한 안내자료 배부 및 가정통신문
• 영유아 건강관리에 관한 부모교육 및 부모상담
– 영아반 보육지원/도서실 관리지원</td><td></td></tr>
<tr><td colspan="2">건강관리사</td><td>• 식단 작성/식품의 구입과 관리/배식 관리
• 음식조리 및 지도/식습관 교육지도</td><td></td></tr>
<tr><td colspan="2">취사원</td><td>• 조리 및 주방과 식당의 청결 유지</td><td></td></tr>
<tr><td colspan="2">관리인</td><td>• 시설물 관리/장비 및 기구의 보수 유지
• 출입자 관리</td><td></td></tr>
<tr><td colspan="2">위생원</td><td>• 청소 및 위생 담당</td><td></td></tr>
</table>

근무시간 동안 상시 해당 직무에 종사하여야 함을 의미하고 '다른 시설의 업무' 란 다른 어린이집뿐만 아니라 다른 사회복지시설 및 유치원, 종교시설 등 종사자의 전임 규정에 위배될 수 있는 모든 시설을 포함한다. 다만 어린이집의 원장이 간호사 또는 영양사 자격이 있는 때에는 간호사 또는 영양사를 겸임할 수 있고 정원 20인 이하 어린이집의 원장은 보육교사를 겸임할 수 있다.

어린이집의 원장 및 보육교사의 근무시간은 평일 8시간을 원칙으로 한다. 어린이집의 운영시간(평일 12시간 원칙)을 고려하여 연장근무할 수 있다. 보육교사 등 보육교직원의 근무시간 및 근로조건은 [근로기준법] 등 노동관계법령에 따라야 한다. 연장근무시간은 어린이집의 원장과 보육교사가 교대근무하며 초과근무수당을 지급해야 한다.

어린이집을 효율적 · 합리적으로 운영하기 위해서는 보육과 관련된 업무를 교직원들 간에 공정하고 능률적으로 분담하도록 조직하는 것이 중요하다. 보육 관련 업무는 교직원 자신의 직책에 따른 고유업무와 교직원들이 공동으로 분담해야 하는 공동업무로 나누어진다. 보육교사의 고유업무는 자신의 담당학급 운영을 위한 보육활동의 진행 및 준비, 보육활동일지 작성, 교실환경 구성 및 청결관리, 영유아관찰일지 및 일일보고서 작성, 학부모상담 등이다. 공동업무란 기관의 청결을 유지하기 위한 공동공간의 청소, 실외놀이공간의 관리, 기관의 환경 구성, 기관의 행사 준비 등이 해당된다. 교직원들의 직책에 따른 고유의 역할을 성실하게 수행하는 것은 물론 다른 교직원들과 협력하고 자신에게 분담된 업무를 충실하게 수행하는 것도 요구된다.

4) 보수 및 후생복지

성공적인 인력관리는 조직목표의 공유, 동기부여, 의사소통, 지도 · 감독, 평가, 그리고 적절한 보상에 의해 이루어진다(Taylor, 2002). 또한 적절한 보상은 보수와 각종 후생복지제도를 통해 이루어진다.

교직원의 보수 책정을 위해서는 호봉 획정과 경력, 최고 호봉기준, 호봉 승급, 각종 수당이 고려되어야 한다. 원칙적으로 어린이집 보육교직원의 봉급월액은 '어린이집 봉급표'의 기준에 따라 지급하며, 기관의 재정적 사정이 허락하는 경우 각종 수당을 지급할 수 있다. 초임 호봉의 획정 및 경력 산정은 초임 호봉은 1호봉으로 하되, 어린이집 근무경력 1년과 군복무기간 1년을 1호봉씩으로 하여 초임 호봉을 정하며 호봉 승급에 필요한 기간은 1년으로 한다. 어린이집 보육교직원의 최저임금보장 등과 관련이 있는 사항에 대해서는 [최저임금법]의 규정을 준용한다.

어린이집에서는 어린이집 보육교직원을 위한 사회보장보험으로 국민건강보험, 국민연금, 산재보험, 고용보험에 의무적으로 가입해야 한다.

보육교직원의 휴가는 연가, 공가 및 특별휴가가 있으며 휴가는 [영유아보육법] 및 관련법에 기초하여 기관의 특성을 반영하여 휴가 규정을 명문화하여 실시한다. 보육교직원의 휴가는 보육공백을 최소화할 수 있도록 순번제로 실시하고 보수교육, 출산휴가 등으로 공백이 생기는 경우에는 대체교사를 배치하여야 한다. 보육교직원의 휴가 등에 관해서는 [근로기준법] 등 노동 관련 법령에 의거한다. 휴가, 휴일, 휴식 등 근로시간과 관련이 있는 사항에 대해서는 [근로기준법]의 규정을 준용하고 고용, 산전후휴가, 육아휴직 등과 관련이 있는 사항에 대해서는 [남녀고용과 일·가정 양립지원에 관한 법률]의 규정을 준용한다.

5) 직무 관련 교육

전직교육과 현직교육은 영유아 보육프로그램의 성공 및 교직원의 발전에 긍정적인 영향을 준다(Taylor, 2002). 보육의 질은 교사의 질과 직접적인 관련이 있는 만큼 교사의 전문성을 향상시키기 위해 교사들에게 다양한 보수교육 기회를 제공한다. 원장 및 보육교사는 다양한 교육훈련 기회를 가져서 질적으로 높은 보육을 제공할 수 있도록 노력해야 한다. 다양한 원외 교육훈련뿐만 아니라 신입교사교육, 교사내부 세미나, 교직원회의 등을 활성화하여 교직원들 간의 의사소통 및 보육활동에 대한 교육을 활발히 한다.

[영유아보육법] 제23조, 제23조의 2, [시행규칙] 제20조에서는 보육교사 및 원장의

전문성을 향상시키기 위한 직무 및 승급교육을 규정하고 있으며, 보수교육은 보건복지부장관이 위탁하는 전문기관에서 실시하도록 하고 있다. 보수교육은 현직 보육교직원을 대상으로 실시하므로 어린이집 원장, 보육교사 자격을 소지한 자라도 교육개시 당시 어린이집에 근무하지 않는 자는 보수교육을 받을 수 없다. 직무교육은 보육서비스에 필요한 지식과 기술을 유지, 개발하기 위하여 어린이집의 원장 및 보육교사가 최초 자격취득 또는 승급 후 매 3년마다 받는 교육을 의미한다.

(1) 직무교육

직무교육은 일반직무교육과 특별직무교육으로 구분된다. 일반직무교육에는 현직에 종사하고 있는 보육교사로서 보육업무경력이 매 만 2년이 경과한 자를 위한 교육과, 현직에 종사하고 있는 어린이집의 원장으로서 원장의 직무를 담당하는 첫해와 보육업무경력이 매 만 2년이 경과한 자를 위한 교육이 있다. 특별직무교육에는 영아보육 직무교육, 장애아보육 직무교육, 방과후 보육 직무교육이 있는데, 이 직무교육들은 일반직무교육 대상자 중 영아보육, 장애아보육, 방과후 보육을 담당하고 있거나 담당하고자 하는 보육교사 및 원장을 위한 교육이다. 직무교육시간은 40시간을 원칙으로 한다. 일반직무교육의 내용은 〈표 11-9〉, 특별직무교육의 내용은 〈표 11-10〉과 같다.

(2) 승급교육

승급교육은 보육교사가 승급하는 데 필요한 교육을 의미한다. 단 직무교육과 승급교육을 같은 해에 받아야 하는 경우는 직무교육을 받지 않을 수 있다. 승급교육은 2급 승급과 1급 승급교육이 있다. 2급 보육교사 승급교육은 3급 보육교사 자격취득 후 보육업무경력이 만 1년이 경과한 자를 대상으로 한다. 1급 보육교사 승급교육은 2급 보육교사 자격취득 후 보육업무경력이 만 2년 이상이 경과한 자를 대상으로 한다. 다만 보육교사 2급 자격을 취득한 후 보육 관련 대학원에서 석사학위 이상을 취득한 경우는 보육업무 경력이 만 6개월이 지난 사람들이 1급 승급교육을 받을 수 있다. 승급교육시간은 80시간을 원칙으로 한다. 승급교육의 교육내용은 〈표 11-11〉과 같다.

표 11-9 보육교사 및 원장 일반직무교육의 내용

영역	보육교사과정		어린이집 원장 신규과정		어린이집 원장 일반과정	
	교과목	시간	교과목	시간	교과목	시간
보육 기초	• 보육정책 동향 이해 • 아동학대와 아동권리 이해 • 보육교사의 역할과 윤리(필)	6시간	• [영유아보육법]과 보육 관련 법의 이해 • 아동학대와 아동권리 모니터링의 이해 • 원장의 역할과 윤리(필)	6시간	• 보육정책의 전망과 과제 • 아동학대와 아동권리 모니터링의 이해 • 원장의 역할과 윤리(필)	6시간
발달 및 지도	• 관찰일지 작성 및 발달검사의 활용 • 영유아기 뇌 발달의 이해와 조기교육 • 영유아 부적응행동 지도 • 장애아 통합환경에서의 교수 실행 및 참여 지원	8시간	• 연령별 영유아 발달특성의 이해 • 영유아 부적응행동 지도 • 장애아 통합보육 운영	6시간	• 관찰일지 작성 및 발달검사의 활용 • 영유아기 뇌 발달의 이해와 조기교육 • 장애아 통합을 위한 협력적 접근의 실제	6시간
영유아 교육	• 표준보육과정의 이해 • 연령별 보육프로그램의 운영 • 다양한 보육프로그램의 이해 • 교구교재의 개발과 활용 • 영유아를 위한 교수학습방법의 실제	10시간	• 표준보육과정의 이해 • 보육프로그램의 개발 • 교구교재 선정의 원리	6시간	• 보육프로그램 개발과 평가 • 보육계획 작성 지도 • 교구교재 선정과 평가	6시간
건강 · 영양 및 안전	• 영유아 건강관리 • 영유아 영양과 급식관리 실제 • 안전관리와 응급처치(필)	6시간	• 영유아 전염성 질환과 대응 • 어린이집 급식관리 • 어린이집 안전관리와 사고대응(필)	6시간	• 영유아 건강관리 실제 세미나 • 급식관리 실제 세미나 • 어린이집 안전문제 대응(필)	6시간
가족 및 지역사회 협력	• 부모-교사 의사소통 방법의 이해와 실제 • 다문화가정 영유아 보육의 실제 • 지역사회자원 연계방법	6시간	• 부모와 오리엔테이션의 실제 • 다문화가정의 지원체계 이해 • 지역사회 연계의 이해와 보육	6시간	• 부모상담 사례 세미나 • 부모교육의 이론과 실제 • 다문화가정의 지원체계 이해 • 보육과 지역사회 연계의 전망과 과제	8시간
보육사업의 운영	• 보육실습지도의 실제 • 원내 교사교육의 계획과 실행	4시간	• 보육의 질과 평가인증 • 어린이집 인사관리 • 어린이집 재정 및 사무 관리 • 어린이집 환경 및 설비 관리 • 조직문화 리더십 • 보육정보화시스템의 이해와 활용(선택)	10시간	• 원내 교사교육의 계획과 실행 • 어린이집 운영평가 세미나 • 우수어린이집 사례분석 • 조직문화와 리더십	8시간
계	20과목	40시간	21과목	40시간	20과목	40시간

* 이 중에서 보육교사의 역할과 윤리, 원장의 역할과 윤리, 안전관리와 응급처치, 어린이집 안전관리와 사고대응, 어린이집 안전문제 대응은 2시간 이상 필수과목으로 편성 · 교육하여야 함.

표 11-10 특별직무교육의 내용

구분	영아보육 직무교육	장애아 보육 직무교육	방과후 보육 직무교육	시간
보육 기초	• 현대사회 변화와 영아 보육 • 영아 보육과정의 이해 • 성 · 가정폭력방지교육 (아동학대 내용 포함)	• 장애인 복지와 보육정책 • 장애아 보육과정의 이해 • 성 · 가정폭력방지교육 (아동학대 내용 포함)	• 현대사회 변화와 방과후 보육 • 방과후 보육의 이해 • 성 · 가정폭력방지교육 (아동학대 내용 포함)	4시간
발달 및 지도	• 영아발달의 특성 • 영아 일상생활 지도 • 영아 행동관찰과 평가 • 영아 감각 및 대소근육발달지도	• 장애아 발달의 특성 • 장애아 진단과 평가 • 장애아 일상생활 지도 • 장애아 감각통합과 신체활동 지도	• 아동발달 • 아동 일상생활 지도 • 문제행동 수정과 지도	6시간
영유아 교육	• 놀이를 통한 사회성발달 • 놀이를 통한 정서발달 • 놀이를 통한 언어발달 • 놀이를 통한 인지발달 • 프로그램 및 교재교구 개발 • 표준보육과정	• 놀이 및 사회성 지도 • 장애아 의사소통 지도 • 장애아 음악치료 • 장애아 미술치료 • 프로그램 및 교재교구 개발 • 표준보육과정	• 학습 및 과제 지도 • 놀이 및 사회성 지도 • 아동 언어교육 • 아동 독서교육 • 아동 예체능교육 • 프로그램 및 교재교구 개발 • 표준보육과정	8시간
건강 · 영양 및 안전	• 영아 보건 · 안전관리 (필수) • 영아 영양관리 및 식생활 지도	• 장애아 보건 · 안전관리 (필수) • 장애아 영양관리 및 식생활 지도	• 초등학생 보건 · 안전관리 (필수) • 초등학생 영양관리 및 식생활 지도	6시간
가족 및 지역사회 협력 등	• 부모교육, 상담, 협력 • 지역사회와의 협력 • 평가인증	• 부모교육, 상담, 협력 • 지역사회와의 협력 • 평가인증	• 부모교육, 상담, 협력 • 지역사회와의 협력 • 평가인증	4시간
보육사업의 운영	• 영아 보육교사의 역할과 자세(필수) • 어린이집 운영과 관리 • 정보화교육	• 장애아 보육교사의 역할과 자세(필수) • 어린이집 운영과 관리 • 정보화교육	• 방과후 보육교사의 역할과 자세(필수) • 어린이집 운영과 관리 • 정보화교육	8시간
기타	• 인간관계 및 리더십 훈련 • 영아보육 세미나 및 사례발표	• 인간관계 및 리더십 훈련 • 장애아보육 세미나 및 사례발표	• 인간관계 및 리더십 훈련 • 방과후 보육 세미나 및 사례발표	4시간
비고	20과목, 40시간	20과목, 40시간	20과목, 40시간	40시간

* 비고: ① 각 영역당 교과목을 일부 조정할 수 있다.
② 각 영역별 교육시간은 위의 비율 안에서 조정할 수 있다.

표 11-11 보육교사 승급교육의 교육내용

<table>
<tr><th rowspan="2">영역</th><th colspan="2">2급 승급교육</th><th colspan="2">1급 승급교육</th></tr>
<tr><th>교과목</th><th>시간</th><th>교과목</th><th>시간</th></tr>
<tr><td>보육 기초</td><td>• 사회 변화와 보육
• 아동학대와 아동권리 이해
• 보육교사의 역할과 윤리</td><td>12</td><td>• [영유아보육법]과 보육 관련법의 이해
• 아동학대와 아동권리 이해
• 보육교사의 역할과 윤리</td><td>12</td></tr>
<tr><td>발달 및 지도</td><td>• 영유아 행동관찰과 관찰일지 작성법
• 영유아 인지 · 언어발달 이해와 기초 학습
• 영유아 정서 · 사회성발달 이해
• 장애아 조기중재와 통합보육</td><td>16</td><td>• 영유아 행동관찰과 관찰기록법
• 영유아기 뇌 발달의 이해와 조기교육
• 발달영역별 지체 및 지도</td><td>12</td></tr>
<tr><td>영유아 교육</td><td>• 표준보육과정의 이해
• 연령별 보육프로그램(0~1세)
• 연령별 보육프로그램(2세)
• 연령별 보육프로그램(3~5세)
• 보육계획과 보육일지 작성 실제</td><td>20</td><td>• 영유아 보육프로그램의 기초
• 영유아 보육프로그램의 계획과 운영
• 실내외 환경구성 원리와 실제
• 영유아를 위한 교수 · 학습방법의 실제
• 보육계획과 보육일지 작성 실제</td><td>20</td></tr>
<tr><td>건강 · 영양 및 안전</td><td>• 영유아 건강생활 지도
• 영유아 식생활 지도와 위생
• 안전사고 상황별 응급처치와 안전 교육</td><td>12</td><td>• 영유아 질병과 대응
• 영유아 급식과 위생
• 안전사고 상황별 응급처치와 안전 관리</td><td>12</td></tr>
<tr><td>가족 및 지역 사회 협력</td><td>• 부모면담방법
• 다문화교육
• 지역사회 연계의 실제</td><td>12</td><td>• 부모참여프로그램 구성과 운영
• 부모-자녀관계의 이해
• 다문화가정 영유아 지원방법</td><td>12</td></tr>
<tr><td>보육사업의 운영</td><td>• 영유아반 운영관리
• 평가인증의 이해(2)
• 보육정보화시스템의 이해와 활용(2)</td><td>8</td><td>• 보육실습 지도의 실제
• 평가인증의 이해
• 보육정보화시스템의 이해와 활용</td><td>12</td></tr>
<tr><td>기타</td><td>• 평가시험</td><td></td><td>• 평가시험</td><td></td></tr>
<tr><td>계</td><td>21과목</td><td>80</td><td>20과목</td><td>80</td></tr>
</table>

* 비고: 각 과목은 4시간으로 배치하도록 함(단, 평가인증의 이해와 보육정보화시스템의 이해와 활용은 각 2시간으로 배치함).

6) 평가

교직원들의 직무수행계획은 세심하게 이루어지며 관리자와 교직원 모두 건설적이고 성장을 촉진하는 방식으로 수행을 평가한다(Taylor, 2002). 어린이집에서는 일정한 양식의 교사평가도구를 비치하여 활용한다. 또한 교사평가에 대한 문서화된 규정을 만들어 둔다. 최소한 1년에 1회 정도 일정계획에 따라 원장이나 전문가 또는 학부모에 의한 교사평가를 실시한다. 교사평가결과는 직급승진이나 봉급인상, 경고 등의 인사관리에 관한 의사결정 시 활용된다. 평가를 통해 교사들이 스스로 자극을 받을 뿐 아니라 외부로부터 적절한 인센티브를 얻게 됨으로써 성장·발전을 위한 기회로 적극 활용될 수 있다.

원장은 객관적으로 교사의 근무평정을 실시하고 시정이 요구되는 사항이 있을 때에는 긍정적이고 건설적인 제안을 한다. 또한 교사들의 자기평가과정을 존중해 주고 평가결과를 통해 나타난 부족한 부분을 보완하고 전문적 자질을 한층 발전시킬 수 있도록 도와준다.

또한 교사평가의 결과는 교사를 적절한 업무에 배치하여 직무분담을 하게 하는데 기준으로 활용될 수 있다. 즉, 어떤 일을 가장 잘 수행할 수 있는 사람에게 맡김으로써 보육업무의 효율을 극대화할 수 있다. 그리고 교사의 성향과 자질을 평가하여 학급을 배정하는 기준으로 활용함으로써 영유아의 연령과 발달단계에 따라 가장 적합한 보육을 제공하도록 할 수 있다(이순형 외, 2000).

7) 보육교직원의 법적 책임 및 징계

(1) 법적 책임

영유아의 안전사고가 발생하면 사고에 대한 책임문제가 뒤따른다. 사고에 대한 책임은 운영자(설립자), 교사, 부모, 영유아로 나누어진다(김영희, 2006; 이순례, 2000). 우리나라에는 어린이집의 안전사고를 직접적으로 다루는 법이 존재하지 않기 때문에 민법의 적용을 받는다.

① **원장의 책임**

기관을 설치하고 경영하는 사람의 영유아 사고에 대한 책임은 크게 두 가지다. 하나는 소속 교직원의 직무활동과 관련된 것이다. 즉, 교직원이 고의 또는 과실로 영유아에게 손해를 입힌 경우 그 교직원을 고용한 사람으로서 책임을 진다. 그러나 어린이집의 시설물의 설치나 관리상의 하자로 영유아가 피해를 입은 경우라면 이때 기관의 설립 · 경영자는 그 시설물의 설치 · 관리자 또는 소유자로서의 책임을 진다.

- 직원의 사용자로서의 책임(민법 제756조): 국가 및 지방자치단체는 [국가배상법] 제2조 1항의 규정에 의거, 공무원이 그 직무를 집행함에 있어서 고의 또는 과실로 법령을 위반하여 타인에게 손해를 가한 경우에 그 손해를 배상할 책임을 진다. 이때 국가 등이 지는 책임은 [민법] 제756조의 규정에 의한 사용자 책임의 성질을 가지는 것으로 이해되고 있다. 사립학교 설치 · 경영자는 [민법] 제756조 1항의 규정에 따라 소속 교원이 그 직무집행과 관련하여 제3자에게 손해를 가한 경우 그 손해를 배상할 책임을 진다. 다만 교원의 선임 및 그 사무감독의 부주의로 손해가 있음이 인정될 경우 그 손해를 배상할 책임을 진다. 교원의 선임 및 그 사무감독에 상당한 주의를 한 때 또는 상당한 주의를 하여도 손해가 있을 경우에는 손해배상책임을 면할 수 있는데, 사립학교의 설치 · 경영자가 이를 입증하는 것은 쉽지 않을 뿐만 아니라 영유아가 미성년자라는 점, 학급당 영유아 수가 많아 교사가 영유아의 생활을 일일이 관여하여 지도 · 감독하는 데 한계가 있을 수밖에 없다는 점 등에 비추어 교사에게 직무상 과실이 있는 경우에 사용자 책임을 면하기는 어렵다.
- 시설물의 설치 · 관리자 및 소유자로서의 책임(민법 제758조): 학교시설물의 설치 · 관리상의 하자로 인하여 학생이 사고를 당한 경우, 국공립학교는 [국가배상법] 제5조 1항의 규정에 의거, 사립학교는 [민법] 제758조 1항의 규정에 의거, 당해 학교의 설치, 경영자가 손해배상책임을 진다.

② **보육교직원의 책임**

보육교직원의 영유아 사고에 대한 책임은 책임능력이 없는 만 14세 미만의 학생들을 [교육법] 등 교육법령에 의하여 친권자 등 법정 감독의무자를 대신하여 감독하는 대리감독자로서의 책임과 교원이 직접적으로 교육활동과 관련하여 자신의 고의나 과실로 학생에게 피해를 입힌 경우 지게 되는 책임, 즉 불법행위자로서의 책임으로 나누어 볼 수 있다. 교사가 지게 되는 두 가지 종류의 책임을 구체적으로 제시하면 다음과 같다.

- **고의, 과실로 인한 위법행위, 민법상의 일반불법행위에 대한 책임**: 민법상의 일반불법행위는 고의, 과실로 인한 위법행위와 더불어 그 결과 손해가 발생한 경우에 해당된다(민법 제750조)(김혜금, 2008). [민법] 제750조에 따르면 불법행위가 성립하기 위해서는 가해자의 고의 또는 과실이 있고 가해행위와 손해 간의 인과관계가 존재하여야 하며 가해자의 책임능력이 있어야 한다. 즉, 영유아교육기관 안에는 고의 또는 과실로 인하여 안전사고가 발생하고 그 때문에 상해를 입은 사람이 있다면 가해자는 기본적으로 민사상 그 피해에 대한 손해를 배상할 책임을 진다. 교사의 부주의나 과실에 의한 안전사고와 같이 과실이 분명하게 드러나는 사고의 경우에는 책임소재를 가리는 것에 어려움이 없다.
- **책임무능력자의 대리감독자로서의 책임, 민법상의 특수불법행위에 대한 책임**: 영유아교육기관의 안전사고의 대부분이 영유아 자신의 부주의나 영유아 간의 다툼 때문인 것으로 보고되고 있는데, 이러한 안전사고는 교사나 원장의 고의 또는 과실에 의해 발생한 것이 아니다. 이렇게 교사나 원장의 고의 또는 과실에 의해 발생하지 아니한 손해에 대해서 배상책임이 인정되는 경우는 특수불법행위라고 한다. 영유아의 부주의나 영유아 간의 다툼으로 인한 안전사고의 경우 과실이나 책임소재를 가리는 것에는 많은 어려움이 있고, 책임소재가 확인이 된다고 하더라도 책임능력이 없는 영유아들이기 때문에 이들에 대한 감독과 관리의 책임이 있는 교사와 원장의 행위는 특수불법행위로 간주되어 법적 책임을 진다. 책임능력이 없는 미성년의 경우 친권자인 부모에게 책임이 있지만 영유

아교육기관에서 생활하는 동안은 교사가 법정 감독의무자인 부모를 대리하는 자이기 때문에 [민법] 제755조 2항에 근거하여 영유아교육기관의 기관장과 교사가 책임을 진다. [민법] 제755조는 책임무능력자가 그의 위법행위에 대한 배상책임을 부담하지 않는 경우 그 책임무능력자를 감독하는 자가 감독을 게을리하지 않았음을 입증하지 못하면 책임무능력자가 제3자에게 가한 손해를 배상할 책임이 있다고 명시하고 있다(김혜금, 2009). 영유아교육기관의 원장과 교직원은 부모를 대신하여 일정시간 영유아를 안전하게 보육해야 할 의무가 있으므로 영유아의 감독자로서 주의의무의 책무를 성실히 이행해야 함에도 불구하고 안전사고가 발생한 것에 대해 직무상 의무소홀로 규정하여 불법행위를 구성하는 것으로 보았다(김도형, 2007). 여기에서 문제가 되는 것은 교사의 책임감독의 범위다. 친권자인 부모의 자녀에 대한 법정 의무자로서 자녀에 대한 보호감독의 범위를 무한대로 본다. 반면, 교사가 법정 감독의무자인 부모를 대신하는 감독의 범위는 제한적이다. 대리감독자로서 범위를 정하는 데 가장 중요한 요건은 교육활동과의 밀접한 관련성과 사고발생의 예측 가능성이다(박은혜, 2006).

- **교육활동과의 관련성**: 안전사고가 정규수업시간 중에 발생한 경우에는 교육활동과의 연관성을 판단하는 데 어려움이 없으나 수업시간 이전이나 이후, 휴식시간이나 점심시간, 특별활동, 등하교 시간 등에 발생한 사건의 경우에는 수업과의 관련성을 판단하는 것이 교사의 법적 책임을 규정짓는 데 중요한 기준이 된다(박은혜, 2006). 판례에 따르면 영유아교육기관 아동의 경우 초·중등학교 학생들의 경우와는 달리 영유아교육기관 수업활동 외에도 안전한 귀가지도까지 수업과 불가분의 관계에 있는 것으로 보고 있다. 영유아교육기관 영유아교사는 원생이 영유아교육기관에 도착한 순간부터 영유아교육기관으로부터 안전하게 귀가할 수 있는 상태에 이르기까지 법정 감독의무자인 친권자에게 준하는 보호감독의무가 있다는 것이다.
- **사고발생의 예측 가능성**: 안전사고가 교육활동과 밀접한 관계에 있다 하더라도 교사가 그러한 사건이 발생할 것으로 예측할 수 있었는가에 따라 보호감독의

> 책임이 달라진다. 사고의 예측 가능성을 판단할 때는 유아의 연령, 사회적 경험, 판단능력 등을 기준으로 삼는다. 이에 따르면 영유아의 안전사고의 대부분은 영유아 발달특성상 안전사고에 대한 판단능력이 없고 대처능력이 떨어지기 때문에 발생하는 것이므로 영유아교사는 이러한 영유아의 발달적 특성을 십분 감안해서 사고의 발생을 예측해야 한다고 본다.

이렇게 안전사고에 대한 영유아교육기관 교직원의 책임범위는 학령기 이후의 아동을 지도하는 교사들에 비해 안전사고의 책임이 매우 포괄적으로 적용되고 있다(김혜금, 2009).

③ 부모의 책임

자녀가 "그 행위의 책임을 변식할 지능이 없는 미성년자" 인 경우, 부모는 그 자녀가 제3자에게 가한 손해를 배상할 책임(민법 제755조 1항에 의거)을 진다.

④ 영유아의 책임

먼저 싸움이나 장난 등으로 다른 영유아를 다치게 했을 경우, "그 행위의 책임을 변식할 지능이 없는 때"(만 14세 미만인 경우)로 간주되어 배상책임이 없으며, [형법] 제9조에 의해 형법상의 벌도 받지 않는다. 또한 다친 영유아의 경우, 일상생활에서 요구되는 주의를 다하지 못했거나 게을리한 것이 사고발생의 원인이 된 경우는 물론, 다른 사람의 잘못에 의한 사고라 하더라도 본인의 부주의로 인한 부분적 책임을 진다.

(2) 보육교직원의 자격정지와 자격취소

어린이집의 운영과 영유아의 보육과 관련해서는 [영유아보육법] 제46조에 어린이집 원장의 자격정지와 제47조에 보육교사의 자격정지가 규정되어 있고, 제48조에는 보육교직원의 자격취소에 대해 규정되어 있다(〈표 11-12〉 참조). [영유아보육법]을 기초로 하여 교직원의 징계 및 징계 절차 역시 어린이집운영세칙에 명문화된 규정과 절차에 따라 처리하는 것이 바람직하다.

표 11-12 보육교직원의 자격정지 및 자격취소에 관한 규정

어린이집 원장의 자격정지	보건복지부장관은 어린이집의 원장이 다음 각 호의 어느 하나에 해당하면 1년 이내의 범위에서 보건복지부령으로 정하는 바에 따라 그 자격을 정지시킬 수 있다. 1. 어린이집의 원장이 업무 수행 중 고의나 중대한 과실로 손해를 입힌 경우 2. 해당 업무 수행에 필요한 자격이 없는 자를 채용하여 보육교사 · 간호사 또는 영양사 등의 업무를 수행하게 한 경우 3. 제23조에 따른 보수교육을 연속하여 3회 이상 받지 아니한 경우 4. 거짓이나 그 밖의 부정한 방법으로 보조금을 교부받거나 보조금을 유용한 경우
보육교사의 자격정지	보건복지부장관은 보육교사가 다음 각 호의 어느 하나에 해당하면 1년 이내의 범위에서 보건복지부령으로 정하는 바에 따라 그 자격을 정지시킬 수 있다. 1. 보육교사가 업무 수행 중 그 자격과 관련하여 고의나 중대한 과실로 손해를 입힌 경우 2. 제23조의 2에 따른 보수교육을 연속하여 3회 이상 받지 아니한 경우
어린이집 원장 또는 보육교사의 자격취소	보건복지부장관은 어린이집의 원장 또는 보육교사가 다음 각 호의 어느 하나에 해당하면 그 자격을 취소할 수 있다. 1. 거짓이나 그 밖의 부정한 방법으로 자격증을 취득한 경우 2. 자격 취득자가 업무 수행 중 그 자격과 관련하여 고의나 중대한 과실로 손해를 입히고 금고 이상의 형을 선고받은 경우 3. [아동복지법] 제17조의 금지행위를 하여 같은 법 제71조 1항에 따른 처벌을 받은 경우 4. 제22조의 2에 따른 명의대여 금지 등의 의무를 위반한 경우 5. 자격정지처분기간 종료 후 3년 이내에 자격정지처분에 해당하는 행위를 한 경우 6. 자격정지처분을 받고도 자격정지처분기간 이내에 자격증을 사용하여 자격 관련 업무를 수행한 경우 7. 자격정지처분을 3회 이상 받은 경우 8. 제46조 4호에 해당하여 금고 이상의 형을 선고받은 경우

3. 부모참여

1) 부모협력 프로그램

부모는 어린이집의 중요한 인적 자원으로 영유아의 성장과 발달을 지원하는 보육서비스는 부모와의 협력 없이는 그 효과를 최대한 발휘할 수 없다. 어린이집에서는 다양한 부모참여 프로그램을 통해 보육프로그램이 영유아의 성장과 발달 및 교육적 효과를 최대화할 수 있도록 부모와 협력한다. 부모와의 협력프로그램으로는 부모교육, 부모상담, 부모봉사 등의 프로그램을 계획하여 시행할 수 있다. 연간 부모협력 프로그램의 예는 〈표 11-13〉과 같다.

부모교육은 강연회, 워크숍, 토론회 등을 통해 바람직한 부모역할 및 영유아발달에 대한 이해를 돕는다. 학부모에게 어린이집의 운영방침 및 운영방향에 대한 안내, 학급운영 및 영유아의 어린이집에서의 생활에 대한 이해를 돕기 위해 소식지, 가정통신문, 보육일지, 보육수첩 등을 이용할 수 있다.

영유아발달 및 생활지도와 관련하여 교사와 부모는 정기·비정기적 면담 및 상담을 갖는다. 그 밖에도 견학도우미, 교육활동 보조자, 급식봉사, 청소봉사 등 부모가 적극적으로 보육활동에 참여할 수 있는 공식적인 통로를 마련하여 운영할 수 있다.

2) 어린이집 운영위원회

어린이집 원장은 학부모의 운영참여를 돕고 운영의 효율화를 위해 '어린이집 운영위원회' 를 운영할 수 있다. [영유아보육법] 제25조, [영유아보육법 시행규칙] 제2조는 어린이집운영위원회의 구성과 기능, 운영에 대해 규정하고 있다. 어린이집 원장은 어린이집 운영의 자율성과 투명성을 높이고 지역사회와의 연계를 강화하여 지역 실정과 특성에 맞는 보육을 실시하기 위하여 어린이집에 어린이집운영위원회

표 11-13 부모협력 프로그램의 예

구분		횟수	실시방법
부모교육		연간 6회	• 강연회, 워크숍, 토론회 등
부모상담 및 의사소통	의사소통	연중	• 기관소식지, 가정통신문, 학급소식지 • 보육수첩, 보육일지, 전화 • 홈페이지
	개별면담	8월	• 1학기 아동발달기록부를 기초로 원아의 발달 및 원생활에 대한 교사와 학부모와의 개별면담 실시
	집단면담	3월/9월	• 교사의 보육철학 및 학급운영을 학부모들에게 설명하고 학부모의 보육요구 파악
	상담	연중 실시	• 상시
부모봉사	식당봉사	학기당 1회	• 급 · 간식 준비 및 주방관리 참여로 급 · 간식의 질 향상 유도
	청소봉사	학기당 1회	• 보육실의 청결 유지
	일일교사	연중 실시	• 견학 등 행사지원 일일교사
운영참여	어린이집 운영위원회	분기당 1회	• 어린이집의 운영 논의로 학부모의 주체적 참여 유도
	감사위원회	학기당 1회	• 어린이집 회계감사 참여로 운영의 투명성 제고
	부모평가제	연간 2회	• 부모의 보육만족도를 조사하고 보육활동계획 수립에 반영하여 부모의 보육만족도 향상 기대

를 설치 · 운영할 수 있다. 다만, 제26조에 따른 취약보육(脆弱保育)을 우선적으로 실시하여야 하는 어린이집과 대통령령으로 정하는 어린이집은 어린이집운영위원회를 설치 · 운영하여야 한다.

(1) 어린이집운영위원회의 구성

어린이집운영위원회는 그 어린이집의 원장, 보육교사 대표, 학부모 대표 및 지역사회 인사(직장어린이집의 경우에는 그 직장의 어린이집 업무담당자로 한다)로 구성한다. 어린이집의 원장은 어린이집운영위원회의 위원 정수를 5명 이상 10명 이내의 범위에서 어린이집의 규모 등을 고려하여 정할 수 있다. 어린이집운영위원회의 위원장은 해당 보육교직원이 아닌 위원 중에서 호선하며, 회의는 공개하는 것을 원칙으로 한다.

(2) 어린이집운영위원회의 기능

- 어린이집 운영규정의 제정이나 개정에 관한 사항
- 어린이집 예산 및 결산의 보고에 관한 사항
- 영유아의 건강 · 영양 및 안전에 관한 사항
- 보육시간, 보육과정의 운영방법 등 어린이집의 운영에 관한 사항
- 보육교직원의 근무환경 개선에 관한 사항
- 영유아의 보육환경 개선에 관한 사항
- 어린이집과 지역사회의 협력에 관한 사항
- 그 밖에 어린이집 운영에 대한 제안 및 건의사항

4. 기타 인력의 관리

1) 보육실습생

어린이집에서는 실습생을 인력자원으로 활용하면서 이들에게 실습의 장을 제공해 줄 수 있다. 보육실습은 보육아동의 교육을 포함하여 영양, 건강, 안전, 부모에 대한 서비스, 지역사회와의 교류 등 아동의 복지를 위한 다양한 내용을 어린이집에서 경험하는 활동이라고 할 수 있다. 보육실습의 목적은 단순히 법적 자격증 취득을 위한 필수과정 이수만이 아닌 풍부한 교직경험의 습득, 합리적인 교직기술의 연마, 숭고한 교직자 정신의 확립, 보육교사로서의 자기이해 및 검증 등이며, 궁극적으로는 훌륭한 보육교사, 바람직한 보육교사 양성을 위한 것이라고 볼 수 있다(이소희 외, 1998). 따라서 어린이집에서는 실습생을 정리나 청소와 같은 단순한 노동력 제공에 치중하여 활용하기보다는 실습생이 장차 보육전문가로서 필요한 자질을 갖출 수 있도록 보육의 다양한 측면에 대한 이해와 양질의 교육적 경험을 쌓을 수 있

표 11-14 실습생 지도내용

주	지도내용
1주	• 관찰실습을 통해서 보육의 현장을 이해시킨다. • 영유아의 입장이 되어 아이를 올바르게 알 수 있도록 조건을 만든다. • 영유아를 대하는 태도나 언어 등을 배운다. • 관찰실습을 충분히 할 수 있도록 자료를 풍부하게 준비해 둔다.
2주	• 관찰실습을 통해 이해한 것을 충분히 활용하여 실제 어린이집에서 영유아의 이해를 심화시킨다. • 객관적인 관찰로 조심스럽게 참가실습을 시도한다. • 참가시킬 경우 보육계획 작성자의 의도를 완전하게 이해하도록 한다.
3주	• 둘째 주의 활동을 강화시켜 영유아의 이해를 한층 더 심화시킨다. • 적극적인 참가실습을 통하여 어린이집의 사무와 운영을 이해시킨다. • 교사와 학부모 및 지역사회와의 관계를 이해시킨다.
4주	• 참가실습에서 얻은 영유아의 이해자료를 활용하여 전일수업을 하게 한다. • 전일수업을 위해 철저한 준비를 시킨다. • 학급사무를 분담시켜 사무내용을 책임 있게 배우도록 한다.

도록 배려해 주는 것이 바람직하다. 원장은 실습의뢰를 받은 후 대학이나 보육교사 양성기관 측과의 협의를 통해 보육실습에 대한 전반적인 계획 수립, 실습생 개개인을 총괄적으로 평가하여야 할 임무를 가진다. 원장은 보육실습에 일차적인 책임을 지는 적절한 지도교사를 선정하고 실습생에게 사전교육을 실시한다. 사전교육에서 제시할 내용으로는 실습생에 대한 소개, 실습생의 반 배정과 지도교사 소개, 어린이집의 보육방침, 어린이집과 보육프로그램의 소개, 근무요령, 실습생으로서의 태도 등의 안내, 실습생의 실습 지도계획 안내, 실습생을 위한 어린이집의 자체 실무연수계획, 지역사회와 어린이집과의 관계 소개 등이 포함된다(이소희 외, 1998). 어린이집에서 실습생에게 제공할 실습내용은 〈표 11-14〉와 같다.

2) 자원봉사자

어린이집은 상황에 따라 학부모, 지역사회의 봉사원, 대학생 등의 자원봉사자를 활용할 수 있다. 한정된 재원 속에서 교직원의 업무부담을 덜고 아동에게 양질의 교육적 경험을 제공하기 위해서 자원봉사자를 적극 활용하는 것이 바람직하다. 사회봉사활동 점수를 필요로 하는 고등학생이나 대학생, 인턴십을 필요로 하는 유아교육, 아동발달을 전공하는 대학생들을 자원봉사자로 활용할 수 있다. 학부모나 아동과의 경험을 필요로 하는 사람, 혹은 교육경력이나 특기를 가진 주부자원봉사자의 경우도 활용될 수 있다. 이들은 지도교사를 도와 활동지도를 할 수 있으며 개인의 특기나 전공에 따라 아동에게 특별활동의 기회를 제공할 수도 있다. 자원봉사자는 소정의 교육과 오리엔테이션을 통해 어느 정도의 자질을 갖추도록 해야 하며 계속적으로 감독하고 관리 · 평가한다. 자원봉사자교육은 시설의 운영방침 소개, 기본태도 교육(용의, 예절, 아동관리 등), 기간에 따른 단계별 교육내용 소개 등이 포함된다. 자원봉사자들이 어린이집에서 할 수 있는 활동의 사례는 다음과 같다.

- **보육교사 보조활동**: 놀이 및 생활습관지도, 청소 및 환경미화, 나들이 도우미, 기타 보육교사 보조활동 등
- **보육프로그램 지원활동**: 동화 읽어주기, 미술, 색종이 접기, 영어교육(영어동화), 바이올린 등 연주 들려주기, 요리하기, 박물관 견학, 산에 대해 가르쳐 주기, 나들이 때 사진 촬영해 주기, 자동차의 지식 알려 주기 등
- **가족지원활동**: 가정방문 가사도우미, 외출동행서비스, 상담활동, 부모교육 강사도우미, 취학전 준비 부모교육, 건강에 대한 교육, 안전한 먹을거리에 대한 교육, 건강체조, 지역주민사업 도우미, 유아를 둔 부모를 위한 강좌 등

자원봉사자로부터 간단한 이력서 및 자기소개서를 받아 보관하며 자원봉사자일지를 작성하도록 하여 자원봉사활동에 대한 기록을 관리한다.

[영유아보육법 시행규칙]에서는 보육 등 아동복지에 관련된 학과의 학생 또는 육아경험이 있는 여성들을 자원봉사자로 활용할 수 있으며, 이 경우 기관의 사정에 따라 수당을 지급할 수 있다고 규정하여 어린이집에서 자원봉사자 활용을 활성화하도록 하였다. 어린이집이 자원봉사활동을 활발히 하기 위해서는 지역사회에서 자

신의 기관을 자원봉사의 공간으로 개방하는 데 따른 두려움을 극복해야 한다. 어린이집은 기관의 공개적이고 투명한 운영을 기반으로 성인여성 자원봉사를 통해 지역사회와의 연계를 맺을 수 있다.

참고문헌

근로복지공단직장보육지원센터(2004). 직장보육시설의 설치와 운영-운영편. 근로복지공단.

김도형(2007). 학교안전사고 보상제도의 법제화에 관한 소고. 경성법학, 16(1), 253-277.

김영희(2006). 학교안전사고에 대한 교원의 법적 책임. 전남대학교 대학원 석사학위 청구논문.

김혜금(2008). 보육시설 안전실태와 배상책임 법적 근거 및 판례분석을 통한 안전사고 예방과 보상에 대한 고찰. 유아교육논총, 17(2), 109-126.

김혜금(2009). 보육시설 안전사고 예방과 보상에 대한 부모와 보육시설장의 인식. 아동학회지, 30(4), 1-14.

박은혜(2006). 유치원 안전사고 처리와 판례를 통해 본 교사의 법적 책임에 관한 고찰. 유아교육연구, 26(6), 83-102.

보건복지부(2012). 보육사업안내.

이소희 · 이숙희 · 이정혜 · 장명림 · 도미향(1998). 보육실습. 파주: 양서원.

이순례(2000). 보육교사 지침서. 경기도.

이순형 외(2000). 시설장보수교육. 보건복지부.

Sciarra, D. J., & Dorsey, A. G. (1998). *Developing and administering a child care center* (4th ed.). Delmar Publishers.

Taylor, B. J. (2002). *Early childhood program management* (4th ed.). NJ: Merrill Prentice-Hall.

http://www.naeyc.org(미국유아교육협회)

http://www.mw.go.kr(보건복지부)

http://seoul.childcare.go.kr(서울특별시 보육정보센터)

http://central.childcare.go.kr(중앙보육정보센터)

http://www.kdta.or.kr(한국보육교사회)

제12장

어린이집 운영관리

어린이집을 운영하기 위해서는 법적 기준에 따라 시설을 설치하고 설치된 시설의 유형과 특성에 따른 체계적인 운영관리가 이루어져야 한다. 대부분의 어린이집에 공통적으로 요구되는 운영관리영역은 재정관리, 사무관리, 시설 및 설비관리, 행정관리다. 이 장에서는 어린이집 운영관리의 개념과 특성을 살펴보고 이에 기초하여 어린이집 운영관리를 각 영역별로 살펴본다.

1. 운영관리의 개념과 특성

운영관리는 영유아의 전인적인 성장과 발달을 돕는 보육 및 교육활동을 지원하고 영유아 보육의 목적을 달성하기 위한 여러 가지 조건을 마련해 주는 수단적 활동이라고 할 수 있다. 어린이집의 운영관리는 어린이집의 목표를 효율적으로 달성하기 위해 인적, 물적, 재정적인 자원을 합리적으로 배정하고 과업을 성취하며, 설정된 기준에 근거하여 목표달성을 조정하고 필요한 개선을 도모하는 일련의 활동과정을 의미한다(Hildebrand & Hearron, 1997). 인적, 물적, 재정적 조건은 운영관리

활동의 3요소다. 운영관리활동은 계획, 조직, 실행, 평가과정을 거쳐 이루어진다. 계획은 무엇을 할 것인가에 관한 것이고, 조직은 누가 어떻게 할 것인가에 관한 것이며, 실행은 계획을 실제로 수행하는 것을 말하고, 평가는 계획의 적절성을 사정하는 것을 의미한다(박재환, 2002). 어린이집에서 운영관리의 중심과제는 교육목표를 효율적으로 달성하기 위하여 인적, 물적, 재정적인 자원을 최대로 극대화시키는 것이며 운영관리의 주된 관심은 관리기능의 제요소들을 통합적으로 작용시켜 나가는 것이다.

어린이집의 운영은 다음과 같은 특성을 가지고 있다.

첫째, 어린이집의 운영은 사적 이익보다는 공익을 추구한다는 점에서 공공적 성격을 지닌다. 보육 자체가 공공성을 가지고 있기 때문에 어린이집의 운영도 운영주체와 관계없이 공공성을 지니며 관련 법규에 의거하여 국민의 교육권을 보장하는 방향으로 운영되어야 한다.

둘째, 어린이집에서 영유아의 안전한 보호와 교육적 목적을 달성하기 위해서는 어린이집의 효율적이고 합리적 운영관리가 필수적이란 점에서 어린이집 운영관리는 수단적 성격을 지닌다.

셋째, 어린이집의 운영은 보육기관의 목적을 성취하는 활동 자체가 전문성을 확보해야 한다. 운영자는 영유아 보육활동 및 기관의 운영에 대한 전문성을 가져야 한다.

넷째, 어린이집의 운영은 자주성 및 중립성이 보장되어야 하며 다른 사람의 간섭없이 보육의 전문성과 특수성을 반영하며 실시되어야 한다. 이를 위하여 정치적·종교적 관점으로부터 중립을 유지해야 한다.

다섯째, 어린이집의 운영은 소극적으로 사회공공질서의 유지를 목적으로 하는 것이 아니고 적극적으로 사회공공의 복지증진을 목적으로 하며, 정신적·물질적 봉사에 중점을 두고 조언하는 적극적 성격을 지닌다. 따라서 적극적으로 영유아의 건강한 발달 및 부모의 복지증진에 관한 프로그램을 마련, 실시해야 한다.

여섯째, 어린이집의 운영은 운영관리정책의 수립, 조직, 구성 및 운영에 이르기까지 교직원 및 부모의 의사가 반영되는 민주적 성격을 지닌다. 어린이집의 민주적 운영을 위해서는 운영위원회의 등을 구성하여 운영한다.

어린이집의 운영관리는 [영유아보육법]을 기초로 개별 시설의 특성과 상황에 맞는 기관의 원아관리, 인력관리, 재정관리, 시설관리 등에 관한 운영규정을 마련하여 이를 근거로 운영해 나가는 것이 바람직하다. 운영관리활동 중 인적자원관리는 제11장에서 다루었으므로 이 장에서는 시설 및 설비관리, 재정관리, 행정관리영역을 중점적으로 살펴보기로 한다.

2. 시설 및 설비 관리

어린이집의 영유아들은 발달단계로 보아 사물이나 상황에 대한 호기심이 강하며 활동적이다. 반면 운동발달이 미숙하여 자신의 신체를 마음대로 조절할 수 없고 어떠한 사태를 판단하거나 위험에 대한 인식능력은 떨어진다. 이러한 특성상 영유아기는 항상 위험에 노출될 수 있는 시기다. 따라서 시설의 입지조건, 구조 및 설비는 영유아의 보육 및 안전에 적절해야 한다. 우리나라는 영유아의 보육과 안전을 위해 어린이집의 설치기준을 [영유아보육법]에서 규정하고 있다. 또한 영유아의 건강과 생명을 보호하기 위해서는 안전관리를 철저하게 해야 한다. 정기적인 점검과 관심을 통해 시설물의 노후화를 막고 영유아에게 보다 쾌적한 환경을 제공한다는 의미에서 시설의 유지, 안전관리는 좋은 보육프로그램의 제공만큼이나 중요하다.

1) 어린이집의 설치

어린이집은 보육수요, 보건, 위생, 급수, 안전, 교통, 환경 및 교통편의 등을 충분히 고려하여 쾌적한 환경의 부지를 선정하여 설치되어야 한다. 어린이집 시설의 구조와 설비는 그 시설을 이용하는 영유아의 특성에 맞추어야 한다. 어린이집에는 보육실, 조리실, 목욕실, 화장실, 놀이터 등의 설비를 하여야 하며, 이들 설비는 〈표 12-1〉과 같은 기준에 맞게 설치되어야 한다. 보육실을 포함한 시설면적은 영유아

[그림 12-1] 영유아의 안전을 최대한 고려한 어린이집의 설치와 설비

의 활동을 위해 적정공간을 확보해야 한다. 우리나라의 경우 실내면적은 영유아 1인당 4.29m² 이상을 확보하도록 규정하고 있다(영유아보육법 시행규칙 '별표 1'). 특히 놀이터에 설치하는 놀이시설물은 영유아의 신장 및 체중을 고려하며 영유아의 안전을 위협하는 요소는 철저하게 배제하고 안전하게 설치하여야 한다(〈표 12-2〉 참조). 또한 장애아전담 어린이집이나 장애아통합 어린이집은 장애영유아가 안전하게 보육될 수 있도록 〈표 12-3〉과 같이 적정한 기준을 준수하여 설치되어야 한다.

표 12-1 어린이집의 설치기준(영유아보육법 시행규칙 제9조 '별표 1')

보육실	① 보육실은 건축법령상의 층수와 관계없이 해당 층 4면의 100분의 80 이상이 지상에 노출되어 있고, 해당 층 주 출입구의 하단이 지표면으로부터 1미터 이내인 층(이하 "1층"이라 한다)에 설치하여야 한다. ② 보육실은 거실, 포복실 및 유희실을 포함하여 영유아 1명당 2.64m² 이상으로 한다. ③ 보육실에는 침구, 놀이기구 및 쌓기놀이활동, 소꿉놀이활동, 미술활동, 언어활동, 수학·과학활동, 음률활동 등에 필요한 교재·교구를 갖추어야 한다. ④ 어린이집은 환기·채광·조명·온도 및 습도가 적절히 유지·관리되도록 하여야 한다. ⑤ 보육실은 바닥난방시설을 갖추어야 한다. ⑥ 그 밖에 보육실 설치에 필요한 구체적인 기준은 보건복지부장관이 정한다.
조리실	① 조리실은 채광이 잘 되도록 하고, 기계 환기시설을 하여 청정한 실내환경을 유지하도록 하며, 창문에는 방충망을 설치하여야 한다. ② 식기를 소독하고 위생적으로 취사 및 조리할 수 있는 설비를 갖추어야 한다. ③ 공공기관이나 사회복지관 안에 설치된 어린이집의 경우에는 같은 건물에 있는 조리실을 함께 사용할 수 있으며, 유치원과 같은 건물에 설치된 어린이집은 유치원의 조리실을 함께 사용할 수 있다.

〈계속〉

목욕실	① 목욕실은 난방을 하여야 한다. ② 바닥은 미끄럼 방지장치를 하여야 한다. ③ 샤워설비, 세면설비 및 냉온수 공급을 위한 설비를 갖추어야 하며, 수도꼭지는 온수 사용 시 화상을 입지 아니하도록 온도를 조정 및 고정할 수 있어야 한다. ④ 목욕실은 보육실과 인접한 공간에 위치하여야 한다.
화장실	① 바닥은 미끄럼 방지장치를 하여야 한다. ② 세정장치와 수도꼭지 등은 냉온수의 온도를 조정 및 고정할 수 있어야 한다. ③ 화장실은 수세식 유아용 변기를 설치하고, 보육실과 같은 층의 인접한 공간에 설치하여야 한다. 다만, 가정어린이집의 경우 성인용 변기에 디딤판과 탈부착식 유아용 변기를 설치하고 이동식 유아용 변기를 갖춘 경우에는 유아용 변기를 설치하지 아니할 수 있다.
급배수 시설	① 상수도 또는 간이상수도에 의하여 먹는 물을 공급하는 경우에는 저수조를 경유하지 아니하고 직접 수도꼭지에 연결하여 공급하여야 한다. 다만, 직접 수도꼭지에 연결하기 곤란한 경우는 제외한다. ② 어린이집에서 지하수를 음용수로 사용할 경우에는 저수조 등의 시설을 경유하여야 한다. ③ 더러운 물, 빗물 등이 잘 처리되도록 배수설비를 하여야 한다.
비상재해 대비시설	① 소화용 기구를 갖춰 두고 비상구를 설치하는 등 비상재해에 대비한 시설을 갖추어야 한다. 이 경우 비상구는 상단에 비상구 유도등을 달고 잠금장치를 문 안쪽에 설치하여야 한다. ② 어린이집은 비상시 양 방향으로 대피할 수 있어야 하며, 각 층별 출구 및 대피시설 등은 다음의 구분에 따른다. - 어린이집이 건물 1층인 경우: 주 출입구 외에 도로 등 안전한 외부 지상과 연결이 가능한 1개 이상의 출구를 어린이집 주 출입구의 반대방향에 설치하거나 장변길이의 2분의 1 이상을 이격하여 설치할 것. - 어린이집이 2층과 3층인 경우: 비상계단 또는 대피용 미끄럼대를 영유아용으로 설치하고 그 밖에 안전사고 및 비상재해에 대비한 대피시설, 장비 등을 구비할 것. ③ 그 밖의 소방시설의 설치는 [소방시설 설치유지 및 안전관리에 관한 법률 시행령] '별표 4' 에 따르며, ①부터 ③까지에서 정한 소방 및 화재 대피시설에 대하여 특별자치도지사 · 시장 · 군수 · 구청장이 요청하는 경우에는 관할 소방관서는 그 설치 여부를 확인한 후 통보한다. ④ 가스를 사용하는 경우에는 [도시가스사업법], [액화석유가스의 안전관리 및 사업법]에서 정한 규정에 따라 설치하고 관리하여야 한다.

표 12-2 어린이집의 놀이터 설치(영유아보육법 시행규칙 제9조 '별표 1')

설치기준	• 보육 정원 50명 이상인 어린이집(12개월 미만의 영아만을 보육하는 어린이집은 제외한다)은 영유아 1명당 3.5m² 이상의 규모로 옥외놀이터를 설치하는 것을 원칙으로 한다. • 보건복지부장관이 어린이집 규모(정원)에 따라 같은 시간대에 놀이활동에 참여하는 최대 영유아 수 및 면적의 기준을 정하는 경우에는 그 기준에 따라 놀이터를 설치할 수 있다.
옥외놀이터	• 옥외놀이터에는 모래밭(천연 및 인공 잔디, 고무매트, 폐타이어 블록 또는 [어린이놀이시설 안전관리법]에서 정하는 기준에 적합한 것을 포함한다)에 6세 미만의 영유아가 이용할 수 있는 대근육활동을 위한 놀이기구 1종 이상을 포함하여 놀이기구 3종 이상이 설치된 옥외놀이터를 설치하여야 한다. • 다만, 업무용시설 밀집지역 등 지역적 특수성에 따라 옥외놀이터를 설치하는 것이 불가능한 경우에는 옥내놀이터(지하층에는 설치 불가)를 설치하거나 [어린이놀이시설 안전관리법]에 따라 설치 · 관리되는 인근놀이터를 활용할 수 있되, 활용하는 것으로 인정되는 경우는 6세 미만의 영유아가 이용할 수 있는 놀이기구가 3종 이상이 설치되고 놀이터의 관리주체가 사용을 승낙한 경우로 한정한다.
옥내놀이터	• 옥내놀이터는 놀이터로 사용하는 공간 및 그 주변에 소음 · 분진 · 폭발 · 화재의 위험이 없어야 하며, 실내공간을 활용하는 경우 조명 · 채광 · 환기 · 온도 · 습도가 적정하여야 한다. • 어린이집에 엘리베이터가 설치되지 아니한 경우 옥내놀이터는 보육실로부터 5층 이내에 설치하며, 층 간 이동을 위하여 아동용 손잡이 레일을 설치하는 등 안전에 필요한 장비를 구비하여야 한다. 이 경우 아동용 손잡이 레일은 영유아가 잡거나 짚고 올라갈 수 없는 구조여야 하며, 영유아의 신체가 빠지거나 끼는 사고가 없도록 설치한다. • 옥내놀이터를 어린이집으로 사용하는 건물 내의 실외공간에 설치하는 경우에는 울타리나 보호난간을 최소 1.5m 이상으로 설치하되 놀이기구의 높이 등에 맞춰 안전을 확보할 수 있는 높이로 설치하여야 하고, 그 밖에 안전에 필요한 장비를 구비하여야 한다. 이 경우 울타리나 보호난간의 재질은 부식 · 파손의 위험이 없어야 하며, 영유아가 잡거나 짚고 올라갈 수 없는 구조로 설치하되, 난간 사이에 간격이 있는 경우 그 안 치수는 80mm 이하로 하여야 한다. • 옥내놀이터를 어린이집의 최상층 바닥면에 설치하는 경우, 울타리나 보호난간은 바닥면 최하단으로부터 1.2m까지는 콘크리트 · 조적(벽돌 등) 또는 강화유리 등으로 설치하여야 하고, 고정식 놀이기구는 해당 층 바닥이 설치하고자 하는 놀이시설의 하중을 견딜 수 있도록 건축되어 있고, [어린이놀이시설 안전관리법]에서 정한 기준에 적합한 경우에 설치할 수 있다. • 건물 2층 이상에 옥내놀이터를 설치하는 경우, 영유아보육법령에서 정하는 비상재해 대비 시설을 갖추어야 한다. • 어린이집의 놀이터, 놀이기구 및 어린이용품은 [품질경영 및 공산품안전관리법], [어린이놀이시설 안전관리법] 및 [환경보건법]에서 정한 기준을 준수하여야 한다. • 그 밖에 놀이터 설치에 필요한 구체적인 기준은 보건복지부장관이 정한다.

표 12-3 장애아전담 어린이집과 장애아통합 어린이집의 설치(영유아보육법 시행규칙 제9조 '별표 1')

구분	내용
장애아전담 어린이집	* 장애아 12명 이상을 보육할 수 있는 시설을 갖춘 장애아전문 어린이집을 설치하는 경우에는 [장애인 · 노인 · 임산부 등의 편의증진보장에 관한 법률]에서 정한 시설 및 설비 외에 다음의 설비를 갖추어야 한다. 1) 장애아가 활동하기에 충분하도록 어린이집의 시설(놀이터는 제외한다)은 장애아 1명당 7.83m^2 이상, 보육실(교실, 거실, 포복실, 유희실, 치료교실, 집단활동실을 포함한다)은 장애아 1명당 6.6m^2 이상의 면적을 확보하여야 한다. 다만, 비장애아를 함께 보육하는 경우에는 어린이집의 시설면적(놀이터면적은 제외한다)은 비장애아 1명당 4.29m^2 이상, 보육실(교실, 거실, 포복실, 유희실, 치료교실, 집단활동실을 포함한다)은 비장애아 1명당 2.64m^2 이상의 면적을 확보하여야 한다. 2) 집단활동실(강당, 놀이실)은 문턱 없이 접근이 가능한 통로에 연결되어야 하고 휠체어 · 보행기 등의 출입에 장애가 없어야 한다. 3) 출입구는 비상재해 시 대피하기 쉽도록 복도 또는 넓은 공간에 직접 연결되게 설계되어야 하며, 시각장애아를 위한 점자블록이나 유도장치를 갖추어야 한다. 4) 옥외 피난계단의 유효 폭은 0.9m 이상이어야 한다. 5) 회전문과 자재문(自在門: 문턱이 없어 양방향으로 열리는 문)은 금하며 자동문 설치 시 문의 개폐시간은 3초 이상을 확보하여야 한다. 6) 휠체어에 앉은 영유아가 문의 손잡이를 잡을 수 있어야 한다. 7) 계단 외에 엘리베이터 또는 기울기 1/12 이하의 경사로를 설치하여야 한다.
장애아통합 어린이집	* 장애아 3명 이상을 보육하는 장애아통합 어린이집은 다음과 같은 설비를 갖추도록 노력하여야 한다. 1) 2층 이상의 시설에는 엘리베이터를 설치하거나 적어도 한 곳 이상에 기울기 1/12 이하의 경사로를 설치하여야 한다. 2) 출입구는 비상재해 시 대피하기 쉽도록 복도 또는 넓은 공간에 직접 연결되도록 하고, 시각장애아를 위한 점자블록이나 유도장치를 설치하여야 한다. 3) 복도, 문, 화장실은 휠체어의 출입에 장애가 없어야 한다. 4) 옥외 피난계단의 유효 폭은 0.9m 이상이어야 한다.

2) 시설설비의 운영관리

시설설비가 갖추어지기 전부터 어떻게 운영관리할 것인가를 염두에 두어야 한다. 시설설비의 수리와 교환을 최소화하기 위해 모든 내용을 확인하고 목록으로 작성하여 관리계획을 짜야 한다(유가효 외, 1998). 시설설비의 상태, 수량, 위치 등을 확인하여 목록으로 만들어 두면 효율적으로 관리할 수 있다. 또한 시설설비에 목록 번호표를 붙여 놓으면 확인이 쉽고, 수리나 교환이 필요한 시설설비를 쉽게 알 수 있다. 목록은 불에 타지 않는 캐비닛 등에 보관하여 화재 시에도 소실되지 않도록 한다. 또한 국가의 지원이나 후원을 받는 시설인 경우 보고서를 제출하고 감사를 받을 때 목록이 필요하다.

[영유아보육법]에서는 어린이집의 설비, 안전관리, 위생관리에 대한 기준을 제시하고 있다(영유아보육법 시행규칙 '별표 8'). [영유아보육법]에 제시된 시설설비 유지 및 안전관리, 위생관리기준을 중심으로 시설설비의 운영관리 측면을 살펴본다.

(1) 시설설비의 유지 및 안전관리

원장은 매일 시설설비를 점검하여 제대로 잘 비치되어 있는지, 흠이 없는지, 안전한지 살펴보아야 하며 필요하다면 간단한 수리도 한다. 또한 사무실이나 부엌, 화장실, 바닥이 잘 갖추어져 있고 제대로 청소되어 있으며 위생적인지 늘 살펴보고 관련 종사자들을 감독해야 한다.

실내 시설설비들도 잘 정비되어 있어야 한다. 부서진 조각, 느슨해진 못, 흔들거리는 의(탁)자 다리, 그네와 보행기 등을 수시로 점검할 필요가 있다. 아동과 직접 관련된 자료나 설비는 망가졌을 경우 즉시 보수하거나 교체해야 한다. 간단한 시설설비의 보수는 24시간 이내에 이루어지고 모든 보수는 2주 이내에 실행되도록 한다.

사용 후에는 목록표에 따라 반드시 정해진 자리에 놓도록 한다. 또한 이동할 수 없는 것일 때는 사용방법과 사용 후 정리절차를 반드시 붙여 놓도록 한다. 그렇지 않으면 다른 사람이 사용하려고 할 경우 문제가 발생할 수 있다.

어린이집에서는 안전점검표양식에 따라 일정 기간별로 시설의 안전점검을 시행하여 화재, 상해 등의 위험발생요인을 사전에 제거하여야 한다. 특히 각 놀이시설물에 대하여 적절한 점검일정을 세워 점검하여야 한다. 이 경우 놀이시설물의 볼트, 너트 등 이음장치, 울타리, 구조물의 부식여부 등은 매일 점검하고, 움직이는 부분들이 서로 맞물리는 놀이시설물의 경우 영유아의 신체 일부분이 놀이기구에

표 12-4 어린이집 안전점검표의 예

시설안전점검표

점검일: _____ 월(매주 금요일)

결재	담 당	원장

구역	내용	점검상태 1주	2주	3주	4주	5주
놀이실	1. 각 영역에 배치된 장난감 중 발사용 장난감은 놀이 후 정리가 되었는가?					
	2. 유아들이 비닐봉투나 머리에 꽉 끼는 통을 쓰지 않도록 놀이 후 정리가 되었는가?					
	3. 미술방의 미술재료는 무독성의 재료인가?					
	4. 음향기기 및 TV가 기울어지지 않도록 안전하게 설치되었는가?					
	5. 커튼, 베개, 담요, 헝겊놀잇감은 불연성 재질의 천으로 만들어졌는가?					
	6. 놀이실의 바닥은 부드러우나 미끄럽지 않은 재질의 장판을 사용했는가?					
	7. 전기코드는 유아의 손이 닿지 않도록 안전덮개가 덮여 있는가?					
	8. 사용하지 않는 콘센트는 가구로 가려져 있거나 안전덮개가 덮여 있는가?					
	9. 각 놀이실 안에는 비상등이 작동되는가?					
	10. 약품, 소독약, 살충제 등은 안전한 장소에 보관되어 있는가?					
	11. 각종 물품들이 떨어지지 않도록 안전하게 보관되고 잠겨 있는가?					
	12. 놀이실 안의 서랍장, 장롱의 뾰족한 모서리는 안전하게 처리되어 있는가?					
	13. 놀이실 안의 청결상태는 양호한가?					
화장실	1. 화장실 안에 전기콘센트에는 안전덮개가 덮여 있는가?					
	2. 전기기구는 물과 가까이 있지 않은가?					
	3. 미끄럽지 않도록 화장실 바닥은 깔개처리가 되어 있는가?					
	4. 유아용 좌변기 및 세면대 높이는 유아의 신체발달이 고려되어 있는가?					
	5. 세면대의 트랩은 잘 잠겨 있는가?					
	6. 각 화장실 안의 청결상태는 양호한가?					
	7. 현관 화장실은 유아와 어른이 사용할 수 있도록 분리되어 설치되어 있는가?					
거실·현관·계단	1. 유아들이 사용하는 연결계단에는 아무것도 놓아 두지 않았는가?					
	2. 계단의 양측은 벽 또는 유아가 붙잡을 수 있는 난간이 있는가?					
	3. 각 계단의 난간은 유아가 잡았을 때 흔들리지 않고 유아의 키높이에 맞는가?					
	4. 비상구의 문은 위급한 상황 시 열리도록 되어 있는가?					
	5. 현관문과 교실문 등은 교사가 낯선 사람의 출입을 쉽게 파악할 수 있는가?					
	6. 유아를 보호할 수 없고 안전하지 못한 곳은 비록 비상시에 사용할 수 없더라도 잠가 두었는가?					
	7. 현관 앞의 안전장치 및 현관 문고리는 제대로 작동되는가?					
	8. 현관 앞의 소화기는 제대로 작동되고 소화기 분말가루는 정기적으로 교체되는가?					
	9. 비상구의 유도등이 켜져 있는가?					
유희실	1. 유희실 안의 시설물 크기는 유아의 연령에 적절한가?					
	2. 유희실 안의 크기는 교사가 적절히 감독할 수 있도록 배려된 크기인가?					
	3. 유희실 안의 벽면은 스펀지로 덮여 있는가?					
	4. 유희실 안의 바닥은 미끄러지지 않도록 매트가 깔려 있는가?					
	5. 각 시설물의 청소상태는 양호한가?					
	6. 비상약이 유희실 안에 유아의 키가 닿지 않는 곳에 보관되어 있는가?					
	7. 시설물의 가장자리에 뾰족하거나 돌출되었거나 깨어진 부분이 있는가?					
	8. 응급상황 시 연락할 수 있는 인터폰이 설치되어 있는가?					
작업실 및 교구 교재 보관실	1. 코팅기 주변에 인화성 있는 물건들은 치워져 있는가?					
	2. 칼, 가위 등 각종 도구들은 잘 정리되어 있는가?					
	3. 지하계단 및 작업실의 청소상태는 양호한가?					
	4. 복사기는 가열도구와 멀리 있고 콘센트는 사용 후 뽑혀 있는가?					
	5. 각 교구·교재보관실에 형광등은 망가지지 않고 설치되어 있는가?					
	6. 무거운 물건이 선반 꼭대기 위에 매달려 있지 않은가?					
정문 외부	1. 주방 및 뒤쪽의 울타리는 잘 잠겨 있는가?					
	2. 정문의 잠금장치는 잘 작동되는가?					

끼지 않도록 맞물림의 형태 등을 점검하여야 한다.

보육실의 시설점검은 위험한 사태를 예방하여 오래도록 시설을 안전하고 쾌적하게 사용할 수 있게 해 준다. 시설점검은 크게 건축물, 전기, 소방, 설비점검으로 나누어 볼 수 있다.

- 건축물점검: 건축에 관한 부분으로 건물 벽체, 축대, 천장, 도색, 도배상태 등이다. 옥탑이나 뒤쪽 등 관리 사각지대에 관한 점검도 소홀히 하지 않는다.
- 전기점검: 전기시설, 전기차단시설 등에 관한 부분이다.
- 소방점검: 소화전, 유도등, 소화기 배치 등이 포함된다.
- 설비점검: 냉 · 난방설비, 주방 가스시설, 화장실 비품 파손 등에 관한 점검이다. 시설점검표를 만들어 월 2회 정도 담당자를 정해 점검해 준다.

또한 어린이집에서는 소방교육계획을 작성하고 매월 소방훈련을 실시하여야 한다. 우리나라는 [아동복지법] 제31조 1항의 규정에 의하여 매년 안전교육계획을 수립하여 보육영유아에 대하여 안전교육을 실시하고, 이를 시장 · 군수 · 구청장에게 보고해야 하며 보육교직원에게도 안전교육을 실시하도록 하고 있다. 또한 손전등과 같이 비상시에 사용할 수 있는 물품을 준비해 놓아 비상사태에 대비한다.

(2) 위생관리

어린이집은 어린 영유아들이 공동으로 생활하는 공간으로, 특히 청결과 위생관리를 철저히 해서 질병과 각종 전염병을 예방해야 한다. 어린이집의 조리실, 화장실, 침구 등에 대하여는 정기적으로 소독을 실시해야 한다. 어린이집의 음용수는 상수도 및 간이상수도를 사용하는 때에는 물을 끓여 사용하는 것을 원칙으로 하고, 정수장치를 설치하는 때에는 정기적인 필터 교환 등으로 수질을 관리하여야 하며, 음용수로 지하수를 사용하는 때에는 [먹는 물 수질기준 및 검사 등에 관한 규칙] 제3조의 규정에 의하여 수질검사를 신청하여야 하며, 수질검사기관으로부터 교부받은 먹는 물 수질검사 성적서를 비치하여야 한다. 보육교직원은 영유아의 위생에 영향을 미치는 감기, 독감, 홍역 등 유행성질환 감염여부, 영유아의 피부, 머리, 손톱 · 발톱, 치아상태, 어린이집의 청소상태, 침구 및 기저귀 등의 위생상태, 욕실 및 화장실의 청결상태, 세면도구 등의 위생상태 등에 대하여 수시로 점검해야 한다. 동물을 두는 때에는 미리 부모에게 이를 고지하고 동물로부터 영유아가 알레르기 및 질병, 상해를 입지 아니하도록 정기적으로 수의사를 통해 면역조치 등을 받아야 하며, 동물 · 곤충 또는 배설물 등을 접촉한 때에는 접촉부위를 씻어야 한다.

(3) 차량안전관리

어린이집에서 통학용 차량을 운행하는 경우에는 차량안전관리 및 차량운영상의 안전수칙준수관리 등을 철저히 해서 차량으로 인한 안전사고를 예방해야 한다. 차량은 9인승 이상 승합자동차에 한하며 [도로교통법 시행규칙] 제35조 규정에 의하여 미리 어린이 통학버스로 관할 경찰서장에게 신고하고 신고필증을 교부받아야 한다. 어린이집에서 운행 중인 모든 차량에는 차량 내에 안전수칙을 부착하고 차량용 소화기 및 구급상자를 비치하여야 하며 차량안전점검표에 의한 안전점검을 실시하여야 한다. 차량운행 시 보육교사 등 영유아를 보호할 수 있는 사람이 동승하여야 하고 36개월 미만 영아를 탑승시키는 때에는 보호자가 동반하거나 보호장구를 착용하는 것을 원칙으로 한다. 교사와 영유아는 차량운행 시작 전 안전벨트를 착용하여야 한다. 퇴원 차량운행 시 보육교사 등 차량에 동승하는 자는 영유아가 안전하게 부모 등 보호자에게 인도될 수 있도록 조치하여야 한다.

(4) 보험

영유아와 어린이집에 근무하는 직원의 안전을 위해 반드시 보험에 가입해야 하며 어린이집 건물 및 설비의 재해에 대비하여 보험에 가입해 두면 재해를 당해도 쉽게 복구할 수 있다. 어린이집에서 반드시 가입해야 할 보험은 다음과 같다.

① 안전공제제도

민영보험체계의 문제를 극복하고 어린이집에서의 안전사고에 대한 효율적인 대처방안 마련의 일환으로 보건복지부에서는 2008년 12월 [영유아보육법] 제31조의 2를 신설하여 2009년 10월 '어린이집 안전공제회' 설립을 허가하였고, 이에 따라 어린이집 안전공제회가 설립되어 같은 해 12월부터 공제사업을 시작하였다. 2011년 6월에는 [영유아보육법] 개정으로 어린이집의 공제회당연가입 및 보상범위가 확대되었다. 어린이집 안전공제제도는 무과실책임원칙으로 운영되므로 누구의 과실인지를 따지지 않으며 우연히 발생한 사고에 대해서도 보상이 이루어져 보상범위가 넓고 신속하게 보상절차가 이루어진다는 장점이 있다. 어린이집은 2011년부터 관련법령에 따라 안전공제회 가입의무시설이 되어 안전사고 보상에 대한 영유아교육기관의 부담이 줄어들었다.

② 상해보험

어린이집 입소아동은 전원 상해보험에 의무적으로 가입하며 보험료는 보호자가 부담하는 것을 원칙으로 한다.

③ 배상보험

어린이집의 대표자는 영유아 상해 등에 따른 배상책임에 대비하기 위하여 배상보험에 가입하여야 한다. 다만 집단급식소는 가스사고배상책임보험 또는 이 보험과 같은 내용이 포함된 보험에 가입되어야 하며(액화석유가스의 안전관리 및 사업법 제33조 및 동법 시행령 제16조, 동법 시행규칙 제52조), 어린이 놀이시설 관리주체는 어린이 놀이시설 사고배상책임보험이나 사고배상책임보험과 같은 내용이 포함된 보험에 가입하여야 한다(어린이놀이시설 안전관리법 제21조 및 동법 시행령 제13조). 보험료는 시설부담을 원칙으로 한다.

④ 화재보험

모든 어린이집은 의무가입하도록 되어 있으며 보험료는 시설부담을 원칙으로 한다.

⑤ **자동차보험**

어린이집에서 차량을 운행하는 경우에는 자동차보험에 가입하여야 한다.

⑥ **보육교직원 관련 보험**

- 국민건강보험: 보육교직원이 상시 1명 이상인 어린이집은 직장의료보험에 의무적으로 가입해야 한다. 일용근로자인 경우에도 2개월을 초과하여 채용할 경우 최초 채용일로부터 2개월을 초과할 경우는 가입해야 한다.
- 국민연금: 상시 근로자 5인 이상인 사업장은 의무적으로 가입하며 5인 미만 사업장의 경우 근로자의 2/3 이상의 동의를 얻어 임의사업장으로 가입 가능하다. 일용근로자, 시간제근로자 및 비상임이사인 경우에도 3개월 이상 계속 근무할 경우는 3개월 초과한 날부터는 가입한다.
- 산재보험: 상시 근로자 1인 이상의 사업 또는 사업장은 모두 가입해야 한다. 상용, 일용, 임시직 등 고용형태나 명칭과 상관없다.
- 고용보험: 근로자 1인 이상 사업장의 사업주 또는 근로자는 의무가입하도록 되어 있다.

3) 비품 구입 및 관리

(1) 비품의 구입

비품 및 교구의 구입과 선택은 유용성과 안전성, 적합성, 유지의 용이성 등 정해진 기준에 따라 이루어져야 한다. 비품 및 교구의 구입과 선택에서 중요한 기준은 다음과 같다(Sciarra & Dorsey, 1998; Taylor, 2002).

- 유용성: 영유아의 발달수준에 적합한 것, 그리고 여러 가지 용도로 쓰일 수 있는 것을 구입한다.
- 안전성: 아무리 견고하고 매력적이더라도 안전하지 않은 것은 선택에서 제외된다.

- 적합성: 영유아가 성별 구별 없이 사용할 수 있는 것이라야 하며 영유아의 연령, 발달단계 등에 적합한 것이어야 한다. 또한 특별한 요구나 장애를 가진 영유아에게 적합한 것을 구입해야 한다.
- 유지의 용이성: 싱크, 세면대, 변기바닥 등은 청소하기 쉽고 청결을 유지하기 쉬운 것으로 골라야 하며 지나치게 작은 조각으로 나누어진 것은 피한다. 외부 설비도 비나 바람에 잘 부식되지 않고 페인트칠하기 쉬운 것이어야 한다.
- 외관의 아름다움: 어린이집의 설비는 미적으로 아름답고 매력적으로 꾸며져 영유아들의 흥미를 끌 수 있어야 한다. 이것은 영유아의 심미적 능력을 키워 줄 뿐 아니라 영유아, 교사, 부모에게 영유아가 훌륭한 보육을 받고 있다는 느낌을 받게 한다. 외관을 아름답게 꾸미는 것이 비용을 많이 들여야 한다는 뜻은 아니다.
- 교사의 선호: 선택기준을 크게 벗어나지 않는다면 교사의 기호나 선호가 존중되어야 한다. 교사는 궁극적으로 영유아와 놀이 및 학습활동을 함께 할 사람이기 때문이다.
- 내구성과 경제성: 집단으로 사용하는 시설이나 설비는 쉽게 망가지기 때문에 견고한 것을 구입해야 수리하거나 새것으로 바꾸는 데 드는 비용과 시간을 절약할 수 있다. 또한 보수 및 수리가 용이한지도 살펴보아야 한다.

보육활동에서 사용되는 교구교재류 및 소모품류의 구입 역시 1년 동안 필요한 목록과 양을 계획하여 예산을 편성하고, 분기별 또는 학기별로 구입한다(지명숙 · 임영심, 1995). 계획한 내용 중 폐품을 대체 활용할 수 있는지 검토하여 가능하면 폐품을 적극 활용하도록 한다. 폐품 재활용은 교육적, 경제적, 환경보전적 효과가 있다. 예를 들면, 헌 달력, 광고지, 이면지 등을 도화지로 활용하거나 헌 잡지의 색 있는 부분을 색종이로 활용할 수 있다. 부모교육을 통해 폐품 활용에 대한 바른 인식을 갖도록 돕고 원활한 협조관계를 유지하도록 한다.

데커와 데커(Decker & Decker, 2001)는 비품이나 교구의 선정 시 고려해야 할 기준이나 준거에 대해 다음과 같은 지침을 제시하였다.

- 해당 어린이집의 보육목표에 적합한 비품과 교구를 구입할 것: 보육하고 있는 영유아의 연령과 요구, 보육 및 교수 · 학습방법, 교사들의 수와 자격 등에 따라 보육목표 달성에 적절한 교구를 구입해야 한다. 즉, 비품과 교구의 구입 시 첫 번째 고려해야 할 준거는 유용성이다.
- 소요경비와 구입절차를 점검할 것: 원장은 비품과 교구의 구입에 필요한 예산을 마련하고 그 예산에 맞추어 구입절차를 점검한다.
- 우선순위를 점검할 것: 비품이나 교구의 목록을 입수하여 우선순위에 따라 필요한 품목의 목록을 작성한다.
- 비품이나 교구의 활용과 보관에 필요한 공간을 고려할 것
- 경제성을 고려할 것
- 소모품은 한 번에 과다하게 구입하지 말 것: 식료품, 풀, 종이, 페인트, 진흙 등 소모품은 오래 보관하기 곤란하므로 한 번에 너무 많이 구입하지 않도록 유의해야 한다.
- 구입할 비품이나 교구를 사전에 점검해 보고 믿을 만한 제품을 구입할 것
- 비품이나 교구의 구입 시에는 소비자지침서에 따라 점검할 것
- 안전성을 고려할 것: 영유아의 보호와 안전을 위하여 규정된 안전도기준에 합격한 비품이나 교구를 구입해야 한다. 끝부분이나 모서리가 날카로운 교구, 부서지기 쉽거나 삐걱거리는 소리가 나는 플라스틱 제품, 못이나 장식이 쉽게 못 쓰게 되는 인형, 고정이 잘 안 되고 못이 나와 있고 고리가 제대로 되어 있지 않은 놀이기구 등은 구입하지 말아야 한다.
- 견고하고 보관, 관리가 용이할 것
- 가능한 한 여러 용도로 활용될 수 있는 비품이나 교구를 구입할 것
- 심미적 즐거움을 주는 비품과 교구를 선정할 것: 영유아는 색깔, 질감, 크기, 형태, 명도, 소리, 냄새, 온도 등에 민감하게 반응하므로 영유아를 위한 비품이나 교구의 선정 시에는 이러한 요인들을 충분히 고려해야 한다.
- 영유아가 적극적이고 활동적으로 참여할 수 있는 비품과 교구를 선정할 것

(2) 비품 및 교구의 관리

비품 및 교구, 소모품류의 관리를 위해서는 비품 및 교구, 소모품의 현황을 파악할 수 있도록 비품대장, 도서대장, 소모품대장, 의약품대장 등을 마련하여 목록을 작성해 두는 것이 좋다. 구입한 비품 및 교구는 현황을 파악할 수 있도록 양식을 정하여 목록을 작성해 두고 상태를 오래 유지하면서 필요시 활용할 수 있도록 보관 및 관리에 유의한다. 사용빈도, 용도 등에 따라 보관하는 장소 및 위치를 적절하게 배치하면 비품의 관리 및 사용에 효율적이다. 일상적인 용품과 소모품에 대해서도 관리대장을 작성하면 전체적인 물품의 소비, 손실에 대한 파악을 하기 쉬우며 물품구입을 계획할 때 참고로 할 수 있어 유지관리에 도움이 된다.

또한 교사들이 직접 제작한 교재교구들도 교재교구대장을 마련하여 발달수준별, 계절별, 주제별, 영역별로 구분하여 목록을 작성하고 보관 · 관리한다. 교사들이 시간과 정성, 비용을 투자하여 제작한 교재교구의 관리가 잘 이루어지지 않아 교재교구의 소재가 불분명하거나 손상되거나 꺼내어 사용하기 불편하게 보관되고 있다면 질 높은 보육활동을 기대하기 어려우며 시설운영에도 재정적 · 시간적 손실을 주게 된다.

비품 및 교재교구를 사용할 때는 기록대장에서 사용할 비품이나 교구를 찾아 보관위치를 확인하고 다른 학급에서 사용여부를 확인한 후 기록대장에 날짜와 대여자의 이름을 기입한다. 비품 및 교재교구를 사용한 후 파손된 부분이 있는 경우는 수선을 해서 원래의 보관위치에 두고 기록대장에 반납날짜를 기록한다.

4) 인적 환경에 대한 안전관리

보육교직원은 영유아의 안전사고 예방을 위해 영유아에 대한 보호와 감독을 철저히 하여야 한다. 이를 위해 보육교직원은 안전점검방법 및 안전점검표의 활용법, 영유아의 발달단계 특성을 고려한 보호 및 안전교육방법에 대해 숙지해야 한다.

또한 어린이집에서는 영유아와 부모에 대한 안전교육을 시행해야 하며 원장은 교사, 취사부, 차량운전자 등 모든 보육교직원에 대해 안전교육을 실시하고 관련

기관 등에서 전문적인 안전교육을 받을 수 있도록 조치해야 한다.

(1) 영유아에 대한 안전교육

영유아 스스로가 자신의 안전을 보호할 수 있는 능력과 기술을 가지도록 교육해야 한다. 원장은 소방교육계획을 작성하고 매월 소방(비상대피)훈련을 실시해야 한다. 원장은 보육대상 아동의 연령을 고려하여 아동복지법령의 안전교육기준(아동복지법 제31조 1항 및 동법 시행령 제28조 1항 '별표 3')에 따라 매년 교통안전교육, 약물오남용교육, 재난대비교육, 성폭력예방교육 계획을 수립하여 교육을 실시하고, 계획 및 교육 실시결과를 관할 시장 · 군수 · 구청장에게 매년 1회 보고하여야 한다.

(2) 보육교직원에 대한 안전교육

보육교직원은 안전교육지침 등을 숙지하여야 하며 시 · 도 및 시 · 군 · 구 등에서 안전 관련 교육을 시행할 때 적극 참여하여야 한다. 또한 화재 등 긴급사태에 대비한 계획 수립 및 정기적인 점검 · 훈련을 실시하여야 한다.

보육교직원은 아동학대 신고의무자(아동복지법 제25조 12항)로 직무상 아동학대를 알게 된 경우 즉시 아동보호전문기관(또는 수사기관)에 신고하여야 한다. [영유아보육법] 제48조의 규정에 의거, 보건복지부장관은 어린이집의 원장 또는 보육교사가 [아동복지법] 제17조에 의한 아동학대 금지행위를 하여 동법 제71조 1항에 따른 처벌을 받은 경우에는 그 자격을 취소할 수 있다.

또한 보육교직원은 직무상 청소년 대상 성범죄가 발생한 사실을 알게 된 즉시 그 사실을 수사기관에 신고하여야 한다(아동 · 청소년의성보호에관한법률 제22조 6호). [성폭력방지 및 피해자보호 등에 관한 법률] 제9조에 의거, 보육교직원은 보호하는 사람이 성폭력 범죄의 피해자인 사실을 안 때에는 즉시 수사기관에 신고한다.

(3) 부모에 대한 안전교육

어린이집의 원장은 영유아의 건강 · 위생과 관련된 내용을 포함하여 부모와 충분히 협의 · 고지해야 하며 안전교육 등에 부모가 참여할 수 있도록 해야 한다.

(4) 안전사고 예방 대책

어린이집의 원장은 안전사고에 대응하기 위하여 인근 소방서, 경찰서 및 가스, 유류 등의 안전상태를 점검하는 유관기관 등과 비상연락체계를 구축해야 한다. 어린이집의 원장은 사고에 대비하여 부모와의 비상연락망을 확보하여야 하며 응급처치동의서를 비치하여야 한다.

3. 재정관리

재정관리의 핵심은 기관 운영에 필요한 경비를 정확하게 편성하여 적절하게 운영관리하는 것이다. 기관의 예산을 편성할 때는 구성원 간 다양한 의견을 반영할 수 있도록 교직원이나 부모의 동의를 얻는 것이 필요하다. 또한 한 해의 예산을 교직원이나 부모에게 공개함으로써 기관 및 기관장의 신뢰성과 투명성을 높일 수 있다.

1) 예산 편성

어린이집의 예산이라 함은 정부지원 보조금과 아동의 보호자로부터 수납하는 보육료로서 건전한 시설 운영을 위해 필요한 수입과 지출에 관한 계획이다. 예산은 보편적으로 전년도에 편성하여 그 해에 집행하며 다음 해에 결산을 하므로 3개년에 걸쳐 편성되어 종료된다. 어린이집의 예산은 다음 회계연도에 하고자 하는 사업계획을 재정적인 용어와 금액으로 표시하여 예산안을 작성하는 것이다.

예산 편성 시에는 어린이집의 운영방향을 정하고 보육영유아에 대한 서비스 향상을 위해 어떤 사업에 우선순위를 두어야 하는지 면밀히 검토하여야 한다. 예산 편성에는 뚜렷한 목적이 있어야 하며 보육사업을 수행하는 데 일관된 계획방향을 갖고 한정된 자원을 효율적으로 배분하여 성과를 달성하는 데 노력한다. 다른 시설과 정보를 교환하여 실태를 파악하며 교직원 및 보육아동 학부모의 의견을 수렴하여 짜임새 있는 예산을 편성해야 한다.

(1) 예산 편성의 방법

- 세입예산은 자체수입과 보조금수입으로 구분하여 편성한다. 자체수입은 보육료, 운영체 부담금, 기타 잡수입 등으로 하고 보조금수입은 정부 또는 지방자치단체 등으로부터의 보조금으로 한다.
- 세출예산은 시설 운영, 시설기능 보강, 반환금, 과년도 지출, 예비비로 구분하여 편성한다.
- 세입 · 세출예산은 과목별로 구분하고 산출기초를 명확하게 하여야 한다.
- 예산 편성 시 세입예산에서 1,000원 미만은 버리고 세출예산에서 1,000원 미만은 올린다.
- 예산 편성 당시 예상치 못한 지출을 대비하기 위하여 예비비를 세출예산에 계상한다.
- 예산서에는 사업계획서, 세입 · 세출명세서, 보육교직원 보수일람표, 당해 예산을 의결한 이사회(또는 운영위원회) 회의록 사본(법인의 경우)을 첨부한다.

(2) 예산 편성 시 주의할 점

- 회계연도는 정부의 회계연도와 같이 하며 매년 1월 1일에 시작하여 12월 31일에 종료한다.
- 1회계연도의 모든 수입은 세입으로, 모든 지출은 세출로 편성하고 수입금 및 지출금의 내용과 산출기초는 명백하게 예산서에 표기한다.
- 세입 · 세출예산은 건전한 내용으로 균형을 유지하도록 한다. 실행 가능성이 없는 수입을 재원으로 한 지출은 포함하지 않는다.

표 12-5 세입 · 세출예산 편성 서식의 예

과목			예산액 (천 원)	전년도 예산액 (천 원)	증감	산출기초 (원)
관	항	목				

표 12-6 세입예산내용

과목						내역
관		항		목		
01	필요 경비수입	11	필요 경비수입	111	기타 필요경비	입학 준비금, 현장학습비 등 보호자가 부담하는 기타 필요경비
				112	특별활동비	보호자가 부담하는 특별활동 비용
02	과년도 수입	21	과년도 수입	211	과년도수입	전년도에 세입조정된 수입으로서 금년도에 수입으로 확정된 수입
03	잡수입	31	잡수입	311	이자수입	기본재산예금 외의 예금이자 수입
				312	후원금수입	개인 · 단체 등으로부터 받은 각종 기부금 · 후원금 · 찬조금 등
				313	기타잡수입	보육교사 실습비, 물품의 매각수입, 변상금 및 위약금 수입, 보험 만기시 수령액 등
04	보조금 수입(신설)	41	보육료수입	411	보육료수입	보육아동 보호자로부터 받은 보육료와 만 0~4세아, 만 5세아, 장애아, 다문화, 맞벌이가구 등에 지원되는 보육료 및 카드수수료 환급금을 통합
05	보조금 수입	51	경상보조금 수입	511	인건비보조금	국가 및 지방자치단체로부터 받은 인건비(어린이집 시설로 지원되는 처우개선비 등 포함)
				512	기본보육료	보육비용의 일정부분을 정부가 어린이집 시설에 지원하는 보조금(영아반, 장애아반)
				513	기타지원금	국가 및 지방자치단체로부터 받은 급간식비, 냉 · 난방비, 공공형 어린이집 운영비 등
		52	자본 보조금수입	521	자본보조금	국가 및 지방자치단체로부터 받은 신증축비, 개보수비, 장비비 등
06	전입금	61	전입금	611	전입금	법인, 단체, 운영자로부터의 운영지원금
				612	차입금	일시 운영 차입금
07	이월금	71	이월금	711	전년도 이월금	전년도 불용액으로 이월된 금액
				712	전년도 이월사업비	전년도에 종료되지 못한 이월사업비

*가정 및 민간어린이집은 잡수입 과목 통합 가능.

*출처: 중앙보육정보센터(http://central.childcare.go.kr/)

표 12-7 세출예산내용

<table>
<tr><th colspan="6">과목</th><th rowspan="2">내역</th></tr>
<tr><th colspan="2">관</th><th colspan="2">항</th><th colspan="2">목</th></tr>
<tr><td rowspan="15">100</td><td rowspan="15">어린이집 운영비</td><td rowspan="6">110</td><td rowspan="6">인건비</td><td>111</td><td>기본급</td><td>보육교직원에 대한 기본봉급(상여금 포함)</td></tr>
<tr><td>112</td><td>일용잡급</td><td>일급 또는 단기간 채용하는 임시직에 대한 급여</td></tr>
<tr><td>113</td><td>제수당</td><td>교직원에 대한 제수당(직급별로 일정액을 지급하는 수당, 시간외 · 야간 · 휴일 근무수당, 연구수당, 식비 및 기타수당)</td></tr>
<tr><td>114</td><td>퇴직금 및 퇴직적립금</td><td>교직원 퇴직급여제도에 따른 퇴직급여 및 퇴직적립금</td></tr>
<tr><td>115</td><td>사회보험 부담비용</td><td>교직원의 사회보험(국민연금, 국민건강보험, 고용보험, 산업재해보상보험 등) 부담</td></tr>
<tr><td>116</td><td>기타 후생경비</td><td>교직원의 건강진단비 · 급량비 · 연구연수비, 교직원 상용피복비 등 복리후생에 소요되는 비용</td></tr>
<tr><td rowspan="3">120</td><td rowspan="3">업무 추진비</td><td>121</td><td>기관운영비</td><td>기관운영 및 유관기관과의 업무협의 등에 소요되는 제경비</td></tr>
<tr><td>122</td><td>직책급</td><td>어린이집 원장의 직책수행을 위하여 정기적으로 지급하는 경비</td></tr>
<tr><td>123</td><td>회의비</td><td>운영위원회, 부모회의 등 각종 회의의 다과비 등에 소요되는 제경비</td></tr>
<tr><td rowspan="6">130</td><td rowspan="6">관리 운영비</td><td>131</td><td>여비</td><td>교직원의 국내 · 외 출장여비</td></tr>
<tr><td>132</td><td>수용비 · 수수료 및 공공요금</td><td>사무용품비, 인쇄비, 집기구입비(장기간 또는 고정자산 취급되는 집기류는 312목에 계상), 도서구입비, 공고료, 등기료, 수수료, 우편료, 전신전화료, 전기료, 상하수도료, 도시가스료, 자동차세, 협회비, 화재 · 자동차보험료 등</td></tr>
<tr><td>133</td><td>공공요금</td><td>우편료, 전신전화료(유선전화에 한함), 전기료, 상하수도료 및 오물수거료, 도시가스료</td></tr>
<tr><td>134</td><td>제세공과금</td><td>법령에 의하여 어린이집 시설에서 지급하는 제세(자동차세 등), 협회비, 화재 · 자동차보험료</td></tr>
<tr><td>135</td><td>차량비</td><td>통학용 차량으로 등록된 차량의 유류대, 차량정비유지비, 차량소모품</td></tr>
</table>

〈계속〉

				136	연료비	보일러 및 난방시설연료비, 취사에 필요한 연료비
				137	기타운영비	그 밖에 운영경비로서 위에 분류되지 아니한 경비(어린이집 시설임대료, 감가상각비, 건물 융자금의 이자, 차량할부금 등)
200	사업비	210	사업 운영비	211	급간식비	보육아동을 위한 쌀, 보리 등의 주식과 부식 구입비 및 보육아동의 간식비 등
				212	교재교구비	교재교구의 구입 및 제작비
				213	행사비	보육과정에서 아동과 직접 관련되어 발생하는 행사경비
				214	기타 필요경비 지출	입학 준비금, 현장학습비 등에 지출하는 비용
				215	특별활동비 지출	특별활동에 따라 지출하는 비용
300	재산조성비	310	시설비	311	시설비	어린이집 시설 신 · 증축비 및 부대경비, 그 밖에 시설비(개 · 보수비)
				312	자산취득비	어린이집 시설 운영에 필요한 비품구입비, 토지 · 건물 · 그 밖에 자산의 취득비
				313	시설장비 유지비	건물 및 건축설비(구축물 · 기계장치), 공구 · 기구, 비품수선비(소규모 수선비는 132목에 계상), 그 밖에 어린이집 시설물의 유지관리비
400	전출금	410	전출금	411	법인회계 전출금	사회복지법인 등 법인회계로의 전출금
				412	차입금 상환	일시 운영차입금 상환
				413	보조금 반환금	정부보조금 반환금
				414	보조금 반환금	보육료, 필요경비 사용 잔액 등을 보호자에게로의 반환금
500	과년도지출	510	과년도지출	511	과년도지출	과년도미불금 및 과년도사업비의 지출
600	잡지출	610	잡지출	611	잡지출	어린이집 시설이 지출하는 보상금 · 사례금 · 소송경비 및 원단위 절사금 등
700	예비비	710	예비비	711	예비비	예측할 수 없는 불가피한 지출소요

* 출처: 중앙보육정보센터(http://central.childcare.go.kr/)

- 원장은 세입 · 세출예산서를 매 회계연도 개시 5일 전까지 지방자치단체장에게 제출한다.
- 예산은 세출예산이 정한 목적 외에 사용하지 못한다.
- 연간 예산내용은 필요에 따라 수정 · 변경할 수 있으며 구청장에게 통보한다.
- 세출예산에 편성되지 않은 경비는 지출할 수 없으며 불가피한 경우에는 우선 지출하고 사후에 예산을 조정한다.

2) 예산 집행

예산을 집행한다는 것은 사업을 수행하는 것이며 목표를 달성하는 과정이라 할 수 있다. 어린이집의 예산 집행은 수입과 지출을 관리하는 모든 행위를 말한다. 보육료는 보육영유아의 보호자 등이 체신관서 및 금융기관을 통하여 납부할 수 있도록 보육료 납부통지를 한 후 금융기관을 통해서 수납하도록 한다. 어린이집의 지출은 계좌입금 또는 신용카드로 함을 원칙으로 하여 지출의 투명성을 확보한다. 보육교직원 인건비의 지급은 반드시 계좌입금하여야 하며 보육교직원에게는 봉급명세서를 발급한다.

(1) 운영비 관리의 원칙

- 현금액은 현금출납부와 항상 일치하도록 관리한다.
- 운영비는 금융기관에 예치함을 원칙으로 한다. 다만 상용의 경비 또는 소액의 경비지출을 위하여 100만 원 이하의 현금을 보관할 수 있다.
- 지출은 상용의 경비 또는 소액의 경비지출을 제외하고는 예금통장에 의하여 행하여야 한다.
- 운영비의 관리사항은 지도감독기관에서 정기 또는 수시로 점검할 수 있다.

(2) 운영비 관리기준

- 운영비의 유효적절한 관리와 정확한 예산집행을 위하여 지정서식을 활용하고 관

리에 필요한 대장을 비치한다.

- 운영에 따른 각종 대장과 지출증빙서류는 5년 이상 보존하여야 한다.
- 시설 신축 · 확장 · 보수 등의 관련 서류는 10년 이상 보존하여야 한다.

(3) 예산에 수반되는 대장과 증빙서

예산을 집행하면서 요구되는 장부로는 증빙서류철, 총계정원장, 현금출납부, 수입부와 지출부 등이 있다. 이들 장부 중 증빙서류철과 총계정원장은 예산의 집행내용을 조직적으로 기록하는 데 필요하며, 또한 감독기관으로부터의 감사를 대비하기 위하여 필요하다. 그리고 현금출납부는 현금의 수입 · 지출 · 잔액을 파악하는 데 필요한 일종의 보조장부라고 할 수 있으며, 수입부와 지출부는 총계정원장의 명세를 파악하고 사업연도 말에 작성해야 하는 결산서의 기초자료가 된다.

- 장부: 총계정원장, 총계정원장 보조부(세입, 세출 보조부), 현금출납부, 보육료수입부(대장), 도서대장, 비품대장, 소모품대장
- 각종 증빙서: 수입 · 지출행위는 증빙서식에 따라 처리하고 증빙서 번호는 현금출납부에 의거, 수입 · 지출결의서에 일련번호를 기재한 후 해당 대장에 정리한다. 필요한 증빙서는 수입결의서, 지출결의서, 봉급지출결의서, 구입수선지출결의서, 물품명세서, 보육료납입명세서, 여입결의서 등이다.

3) 예산 결산

(1) 결산의 의무

전 어린이집은 매 회계연도 말에 의무적으로 결산하여야 한다. 어린이집의 조직구성에 따라 운영위원회 또는 감사위원회에 매 회계연도 말에 결산보고한다. 운영위원회 또는 감사위원회에 학부모 참여를 통해 기관 운영의 투명성을 높이고 결산보고 결과는 전체 학부모 및 교직원이 볼 수 있도록 게시판에 게시한다. 위탁운영체는 사업을 완료한 때, 폐지의 승인을 얻은 때, 회계연도가 종료한 때에는 지체 없

이 사업의 실적 및 정산보고서를 구청장에게 제출하여야 한다.

(2) 결산방법

세입 · 세출을 예산의 과목별로 세분하여 결산하며 산출기초는 상세하게 기재하여야 한다. 보조금 사용잔액은 결산 시 반환하여야 하며 기타는 다음 연도에 이월하여 사용하여야 한다. 결산서 작성 시 결산내용에 대한 설명과 함께 연도 말 은행의 잔액증명(연도 말)을 첨부하여야 한다. 회계에 관련된 서식 및 서류를 수기로 작성할 시에는 많은 시간과 노력이 필요하므로 회계 관련 소프트웨어 프로그램 등을 사용하면 회계의 투명성, 편리성을 도모할 수 있으므로 적극 활용한다.

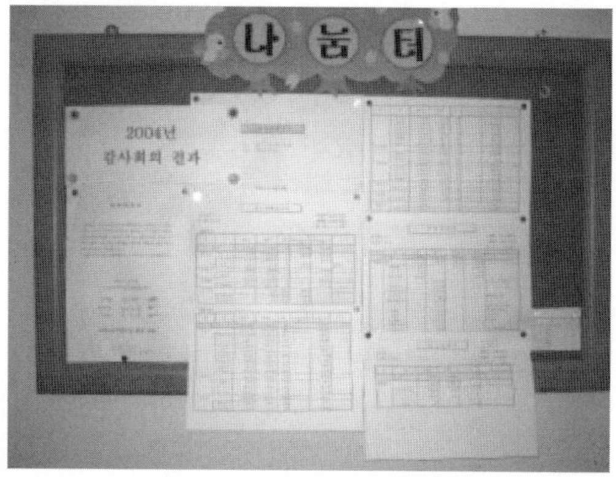

[그림 12-2] 결산보고서 게시

결산 후에는 교직원, 학부모로 구성된 운영위원회나 감사위원회에서 결산보고 및 감사를 받은 후 감사결과를 전체 학부모에게 공지하여 기관 운영의 투명성과 신뢰성을 높이도록 한다.

4. 행정관리

기관을 효과적으로 운영하기 위해서는 행정업무가 원활하게 이루어져야 한다. 기관의 효율적인 행정업무를 위해 각종 문서의 표준화 및 전산화 작업이 필요한데, 표준화된 문서양식은 교사의 업무처리를 수월하게 해 주고 전산화 작업은 서류의 기록과 보관작업을 쉽게 해 준다. 표준화 및 전산화된 자료는 다음 해의 효율적인 운영을 위한 참고자료로 활용될 수 있다.

영유아 보육기관의 행정관리는 보육활동의 수행과정에 수반되는 여러 기록과 장부의 작성 및 보관, 공문서의 발송과 접수 등 문서관리를 집행하고 처리하는 업무를 의미한다. 이러한 행정관리활동은 크게 내부적인 업무와 대외적인 업무의 두 부분으로 나누어진다. 내부적인 업무는 원아관리, 보육교직원관리, 재정관리, 시설관리, 학부모 관련 업무 등과 관련된다. 대외적인 업무는 보육업무와 관련된 구청, 동사무소, 세무서, 근로복지공단, 건강관리공단, 국민연금관리공단, 보험사, 어린이집연합회, 보육정보센터 등의 관계기관이나 협회와 관련된 일이다. 행정관리업무는 별도로 사무원을 고용하여 사무원과 원장이 업무를 수행한다.

1) 문서의 종류

어린이집은 [영유아보육법 시행규칙] 제23조 '별표 8' 에 의거하여 어린이집 운영에 필요한 장부 및 서류를 갖추고 있어야 한다.

어린이집의 시설규모와 관계없이 어린이집 이용신청자 명부 및 이용아동 연명부, 생활기록부, 영유아보육일지 및 건강진단카드, 안전점검표, 보육교직원의 인사기록카드(채용구비서류, 이력서 및 사진을 포함한다), 총계정원장 및 수입 · 지출 보조부는 반드시 갖추고 있어야 한다. 그 밖에 어린이집 운영일지, 재산목록과 그 소유를 증명하는 서류, 예산서 및 결산서, 금전 및 물품출납부와 그 증명서류, 소속 법인의 정관 및 관계 서류, 보육교직원의 인사 · 복무 및 어린이집 운영에 관한 규정 등은 상시 영유아 20명 이하인 어린이집으로서 어린이집의 원장이 보육교사를 겸임하는 곳은 갖추고 있지 않을 수 있다.

〈표 12-8〉에 제시된 문서서식들은 대부분 중앙보육정보센터, 어린이집평가인증사무국 홈페이지에서 다운 받아 사용할 수 있다. 〈표 12-9〉는 운영일지 서식으로서, 이를 기본 서식으로 하여 각 어린이집 특성에 맞추어 변형하여 사용한다.

표 12-8 어린이집 비치 장부 및 서류

필수 비치 장부 및 서류	평가인증 필요서류
어린이집 이용신청자 명부	어린이집 운영안내서
이용아동 연명부	운영일지
생활기록부	생활기록부
영유아보육일지 및 건강진단카드	건강검진서류
안전점검표,	근로계약서
보육교직원의 인사기록카드	응급처치 및 귀가 동의서
(채용구비서류, 이력서 및 사진)	비상시대처방안
총계정원장 및 수입·지출 보조부	알림장
	업무분장표
어린이집 운영일지	보육계획안
재산목록과 그 소유를 증명하는 서류	보육일지
예산서 및 결산서	가정통신문
금전 및 물품출납부와 그 증명서류	식단표
소속 법인의 정관 및 관계 서류	어린이집 특별활동 계획서 및 참여동의서
보육교직원의 인사·복무규정	차량안전수칙
어린이집 운영에 관한 규정	

2) 문서 작성 및 관리

(1) 문서의 작성

어린이집의 문서는 크게 내부문서와 외부 관련기관과의 업무협력을 위한 공문서로 나뉜다. 어린이집의 내부문서 작성은 두 업무영역에서 이루어진다. 하나는 영유아의 보육과 관련된 업무에 대해 기록하고 보관하는 것이다. 보육계획안, 보육일지, 생활기록부, 영유아관찰기록부 등이 이에 해당된다. 다른 하나는 일반적인 어린이집 운영과 관련된 업무에 대해 기록하고 보관하는 것이다. 입소신청서 명부나 원아 명부의 기록, 보육교직원 인사기록카드, 각종 회계 관련 장부 등이 이에 해당된다. 어린이집의 공문서는 업무협력에 대한 기안문을 작성한 후 어린이집 원장의 결재를 받아 어린이집의 직인을 날인하여 관계기관으로 발송한다.

표 12-9 운영일지 서식

<table>
<tr><td rowspan="2">결재</td><td>담당</td><td>원장</td></tr>
<tr><td></td><td></td></tr>
</table>

운 영 일 지(예시)

<table>
<tr><td>일 시</td><td colspan="7">20 년 월 일 날씨:</td></tr>
<tr><td>행사 및 특이사항*</td><td colspan="7">(부모참여프로그램, 운영위원회 회의, 신입원아부모오리엔테이션, 영유아와 가족의 문제, 신입인력오리엔테이션, 소방대피훈련 등)</td></tr>
<tr><td rowspan="2">영유아 입/퇴소 관계</td><td colspan="3">입소 영유아</td><td colspan="4">퇴소 영유아</td></tr>
<tr><td colspan="3"></td><td colspan="4"></td></tr>
<tr><td>연령 / 정원</td><td>계</td><td>0세</td><td>만 1세</td><td>만 2세</td><td>만 3세</td><td>만 4세</td><td>만 5세</td></tr>
<tr><td>반</td><td></td><td></td><td></td><td></td><td></td><td></td><td></td></tr>
<tr><td>반별구성</td><td></td><td></td><td></td><td></td><td></td><td></td><td></td></tr>
<tr><td>현 원</td><td></td><td></td><td></td><td></td><td></td><td></td><td></td></tr>
<tr><td>결 석</td><td></td><td></td><td></td><td></td><td></td><td></td><td></td></tr>
<tr><td>출 석</td><td></td><td></td><td></td><td></td><td></td><td></td><td></td></tr>
<tr><td rowspan="2">영양관리** (제공식단)</td><td colspan="2">오전 간식</td><td colspan="3">점심</td><td colspan="2">오후 간식</td></tr>
<tr><td colspan="2"></td><td colspan="3"></td><td colspan="2"></td></tr>
<tr><td>연월차 휴가</td><td colspan="3"></td><td>실습교사 및 자원봉사</td><td colspan="3"></td></tr>
<tr><td>방문자 및 부모 개별 면담*</td><td colspan="7"></td></tr>
<tr><td>교직원회의 교직원교육*</td><td colspan="7">(신입교직원오리엔테이션, 보수교육, 원내 · 외교육 등)</td></tr>
<tr><td>당직 시 특이사항</td><td colspan="7"></td></tr>
<tr><td>오전당직</td><td>(인)</td><td>출근시간</td><td></td><td>오후당직</td><td>(인)</td><td>퇴근시간</td><td></td></tr>
</table>

＊출처: 어린이집 평가인증사무국(http://kca.childcare.go.kr/)

보건복지부에서는 어린이집 운영의 효율성과 투명성을 확보하기 위해 중앙정부-지방자치단체-어린이집을 유기적으로 연결하는 표준보육 행정시스템(e-보육)을 운영하고 있다. 표준보육 행정시스템은 재무회계보고 의무화를 통한 어린이집의 회계관리 투명성을 제고할 뿐만 아니라 어린이집 정보, 보육아동의 입소와 퇴소 상황, 보육교직원 관리, 어린이집 운영지도를 가능하게 하여 보육행정의 효율성과 투명성 제고에 기여하고 있다.

(2) 문서의 보관

① 문서의 등록

어린이집에서 기안하여 당해 원장의 결재가 끝난 모든 문서는 문서등록대장에 기재한다.

- 등록번호: 결재가 끝난 순서에 따라 연도별 일련번호를 기재한다.
- 결재일자: 결재권자가 서명한 날짜를 기재한다.
- 받는 기관명: 그 문서의 수신처를 기재, 내부결재는 '내부결재' 라고 기재한다.
- 문서번호: 문서번호를 기재한다.
- 제목: 결재가 끝난 문서의 제목을 기재한다.
- 처리자: 문서를 처리한 담당자명을 기재한다.
- 발송일자: 당해 문서를 시행(발송)한 날짜를 기재한다.

② 문서의 접수

대외기관으로부터 접수되는 문서는 다음과 같은 방법으로 문서접수대장에 접수번호를 기재하고 등재한 후 원장의 선결을 받은 다음 담당자가 처리한다.

- 접수번호: 행정기관 또는 단체 등으로부터 접수되는 문서를 접수순서대로 일련번호를 기재한다.

- 접수일자: 접수일자를 기재한다.
- 보낸 기관명: 문서를 보내온 기관장명 또는 기관명을 기재한다.
- 문서번호: 접수된 문서의 문서번호를 기재한다.
- 제목: 문서의 제목을 기재한다.
- 인수자 성명: 문서를 접수한 담당자가 문서의 일련번호를 기재하고 서명한 후 원장에게 선결(공람)을 올린다.

③ 문서의 정리 · 보존

문서의 정리는 문서의 일정한 기준에 따라 분류 · 편철하고 보관, 보존하여 불필요한 문서를 적시에 폐기하는 것을 말한다.

- 문서의 내용정리: 같은 기능 또는 제목으로 정리한다.
- 문서의 편철: 참고자료 등 보존이 불필요한 문서는 폐기하고 보존 · 활용할 문서를 완결일자순으로 최근 문서가 위에 오도록 묶어 파일이나 홀더를 사용하여 문서철을 만든다.
- 문서의 보관: 문서의 보존기간 기산일까지 파일박스, 캐비닛 등에 보관하는 것을 말하는데, 활용빈도가 높은 것을 위 단에 보관한다.
- 문서의 보존: 문서가 처리 · 완결된 해의 이듬해 1월 1일부터 보존기간이 만료되는 해까지 사무실에 보존하는 것을 말한다. 보존기간이 경과된 문서는 매년 1회 정기적으로 문서정리기간 중 폐기하지만 무조건 폐기할 것이 아니라 계속 보존여부를 다시 한 번 재검토한 후 폐기한다.

이와 같은 대장이나 문서는 문서철을 만들어 두면 후에 유용하고 손쉽게 활용할 수 있다. 문서철에는 문서철 제목과 보존기간, 페이지, 문서번호, 문서제목, 월일, 수신, 발신 등의 난을 만들어 기록해 둔다. 외부로 나가거나 들어오는 공문서의 경우에는 발송과 접수를 기록하여 처리여부를 확실히 한다.

참고문헌

박재환(2002). 유아교육기관의 경영관리. 파주: 양서원.

유가효 · 이소희 · 한성심 · 장명림 · 장미경 · 조은영(1998). 보육학개론. 서울: 동문사.

이순형 외(2000). 시설장보수교육. 보건복지부.

지명숙 · 임영심(1995). 어린이집 개설지침서. 파주: 양서원.

Decker, C. A., & Decker, J. R. (2001). *Planning and Administering Early Childhood Programs* (7th ed.). NY: Merrill Prentice-Hall.

Hildebrand, V., & Hearron, P. F. (1997). *Management of child development centers* (4th ed.). Upper Saddle River, NJ: Merrill Prentice-Hall.

Sciarra, D. J., & Dorsey, A. G. (1998). *Developing and administering a child care center* (4th ed.). Delmar Publishers.

Taylor, B. J. (2002). *Early childhood program management* (4th ed.). NJ: Merrill Prentice-Hall.

http://www.mw.go.kr(보건복지부)

http://seoul.childcare.go.kr(서울특별시보육정보센터)

http://www.kca.childcare.go.kr(어린이집 평가인증)

http://central.childcare.or.kr(중앙보육정보센터)

제13장

보육평가

이 장에서는 보육평가의 필요성과 목적, 그리고 보육평가의 대상에 대해 살펴보고 각 평가대상별로 구체적인 평가방법을 소개한다. 또한 보육평가 결과를 적용하고 활용할 수 있는 방안을 살펴본다.

1. 보육평가의 필요성 및 목적

여기에서는 보육평가의 필요성과 목적에 대해 생각해 보고 보육평가의 대상을 어린이집, 보육프로그램, 보육인력 및 보육대상으로 구분하여 살펴본다.

1) 보육평가의 필요성

[영유아보육법]이 제정된 1990년대 초반 이후 어린이집은 양적으로 급속히 팽창하였으나 질적 성장은 이에 미치지 못하고 있다. 어린이집이 질적인 면에서 부실로 평가되는 이유로는 민간시설에 대한 지나친 의존, 어린이집에 대한 신뢰할 수 있고

타당한 평가방법의 부재, 유아교육에 비해 상대적으로 짧은 역사 그리고 영유아 보육기관의 평가기피 및 어린이집에 대한 관리기관의 체계적이며 세밀한 지도 · 감독 개입 미비(서문희 · 이상헌 · 임유경, 2000) 등을 들 수 있다. 이런 문제를 해소하고자 2004년에 보건복지부에서 평가인증제를 실시하여 질적인 관리를 하겠다고 발표한 바 있고 2005년부터는 '평가인증제도'가 도입되어 질적 성장을 위한 국가차원의 개입이 진행되고 있다.

보육의 질적 향상을 도모하기 위해서는 반드시 보육평가가 실시되어야 한다. 보육평가는 양질의 보육서비스를 제공하기 위한 근거로 전반적인 보육활동과정이 적절한지 판단하기 위해 필요한 정보를 수집 · 정리하는 과정(김영모 외, 1999)이다. 즉, 보육평가란 영유아를 돌보는 시설, 인력, 프로그램 그리고 보육의 대상인 영유아와 부모의 상태 및 수준이 어떠한지 규준에 따라 평정하는 것을 의미한다.

만 3세 미만의 영유아를 대상으로 하는 어린이집에 대한 평가는 3세 이상을 대상으로 하는 유아교육에 대한 평가와 접근이 달라야 한다. 만 3세 미만의 영유아는 제 영역의 발달이 미숙하므로 이를 고려한 인적 · 물적 환경에 대한 평가가 필요하다. 또한 보호는 교육과 더불어 보육의 중요요소이므로 보육평가는 교육 외에 보호적인 측면에 대한 평가를 포함해야 한다. 특히 통합교육이 강조되는 현 보육상황에서 보육평가는 보육프로그램 평가뿐만 아니라 시설, 설비, 인적 자원 등에 대한 다각적이고 총체적인 양상이어야 한다. 또한 보육평가는 보육의 주체인 영유아의 발달적 특성에 적합해야 하며 영유아, 가족, 어린이집이 소속한 문화권의 가치, 신념, 생활양식을 반영해야 하고 끊임없이 역동적으로 합의해 나가는 과정이 되어야 한다(최경애, 2002). 이상의 요인을 고려해 어린이집에 대한 평가의 필요성은 다음과 같

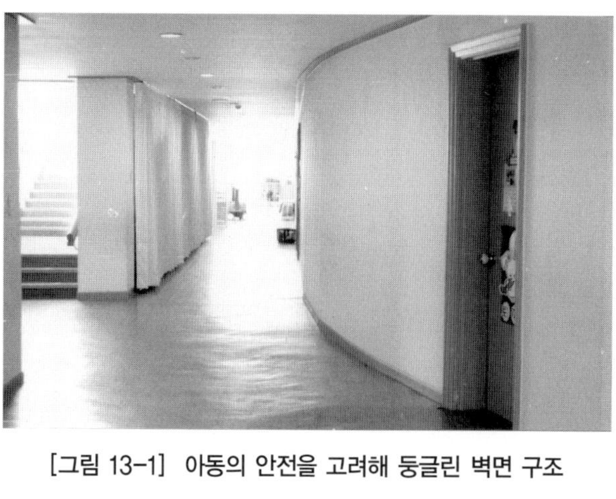

[그림 13-1] 아동의 안전을 고려해 둥글린 벽면 구조

이 요약할 수 있다.

첫째, 평가를 통하여 영유아의 현 발달상황을 제대로 이해하고 바람직한 지식, 성격, 태도 등을 형성하는 데 필요한 정확한 정보를 얻는 과정으로서 필요하다.

둘째, 보육의 목표가 제대로 성취되었는지를 검증하고 보육프로그램의 전반적인 과정을 발전시키기 위해 필요하다. 보육목표의 성취 정도를 측정하기 위해서는 그 목표에 의해 선정된 보육의 내용, 보육계획과 방법, 환경 구성, 교사와 영유아의 상호작용 형태 등 보육프로그램의 전반적인 영역이 평가되어야 한다.

셋째, 보육교사뿐 아니라 부모도 영유아의 발달상황에 대해 인지하고 있어야 하며, 이는 어린이집과 가정을 연계해 보육의 질을 높이는 데 기여한다. 따라서 영유아의 발달상황에 대한 체계적 · 객관적 자료의 수집을 위해 평가가 필요하다.

2) 보육평가의 목적

영유아 보육에서 평가는 영유아에게 알맞은 보육목표를 설정하고, 그 설정된 목표를 달성하기 위해 보육내용과 활동을 선정 · 조직하고, 나아가 보육 실제에서 나타난 결과를 평정하는 과정이며, 영유아의 여러 가지 발달상황을 확인 · 이해하여 그들이 전인적으로 성장 · 발달해 나갈 수 있도록 도와주는 데 필요한 자료와 정보를 얻어 보육프로그램 및 보육환경을 개선(최미현 외, 2000)하는 것을 목적으로 한다. 그러나 평가의 세부적인 목적은 시설의 특성이나 철학, 그리고 프로그램의 목적에 따라 달라진다.

어린이집 평가의 일반적 목적은 다음과 같이 제시할 수 있다. 보육평가의 목적은 부모와 영유아에게 제공되는 교육적 경험과 다양한 서비스의 질을 개선하고 각 연령별 프로그램의 목표성취 여부를 평정하는 것이다. 이러한 일반적 목표를 근거로 어린이집이 위치한 환경이 영유아 보육에 적합한지, 실내외 공간 구성이나 시설설비가 영유아의 발달에 유용하고 프로그램이 그들의 전인적 발달을 도모할 수 있도록 수립 · 운영되고 있는지, 교사의 행동과 역할이 적절한지, 부모교육이 잘 이루어지고 있는지의 여부를 수시로 또는 정기적으로 분석 · 측정하고, 만일 그 성과가 기대되는 수준에 미치지 못할 경우에는 이를 개선 · 보완함으로써 보육의 질을 높여 가는 것이 보육평가의 목적이라 할 수 있다.

3) 보육평가의 대상

보육평가의 대상은 크게 어린이집, 보육프로그램, 보육인력 및 보육대상으로 구분할 수 있다. 영유아의 건강한 발달을 도모하기 위해서는 무엇보다 양질의 어린이집이 확보되어야 한다. 그러므로 어린이집에 대한 평가는 보육프로그램 운영이나 보육기관의 운영에 앞서 우선적으로 실시되어야 한다. 보육프로그램에 대한 평가는 프로그램의 운영과 결과에 대한 정보를 수집하기 위해 실시되며 각 프로그램이 영유아의 전인적 성장과 발달을 돕기 위해 적절하게 구성되었는지, 또 본래 의도한 보육목표가 보육의 과정을 통해 어느 정도 실현되고 달성되었는지, 보육의 결과가 기대했던 수준에 도달하였는지의 여부를 분석 · 평가해야 한다. 현재 나와 있는 보육평가척도는 어린이집 평가와 보육프로그램 평가를 병행하고 있는 경우가 많으나, 어린이집 평가는 시설설비를 비롯한 물리적 환경과 운영관리적 측면의 평가를 보다 중시하는 경향이 있으므로 여기서는 편의상 어린이집과 보육프로그램에 대한 평가를 분류하여 살펴본다.

보육에 종사하는 사람으로는 원장, 보육교사, 영양사, 간호(조무)사, 조리사 등이 있으며 이들의 자질을 평가하고 향상시키기 위한 기초자료 수집을 위해 보육인력 평가가 실시된다. 보육의 대상으로는 영유아의 발달 정도, 특정 프로그램과 영유아의 상호작용 효과, 영유아의 특성과 잠재력의 개인차 등을 평가하기 위해 영유아평가가 실시된다. 또한 영유아 발달에 대한 부모의 이해도 및 어린이집에 대한 만족도, 부모교육을 비롯한 보육기관의 활동참여 정도를 파악하기 위해 부모평가가 실시된다.

2. 보육평가방법

보육평가의 대상은 크게 어린이집, 보육프로그램, 원장 · 교사 및 기타 인력을 포함하는 보육인력 그리고 영유아와 그들의 부모를 포함하는 보육대상으로 구분할 수 있다. 여기서는 각각의 평가대상에 대한 평가요소와 내용 및 구체적인 평가방법을 알아본다.

1) 어린이집 평가

어린이집에 대한 평가는 다음의 목적을 위해 행해진다(조성연 외, 2006).

- 포괄적인 보육서비스를 제공하기 위한 효율적인 질 관리 시스템을 마련한다.
- 어린이집을 보다 효율적으로 운영한다.
- 보육사업의 자율성을 신장한다.
- 보육사업의 전문성을 제고한다.
- 어린이집들 간의 협동성을 진작시킨다.
- 어린이집의 다양한 물리적 환경, 인적 자원, 프로그램의 질적 수준에 대한 정보를 제공해 줌으로써 보육수요자들로 하여금 합리적인 선택을 유도할 수 있도록 한다.
- 보다 우수한 어린이집을 유지함으로써 어린이집의 재정지원을 확충하여 보육서비스의 질적 수준 향상으로 이어질 수 있는 제도적 기반을 마련한다.

[그림 13-2] 아동의 출입을 확인할 수 있도록 투명유리로 벽면을 구성한 교사실

• 장기적으로 어린이집에 대한 평가인증결과를 정부나 지방자치단체의 예산지원 기준으로 활용할 수 있도록 한다.

이러한 목적들을 위해 어린이집에 대한 평가가 실시되어야 하나, 우리나라는 어린이집에 대한 국가적인 차원의 평가방법이나 제도 등이 마련되어 있지 않았다. 국내 제작되어 활용되는 어린이집 평가척도들은 외국에서 개발된 평가척도를 번역하여 표준화한 것과, 개별 연구자가 유아교육 및 보육전문가집단의 의견과 요구를 반영하여 개발한 것이었다. 그러던 중 다행히 정부주도로 2005년부터 시설평가인증사업이 진행되었고, 표준화된 어린이집 평가척도가 개발되어 적용되고 있다.

(1) 어린이집의 평가 요소

어린이집의 질을 구성하는 요인에 대해서는 여러 학자들이 다양한 견해를 제시하고 있다. 스카(Scarr, 1994) 등은 영유아 보육의 질은 많은 요소들에 의해 결정되나, 가장 공통적인 요소는 건강과 안전에 관한 요구, 보육교사와 영유아 간의 반응적이고 애정적인 상호작용, 발달에 적합한 교육과정, 집단크기의 제한, 연령에 기준한 교사와 영유아의 비율, 적절한 실내외 공간, 영유아 보육 및 영유아 발달에 관한 관계자 훈련이라고 주장한다. 호웨스와 올레닉(Howes & Olenick, 1986)은 보육의 질을 구성하는 요인으로 보육교사 대 유아의 비율, 보육교사를 위한 전문적인 교육, 보육교사의 직업안정성을 꼽고 있으며, 베르크(Berk, 1985)는 보육교사의 학력, 전문적인 교육, 아동중심적 태도, 직업에 대한 만족도, 책임감을 보육의 질에 영향을 미치는 요인으로 보고 있다.

[그림 13-3] 손잡이가 있는 계단

지금까지 개발된 주요 평가도구의 평가요소에 관한 분류를 보면 미국 유아교육프로그램인증기준(NAEYC)은 교사 · 아동 상호작용, 교육과정, 교사 · 부모 상호작용,

교사자격 및 전문성 발달, 운영, 교사편제, 물리적 환경, 건강 및 안전, 영양 및 급식, 평가로 구성되어 있다. 미국의 가정보육인증기준(NAFCC, 1998)은 상호관계, 환경, 활동, 발달학습목표, 안전과 건강, 전문성 및 사업의 6개 요소로, 그리고 호주의 평가인증(NCAC, 1993) 평가지표는 교사 · 아동 · 부모 상호작용, 프로그램, 영양 · 건강 · 안전, 시설 운영 및 교사발전의 4개 요소로 구성되어 있다.

[그림 13-4] 유아의 신장에 맞춘 유아용 변기

국내에서는 서문희, 이상헌, 임유경(2000)이 다양한 척도에서 도출된 유아교육 및 어린이집의 평가영역을 종합하여 보육환경, 보육인력관리, 어린이집 일반운영, 교육과정, 영양 · 안전 · 건강, 부모참여 및 지역사회와의 연계 등 6개 영역을 어린이집 평가의 주요 요소로 추출하였다. 또한 곽미영(2003)은 국공립어린이집의 평가를 위한 척도를 개발하면서 상호작용, 교육과정, 운영관리, 인적 환경, 건강 · 위생 · 영양 및 안전관리, 보육환경, 부모참여 및 지역사회연계 등 7개 영역을 평가요소로 제시하였다.

이처럼 학자에 따라 제시하는 보육의 질적 구성요인은 상이하나, 보육의 질은 아동과의 직접적 상호작용으로 이루어지는 과정적 질과 그 과정에 영향을 미치는 구조적 질로 대별할 수 있다는 점에서는 대체적인 합의가 이루어지고 있다. 과정적 질이란 발달적으로 적합한 활동의 준비, 영유아 보육상황에서 애정적이고 양육적이며 민감한 보육을 의미하며, 구조적 질이란 일반적으로 교사 대 영유아의 비율, 집단크기, 보육교사에 대한 교육과 훈련을 비롯한 교사변인, 물리적 환경, 행정 등의 규정적인 면을 지칭한다(Howes, 1992). 그러므로 각각의 평가척도의 구체적 문항은 보육의 어떤 측면에 초점을 맞추는가에 따라 다르지만 교사와의 상호작용, 물리적 환경, 교사 대 아동의 비율, 교사들의 경험이나 교육관 등이 대체로 공통적인 요소로 포함되며, 기본적으로 구조상의 질과 과정상의 질을 구성하는 다양한 요인들이 어린이집의 질적 평가요소라 할 수 있다.

(2) 어린이집 평가척도

초기의 어린이집 평가는 보육과 유사한 유아교육에서 사용되고 있는 외국의 척도를 번안하여 사용하던 수준이었으나 최근에 와서는 국내 실정에 적합한 어린이집 평가를 위한 척도들이 개발되어 활용되고 있다. 현재 사용되고 있는 평가척도 중 보육프로그램과 주로 관련된 부분은 다음 절에서 그 내용을 따로 기술하였으며, 그 밖에 시설평가에 사용되고 있는 척도를 국내외별로 정리한 것은 〈표 13-1〉, 〈표 13-2〉와 같다.

이 중 국내에 가장 먼저 소개되고 개정판이 나온 함스와 클리포드(Harms & Clifford, 1980)의 ECERS(Early Childhood Environment Rating Scale)는 영유아의 양육

표 13-1 국외 어린이집 평가척도

평가도구	개발자(연도)	평가영역 및 내용
유아교육환경 평정척도 (ECERS)	Harms & Clifford(1980), 임재택(1983)	생활습관 지도, 비품 및 작품의 배치와 진열, 언어 · 사고력 학습활동, 대 · 소근육운동활동, 창의성활동, 사회성활동, 교사 · 부모 환경
가정어린이집 평정척도 (FDCRS)	Harms & Clifford(1989)	보육과 학습을 위한 공간과 설비, 기본적 보육, 언어 · 개념학습, 학습활동, 사회성발달, 성인을 위한 배려
영유아환경 평정척도 (ITERS)	Harms, Cryer, & Clifford(1990)	영유아를 위한 시설과 배치, 개별적 보육일과, 듣기와 말하기, 학습활동, 상호작용, 프로그램 구조, 성인을 위한 배려
유아교육환경 평정척도 (ECERS-R)	Harms, Clifford & Cryer(1998), 김윤지(2003)	공간 및 설비, 일상적 양육, 언어 · 추리, 학습활동, 상호작용, 프로그램 구성, 부모와 교직원
가정보육 인증기준 (FAFCC)	FAFCC(1998)	상호관계, 환경, 활동, 발달학습목표, 안전과 건강, 전문성 및 사업
방과후 프로그램 인증기준(NSACA)	NSACA(1998)	인간관계, 내부환경, 외부환경, 안전 · 건강 · 영양, 행정
NCAC 평가기준(QIAS)	호주 NCAC (2002 개정판)	상호작용과 의사소통, 상호작용 프로그램, 아동보호, 건강, 안전, 운영관리
3세 미만아의 보육의 질 척도	일본 金田利子 외(2002)	교사와의 관계, 교사의 상호작용 태도, 보육과정, 부모와의 관계, 보육환경, 영아의 반응

표 13-2 국내 어린이집 평가척도

평가도구	개발자(연도)	평가영역 및 내용
어린이집 평가기준	정기원 · 오미영 · 안현애(1995)	물리적 환경, 운영 및 교직원관리, 보육프로그램, 상호작용
어린이집 관찰목록표	임미혜(1996)	건강과 안전, 물리적 공간, 교재 · 교구 · 활동들, 성인직원, 영유아, 부모, 영유아 개인
가정어린이집 평가척도	최진원(1996)	물리적 환경, 보육프로그램, 안전 · 영양 · 건강, 운영관리
유치원평가의 영역 및 기준	유현숙 · 박영숙 · 김규태(1997)	교육목표 및 계획, 교육과정, 교육환경, 교직원, 운영관리, 유치원의 성취
유치원 교육환경 평가척도	권영례 · 이영자 · Harms(1999)	물리적 환경, 건강과 안전, 일과계획 및 운영, 상호작용, 교육과정, 교직원 개발, 운영관리, 평가
유치원 평가지표	장명림 외(1999)	물리적 환경, 교육과정, 운영관리, 유아의 영양 · 건강 · 안전, 교직원, 가정 및 지역사회와의 연계
유치원기관 평가도구	이대균 · 이기우(1999)	교육계획, 교육과정 편성, 행사 운영, 물리적 환경, 영양 · 건강 · 안전, 교직원, 유치원 운영관리, 가정 및 지역사회, 유아 성취, 중 · 장기 발전계획
가정어린이집 평정척도	한국어린이 육영회(1999)	양육과 학습을 위한 공간과 설비, 기본적인 양육, 언어와 추론, 학습활동, 사회성발달, 성인에 대한 요구
어린이집 평가인증제도를 위한 평가영역	유희정 · 강정희(2002)	어린이집 운영관리, 보육인력, 교육과정, 보육환경, 건강 · 영양 · 안전, 부모참여 및 지역사회 연계, 이용자 만족도
영아 어린이집 평가지	최경애(2003)	물리적 환경, 보육과정, 건강관리, 운영관리, 지원체계
어린이집 평가지		물리적 환경, 영아 보육프로그램, 건강관리, 운영관리, 부모 지역사회협력
평가인증지표	40인 이상: 보건복지부(2010)	보육환경, 운영관리, 보육과정, 상호작용과 교수법, 건강과 영양, 안전
	39인 이하: 보건복지부(2010)	보육환경 및 운영관리, 보육과정, 상호작용과 교수법, 건강과 영양, 안전
	장애아전담: 보건복지부(2010)	보육환경, 운영관리, 보육과정, 상호작용과 교수법, 건강과 영양, 안전
국공립어린이집 평가척도	곽미영(2003)	상호작용, 교육과정, 운영관리, 인적 환경, 건강 · 위생 · 영양 및 안전관리, 보육환경, 부모참여 및 지역사회 연계
어린이집의 안전보육환경 평가척도	김경륜(2004)	물리적 환경, 인적 환경, 안전관리, 건강관리

및 교육환경에 대한 전반적인 질을 평가하기 위해 개발되었다. ECERS는 유아교육시설의 기본적인 사항을 모두 포함하고 있으며 만 2~5세 영유아의 양육 및 교육을 맡고 있는 교사, 원장 및 외부 관찰자가 사용할 수 있다. 평정의 준거가 구체적으로 기술되어 있는 7점 기술평정척도이며, 학급의 관찰 및 교사와의 면담을 통해 평가에 필요한 정보를 수집한다. 우리나라에서는 임재택이 1983년에 번안 · 소개하였다. 이후 장애아동과 문화적 다양성에 대한 내용을 추가하는 등 시대적 변화를 반영하여 1998년에 개정판인 ECERS-R이 개발되었다. ECERS-R은 공간 및 설비, 일상적 양육, 언어 · 추리, 학습활동, 상호작용, 프로그램 구성, 부모와 교직원 등 7개 영역의 43문항으로 구성되어 있으며 김윤지(2003)가 국내에 소개하였다.

함스와 클리포드는 또한 ECERS와 같은 체제로 영아대상의 평정척도인 ITERS (Infant/Toddler Environment Rating Scale)를 개발하였으며 국내에서는 현온강과 이완정(1997, 1998)이 번안 및 타당화 연구를 실시하였다. 이는 30개월 미만의 영아를 대상으로 하고 있는 교육기관을 평가하기에 적합한 척도이며 유아를 위한 시설과 배치, 개별적 보육일과, 듣기와 말하기, 학습활동, 상호작용, 프로그램 구조, 성인을 위한 배려 등 7개 영역 35문항으로 구성되어 있다.

한편, 가정보육 평가를 위해서 이들은 FDCRS(Family Day Care Rating Scale)를 개발하였는데, 국내의 몇몇 연구에서 번안하여 사용된 바 있으나 아직 표준화를 위한 작업은 이루어지지 않았다. FDCRS는 5명 이내의 아동을 대상으로 가정에서 제공되는 보육의 질적 수준을 평가하기 위한 척도로 보육과 학습을 위한 공간과 설비, 기본적 보육, 언어 · 개념학습, 학습활동, 사회성발달, 성인을 위한 배려 등 6개 영역 34문항으로 구성되어 있다.

〈표 13-2〉에 제시된 바와 같이 국내에서도 어린이집을 평가하기 위한 다양한 척도가 개발되었다. 2003년에는 곽미영이 국공립어린이집을 평가할 수 있는 척도를 개발하였다. 이 척도는 상호작용, 교육과정, 운영관리, 인적 환경, 건강 · 위생 · 영양 및 안전관리, 보육환경, 부모참여 및 지역사회 연계 등 7개 영역의 164개 문항으로 구성되어 있다.

평가인증제 시행을 위해 연구된 평가인증척도는 어린이집 규모에 따라 21인 이상, 21인 미만(보건복지부, 2003) 그리고 장애아전담(여성가족부, 2005) 순으로 개발되었다. 2008년에는 평가인증 활성화를 위한 개선방안의 일환으로 지표유형을 구분하는 정원기준을 21인에서 40인으로 변경하여 2008년 4기부터 적용하였다. 1차 평가인증(2005~2009) 시행 이후 2010년부터 2차 평가인증을 시행하고 있다. 1차에 비해 수정 · 보완된 2차의 지표를 보면, 40인 이상의 어린이집의 평가인증척도는 보육환경, 운영관리, 보육과정, 상호작용과 교수법, 건강과 영양, 안전 등 6개 영역 70항목으로 구성되어 있다. 39인 이하 어린이집의 평가인증척도는 보육환경 및 운영관리, 보육과정, 상호작용과 교수법, 건강과 영양, 안전 등 5개 영역 55항목으로 구성되어 있다. 장애아전담 어린이집의 척도는 6개 영역 75항목으로 구성되어 있다. 모든 지표별 평가는 3단계 기술평정척도에 의해 평정되며 각 영역별 평균점수가 기준점수 2.25점 이상일 경우 인증에 해당되고 그렇지 않은 경우에는 인증 유보를 받게 된다.

2) 보육프로그램 평가

보육프로그램에 대한 평가는 프로그램의 운영과 결과에 대한 정보를 수집하기 위한 것으로 프로그램의 필요성 및 계획성, 그리고 프로그램이 영유아 발달에 적합하게 구성되어 있는지 등을 살펴보기 위해 실시된다. 이러한 평가는 보육프로그램의 효과 및 목표달성 정도에 대한 유용한 정보를 제공해 주며, 이에 따라 효과적인 의사결정을 할 수 있어 어린이집을 운영하는 데 많은 도움이 된다. 따라서 보육프로그램의 평가는 보육관계자의 전문성을 고양하고 프로그램이 갖는 취약점을 개선하여 질적 수준의 향상을 모색하는 것이 궁극적인 목적이며, 이를 위해

[그림 13-5] 유아의 신장에 맞춘 유아용 세면기

프로그램 전 과정의 타당성, 적절성, 효율성이 평가되어야 한다(곽미영, 2003).

일반적으로 프로그램 평가기준은 프로그램이 가치를 두고 추구하는 목표, 프로그램 실행과정의 실용성, 프로그램이 목표한 바에 대한 성취도, 기대하지 않았던 부가적 효과(이은해, 1995) 등을 고려하여 설정되며 이 밖에 프로그램의 구성요소와 효율성, 지역사회에의 기여도 등을 평가기준으로 설정하기도 한다.

보육프로그램에 대한 평가자료는 보육프로그램 운영, 영유아의 생활변화나 발달, 교사 그리고 영유아 자체에 대한 평가 등 전반적인 분야에 걸쳐 수집된다. 평가를 통한 자료수집은 현장의 교사나 원장, 정책입안자, 부모 등이 실시할 수 있으나 평가가 어렵고 복잡하여 실시에 어려움이 많다고 여겨 이를 등한시하는 경향이 있다. 수집된 평가자료는 보육프로그램의 질을 향상시키고 영유아의 전인적인 발달이라는 보육의 목적을 달성하는 데 도움이 되므로 보육프로그램에 대한 평가가 활성화되어야 한다.

(1) 보육프로그램 평가유형

보육과정계획에 따라 보육프로그램을 실행하면서 활동 전, 활동 중, 활동 후에 나타나는 영유아의 발달상황에 대한 계속적인 평가가 실시된다. 타당하고 신뢰성 있는 정보를 획득해 평가결과를 적절히 활용하기 위해서는 다양한 방법으로 평가가 이루어져야 한다.

보육프로그램에 대한 평가는 평가의 형식, 목적 및 시기 그리고 방식에 따라 구분할 수 있다(이숙희 · 김숙령, 1996; 이은해, 1995; 최미현 외, 1996). 다음에는 각 평가유형에 따른 분류의 구체적 내용을 제시하였다.

① 평가형식에 따른 분류

보육프로그램 평가는 평가형식에 따라 크게 형식적 평가와 비형식적 평가로 나뉜다. 형식적 평가란 일정한 틀에 맞추어 정해진 시기에 실시되는 평가를 의미한다. 형식적인 평가는 정해진 관찰항목을 중심으로 영유아가 일상적으로 받는 자극이나 환경 구성 또는 교사행동을 관찰하는 방법이다. 나이가 어린 유아일수록 교사의 역할이 더욱 중요하므로 교사의 행동을 평가하는 일은 매우 의미 있는 일이다.

반면, 비형식적 평가는 비정기적으로 정해진 틀이 없이 실시되는 평가로 평가자의 내적 인지도에 따라 보육과정을 수시로 검토하거나 매일의 환경 구성이나 교육계획안 및 활동을 중심으로 관찰 · 기록한 후 분석하는 것이다. 비형식적 평가에는 평가자의 주관성이 개입될 수 있는 여지가 다분하며 직관적 평가라고 칭해지기도 한다.

② 평가 목적 및 시기에 따른 분류

평가하고자 하는 목적과 시기를 고려해 평가유형을 분류해 보면 진단평가, 형성평가 및 총괄평가로 구분할 수 있다. 진단평가는 학기 초나 새로운 단원이 시작되기 전에 실시하는 평가로 어떤 어린이집과 보육과정에 영유아를 배치할 것인가에 관한 결정을 포함하여, 영유아의 현행 수준을 파악한 다음 프로그램의 방향과 활동목적의 틀을 안내하는 역할을 한다. 영유아를 대상으로 한 진단평가는 학부모가 제출한 입원원서, 가정생활조사서, 어린이집 현황조사, 학습준비도검사 및 다양한 표준화된 검사도구를 통해 실시된다. 진단평가의 결과는 영유아 개인의 발달상의 문제점과 보육프로그램 자체의 문제점 발견을 가능하게 하며 영유아의 발달상태 및 특징, 가정환경, 부모의 양육방식 등 다양한 사전정보를 인지하게 함으로써 영유아에 대한 보육교사의 이해를 촉발하고 보육활동의 구체적 계획의 토대가 된다.

[그림 13-6] 실외활동을 위한 외출용 운동화

형성평가는 보육프로그램이 진행되는 과정 중에 실시되는 평가로 각 프로그램이 진행되는 동안 수시로 실시함으로써 투입된 프로그램에 대한 영유아의 이해 정도를 파악하고 프로그램이 계획한 바가 제대로 수행되는지 평가 · 분석함으로써 의도한 교육적 성과를 달성하는 것을 목적으로 한다. 형성평가는 교사 등의 내부인이 수행하며 일화기록, 행동목록표, 유아의 표현활동자료, 교사-부모 면담자료, 표준화 검사, 교사가 제작한 비형식적 검사, 포트폴리오 등이 평가방법으로 사용된다. 형성평가를 통해 보육교사는 보육프로그램에 대한 영유아의 적합성 여부를 파악하고 지속적인 피드백을 받으며 이에 따라 지도방법을 수정하여 초기에 설정한 교육목표 달성을 위한 더 나은 활동을 계획한다.

총괄평가는 주로 보육프로그램의 최종 사정을 위하여 어린이집 단위로 학년 말에 실시되는 평가로, 일정 기간의 보육과정이나 내용 및 방법의 적절성을 판단하고자 학기 말에 실시하거나 한 단원을 끝낸 후 실시하기도 한다. 즉, 총괄평가는 프로그램의 전체적인 성과를 평가하거나 목표충족 정도를 사정하는 평가로 보육의 결과가 의도했던 방향으로 이루어졌는가에 대한 총체적인 평가다. 총괄평가 결과는 영유아들의 행동변화를 최종적으로 검토하여 보육활동의 효율성과 영유아의 성취수준을 파악하는 자료로 활용되며, 이후에 실시될 보육프로그램의 수정 및 보완에 대한 안내자료로도 활용된다. 이러한 총괄평가는 교사에 의해서도 행해지나 영유아를 대상으로 하는 프로그램에서는 모델의 전반적인 성과를 보다 객관적으로 비교 · 검토하기 위해 전문가에 의한 체계적인 수행이 이루어지기도 한다.

③ 평가방식에 따른 분류

[그림 13-7] 실내용 운동화

평가방식에 따라서는 양적 평가와 질적 평가로 나눌 수 있다. 양적 평가는 사전에 의도된 보육목표가 어느 정도 달성되었는지를 수량화하여 평가하는 방법이다. 이를 위해 절대평가와 상대평가를 사용하는데, 절대평가는 교사가 선정하고 조직한 학습경험이 실제로 의도한 만큼의 성과를 얻었는지, 즉 학습자의 행동변화에 얼마만큼 영향이 있었는지를 알아보는 평가방식으로 교수목표를 준거로 하여 평가결과를 점수화하고 해석한다. 상대평가는 표준화된 검사를 통해 개인의 위치를 전체 집단의 평균치와 관련지어 점수화하고 해석한다(조성연 외, 2006). 양적 평가에 활용되는 도구로는 표준화된 지능검사, 운동능력검사, 사회성검사 등이 있다.

이와 달리 질적 평가는 원래 의도했던 목표에 집착하지 않고 프로그램에 참여한 교사나 학습자가 보여 주는 자연적인 교수 · 학습상황에서의 고유한 반응에 주목한다. 즉, 교육목표 달성여부보다는 교수와 학습의 과정이나 유아의 문제파악에 초점을 맞춘다. 따라서 질적 평가는 수량화된 자료보다는 관찰이나 영유아의 작품 및 포트폴리오, 심층적인 면접 등의 자료를 통하여 이루어진다.

(2) 보육프로그램 평가척도

최근 정부는 방과후 보육, 24시간 보육, 휴일보육 등 다양한 보육형태를 포함하는 표준보육과정에 적합한 신규 보육프로그램의 개발 및 보급에 관심을 기울이고 있다. 그러한 노력의 일환으로 신고제에서 인가제로 설치기준을 강화하고, 어린이집 시설설비기준 개선방안을 수립 · 시행하고, 연령이나 장애 등 보육대상 아동의 특성을 고려한 시설설치기준을 마련하였다. 그러나 지역과 계층, 영유아의 발달단계 및 발달의 특수성을 고려한 다양한 보육프로그램의 개발은 미비한 실정이다. 따라서 앞으로는 보육프로그램의 개발이 활성화되어야 하며, 또한 각 프로그램의 효과를 측정할 수 있는 적절한 평가척도 역시 구비되어야 한다.

① 평가기준

연구자들이 제시한 보육프로그램의 평가기준은 다양하나, 공통적으로 포함되는 내용으로는 보육일지를 통해 일 · 주 · 월 · 연간 계획안을 실제 실행한 결과와 비교 · 분석하는 학급운영 평가와 보육교직원이 연간 1~2회 실시하는 프로그램운영 평가가 있다. 또한 실내활동 프로그램 평가와 실외활동 프로그램 평가로 구분할 수 있다.

구체적으로 살펴보면 강달금(2002)은 첫째, 프로그램의 이론적 배경에 대한 이해

여부, 둘째, 연령의 적합성, 개인의 적합성, 사회 · 문화적 적합성을 고려한 보육계획 수립 및 실천여부, 셋째, 실내외 활동의 균형여부, 넷째, 집단규모별 활동프로그램의 균형성, 다섯째, 동적 활동과 정적 활동의 균형성, 여섯째, 교사주도 혹은 아동주도적 활동의 균형성, 일곱째, 실내외 프로그램의 다양성을 평가기준으로 제시하고 있다.

표준화된 척도의 활용 외에도 보육프로그램에 대한 평가에는 전문가의 판단, 교사 · 학부모 · 지역사회 등의 의견청취, 관찰법, 검사법, 실험법 등이 활용(황해익 · 임재택, 1997)되며, 이러한 평가방법은 보육현장의 질적 개선을 목적으로 한 다양한 준거를 제시하고 있다.

② **평가척도**

보육프로그램 평가에는 국내외의 유아교육 프로그램 평가척도가 공동으로 사용되었으며 최근에 와서 국내 실정에 맞는 보육프로그램 척도가 개발되고 있다. 보육프로그램을 평가하기 위한 국내외 척도는 〈표 13-3〉과 같다.

초기의 영유아의 연령을 고려하지 않은 평가와 달리 점차 보육대상의 연령을 고려하여 영아와 유아로 이원화된 보육프로그램 평가척도의 개발이 이루어지고 있고, 방과후 보육프로그램 평가에 대한 접근도 이루어지고 있다. 몇몇 척도의 내용을 구체적으로 살펴보면 다음과 같다.

이순형 등(1998)은 보육대상의 연령에 따라 영아, 유아 및 방과후로 구분하여 보육프로그램의 평가척도를 개발하였다. 영아기 프로그램은 건강과 안전, 영양, 학습환경, 교사-영아 간의 상호작용, 개별화의 5개 영역 65문항, 유아기 프로그램은 건강과 안전, 학습환경, 교육과정, 교사-유아 간의 상호작용, 개별화의 5개 영역 59문항, 그리고 방과후 프로그램은 이 5개 영역에 일과계획이 추가된 6개 영역 35문항으로 평가하도록 구성되어 있다. 이에 더해 시설 · 설비관리, 영양 및 급식봉사, 교육과정 운영, 인사관리, 프로그램 발전의 5개 영역 90문항으로 어린이집의 운영관리 부분을 평가하도록 되어 있다.

이은해(2002)는 1~5세의 영유아를 보육하는 기관중심의 어린이집을 자체적으

표 13-3 국내외 보육프로그램 평가척도[1)]

평가도구	개발자(연도)	평가영역 및 내용
APECP(유아교육 프로그램 평가 평가척도)	Abbot-Shim & Slibley(1987), 강숙현 역(1991)	• 운영관리 측면: 시설설비, 영양 및 급식, 프로그램 운영, 인사관리, 프로그램 발전 • 영아기 프로그램: 건강과 안전, 영양, 학습환경, 상호작용, 개별화 • 유아기 프로그램: 건강과 안전, 학습환경, 일과계획, 교육과정, 상호작용, 개별화 • 학령기 프로그램: 건강과 안전, 학습환경, 교육과정, 상호작용, 일과계획
PQA (유아교육 프로그램 질 평가척도)	High/Scope 연구소(1998), 정혜영 역(2002)	학습환경, 일과계획 및 운영, 성인-유아 상호작용, 교육과정 계획 및 평가, 부모참여 및 가족서비스, 교직원 자격 및 전문성 개발, 프로그램 관리
NAEYC의 우수한 유아교육 프로그램의 준거	NAEYC (1984, 1998)	교사-유아 상호작용, 교육과정, 교사-부모 상호작용, 교사자격 및 전문성 발달, 운영관리, 교사편제, 물리적 환경, 건강 및 안전, 영양 및 급식서비스, 평가(1988년 개정된 기준)
유아교육 프로그램 평가척도	이은해 · 이기숙(1994)	일과계획, 교육과정, 상호작용, 물리적 환경, 교재 · 교구, 영양 · 건강 · 안전, 운영관리, 교직원, 가정 및 지역사회와의 관계, 평가활동
보육프로그램 진단평가척도	임재택 · 조희숙 · 황해익(1996)	물리적 환경, 교직원, 운영관리, 교육과정, 영양 · 건강 · 안전, 가정 및 지역사회와의 연계
어린이집 및 프로그램 평가척도	이순형 · 최일섭 · 신영화 · 이옥경(1998)	• 운영관리영역: 시설 · 설비관리, 영양 및 급식봉사, 교육과정 운영, 인사관리, 프로그램 발전 • 영아기 프로그램: 건강과 안전, 영양, 학습환경, 교사-영아 간의 상호작용, 개별화 • 유아기 프로그램: 건강과 안전, 학습환경, 교육과정, 교사-유아 간의 상호작용, 개별화 • 방과후 프로그램: 건강과 안전, 학습환경, 교육과정, 교사-아동 간 상호작용, 개별화, 일과계획
보육프로그램 평가	보건복지부(2000)	보육계획, 보육진행 및 보육의 물리적 환경 구성
어린이집 운영관리 평가척도	이은해(2002)	물리적 환경, 건강 · 안전 · 영양, 교직원, 가정 및 지역사회 연계, 전반적인 교육과정 운영
어린이집 영아반 평가척도(1~2세용)		놀이환경, 놀이활동, 일상적 양육, 건강과 안전, 교사-영아 상호작용
어린이집 유아반 평가척도(3~5세용)		학습환경, 교육과정 계획, 교육과정 운영, 건강과 안전, 교사-유아 상호작용
어린이집 프로그램 관찰척도		물리적 환경, 건강 · 안전 · 영양, 학습환경, 교육경험 및 활동, 교사-영유아 상호작용
부모용 평가설문지		어린이집과 가정 간의 의사소통, 기관안내 및 정보제공, 부모참여 정도, 자녀의 어린이집에 대한 반응, 부모의 프로그램에 대한 평가

로 평가할 수 있는 세 가지 어린이집 평가척도(어린이집 운영관리 평가척도, 어린이집 영아반 평가척도, 어린이집 유아반 평가척도), 외부 관찰자나 전문가가 사용할 관찰척도(어린이집 프로그램 관찰척도), 보육프로그램과 보육서비스에 대해 부모관점에서 평가할 수 있는 부모용 평가설문지로 구성된 어린이집 프로그램 평가도구세트를 개발하였다.

척도의 세부내용을 살펴보면 어린이집 운영관리 평가척도는 물리적 환경, 건강·안전·영양, 교직원, 가정 및 지역사회 연계, 전반적인 교육과정 운영의 5개 하위영역 84문항이고, 영아반 평가척도는 놀이환경, 놀이활동, 일상적 양육, 건강과 안전, 교사-영아 상호작용의 5개 하위영역 60문항이며 유아반 평가척도는 학습환경, 교육과정 계획, 교육과정 운영, 건강과 안전, 교사-유아 상호작용의 5개 하위영역 80문항이다. 또한 어린이집 프로그램 관찰척도는 물리적 환경, 건강·안전·영양, 학습환경, 교육경험 및 활동, 교사-영유아 상호작용의 5개 하위영역 73문항, 부모용 평가설문지는 어린이집과 가정 간의 의사소통, 기관안내 및 정보제공, 부모참여 정도, 자녀의 어린이집에 대한 반응, 부모의 프로그램에 대한 평가의 5개 하위영역 49문항으로 구성되어 있다.

3) 보육인력 평가

어린이집에서는 시설규모에 따라 규정된 필수종사자를 채용해야 한다. 2012년에 개정된 [영유아보육법]에 명시된 보육인력으로는 원장, 보육교사, 간호사(조무사), 영양사, 취사부, 운전기사, 사무원 등이 있고, 장애아통합 어린이집과 장애아전담 어린이집에는 특수교사와 치료사 등이 배치된다.

수준 높은 보육서비스를 제공하기 위해서는 보육교직원들에 대한 질적 관리가 이

---

1) 현재 사용되고 있는 평가척도 중 보육프로그램만을 평가하는 척도는 없으며 대부분의 척도가 물리적 환경이나 운영관리 부분을 포함하고 있다. 〈표 13-3〉에 소개된 척도는 프로그램 평가에 보다 치중하고 있어 보육프로그램 평가척도로 분류·소개하였으나, 시설설비나 운영관리에 대한 문항도 포함하고 있어 어린이집 평가에도 사용될 수 있음을 밝혀 둔다.

루어져야 하며, 보육을 주관하는 인력에 대한 정기적 평가가 실시되어야 한다. 구체적으로 어린이집의 주요 교직원인 원장과 교사에 대한 평가를 살펴보면 다음과 같다.

(1) 원장 평가

원장의 주요 임무는 기관을 합리적으로 운영하여 영유아 보육의 목표를 달성하는 데 있다. 이를 위해 원장은 교직원 인사관리, 재정관리, 보육프로그램의 효율적인 운영, 대외관계 유지 등에서 충분한 능력과 기술을 갖추어야 하며 어린이집 운영과 관련된 중앙부처나 지방자치단체의 정책방향 및 관계법령이나 규정에 대해서도 충분히 이해하고 있는 등 자질을 갖추고 있어야 한다. 따라서 원장은 영유아 보육의 이론과 실제에 대한 충분한 지식과 능력을 터득하기 위해 재교육을 통하여 끊임없이 노력해야 한다. 또한 보육서비스의 실제 운영과 관련된 제반 사항과 원장의 의식이나 전문성에 대해 지속적인 평가가 이루어져야 한다.

[그림 13-8] 교구정리장

원장의 자기평가를 위해 개발된 척도로는 신민경과 황해익(2004)의 유치원 원장의 자기평가척도를 들 수 있다. 이 척도는 원장의 특성을 일반적 특성, 전문적 특성, 관리적 특성의 3개 영역으로 구분하고 있다. 일반적 특성에는 신체, 인성, 지도력, 교육 및 지적 능력, 전문적 특성에는 교직에 대한 태도, 전문적 지식, 장학능력 그리고 관리적 특성에는 행정실무능력과 안전관리능력이 하위영역으로 포함되어 있다.

(2) 교사 평가

아무리 좋은 어린이집과 보육프로그램을 가지고 있다 하더라도 우수한 자질이나 자격을 갖춘 교사가 없다면 보육의 질이 저하되므로 영유아와 상호작용을 통해 영유아에게 가장 직접적인 영향을 미치는 교사에 대한 평가는 보육평가의 중요부분이다. 또한 어린이집에 자녀를 맡기는 부모들이 시설 선택이나 평가의 첫 번째 기준으로 삼는 것이 바로 프로그램의 질을 결정하는 요인으로 인식되는 교사(김수영, 1996; 임승렬, 2001; 황해익, 2000; Katz, 1984; Willer, 1987)란 점에서 보육교사는 끊임없는 평가 및 연수가 필요하다.

교사를 평가하는 목적은 승진이나 봉급 등의 행정적인 문제와 관련된 결정을 하기보다는 양질의 보육프로그램을 운영하기 위한 교사의 자질을 함양하고 자기계발에 도움을 주고자 하는 것이다. 교사평가에는 교사의 자기평가, 동료 및 주임교사나 원장에 의한 평가 혹은 부모들에 의한 평가 등 다양한 방법이 사용된다. 교사의 자기평가는 교사가 스스로 자신의 교수활동을 평가하는 방법으로, 교사 개인의 성장을 촉진하고 교수방법을 향상시키며 자율성과 전문성을 신장해 보육교사의 질적 향상을 도모할 수 있다. 또한 자기평가는 교사의 자발적이고 적극적인 참여를 통한 자율장학의 성격을 띠기도 하며, 궁극적으로는 프로그램을 개선하는 데도 도움이 된다(양옥승 외, 1999; 이은해, 1995). 보육교사의 자기평가는 일반적으로 각 학기 말 1회씩 1년에 2회 실시하며 매번 그 실시결과를 비교 · 분석하여 자기발전의 계기로 삼는다. 한편, 원장에 의한 교사평가방법으로는 한국어린이육영회(1999)에서 개발한 교사평정표가 있다. 이 평정표에서는 교사의 근무태도, 자질, 보육능력, 연구조사활동, 학급경영 및 사무처리능력의 5개 하위영역을 연 2회 100점 만점으로 평가한다.

교사평가는 교사들의 사기와 동기유발, 그리고 영유아 및 어린이집에 미치는 영향이 크므로 교사들이 어떤 준거로 어떤 방법에 의해 평가되는지를 분명히 알 수 있도록 해야 한다. 유아교사의 자질을 종합적으로 제시하여 교사평가에 사용될 수 있는 준거를 데커와 데커(Decker & Decker, 1984)는 다음과 같이 제시하고 있다.

- 신체적 특징으로 건강, 효과적인 역할 수행에 필요한 생동감이 포함된다.
- 정신적 능력으로 프로그램의 철학을 개념화하고 영유아와 교사의 욕구 및 역할에 대한 인식능력이 포함된다.
- 전문가적 자질로서 교사 역할에 필요한 교수방법 및 교육자료에 대한 지식이 포

함된다.

- 개인적 속성으로 열성, 동료와 협동하고 좌절에 적응하는 능력이 포함된다.

이 외에도 안전하고 건강한 환경의 유지, 대인관계의 민감성, 영유아의 발달을 위한 교육계획과 평가능력, 학급의 운영능력, 부모 및 지역사회와의 원만한 관계 유지 등이 교사평가의 준거가 될 수 있다.

4) 보육대상 평가

(1) 영유아 평가

어린이집의 주요 대상인 영유아에 대한 평가가 필요한 이유는 다음과 같다(조성연 외, 2006). 첫째, 영유아가 어린이집에 입소하기 전에 이들의 현재 발달상황이나 특성 등을 살펴보기 위해, 즉 진단평가를 목적으로 실시한다. 이 경우 간단한 부모용 가정환경검사를 통해 영유아의 질병상태, 연령에 적합한 예방접종 유무, 알레르기 유무와 종류, 좋아하는 놀이 등 영유아와 관련된 인적 · 물적 환경 등을 포함하는 다양한 측면에 대해 조사한다. 둘째, 어린이집에서 영유아가 교사나 다른 영유아와 상호작용하는 동안 교사 및 원장이 관찰한 자료를 통해 개별 보육프로그램에 적용하거나 개인의 특성 등을 파악하기 위하여 현 발달상황을 수시로 평가한다. 이는 후에 부모면담용 자료로 활용할 수 있다. 셋째, 영유아의 학교준비도, 지능, 또래와의 관계 및 제 발달상황 등을 표준화된 검사도구를 이용하여 객관적이고 타당하게 측정한다. 이에 따른 결과는 후에 초등학교에 보낼 생활기록부의 자료로 활용할 수 있다.

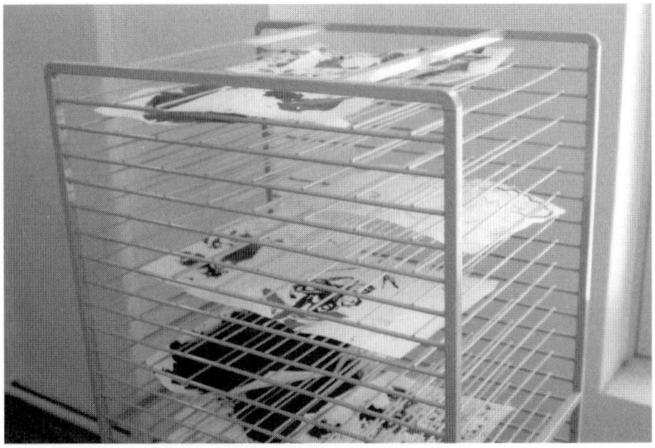

[그림 13-9] 그림 건조대

한편, 교육부는 영유아를 평가할 때

유의할 사항을 다음과 같이 제시하고 있다. 첫째, 부모와의 면접, 일화기록, 체크리스트, 작품분석, 자기평가 등의 방법을 통해 영유아의 행동이나 발달을 객관적으로 평가해야 한다. 둘째, 영유아의 개인 간 차보다는 개인 내 차이에 대한 평가를 실시함으로써 영유아의 과거보다 현재의 발달이 어떻게 진전되었는지를 평가해야 한다. 셋째, 영유아에 대한 평가는 활동결과보다 과정에 초점을 두도록 하며 영유아의 건강, 기본생활습관, 정서적 안정감, 대인관계, 의사소통능력 및 탐구심 등에 초점을 두어야 한다.

보육현장에서 보육활동과정 중에 활용되는 영유아평가법은 부모면담, 관찰(일화기록법, 평정척도법, 행동목록법 또는 체크리스트), 작품분석 및 포트폴리오, 그 외의 면접, 비디오 · 오디오 · 컴퓨터 기록, 일기 또는 저널 등을 포함하는 직접적 자료수집법 그리고 표준화검사도구를 이용한 평가방법으로 나뉜다. 이를 구체적으로 살펴보면 다음과 같다.

① 부모와의 면담

일반적으로 부모와의 면담은 교사가 영유아를 단시간에 평가하거나 부모의 요구 혹은 가정의 특수한 사정을 파악해 영유아를 지도하는 데 도움을 준다. 부모와의 면담은 정기적 또는 특별한 문제가 발생했을 때 수시로 실시한다.

프로그램 운영 초기에는 영유아를 어린이집에 보내게 된 동기와 보육프로그램에서 중요하다고 생각되는 점, 특별한 요구사항, 자녀양육관 및 가치관 등을 알아보기 위해 가정환경조사서를 작성하게 한다. 가정환경조사서에는 영유아의 출생, 수유, 성장 · 발달상태, 과거 병력, 식습관에 대한 정보 및 영유아에 대한 가족의 태도 등을 기록하게 한다. 또한 기본생활습관 조사지(〈표 13-4〉 참조)를 통해 영유아의 운동발달상황, 치아발육상태, 예방접종, 병력, 수유 및 이유의 방법과 양, 식사와 간식습관, 배변 및 수면, 기타 기본생활습관을 조사할 수 있다.

부모와의 면담을 통해 수집된 자료는 프로그램 구성 및 운영의 참고자료로 활용될 수 있으며 프로그램이 종료된 후에도 부모를 대상으로 프로그램 운영과 유아 및 부모 자신의 변화 정도를 평가하여 프로그램의 효과를 조사할 수 있다.

표 13-4 기본생활습관 조사지의 예

* 해당 사항을 □나 ( )에 기재하여 주십시오.

작 성 일: 년 월 일 영유아 명: 성별(남 · 여) 생년월일: 년 월 일			
구분		내용	
먹기	수유	□ 일정 시간 간격으로 계획적인 수유를 한다. ( )시간마다 □ 원할 때마다 자유롭게 수유를 한다.	
	이유	생후 ( )개월부터 시작하여 현재 일일 ( )회 제공	
	식사	식사 여부	① 아침(○, ×), ↘( )시경 ② 점심(○, ×), ↘( )시경 ③ 저녁(○, ×) ↘( )시경
		식욕	□ 잘 먹는다. □ 그저 그렇다. □ 잘 먹지 않는다.
	간식	① 일일 ( )회 ② 주로 먹는 간식( )	
	습관		
잠자기	기상	( )시경 일어난다.	
	낮잠	① 일일 ( )회 ② 총 ( )시간 정도 낮잠을 잔다. ③ ( )시부터 ( )시경까지 잔다.	
	취침	□ 규칙적이다. ( )시경 잔다. □ 불규칙적이다.	
	잠자기	□ 업어야 잔다. □ 엎드려서 잔다. □ 두드려 주어야 잔다. □ 혼자서 잔다. □ 기타 ( )	
대소변 가리기	기저귀	□ 현재 사용한다. □ 현재 사용하지 않는다. ( )세경부터	
	지도여부	□ 대소변 가리기 지도를 한다. □ 가끔 한다. □ 하지 않는다.	
	대변	□ 가린다. 일일 ( )회 정도 한다. □ 가리지 못한다. □ 잘 때만 기저귀를 채운다.	
	소변	□ 가린다. 일일 ( )회 정도 한다. □ 가리지 못한다. □ 잘 때만 기저귀를 채운다.	
	습관		
몸단장하기	옷 입고 벗기	□ 입히고 벗겨 준다. □ 도와주면 입고 벗는다. □ 스스로 한다.	
	손씻기	□ 씻겨 준다. □ 도와주면 씻는다. □ 스스로 씻는다.	
	이닦기	□ 이닦기를 매일 한다. ① 닦아 준다.( ) ② 도와주면 닦는다.( ) ③ 스스로 닦는다.( ) □ 이닦기를 매일 하지 않는다.	
	세수하기	□ 씻겨 준다. □ 도와주면 씻는다. □ 스스로 닦는다.	
정리정돈	이불개기	□ 개어 준다. □ 개는 것을 돕는다. □ 스스로 갠다.	
	신발 신고 벗기	□ 신기고 벗는다. □ 도와주면 신고 벗는다. □ 스스로 신고 벗는다.	
	옷걸이	□ 걸어 준다. □ 도와주면 건다. □ 스스로 건다.	
	장난감 정리하기	□ 정리해 준다. □ 도와주면 정리한다. □ 스스로 정리한다.	
인사하기	만나고 헤어질 때	사람과 만나고 헤어질 때 인사나 인사말을 한다. □ 잘한다. □ 그저 그렇다. □ 하지 않는다.	
	상황에 맞게	사과해야 할 때, 감사해야 할 때 상황에 맞는 말이나 표현을 한다. □ 잘한다. □ 그저 그렇다. □ 하지 않는다.	
	잠자기 전후에	잠자기 전후에 인사말을 한다. □ 잘한다. □ 그저 그렇다. □ 하지 않는다.	
	식사 전후에	식사 전후에 인사말을 한다. □ 잘한다. □ 그저 그렇다. □ 하지 않는다.	

② **관찰**

급격한 발달적 변화 및 의사소통의 어려움으로 신뢰할 수 있고 타당한 평가를 위한 자료수집이 어려운 영유아평가에는 직접적이고 지속적인 관찰평가가 요구된다. 영유아에 대한 관찰은 다음의 체계적인 절차를 통해 이루어져야 한다. 첫째, 관찰하고자 하는 행동영역을 먼저 정한 후 그에 따라 직접 관찰할 수 있는 하위행동을 결정한다. 둘째, 특정한 행동이나 활동에 대한 정보를 기록하기 위한 관찰자 나름의 양식을 준비한다. 셋째, 영유아를 관찰할 시간과 장소, 관찰기록방법을 결정하여 관찰한다.

체계적으로 영유아를 관찰하기 위해 사용하는 방법으로는 일화기록법, 평정척도법, 행동목록법 등이 있다. 일화기록법은 현장에서 빈번하게 사용되는 방법으로 특별하게 정해진 양식 없이 어떤 한순간에 발생한 영유아의 행동을 순서대로 사실적이고 객관적으로 관찰하여 기록하는 방법이다. 평정척도법은 어떤 행동의 질적인 특성을 관찰자의 판단에 따라 평정하는 것으로 영유아의 행동을 모두 관찰한 이후나 혹은 관찰과 동시에 기록하는 방법이다. 이는 전적으로 관찰자의 판단에 의해 이루어지므로 여타의 관찰에 비해 융통성이 있지만 관찰자의 주관적 편견이 개입되지 않도록 주의해야 한다. 행동목록법은 사전에 만들어진 행동목록을 가지고 관찰하는 행동이 나타나는지 여부를 점검하는 방법이다. 이 방법은 특정 행동의 발생 여부를 빠르고 효과적으로 기록할 수 있지만 행동의 질적 수준에 대한 정보를 제공해 주지 못한다는 단점이 있다.

③ **작품분석 및 포트폴리오 평가**

영유아의 작품을 분석하는 것은 영유아의 행동특성과 발달수준을 평가할 수 있는 좋은 방법이다. 일부러 평가에 대한 계획을 세우지 않아도 쉽게 수집할 수 있다는 것이 작품평가의 장점이며 작품들 간의 시간간격이 클수록 변화의 증거도 확실해진다. 부모면담 시에 교사는 작품을 이용하여 부모에게 구체적인 증거를 제시하면서 영유아의 발달에 관한 이해를 도울 수 있으며, 작품을 가정으로 보내서 부모의 견해나 요구사항을 기록한 후 되돌려받아 영유아를 지도할 때 참고할 수 있다.

포트폴리오 평가는 작품분석 중 최근에 가장 빈번히 사용되는 방식이다. 포트폴리오라는 명칭이 사용되면서 영유아를 평가하기 위한 교사의 작품수집 형식이 보다 구체화되었다. 포트폴리오는 영유아가 무엇을 배웠는지, 어떻게 그 학습을 이루어 냈는지, 어떻게 생각하고 질문하고 분석하고 창조해 냈는지, 타인과의 지적 · 정서적 · 사회적 상호작용은 어떠했는지 등 영유아의 학습과정 전반에 대한 기록을 말한다. 포트폴리오 수집은 포트폴리오라고 불릴 수 있는 것들을 영유아 개개인의 파일에 모으는 것으로, 영유아의 학습 및 수행력을 향상시키거나 모니터하기 위해 고안된 평가유형이다(최미현 외, 2000). 수집된 작품에는 날짜와 작품에 대한 설명 및 활동배경, 영유아의 특정 행동, 동기유발, 또래들과의 관계 등을 간단하게 적어 놓는다.

포트폴리오 평가를 할 때는 다음과 같은 몇 가지 요소에 유의해야 한다(Shaklee et al., 1997). 첫째, 명백하고 구체적인 평가기준이 있어야 한다. 이러한 평가기준은 영유아의 발달영역에 따라 달라지며 교사, 부모, 영유아가 이해할 수 있는 관찰 가능한 구체적인 행동들로 기술되어야 한다. 둘째, 다양한 평가원으로부터 평가자료가 수집되어야 한다. 어린이집에서 다양한 평가원이란 보통 담임교사와 같은 반 친구들이며 그 외에도 영유아를 잘 아는 사람들, 예를 들면 부모, 지역사회 구성원, 다른 교사와 원장, 또래들이 될 수 있다. 이러한 다양한 사람들을 통해 평가정보를 수집하는 것이 바람직하다. 셋째, 다양한 정보수집방법이 동원되어야 한다. 포트폴리오 평가에는 인쇄된 자료뿐 아니라 비디오나 오디오 녹화기록, 관찰기록, 자기평가보고서, 또래들의 평가기록서 등이 포함되어야 한다. 넷째, 다양한 자료가 수집되어야 한다. 이를 위해서는 정보가 수집되는 장소 및 시간이 다양해야 하므로 여러 상황에서 1년에 걸쳐 지속적 · 규칙적으로 자료를 수집해야 한다.

④ 표준화된 검사

영유아평가에서 표준화된 검사를 사용하는 것은 다음과 같은 장점이 있다. 첫째, 표준화과정을 거친 검사는 표집된 대집단의 규준이 있기 때문에 이에 비추어 개별 영유아의 행동이나 성취도를 비교하는 것이 가능하다. 둘째, 대부분의 표준화검사는 전문가가 만든 것이기 때문에 주의깊게 실시하고 정확하게 해석한다면 진단도구로서의 역할을 할 수 있다. 셋째, 표준화된 검사는 이미 그 검사의 신뢰도와 타당도가 검증된 것이므로 이를 통하여 객관적인 자료를 얻을 수 있다(이연섭, 1995).

표준화검사의 종류로는 지능검사, 학업적성검사, 성격검사, 학업성취도검사, 운동기능검사, 사회성숙도검사 등이 있으나, 현재 우리나라 영유아에게 적합한 표준화된 검사도구는 지능검사를 제외하고는 극히 제한되어 있다. 영유아에 대한 표준화된 검사도구의 결과는 검사도구가 측정하는 측면, 검사를 실시하는 당일 영유아의 건강상태나 기분, 검사를 실시하는 사람 등 다양한 요인에 의해 영향을 받을 수 있으므로 교사나 부모는 검사도구로 산출된 결과를 지나치게 과신하지 않도록 주의해야 한다.

(2) 부모 평가

보육평가에서 실시되는 부모 평가는 부모가 습득한 지식, 태도, 역할수행 등을 알아보기 위해 면접이나 질문지, 관찰, 혹은 가정환경자극검사(HOME)를 사용해 실시한다. 이 외에도 부모가 주도한 교사면담이나 부모교육에의 참여횟수, 태도 등을 통해 부모 평가를 실시한다.

영유아 보육에서 일차적인 양육책임은 부모에게 있으므로 부모의 역할을 인식시키고 양육에 필요한 지식과 실제를 배울 수 있는 기회를 제공하는 부모교육은 효율적인 보육을 위하여 매우 중요하다. 스파덱과 웰저그(Spodek & Welgerg)는 부모교육 프로그램의 목적(신용주 · 윤혜경 · 강인재, 1997)을 첫째, 자녀지도에 필요한 특별한 내용 습득, 둘째, 부모 자신의 자아존중감 증진, 셋째, 부모가 자녀의 성장 · 발달에 영향을 미칠 수 있다는 신념 육성, 넷째, 자녀의 발달에 도움을 줄 수 있는 자료에 대한 이해능력 육성으로 제시하였다.

부모 평가결과는 자녀에 대한 부모의 이해와 지식을 증진시켜 사고와 감정, 행동에서 습관적인 방법을 돌이켜보는 기회를 준다. 동시에 이 결과는 자녀양육에 효율적인 방법을 습득하도록 도와주는 부모교육 프로그램의 구성자료로 활용할 수 있다.

3. 평가결과의 활용

보육평가의 결과를 부모나 지역사회에 알리는 것은 보육에 대한 관심을 높이고 실질적인 보육의 효과를 증진시키는 요인이 된다. 보육평가 결과는 다음과 같은 점에서 유용하게 활용될 수 있다(보건복지부, 1991).

- 평가결과는 영유아의 장점과 단점을 파악하게 하여 영유아의 욕구를 만족시키며 동시에 발달을 자극할 수 있는 보육경험을 계획하는 지침을 마련하게 한다.
- 교사는 각 영유아의 여러 자료를 기록 정리하면서 개개 영유아에 대해 보다 깊이 생각해 볼 기회를 가지게 된다.
- 문제가 있는 영유아를 전문가에게 의뢰할 때 문제해결방안의 기초자료로 활용할 수 있다.
- 기록을 통해 각 유아의 향상 정보를 확인할 수 있다.
- 부모와의 면담 시 활용할 수 있다.
- 초등학교에서의 교육자료로 활용할 수 있다.

이 외에도 평가결과는 영유아의 개인별 발달상황과 향상 정도에 관한 정보를 제공함으로써 개별화된 학습을 가능케 하는 다양한 학습활동 및 교수방법을 개발하고 계획하는 데 필요한 기초자료로 활용될 수 있다. 또한 평가결과는 어린이집 단위의 자체연수와 자율장학을 체계화할 뿐 아니라 보육프로그램과 가족지원 서비스 체계를 개발하기 위한 기초자료로도 활용된다. 특히 평가결과에 대한 보고를 통해 부모와 교사 간의 친밀한 의사소통이 이루어지므로 부모나 지역사회로부터 보육에 대한 지원과 협조를 얻는 데도 도움이 된다.

이상과 같이 어린이집에 대한 평가결과는 다양한 측면에서 유용하게 활용될 수 있다.

4. 보육평가인증제

외국의 보육평가인증제에 대해 살펴보고, 최근에 활성화되고 있는 평가인증을 위한 척도와 절차에 대해 알아본다.

1) 외국의 보육평가인증제

어린이집 평가인증제(Assessment Accreditation System)란 보육계와 일반사회에서 공히 인정을 받은 대표기관에 의하여 보육서비스의 표준을 수립하고, 개별 어린이집이 자발적으로 지원하여 서비스의 질을 평가받으며, 인증기관이 설정한 표준이 요구하는 수준을 충족하거나 그 이상의 수준에 있으면 그 사실을 인정하는 증서를 부여하는 제도를 말한다(이옥, 2002; Doherty-Derkowski, 1995). 어린이집 평가인증제의 목적은 어린이집의 질적 수준에 대한 평가를 통해 보육서비스의 질을 향상시키는 것이다.

평가인증제가 시행되는 외국의 대표적인 사례로는 미국과 호주의 인증제를 들 수 있다. 미국에서는 전국유아교육협의회(NAEYC: National Association for Education of Young Children)가 1981년부터 유아프로그램에 대한 인증제를 처음 실시하였다. 이들은 인증제도의 목적을, 첫째, 유아프로그램 제공자가 어린이집의 질을 실질적으로 그리고 지속적으로 개선하는 과정을 거치도록 하고, 둘째, 양질의 수준에 도달한 어린이집을 인증하여 줌으로써 지역사회 부모로 하여금 어린이집을 선택하는 데 도움을 주기 위한 것에 두고 있다.

NAEYC의 인증절차는 3단계 과정으로 구성된다. 1단계에서는 원장, 교사, 부모에 의한 자체평가가 실시된다. 먼저 인증을 희망하는 시설에서는 NAEYC의 인증사무국에 등록을 하고 인증과정에 필요한 모든 지침서를 제공받은 후 이 지침서에 따라 자체평가를 실시한다. 어린이집에서 프로그램의 질이 제시된 평가기준에 도달하였다고 판단하고 나면 자체평가보고서를 제출하고 인증을 신청한다.

2단계에서는 인증사무국으로부터 검증자가 어린이집을 직접 방문하여 관찰 및 면접 등을 통해 시설에서 제출한 자체평가보고서의 정확성 및 타당성을 검사하는 단계다. 현장 방문조사 완료 후 원장은 검증자와 논의한 내용이 정확하고 검증자가 지침서에 따라 검증하였음을 증명하는 서명을 하게 된다. 만일 원장이 검증자가 공정하지 않다고 생각되면 인증사무국에 이의를 제기하고 사무국에서는 이에 대해 조사를 해야 한다.

3단계에서는 인증위원회의 결정이 내려진다. 위원회에서는 점수보다는 기본적인 필수문항의 충족여부와 전문가의 판단에 따라 인증여부를 결정짓는다. 시설의 수준이 일정 기준에 미치지 못하는 경우 위원회에서는 인증 유예를 내리기도 한다. 결정에 대해 승복하기 어려운 어린이집에서는 30일 이내에 이의신청을 할 수 있다.

호주에서는 1994년부터 국립보육인증위원회(NCAC: National Childcare Accreditation Council)를 설치하고 정부차원에서 인증을 실시하고 있다. 호주는 정부주도로 어린이집 인증제도를 실시하면서 아동에게 제공되는 보육지원료(Child Care Benefit, 일명 CCB라고 함)를 연계시켜 강력한 질 관리 시스템을 유지한다. 즉, 자녀양육지원료인 CCB는 부모가 집에서 자녀를 직접 키울 때는 부모에게 주지만, 부모가 자녀를 어린이집에 보낼 때는 어린이집에 준다. 이때 어린이집은 인증을 받은 시설이어야 한다. 만약 부모가 인증을 받지 않은 어린이집에 자녀를 보낼 때는 CCB를 지원하지 않기 때문에 부모는 보육료를 전액 부담해야 한다. 그 비용 차이가 매우 크기 때문에 대부분의 부모는 인증을 받은 어린이집을 선택하고, 그 결과 인증을 받는 것이 강제가 아니어도 모든 어린이집은 인증에 적극 참여하고자 한다.

호주의 인증제도도 양질의 어린이집을 만드는 것이 목적이다. NCAC에서 정의하는 양질의 어린이집이란, 첫째, 어린이집과 부모의 합의로 시설의 모든 활동을 결정하고 명확한 철학과 목표를 가지며, 둘째, 모든 영유아의 개별성을 인정하고 증진시키며, 셋째, 모든 활동 구성과 실행에서 영유아의 발달수준상 적절성을 고려하고, 넷째, 부모와 교사가 상호보완적인 역할을 잘 수행할 수 있도록 이들의 관계를 증진시키고 부모의 참여를 이끌어 내는 시설이다.

호주의 인증절차는 5단계로 이루어져 있다. 1단계는 등록단계로 희망하는 어린이집이 NCAC에 등록을 하고 평가기준에 대한 지표와 지침서 등 필요한 서류를 받는 과정이다.

2단계는 자체점검단계로 어린이집에서 원장, 교사, 부모로 자체평가위원회를 구성하고 지표와 지침서를 참조하여 시설의 수준에 대해 자체점검을 거치는 단계다. 인증을 받을 준비가 되었다고 판단되면, 어린이집에서는 자체평가보고서를 작성하여 NCAC에 제출한다. 시설의 질적 수준을 점검하고 향상시키는 것이 인증의 가장 중요한 목적이기 때문에 이 단계는 인증과정에서 가장 중요시된다. 시설에서는 필요할 경우 다양한 조력프로그램의 도움을 받을 수 있다.

3단계는 검증자가 어린이집을 직접 방문하여 자체평가보고서에 대한 타당성 검사를 실시하고 검증보고서를 작성하는 단계다. 원장은 검증자가 작성한 검증보고서의 내용에 대해 함께 논의하면서 이를 납득할 수 있어야 한다. 이 과정에서 검증자와 시설 간에 갈등이 생기면 NCAC에서는 검증자를 교체해야 한다.

4단계는 조정자가 자체평가보고서, 검증보고서, 보육교직원 및 부모로부터 수거된 설문평가지 등의 시설에 대한 조사서류를 종합하여 해당시설의 질적 수준에 대한 종합평가를 내리고 이 보고서를 NCAC에 제출한다.

5단계는 인증결정단계로 인증심의위원회에서 점수배정 원칙에 따라 결과를 종합하여 인증여부를 결정한다. 인증을 받으려면 모든 영역과 요소가 '만족' 이상이어야 하고, 인증 탈락 시 6개월 내 추가 자체평가보고서를 제출해야 한다. 인증 2회 탈락 시 어린이집은 경고를 받으며, 3회 탈락 시 CCB 지원을 받을 수 없게 된다.

2) 우리나라의 보육평가인증제

우리나라에서는 2004년 1월 29일에 전면 개정된 [영유아보육법]에서 인증평가제를 실시할 수 있다는 조항이 신설되었다. 여성가족부에서는 2003년 인증제도 모형을 개발하고 2005년부터 평가인증제도를 운영하였다. 평가인증은 어린이집의 질적 수준을 향상시키기 위한 것으로, 여기서는 평가인증척도와 평가인증의 절차를 중심으로 평가인증제를 살펴보기로 한다.

(1) 평가인증척도

2003년부터 개발되기 시작한 평가인증척도는 2005년 시범운영을 통해 제기된 미흡한 사항에 대해 학계 및 현장 전문가의 자문과 공청회(2006. 2.)를 거쳐 수정·보완되었다. 2006년 어린이집 평가인증 운영체계 및 지표가 확정되었으며, 2005년에 21인 이상, 21인 미만, 영아전담, 장애아전담으로 구분되었던 어린이집 평가인증척도는 2006년부터 영아전담지표가 규모에 따라 통합되어 21인 이상, 21인 미만, 장애아전담 어린이집 평가인증척도로 수정되었다.

2008년에는 효율적인 평가인증 운영을 위하여 평가주기가 4년으로 확정(인증유효기간 3년 경과 후 4년째 시점부터 신청)되었고, 인증과정 소요기간이 약 6~7개월로 단축되었다. 이와 더불어 평가인증 활성화를 위한 개선방안의 일환으로 지표유형을 구분하는 정원기준을 21인에서 40인으로 변경하여 2008년 4기부터 적용하였다. 1차 평가인증(2005~2009) 시행에 이어 2010년부터 2차 평가인증을 시행하고 있는데 1차에 비해 2차의 지표는 수정·보완되었고 참여대상을 확대하기 위해 '신규인가 후 1년 이상' 이어야 한다는 참여자격 제한을 완화하였다. 또한 평가인증지표의 적절성을 보완하여 40인 이상, 장애아전담지표의 운영관리영역과 가족 및 지역사회와의 협력영역을 통합하고, 전체 문항을 축소하였다. 세부적으로는 유사항목을 통합하고, 달성도 높은 항목의 기준을 다소 상향조정하였으며, 1차 시행 시 반영하지 못했던 교수법에 관한 항목을 추가신설하였다. 제2차 어린이집 평가인증이 시행된 첫해인 2010년부터 평가인증과정은 신규인증과 재인증으로 나누어 진행되고 있다.

2010년부터 적용된 평가인증척도의 항목구성을 구체적으로 살펴보면, 40인 이상 어린이집의 평가인증지표는 보육환경, 운영관리, 보육과정, 상호작용과 교수법, 건강과 영양, 안전의 6개 영역 70항목으로 구성되어 있다(〈표 13-5〉 참조). 39인 이하 어린이집의 평가인증지표는 보육환경 및 운영관리, 보육과정, 상호작용과 교수법, 건강과 영양, 안전의 5개 영역 55항목으로 구성되어 있다(〈표 13-6〉 참조). 한편, 장애아전담 어린이집은 보육환경, 운영관리, 보육과정, 상호작용과 교수법, 건강과 영양, 안전의 6개 영역 75항목으로 구성되어 있다(〈표 13-7〉 참조). 지표별 평

표 13-5 40인 이상 어린이집 평가인증지표(6개 영역 70항목)

영역	하위영역
영역 1. 보육환경(11항목)	가. 어린이집 환경(3항목) 나. 보육활동 자료(5항목) 다. 보육지원 환경(3항목)
영역 2. 운영관리(12항목)	가. 어린이집 운영관리(3항목) 나. 보육인력(3항목) 다. 가족과의 협력(4항목) 라. 지역사회와의 협조(2항목)
영역 3. 보육과정(14항목)	가. 보육활동 계획과 구성(7항목) 나. 보육활동(7항목)
영역 4. 상호작용과 교수법(11항목)	가. 일상적 양육(3항목) 나. 교사의 상호작용(6항목) 다. 교수법(2항목)
영역 5. 건강과 영양(12항목)	가. 청결과 위생(8항목) 나. 질병관리(2항목) 다. 급식과 간식(2항목)
영역 6. 안전(10항목)	가. 실내외 시설의 안전(5항목) 나. 영유아의 안전보호(5항목)

표 13-6 39인 이하 어린이집 평가인증지표(5개 영역 55항목)

영역	하위영역
영역 1. 보육환경 및 운영관리(11항목)	가. 어린이집 환경(3항목) 나. 어린이집 운영관리(3항목) 다. 보육인력(3항목) 라. 가족과의 협력(2항목)
영역 2. 보육과정(11항목)	가. 보육활동 계획과 구성(4항목) 나. 보육활동과 자료(7항목)
영역 3. 상호작용과 교수법(11항목)	가. 일상적 양육(3항목) 나. 교사의 상호작용(6항목) 다. 교수법(2항목)

영역 4. 건강과 영양(12항목)	가. 청결과 위생(8항목) 나. 질병관리(2항목) 다. 급식과 간식(2항목)
영역 5. 안전(10항목)	가. 실내외 시설의 안전(5항목) 나. 영유아의 안전보호(5항목)

표 13-7 장애아전담 어린이집 평가인증지표(6개 영역 75항목)

영역	하위영역
영역 1. 보육환경(14항목)	가. 어린이집 환경(4항목) 나. 보육활동 자료(7항목) 다. 보육지원 환경(3항목)
영역 2. 운영관리(13항목)	가. 어린이집 운영관리(4항목) 나. 보육인력(3항목) 다. 가족과의 협력(4항목) 라. 지역사회와의 협조(2항목)
영역 3. 보육과정(15항목)	가. 보육활동 계획과 구성(7항목) 나. 보육활동(8항목)
영역 4. 상호작용과 교수법(10항목)	가. 일상적 양육(3항목) 나. 교사의 상호작용(6항목) 다. 교수법(1항목)
영역 5. 건강과 영양(13항목)	가. 청결과 위생(8항목) 나. 질병관리(3항목) 다. 급식과 간식(2항목)
영역 6. 안전(10항목)	가. 실내외 시설의 안전(5항목) 나. 장애영유아의 안전보호(5항목)

가는 3단계 기술평정척도에 의해 평정되며 총점과 모든 영역이 기준점수를 통과해야 인증을 받고, 그렇지 않은 경우는 인증 유보 판정을 받는다.

(2) 평가인증절차

우리나라 평가인증제의 단계는 모두 4단계와 사후관리로 이루어져 있다. 1단계는 인증참여 신청단계다. 희망하는 어린이집이 인증사무국에 신청을 하고, 평가인증제도 설명회에 참석하여 인증지표와 지침서를 포함한 관련 자료를 수령한다.

2단계는 자체점검단계다. 어린이집에서는 원장, 교사, 학부모 등으로 구성된 자체점검위원회를 구성하여 인증지표와 지침서를 토대로 자체점검을 한 뒤 부족한 부분을 개선하기 위해 노력한다. 인증지표의 수준을 충족시킨다고 판단되면, 자체점검보고서를 작성하여 그 결과를 인증사무국 홈페이지에 입력 및 제출하고 평가자를 요청한다. 자체점검기간은 신규인증의 경우 3개월이며, 재인증의 경우 1개월이다.

3단계는 평가단계다. 인증사무국에서 훈련시켜 파견한 2명의 평가자가 사전에 협의된 날짜에 어린이집을 방문한다. 이들은 하루 종일 어린이집에 머물면서 관찰, 면접, 서류검토 등의 방법으로 어린이집의 질적 수준을 평가한다.

4단계는 심의단계다. 현장관찰이 완료되면 인증심의위원회가 제출된 모든 자료를 토대로 해당 어린이집에 대한 인증여부를 결정한다. 인증심의의 결과는 인증과 인증 유보로 나뉜다.

사후관리는 평가인증 결정 후 인증 어린이집을 대상으로 이루어지는 과정이다. 인증은 인증이 결정된 이후 다음 달 1일부터 3년간 유효하며, 인증결과에 이의가 있을 경우에는 인증결과를 통보받은 날로부터 1회에 한하여 15일 이내에 평가인증사무국 홈페이지에서 재참여를 신청할 수 있다. 보건복지부는 이의신청이 들어오면 이의신청 심의위원회를 개최하여 인증여부를 결정하여 통보한다. 인증 어린이집은 매년 자체점검위원회를 구성하여 연차보고서를 작성하고 어린이집 평가인증사무국 홈페이지에 인증 결정시기에 따른 자체점검보고서 제출시기에 입력한다.

지금까지 살펴본 바와 같이 나라마다 구체적인 절차는 달라도 보육평가인증제의 목적은 공히 보육의 질적 수준을 높이기 위한 것이다. 그렇기 때문에 인증제에서 가장 중요하게 인식되는 과정은 자체평가과정이다. 이 과정을 통하여 보육현장의 교직원들은 스스로 프로그램의 질을 향상시키기 위해 노력한다. 즉, 평가도구와 지침서를 이용해 보육현장의 교직원들은 때로는 지역전문가와 함께, 때로는 학부모와 함께 자신들의 프로그램을 점검하고 함께 논의하며, 공동의 목표를 수립하고 자신의 보육프로그램에 대한 주인의식을 공유한다(이옥, 2002).

참고문헌

강달금(2002). 보육 Service 질적 향상과 평가인증제 도입. 충남보육활성화를 위한 정책세미나 발표자료.

곽미영(2003). 평가인증제 도입을 위한 기초연구: 국공립보육시설 중심으로. 성균관대학교 생활과학대학원 석사학위 청구논문.

교육부(1993). 종일반 운영지도자료.

김수영(1996). 유아교사의 신념과 실제에 관한 도구의 타당화 연구. 유아교육연구, 16(1), 193-209.

김영모 · 표갑수 · 홍금자 · 김진이 · 백선희 · 장영인(1999). 아동보육개론. 서울: 한국복지정책연구소.

김윤지(2003). 유아교육환경 평정척도 개정판(ECERS-R)의 국내적용을 위한 예비연구. 연세대학교 대학원 석사학위 청구논문.

보건복지부(1991). 어린이집 보육교사를 위한 영유아 보육프로그램(Ⅰ-Ⅹ).

보건복지부(2003). 보육시설 평가인증 지침서(20인 이하 보육시설).

보건복지부(2003). 보육시설 평가인증 지침서(21인 이상 보육시설).

서문희 · 이상헌 · 임유경(2000). 보육시설 평가인증제도 도입방안 연구. 정책보고서, 2000-09. 서울: 한국보건사회연구원.

신민경 · 황해익(2004). 유치원 원장 자기평가척도 개발을 위한 기초연구. 부산유아교육학회, 13, 43-66.

신용주 · 윤혜경 · 강인재(1997). 부모교육 및 상담. 파주: 양서원.

양옥승 · 김영옥 · 김현희 · 신화식 · 위영희 · 이옥 · 이정란 · 이차숙 · 정미라 · 지성애 · 홍혜경(1999). 영유아 보육개론. 서울: 학지사.

여성가족부(2005). 보육시설 평가인증 지침서(장애아전담 보육시설).

이숙희 · 김숙령(1996). 아동의 부모에 대한 애착과 사회적 능력과의 관계. 한국아동학회지,

17(1), 87-101.

이순형 · 최일섭 · 신영화 · 이옥경(1998). 보육시설의 환경운영관리 및 프로그램 평가. 보육시설 확충 3개년 계획 평가에 관한 연구, 403-546. 보건사회연구원.

이연섭(1995). 유아교육과정. 서울: 창지사.

이옥(2002). 보육시설 평가인증제 도입과 보육의 질. 사회과학연구, 8, 213-229.

이은해(1995). 아동발달의 평가 및 측정. 서울: 교문사.

이은해(2002). 보육시설 프로그램 평가도구의 개발과 타당화. 이화여자대학교 BK21 핵심사업팀.

임승렬(2001). 유능한 유아교사의 학급 운영 문제와 그 해결 방안. 서울: 다음세대.

조성연 · 이정희 · 김온기 · 제경숙 · 황혜정 · 나유미 · 박진재 · 송혜린 · 임연진 · 나종혜 · 권연희(2006). 영유아보육의 이해. 서울: 학지사.

주정미(2002). 보육정책 기본 방향. 충남보육활성화를 위한 정책세미나 발표자료.

최경애(2002). 영아 보육시설 평가기준의 개발 및 타당화 연구. 덕성여자대학교 대학원 박사학위 청구논문.

최미현 · 박명화 · 박성미 · 이지희 · 최양미 · 김애자 · 김정신(1996). 영유아보육론. 서울: 창지사.

최미현 · 박명화 · 박성미 · 최양미 · 김애자 · 김정신(2000). 영유아보육의 이해. 서울: 창지사.

한국어린이육영회(1999). 어린이집 운영을 위한 서식집 II권 사무절차, 가정과 기관의 연계, 기타. 서울: 사단법인 한국어린이육영회.

현온강 · 이완정(1997). 영아/걸음마기 아동환경 평정척도 타당화 연구(I). 대한가정학회지, 35(6), 235-249.

현온강 · 이완정(1998). 영아/걸음마기 아동환경 평정척도 타당화 연구(II). 대한가정학회지, 36(6), 95-108.

황해익(2000). 유아교육평가. 파주: 양서원.

황해익 · 임재택(1997). 영유아 관찰 및 평가. 파주: 양서원.

Berk, L. (1985). Relationship of caregiver education to child-oriented attitudes, job satisfaction, and behaviors toward children. *Child Care Quarterly, 14*(2), 103-129.

Decker, C. A., & Decker, J. R. (1984). *Planning and administering early childhood programs* (3rd ed.). Columbus, OH: Merrill Publishing Company.

Doherty-Derkowski, G. (1995). *Quality Matters: Excellence in Early Childhood Programs.* Don Mills, Ontario: Addison-Wesley Publishers Limited.

Harms, T., & Clifford, R. M. (1980). *Infant/Toddler environment rating scale.* New York:

Teachers College Press, Columbia University, 1990.

Howes, C. (1992). Child Outcomes of Child Care Programs. In Spodek, B. & Saracho, O. (Eds.), *Issues in Child Care*. Teachers College. Columbia University.

Howes, C., & Olenick, M. (1986). Family and child care influences on toddlers' compliance. *Child Development, 57*, 202–216.

Katz, L. G. (1984). The professional early childhood teacher. *Young Children, 39*(5), 3–10.

NAFCC(1998). *Accreditation Criteria & Procedures of the National Association for the Education of Young Children*. Washington, DC: NAEYC.

NCAC(1993). *Putting Children First: Quality Improvement and Accreditation System Handbook*. Sydney NSW: NCAC.

Scarr, S., Eisenberg, M., & Deater–Deckard, K. (1994). Measurement of quality in child care centers. *Early Childhood Research Quarterly, 9*, 131–151.

Shaklee, B. D., Barbour, N. E., Ambrose, R., & Hansford, S. J. (1997). *Designing and Using Portfolio*. Allyn and Bacon.

Willer, B. (1987). Quality or afford ability: Trade–offs for early childhood programs. *Young Children, 42*, 42–45.

제3부 보육의 전망

제14장

보육과제와 전망

보육사업이 국가사업으로 부상하고 [영유아보육법]이 제정된 이후 양적으로 많은 성과를 이루었다. 2011년 12월 통계를 통해 구체적으로 살펴보면, 보육아동은 138만 8,729명으로 전체 영유아기 아동의 25%가 어린이집을 이용하고 어린이집은 3만 9,842개소, 보육사업에 종사하는 인원은 24만 8,635명에 이른다.

보육사업의 이러한 양적 증가는 앞으로도 계속 지속될 것으로 예상된다. 현재 여성 취업의 장애요인으로 보육의 문제가 제기되고, 노동현장에서도 여성인구의 노동인력화가 시급할 뿐 아니라 가정에서도 경기불황 등 빈곤가정의 비율이 증가하여 맞벌이 요구가 증가하고 있기 때문이다.

보육요구의 확대는 정치적으로도 시급한 정책으로 평가되어 역대 대통령이 중요한 국정과제로 보육사업을 제시해 왔다. 이처럼 보육사업은 더욱 더 중요한 국가사업으로 대두되고 있는 상황인데, 양적으로는 크게 팽창했지만 질적으로는 성숙한 단계에 진입해야 하는 과제를 안고 있다. 따라서 보육평가를 토대로 여러 가지 정책과제를 도출할 수 있다. 그중에서 시급히 해결해야 할 보육정책과제는 세 가지다. 첫째, 보육철학의 변화로 영유아 보육패러다임의 변화에 적응하고 그에 부응하는 정책지원책으로 아동지원체제에 적응하는 것이다. 둘째, 보육의 질 향상시키기의 일환으로 보육환경, 보육인력의 자질을 향상시키는 것이다. 셋째, 실제 보육활동의 지침이 되는 표준보육과정의 개발과 확산이다.

1. 영유아 보육패러다임과 지원정책의 변화

1) 영유아 보육패러다임의 변화 수용

보육사업은 역사적으로 볼 때 빈민구제 차원에서 실시되다가 여성의 사회참여가 증가하면서 점차 확대되어 오늘날에 이르렀다. 보육사업의 시초가 빈민구제라는 복지사업으로 실시되었던 만큼 최근까지도 보육사업은 생활이 어려운 빈민이 주된 수혜대상이 되어 왔다. 이제는 일반시민의 생활수준이 향상되어 절대빈곤에 속한 사람의 수가 감소하고 취업여성의 수가 절반이 넘는 상황에 이르러 중류층 가정의 영유아들도 대부분 보육기관에 맡겨져야 하는 상황이다. 이러한 배경에서 2000년부터는 보육사업이 선별주의를 지양하고 보편주의로 변화되었다.

선별주의가 빈곤층 취업모의 아동을 대상으로 제한하는 것이라면, 보편주의는 일반 영유아를 대상으로 보육대상을 확장하겠다는 것이다. 아동이나 부모의 교육수준, 경제능력, 직업의 종류, 주거환경 등 사회경제적 지위를 결정하는 어떤 조건으로도 제한하지 않고 모두 보육의 대상으로 받아들인다는 것이다. 보편주의에 따르면 빈곤층 가정의 영유아뿐 아니라 중류층 이상의 가정에서 성장한 영유아도 보육의 대상이 될 수 있다. 그 외에 어떤 조건의 아동이라도 보육대상이 될 수 있다. 아동의 인종, 종교, 국적, 가족구조, 형제순위 등의 조건이 다르더라도 보육대상에서 제외되지 않는다. 그리고 아동의 발달상의 어떤 조건도 보육의 대상으로 제한되지 않는다. 정상발달을 하는 영유아도 보육의 대상이 되듯이 신체발달지체, 자폐증, 정신지체 등 특수한 발달을 하는 영유아도 모두 보육의 대상이 된다.

아동보육이 부모책임인가 아니면 국가책임인가는 [영유아보육법]을 제정할 즈음부터 뜨거운 이슈였다. 부모에게 출산한 자녀를 보육할 1차 책임이 있으며 국가가

2차 책임자라고 보는 것은 대부분의 자본주의 사회가 가지고 있는 사고틀이다. 이에 반해서 아동은 국가의 미래시민이므로 국가가 보육의 1차 책임자라는 것은 사회주의 사회의 사고틀이다. 국가가 보육의 책임을 지는 것은 공통적이나, 이념에 따라 1차 책임인가 아니면 2차 책임인가의 순위가 달라지는 것이다.

이러한 책임의 구분은 어디까지나 명분상의 것이지 실제 책임을 전부 지는 것은 아니다. 한 예로 보육의 1차 책임을 국가가 진다고 해서 사회주의 국가에서 보육비용을 국가가 전부 부담하지는 않는다. 국가의 경제사정에 따라서, 정책의 우선순위에 따라서 달라지므로 모든 보육비용이 면제되는 것은 아니다.

우리나라에서 1991년 [영유아보육법]을 제정할 때에는 보육의 1차 책임자가 부모라고 명시되어 있었다. 그 후 30년이 지나 2013년 현재 [영유아보육법]에는 보육의 책임이 확대되어 제4조 1항에서 "모든 국민이 영유아를 건전하게 보육할 책임을 진다"라고 규정하였고, 2항에서는 국가와 지방자치단체는 보호자와 더불어 영유아를 건전하게 보육할 책임을 진다고 국가와 부모의 공동책임을 명시했다. 보육사업의 대상을 확대하면서 국가의 책임을 더 강조하고 있다. 보육사업의 중요성을 인지하고 이 사업의 주책임자가 국가여야 한다고 판단한 것이다. 실제로 북한이나 중국은 보육책임의 일부를 부모가 지고 있는 것이나 다름없다. 미래사회를 조망하면서 정부도 보육의 중요성을 절감하여 2013년 3월부터는 3~5세 무상보육을 전격적으로 실시하였다. 이는 보육의 공공성을 확대한 파격적 조치로 평가될 수 있다. 문제는 국가가 분담하는 보육비용이며 이 비용부담은 지속될 것이다. 그럼에도 불구하고 아동은 부모의 자녀이자 국가의 미래시민으로서, 부모와 국가가 그 양육과 교육의 책임을 가지고 있는 것은 분명한 일이다. 단지 국가의 재정사정에 따라서 책임의 부분이 앞으로 달라질 수 있다.

2) 아동지원체제의 변화

우리나라의 보육사업은 모자복지 차원에서 시작되었다. 특히 빈곤가정의 여성취업을 장려하고 돌볼 사람 없이 방임되는 아동을 맡아서 보육한다는 목적을 가지고 보육사업이 실시되었다. 이러한 빈곤가정 복지 차원에서 시작된 보육사업은 자연 사회복지사업의 하나로 간주되어 생활이 어려운 가정의 아동을 시설에서 보육하여 일관되게 수혜적 사업으로 유지되어 온 측면이 있다.

그러나 처음과 달리 현재 어린이집에 입소한 아동은 빈곤층만이 아니라 중류층 가정의 아동이 대부분 참여하고 있다. 이제 중류층 가정 아동의 보육에 재정적으로나 실제 프로그램 운영 면에서 정부의 참여가 대폭 증가하였다. 국가와 가족이 참여하여 주도적으로 이끌어 가는 참여사업으로 성격이 바뀐 것이다. 학부모를 중심으로 한 보육발전위원회는 새로운 보육의 모형으로 자리 잡아 가고 있으며, 보육발전위원회에서 건의된 내용은 대부분 보육사업에 반영되고 있다.

근래에 정부는 보육비지원을 연령에 따른 무상지원으로 바꾸었다. 영유아는 부모의 계층에 상관없이 연령에 따라 보육료를 지원받는다. 2013년 3월 현재 0세는 39만 4,000원, 1세는 34만 7,000원, 2세는 28만 6,000원을 지원받고, 3~5세는 22만원을 지원받는다.

이것은 두 가지 측면에서 의의가 있다. 하나는 국가가 미래시민인 아동을 중히 여긴다는 점을 증명하는 조치라는 점이다. 아이사랑카드로 입금된 금액은 그 액수의 많고 적음에 관계없이 국가에서 한 사람의 시민으로 간주하고 존중하며 아동의 발달에 관심을 가지고 지원한다는 사실을 의미한다. 이는 선언적 의미를 지님과 동시에 실제 양육비용을 지원하는 실제적 의미를 가지고 있다.다른 하나는 아동이 지원금을 가지고 스스로 어린이집을 선택할 권리를 행사함으로써 소비자인 아동의 입장이 강화되고 점차 보육환경이 대폭 개선되어 결과적으로 보육의 질을 높일 것이라는 점이다.

이처럼 국가가 어린이집으로 직접 지원하는 것이 아니라 아동에게 지원한다면 점차 소비자로서 아동의 선택권은 강화될 것이다. 부모는 여러 어린이집을 비교해 보고 질이 높은 어린이집을 선택하고, 보육의 질이 낮은 곳은 점차 아동을 맞기 어려워질 것이다. 그러므로 보육환경을 개선하고 성실하게 보육에 전념하는 어린이집은 번성할 것이고 그렇지 못하면 운영이 어려워질 것이다. 앞으로 선택권을 가진 아동과 부모의 권리는 더 보장되고 이들의 의견이 현재보다 보육에 더 반영될 것이다.

2. 보육의 질 향상

보육의 질을 높이기 위해서는 보육현황에 대한 객관적 평가결과를 토대로 해결 방안이 모색되어야 한다. 보육현황 평가는 어린이집 평가와 보육을 받은 후 아동의 발달평가로 이루어질 수 있다. 먼저, 어린이집 평가는 어린이집인프라, 인력, 운영의 평가가 포함된다. 그리고 아동의 발달평가에 대해서는 보육관련전공 교수를 비롯해 전문가들이 개인의 관심사로 연구될 뿐 아직은 공적 논의가 제대로 이루어지지 못하고 있는 실정이다. 그런데 보육의 질을 논의하기 위해서는 어린이집의 평가 외에 그 시설에서 성장한 아동의 발달평가가 포함되어야 한다.

1) 보육의 질 평가

우선 어린이집 평가는 어린이집인프라, 인력, 운영의 평가로 대별될 수 있다.

첫째, 어린이집 인프라는 어린이집의 물리적 환경과 야외놀이터 등 주변 지리적 환경의 평가를 포함한다. 그리고 보육실 내 물리적 환경, 화장실과 샤워실, 식당과 부엌, 놀이실의 기구 등이 모두 포함된다. 어린이집 인프라는 아동의 생활환경으로서의 안전성이 주요한 평가기준이 되며, 안전성에는 유해성여부와 위생 등이 더불어 평가된다.

둘째, 보육인력의 평가는 인력의 자질과 근무자세를 평가하는데, 무엇보다도 아동의 안전과 발달의 관점에서 적절하고 바람직한 인력인지 평가한다. 일정 수준 이상의 교육수준과 근무경력도 중요하지만 보육에 뜻을 두고 아동 개개인에 대한 애정을 지닌 소명의식 있는 인물인가가 무엇보다 중요하다. 성폭력 가해 경험이 있거나 이상성격 등 영유아에게 폭력적 위해를 가할 수 있는 사람은 미리 차단해 보육현장에 진입하지 못하도록 조치한다.

셋째, 어린이집 운영의 평가에는 여러 가지 구성요소가 있는데, 상세한 내용은 12장에서 기술하였다. 어린이집의 평가기준도 아동의 보육환경으로서 제대로 기능하는가에 의존한다.

앞에서 살펴본 세 가지 평가결과는 어린이집 전체의 질 평가의 기준이 되어 일정 수준을 넘어선 어린이집은 인증을 받을 수 있다. 인증은 정부나 공공기관에서 질을 인정하는 절차로서 인증을 받은 시설은 일정 기간 인증결과를 외부에 알릴 수 있다. 전국 시설의 전체가 인증을 받아서 통과된다면 우리나라 보육의 질이 그만큼 높다는 것을 의미할 것이다. 현재 우리나라는 평가인증제가 진행되고 있다. 앞으로 어느 지역에 살든 질적 평가의 객관성과 공정성을 토대로 인증받은 시설에 부모가 안심하고 아동을 맡길 수 있도록 정부가 지원해야 한다.

현재 시행 중인 어린이집 인증절차는 시설운영자의 자체평가인 1차 평가가 있고 외부평가자가 시설을 관찰하고 평가하는 2차 평가가 있다. 1차 평가는 평가항목을 잘 구성해 자체시설에 대한 양적 평가의 상당 부분을 평가할 수 있다. 자체평가는 평가비용을 절감하고 시설운영자가 스스로 평가하면서 질 향상을 다짐하는 노력을 기할 수 있다는 장점이 있다. 2차 평가는 많은 인력과 시간이 요구되어 비용이 많이 들기는 하지만 공정하고 객관적이라는 점에서 바람직하다. 어린이집 인증을 위한 2차 평가는 2~3인의 전문가가 어린이집을 직접 방문해 실제 조사를 실시한다.

이전에 전국에 소재한 300개의 어린이집을 방문하여 보육환경과 운영에 대해 평가한 결과(이순형 외, 1998)에 의하면, 전국 어린이집의 운영관리는 67%의 평가수준을 나타내 어린이집의 운영관리는 개선되어야 할 필요가 있는 것으로 보고되었다. 특히 영양 및 급식 관리를 제외한 시설설비, 교과과정 운영, 인사관리, 프로그램 발전에 행정지도가 필요한 것으로 지적되었다.

현재는 전국 어린이집의 질을 향상시키기 위해서 영아기 프로그램의 운영평가에 기초해 영양을 제외한 건강과 안전, 학습환경 구성, 개별화 영역 등에 관심을 더 기울여야 한다. 유아기 프로그램은 건강, 안전, 교사와의 상호작용을 제외한 나머지 학습환경 구성, 교육과정 운영, 개별화의 수준을 높이기 위한 노력이 필요하다. 그리고 영유아기 프로그램보다 평가수준이 더 낮은 방과후 프로그램의 개선을 위한 노력이 필요하다. 구체적으로 건강과 안전, 학습환경 구성, 교육과정, 교사·아동 간의 상호작용, 일과계획과 개별화 등의 수준을 높이기 위한 보육프로그램의 개발 노력이 필요하다.

어린이집의 질 평가는 지속적인 평가와 평가단의 평가를 토대로 어린이집의 질을 인증하는 제도가 실시되고 있다. 각 어린이집의 환경과 프로그램 운영평가를 하여 인증서를 교부하고, 각 시설은 인증서를 현관 등 전면에 부착한다. 소비자인 부모는 그 시설의 인증서를 보고 이를 토대로 시설을 선택할 수 있다. 현재는 어린이집의 어린이집 평가인증은 통과 여부만 공개된다.

2) 질 향상을 위한 대안

어린이집의 환경평가를 보면 어린이집은 환경 구성에서 편차가 크다. 편차를 보이는 것은 한마디로 우리나라의 어린이집 환경과 운영 측면에 격차가 크다는 것을 의미한다. 이는 보육의 질을 어느 수준 이상으로 끌어올려야 할 시설이 많이 있다는 뜻이다. 이에 어린이집 평가결과를 토대로 다섯 가지 정책적 대안을 제시했다(이순형 외, 1998).

첫째, 국공립어린이집의 수를 확대해야 한다. 2011년 12월 국공립어린이집은 2,116개소로서 전체 어린이집의 5.31%에 불과하다. 무상보육과 누리과정도 보육의 공공성을 높이는 것이기는 하다. 국공립어린이집이 절반이 넘는 선진국의 사례를 보더라도 공보육의 모델로서 국공립어린이집 수를 증가시켜야 한다. 이 점에서 2012년 이후 시행되고 있는 서울시의 국공립어린이집 확대 정책은 주목할 만하다.

둘째, 영유아의 발달적 특성과 심리적 성향을 깊이 이해하고 그들의 발달수준에 적합한 보육프로그램을 적용할 수 있도록 교사는 일반 복지행정가와 차별적으로 더욱 전문화되어야 하고, 이들 교사의 자격을 강화하여 전문화시키고, 자격요건을 구비했음을 확인한 후에 관련 부처에서 자격증을 주는 제도적 장치를 마련해야 한다. 2013년 3월부터 시행되는 3~5세 누리과정을 통해 유아기 보육이든 교육이든 동일 과정을 실시하는 조치에서 한 걸음 더 나아가 점차 누리과정 교사 자격을 일원화해야 한다. 그리고 국공립어린이집의 교사와 원장에 대한 인력은행을 두고 초등학교나 중등학교 교사와 교장처럼 순환근무시키며 정년을 두는 제도를 준비해야 한다.

셋째, 한국의 고유성과 문화에 맞는 보육환경 평가프로그램을 제작해야 한다. 이는 이상적 보육의 지향점이 문화에 따라 다를 수 있음을 인정해야 한다는 것을 말한다. 그 후에 고유성과 문화지향에 맞게 평가프로그램을 구성해서 타당화를 실시하여 표준화하는 우리 나름의 노력이 필요하다.

어린이집을 운영하는 데 필요한 인력인 보육교직원은 원장, 보육교사, 의사, 영양사, 취사부, 관리인 등이다. 보육교직원의 기능을 나눈다면 아동의 보육기능을 담당하는 원장, 보육교사와 아동의 건강안전기능을 담당하는 의사, 간호사, 영양사, 취사부가 있다. 어린이집의 관리기능을 담당하는 이들은 원장, 원감, 사무원, 운전기사, 관리인 등이다. 원장과 보육교사가 주된 보육업무를 담당하는 인력이라면 취사부와 관리인은 부수적 업무를 담당하는 인력이다. 그렇다고 후자가 전자에 비해 업무의 중요성이나 공헌도에서 못하지는 않다.

보육교사는 현재 고등학교를 졸업하고 보육교사교육원에서 양성교육을 받은 경우, 2년제 전문대학을 졸업한 경우, 4년제 대학을 졸업한 경우, 사회복지시설에 3년 이상 근무한 경우 등 여러 가지 경로를 통해 배출되고 있다. 여러 경로로 교사가 되는 것은 다양한 교사를 충원할 수 있지만 한편으로는 전문가로서 보육교사의 질이 유지되기 어렵다는 문제가 있다.

그 외에 취사부, 수위, 관리인 등 보육교직원이 중요한 인력으로서 문제가 될 수 있다. 이들은 핵심적인 인력은 아닐지 모르나, 어린이집 운영에 상당히 공헌하는 사람들이다. 특히 취사부라고 하는 건강관리사들의 위생과 청결의식 및 영양에 대한 지식과 조리법에 대한 기술은 중요한 자원이라 할 수 있다. 무엇보다 여섯 가지 식품군이 고르게 배합된 식단과 조리방법은 아이들의 건강과 보육의 질을 높이는 중요한 요소다.

이처럼 어린이집에 종사하는 사람들은 모두 중요하다. 그중에서도 아이들의 보육활동에 직접 영향을 미치는 원장과 보육교사는 핵심 인력이라고 할 수 있다. 따라서 원장과 보육교사의 근무여건을 중심으로 보육교직원의 근무여건이 향상되어야 한다.

(1) 원장의 근무여건 보장

원장은 어린이집의 운영에 관한 모든 책임을 지는 사람이다. 원장의 업무는 주로 네 부분으로 나눌 수 있다. 첫째는 시설관리, 둘째는 재정 운영, 셋째는 보육프로그램의 계획 및 운영, 넷째는 보육교사를 비롯한 근무자의 관리다. 원장의 운영철학은 곧 어린이집 운영의 사항을 결정짓는 중요한 요인이 된다. 원장의 보육철학, 지식과 인품은 곧 아이들의 성장과 복지에 영향을 미친다고 해도 과언이 아니다.

보육인력의 수급 적절성과 교직원의 전문성에 대한 평가에서 보육교사의 전문성은 낮은 수준이며 원장의 전문성은 더욱 낮게 평가되었다(표갑수, 김형식, 지성애, 허선, 백선희, 1998). 이처럼 전문성이 낮게 평가된 원인은 원장이 되는 자격조건에 있으며 그 조건의 제도적 보완에 있다. 현행 [영유아보육법 시행령](2012년 개정)에는 원장의 충족기준은 일곱 가지나 되므로 유치원 원장의 자격기준이 두 가지(유아교육법, 제22조[1])인 것에 비하면 다양한 경력의 사람들이 어린이집 원장이 될 수 있다. 따라서 어린이집 원장의 전력이 다양하다. 비공개자료(보건복지부, 1998c)에 의하면 서울시 강북의 중심구인 한 구의 어린이집 원장의 18명의 자격기준을 보면 4년제 대학 보육관련 전공 졸업 후 사회복지업무 종사 3년 이상 종사자는 1명, 대학원 전공 석사 이상 학위 등록자는 2명이고, 사회복지사 2급 이상 자격자로서 사회복지업무 3년 이상 종사자는 1명, 유치원, 초등학교, 중고등학교 교사로서 유치원 등에서 10년 이상 교육경력자는 4명, 유치원 원장(원장) 자격자는 4명, 원장 양성교육 이수자는 6명이다. 이들의 전직도 다채로워서 유치원 원장 7명, 학원 원장 6명, 교수 및 교사 5명이다. 강북의 또 다른 구 원장(원장) 146명의 학력은 고졸 이하(58명), 전문대 졸업자(45명), 대학 졸업자(77명), 대학원 졸업자(5명)이며 이들의 전직은 유치원 원장(7명), 학원 운영(36명), 공무원(2명), 회사원(4명), 상업 또는 자영업(5명), 기타(131명)다. 서울 강남 중심 구에서는 원장 98명의 학력이 고졸 이하가 39명, 전문대 졸이 15명, 대졸이 39명, 대학원 졸이 5명이다. 이들의 전직은 유치원 원장 6명, 교수

1) [유아교육법] 제22조에서는 유치원 원장의 자격을 ① 유치원의 원감자격을 가지고 3년 이상의 교육경력과 소정의 재교육을 받은 자와, ② 학식, 덕망이 높은 자로 대통령령이 정하는 기준에 해당한다고 교육과학기술부장관의 인정을 받은 자로 규정했다.

및 교사 1명, 회사원 12명이고 상업 또는 자영업 42명, 기타 37명이다.

이러한 분포에서 보듯 어린이집 운영의 목적은 질 높은 보육으로 동일하겠지만 원장의 경력이 다양하여 실제 보육내용이나 질적 수준은 각기 다를 것이다. 어린이집은 국공립, 민간, 가정어린이집으로 다르기 때문에 다양성이 존재한다는 사실도 아울러 고려될 수 있다. 강남의 한 구에서의 시설분포를 보면 국공립어린이집이 17개소이고 민간이나 개인어린이집이 31개소이며 법인어린이집이 3개소, 직장어린이집이 2개소인 데 비해서 가정어린이집이 45개나 된다. 이러한 어린이집의 분포를 고려하여 원장의 특성을 설명해야 할 것이다. 어떻든 원장은 많은 업무를 감당해야 하는데 그 내용은 시설관리, 재정운영관리, 보육교사를 비롯한 보육인력의 관리, 보육프로그램의 운영과 감독업무 등이다. 이 업무들을 모두 잘 감당하려면 원장의 자질이 강화되어야 한다. 원장의 자질을 강화시키기 위한 방안으로는 다음과 같이 제안할 수 있다.

① 보육철학과 교육에 대한 소명의식 강화

어린이집의 운영에서 숱하게 봉착하는 세부사항들은 원장의 운영철학과 아동교육에 대한 신념에 기인한다. 원장의 지식과 인품에 어린이집의 질이 의존해 있다고 해도 무리가 아니므로 어린이집의 질을 높이려면 원장의 자격심사기준을 강화하고 재교육프로그램을 다양하고 심도 있게 구성할 필요가 있다. 특히 상업적 목적을 가진 사람들이 보육기관 운영에 참여하기 어렵도록 원장의 아동교육에 대한 지식과 실습훈련 등을 강화하여 자격기준을 높여야 한다. 이에 따라 원장의 자격을 인정하는 제도가 마련되어야 한다. 보육교직원의 대우를 미래지향적으로 초등학교와 비교해서 제안할 수도 있다.

② 원장의 공개채용방식 도입

국공립어린이집의 원장들은 공개채용하고 3~5년을 주기로 순환근무하도록 하며 5년에 한 번씩 업적평가에 따라서 재임용을 받도록 한다. 국공립어린이집의 원장들의 자질과 업무능률을 높이고 동기를 유발할 수 있도록 한 자치구 안에서라도 순환근무제를 채택해야 한다. 국공립어린이집 원장의 임기가 정해져 있지 않은 점이나 정년이 정해지지 않은 점 등은 현재 원장에게 개인적으로 이득이 되는 것처럼 보이나, 어린이집 교직원의 자질 저하는 보육사업 전체의 질 저하를 가져오게 되어 소비자가 외면하게 되므로 결국 교직원에게도 이득이 되지 못할 것이다.

(2) 보육교사의 근무여건 향상

보육교사는 근무여건 및 조건의 문제와 자신의 직업만족도의 문제를 가지고 있다. 구체적으로 이들의 문제점은 근무시간 초과와 누적된 피곤, 에너지 충전의 시간 부족과 연구여건의 부족, 낮은 보수와 승급기회의 부족 등이다. 이 문제를 해결하기 위해서는 우선 근무시간과 보수를 현실화할 필요가 있다. 어린이집 보육교사의 보수가 학교병설 공립유치원 교사의 75%라는 통계가 말하듯이 어린이집 보육교사의 보수는 낮은 편이다. 보육교사의 보수체계는 두 가지 문제를 안고 있다. 첫째, 초봉이 낮게 책정되어 있다. 둘째, 첫 호봉과 30호봉의 차가 2배가 되도록 꾸준히 높아지고 있다. 일반공무원처럼 초봉에서부터 근무연한에 따라 점차 봉급이 증가하도록 배려한 것이다. 문제는 보육교사의 업무가 격무라는 점을 고려해서 일반공무원의 보수체계와 달리 구성되어야 한다는 것이다. 말하자면 초봉은 높게 책정하고 근무 20~25년이 되었을 때를 최고의 호봉으로 설정한 봉급체계가 필요하다고 본다. 보육교사는 노년에도 할 수 있지만 그 경우에 젊은 교사의 두 배의 봉급을 받기보다는 아동을 돌보는 즐거움으로 근무하도록 허용하고 가능하면 수준 높은 젊은 교사들을 유입하도록 하는 봉급체계로 개선할 필요가 있다.

또한 보육교사의 자격 인정을 명확히 할 필요가 있다. 현재 보육교사가 취업 시 관할 구가 시설을 통해서 임용보고를 받고 승인하는 제도에서 벗어나 보육교사의 자격을 인준하여 자격증을 발급하는 제도를 마련해야 한다. 보육교사의 자격 인정은 공신력 있는 기관에 맡겨야 한다. 행정기관이 인정기관이 되거나, 그것이 현실적으로 어려울 수 있으므로 아동보육 전문가들의 학회연합에 그 인정권을 부여할 수 있다. 호주의 제도를 참고할 필요가 있다.

인정기준은 전공학과를 규정하기보다는 필수 보육전공 교과를 제시하고 현장실습을 실시한 사람에 한해 보육교사 시험을 치를 자격을 부여하는 것이 바람직하다. 보육전문학회가 구성한 협회는 시험을 공정하게 치를 수 있도록 출제위원을 선정하고 시험의 공정성을 보장하며 인정의 과정을 감독해야 하며, 이러한 과정을 통해서 자격을 인정받았을 때 정부가 자격증을 발부해야 한다. 현재 보육교사는 자격인정을 받기 위해 시험을 치르는 등 과도기적 조처를 취해야 할 것이다.

국공립어린이집의 보육교사들은 한 자치구 내에서라도 3년에 한 번씩 본인의 소청을 감안해 순환근무제를 실시하여 다른 시설에서 다른 동료를 만나서 다양한 보육활동을 익힐 기회를 가져야 한다. 순환근무제는 근무연한이 증가할수록 침체되어 가는 보육활동에 자극을 주고 질을 높이는 자극제가 될 수 있을 것이다.

끝으로, 보육교사의 전문성을 인정해 주어야 한다. 보육교사는 자신의 일을 담당하면서 일의 전문성을 인정받고 그것을 통해서 보람과 만족감을 느낄 수 있어야 한다. 보육교사가 스스로의 일을 통해서 전문가로서의 확실한 직업정체성을 확립하고 만족을 느낄 수 있도록 근무여건과 제도를 바꾸는 노력이 필요하다. 보육교사의 자질을 높이기 위해서는 일정 기간 이상의 전문적 교육을 받은 사람을 임용해야 한다. 즉, 보육교사의 전문성과 교사가 아동에게 미치는 영향을 고려할 때 우선 대학 졸업자를 보육교사로 상정하고 그 자격을 논해야 한다.

대졸자이면서 보육교사가 되는 경로는 두 가지다. 첫째는 학과의 교과과정으로 보육교사에게 필요한 자격을 규정하는 것이고, 둘째는 학과에 상관없이 본인이 보육교사에게 필요한 교과를 수강하고 실습을 거치도록 하는 것이다. 어느 경우든 영유아기의 발달과 보육에 관해 지식을 습득하고 현장실습을 수행한 대학 졸업생에게 영유아 보육교사 자격을 주어야 한다.

(3) 부모회의의 활성화

어린이집의 특성 가운데 하나는 부모가 맞벌이로서 어린이집에 봉사할 시간이 적어 대부분 부모교육이나 시설에서 봉사하는 데 소극적이라는 점이다. 그러나 자원봉사를 함으로써 어린이집의 사정에 익숙해지고 부모들 사이에서나 교사와 서로 잘 알게 되어 시설 사정에 대해 좀 더 이해하고 관심을 가질 수 있다.

부모의 식당봉사를 통해 식자재의 품질을 점검하고 위생적으로 조리되는지 감독할 수 있으며, 보육실의 청소와 정리를 통해 보육실 환경의 위생과 안전을 점검할 수 있다. 또한 아이들이 견학을 가거나 보육활동을 할 때 참여하여 보육활동이 어떻게 이루어지고 있는지를 이해한다.

부모가 귀찮다는 이유로 시설 운영이나 자원봉사활동에 참여하지 않고 거치적거린다는 이유로 교사가 부모에게 보육활동을 공개하지 않는다면 그 시설의 보육활동은 폐쇄적으로 제한된 범위 내에서 이루어질 것이며, 부모와 교사는 서로 오해를 하게 되어 아이를 사이에 두고 어린이집과 가정의 원활한 연계가 어려워진다. 실제로 어린이집 운영위원회를 운영하는 데 학부모 대표를 참석시켜서 학부모회와 어린이집을 연계하여 운영할 수 있다.

(4) 특활보육교사제의 도입

보육활동은 아동에게는 지루한 반복활동이 되기 쉽고 보육교사에게는 피로를 주는 단순업무의 반복이 되기 쉽다. 오후 한 시간 정도 특활보육활동시간을 두는 것은 아동에게는 새로운 교육활동을 제공하고 교사에게는 보육활동을 준비하고 마무리하는 시간이 되어 새로운 보육활동을 대비하는 시간이 될 수 있다. 음률동작활동, 체육활동, 미술활동 등은 3세 이후 유아들에게는 흥미롭고 중요한 특별활동이다. 방과후 아동들에게는 이 세 가지 활동 외에 컴퓨터, 역사, 국악 등 다양한 특별활동이 제공될 수 있다. 특별활동은 해당전공 졸업자로서 보육교사의 자격을 가지고 있는 경우라면 좋겠지만, 그렇지 않을 경우에는 별도의 특활보육교사 자격기준을 마련하여 특활보육교사 자격을 부여하는 것이 좋다. 이는 레지오 에밀리아의 아틀리에스타라고 불리는 미술전담교사와 동일하다. 이를 통해서 종일제 보육활동의 단조로움을 극복하고 교사의 과다한 업무부담을 덜 수 있다. 또한 아동에게는 일찍이 예체능활동에 익숙해져 자신의 재능을 발견할 수 있고, 잠재력을 발휘할 수 있는 기회가 된다. 시설의 재정사정과 인력 운영의 효용성을 고려할 때 특활교사를 전임으로 채용하기보다는 지역마다 순회교사로 채용하여 운영할 수 있다.

참고문헌

강숙현(1988). 유아교육 프로그램 인준 평가기준의 적용에 관한 연구. 이화여자대학교 대학원 석사학위 청구논문.

국립교육평가원(1994). 유치원 교육평가 연구.

보건복지부(2011). 2011년 보육통계.

이순형(1995). 영유아보육시설 평가의 타당성. 한국영유아보육학회. 추계학술심포지엄 주제 발표.

이순형 · 이강이(1992). 보육시설의 실태와 평가. 아동학회지, 13, 52-64.

이순형 · 최일섭 · 신영화 · 이옥경(1998). 보육시설의 환경운영관리 및 프로그램 평가. 보건사회연구원. 보육시설 확충 3개년 계획 평가에 관한 연구, 237-259.

이영석(1989). 한국유아교육시설기관과 표준평가척도 개발에 관한 연구. 사회과학, 292, 169-221.

이은해 · 이기숙(1996). 유아교육프로그램 평가척도. 서울: 창지사.

임재택(1983). 유아교육환경 평정척도의 표준화를 위한 예비연구. 부산대학교 사범대학교육논집, 10, 107-143.

조선영(1992). 가정보육시설의 질적 특성에 관한 연구. 연세대학교 대학원 석사학위 청구논문.

한국교육개발원(1987). 유아교육기관 평가준거 개발 연구.

한미라(1995). 가정보육시설의 질적 수준과 유아행동과의 관계에 대한 연구. 이화여자대학교 대학원 박사학위 청구논문.

현온강 · 이완정(1997). 영아/걸음마기 아동 환경평정척도 타당화 연구 (1). 대한가정학회지, 35(6), 235-248.

Abbott-Shimm, M., & Sibley, A. (1987) *Assessment profile for early childhood programs.* Atlanta, GA: Quality Assist, Inc.

Harm, T., Clifford, R. M., & Cryer, D. (1998). *Early childhood environment rating scale.* NY: Teachers College, Columbia University.

http://www.mw.go.kr(보건복지부)

찾아보기

《인 명》

《내 용》

저자 소개

◆ **이 순 형**
서울대학교 대학원 아동학박사
한국아동학회 회장
한국인간발달학회 회장
하이닉스어린이집 명예원장
서울대학교 생활과학대학어린이집 원장
現 서울대학교 아동가족학과 교수
서울대학교 어린이보육지원센터 센터장

◆ **이 혜 승**
미국 시러큐스대학교(Syracuse University) 아동학박사
체육진흥공단어린이집 원장
現 서울대학교 아동가족학과 강사

◆ **이 성 옥**
서울대학교 대학원 아동학 박사
울산시보육정보센터 소장
서울 강남구 보육정보센터 센터장
現 서울대학교 아동가족학과 강사

◆ **황 혜 신**
서울대학교 대학원 아동학석사
미국 위스콘신대학교(The University of Wisconsin-Madison) 아동학박사
서울대학교 생활과학대학어린이집 부원장
現 상명대학교 가족복지학과 교수
용산구 다문화가족지원센터 센터장

◆ **이 완 정**
서울대학교 대학원 아동학석사
미국 유타주립대학교(The Utah State University) 아동학박사
인하아동발달센터 센터장
現 인하대학교 소비자아동학과 교수

◆ **이 소 은**
서울대학교 대학원 아동학석사
미국 노스캐롤라이나대학교 (University of North Carolina) 아동학박사
충북대학교 아동복지학과 교수
現 한국방송통신대학교 유아교육학과 교수

◆ **권 혜 진**
서울대학교 대학원 아동학박사
하이닉스어린이집 원장
서울대학교 생활과학대학어린이집 부원장
現 나사렛대학교 아동학과 교수

◆ **이 영 미**
서울대학교 대학원 아동학박사
과천시립문원어린이집 원장
現 백석대학교 사회복지학부 교수

◆ **정 윤 주**
서울대학교 대학원 아동학석사
미국 펜실베이니아주립대학교 (The Pennsylvania State University) 아동학박사
서울법원어린이집 원장
現 인천대학교 소비자아동학과 교수

◆ **한 유 진**
서울대학교 대학원 아동학박사
나사렛대학교 교수
現 명지대학교 아동학과 교수

◆ **성 미 영**
서울대학교 대학원 아동학박사
서울법원어린이집 원장
서초구청 보육정책위원
現 서경대학교 아동학과 교수